本书系国家社科基金青年项目"西域散佚古籍收集、整理与研究"
（编号：20CMZ008）的结项成果

西域汉文散佚
史部古籍、图画、碑刻整理研究

颜世明 —— 著

中国社会科学出版社

图书在版编目（CIP）数据

西域汉文散佚史部古籍、图画、碑刻整理研究 / 颜世明著. -- 北京：中国社会科学出版社，2025.4.
ISBN 978-7-5227-4675-3

Ⅰ．K870.4

中国国家版本馆 CIP 数据核字第 2025CR3479 号

出 版 人	赵剑英	
责任编辑	刘　芳	
责任校对	王　潇	
责任印制	李寡寡	

出　　版	中国社会科学出版社
社　　址	北京鼓楼西大街甲 158 号
邮　　编	100720
网　　址	http://www.csspw.cn
发 行 部	010-84083685
门 市 部	010-84029450
经　　销	新华书店及其他书店

印　　刷	北京明恒达印务有限公司
装　　订	廊坊市广阳区广增装订厂
版　　次	2025 年 4 月第 1 版
印　　次	2025 年 4 月第 1 次印刷

开　　本	710×1000　1/16
印　　张	21.25
字　　数	352 千字
定　　价	115.00 元

凡购买中国社会科学出版社图书，如有质量问题请与本社营销中心联系调换
电话：010-84083683
版权所有　侵权必究

目 录

绪　论 ……………………………………………………………… (1)

第一章　西汉张骞使西域相关稀见文献稽考 …………………… (25)
　　第一节　张骞《汉张骞碑》碑文内容、镌刻时间与相关问题 …… (25)
　　第二节　佚名《张骞出关志》内容与书籍性质 ………………… (37)

第二章　东汉班勇《西域诸国记》及相关内容考析 …………… (54)
　　第一节　《西域诸国记》的内容和文本传承 …………………… (54)
　　第二节　《西域诸国记》中若干内容考辨 ……………………… (72)

第三章　东晋北朝与佛教有关西域佚书探析 …………………… (83)
　　第一节　道安《西域志》异名及所载山川 ……………………… (83)
　　第二节　宋云、惠生行记之辨分 ………………………………… (117)

第四章　隋唐官修西域图志考论 ………………………………… (153)
　　第一节　裴矩《西域图记》佚文及与《隋书·西域传》的
　　　　　　史料关系 ………………………………………………… (153)
　　第二节　许敬宗等《西域图志》修撰及相关西域佚书 ………… (171)

第五章　西域佚遗文献拾零 ……………………………………… (197)
　　第一节　逸籍存文类 ……………………………………………… (197)

2　西域汉文散佚史部古籍、图画、碑刻整理研究

　　第二节　遗籍存目类 …………………………………………（238）
　　第三节　佚碑类 ………………………………………………（250）

第六章　西域亡佚图籍共性特征及与他书关系综合研究 …………（269）
　　第一节　西域史部佚籍类型及与"正史"《西域传》的关系 ……（269）
　　第二节　西域史部遗籍主要内容与史学价值 ………………（274）
　　第三节　西域佚图类别与发展进程 …………………………（287）

结　语 ……………………………………………………………（300）

参考文献 …………………………………………………………（312）

绪　　论

西域地区生活着数以百计大多在绿洲、草原上分别以灌溉种植业、游牧畜牧业为生和主要从事丝路商业贸易的民族，自古以来他们就在这片广袤土地上繁衍生存与进行政治、经济、文化交相融合。早在先秦时期，内地和西域各族人民就已经开始进行政治、经济、文化上的交往，这在中国早期传世文献中有着真切生动的反映。例如，在魏襄王二十年（前299）前即已撰就的《穆天子传》，其卷3载西周穆王于即位第十三年（前989或前963）向西行巡游，最远抵达"昆仑之丘"，又在瑶池上会见"西王母之邦"的国君西王母，稍后"纪名迹于弇山之石"。"昆仑之丘""西王母之邦"地望，经古今中外学者细致考证，分别有今昆仑山、阿尔泰山和两河流域、伊朗德黑兰等看法。在处于日没之所的弇山镌刻记录穆王姓名及行迹等内容的石碑（已佚），应该是现今所知西域地区凿刻时间最早的汉语碑铭。《竹书纪年》《史记·周本纪》亦有记载。这一时期如周穆王、西王母之类中外双方直接进行政治交往与文化交流比较少见，绝大多数华夏民族与域外民族之间是通过居住在他们中间的民族接力式传递物资产生间接联系，且非如汉代以后那么频繁、深入。

中土与西域各民族之间进行多渠道、宽领域、深层次交往，是在张骞先后两次出使西域，正式开辟古代中国与域外的交通路线以后。汉代或此后，东土中央王朝派驻西域官员、出使使臣、游履僧侣等到过西域，并根据所睹所闻撰写或绘制了诸多西域志书、游记、图画与碑铭；另有一些没有旅居西域的人，则依据中外使节、商贾、沙门等闻知情况编著西域志乘。这些资料既记西域山脉、河湖的名称与位置，又述各国的都城、人口、物产、风土民情、宗教、交通等。西域史料原已匮乏，经实地勘察而获得的资料更显珍贵。稍后，尤其是宋元或稍前，由于水淹、火灾、风吹日晒、虫蛀鼠啮、战争等自然、人为方面原因，这些文献遭受到不同程度的损毁，或全部佚失，或仅有残卷存世。值得庆幸的是，史册古注、地志、类书、佛教典籍、碑刻等，征引了部分西域亡佚文献名称和内容，据此可管窥其内容之一斑。

自宋代开始就有目录学家认识到前代西域佚毁文献具有重要历史价值，并从存世载籍中搜集汇录了一些西域亡失文献。之后的中外学者在前人基础上，或辑出更多流亡文献佚文，或更为系统地辑证逸文。在这些整理研究作品中，不乏校雠精良、论证精辟具有代表性的论著。但是从总体上来看，前人学术成果在散失文献轶文全面集录、辑文内容深入分析等方面存在若干问题。

总结以前研究者董理西域遗失文献的成绩和不足，在开展相关工作时从中既可参考突出成果，又可学习经验吸取教训。另外，现代信息技术对古籍文献进行加工处理，便于快捷齐全查找佚书及其他相关资料；在现阶段国家提出建设"丝绸之路经济带"和"21世纪海上丝绸之路"倡议构想下，着眼于"一带一路"沿线地区民族史志整理与研究，以及古代中国与域外国家交往交流史等方面研究的课题具有一定的理论指导价值和现实鉴戒意义。

上文关于西域佚失文献研究情况、价值等方面概括性叙述，均系本书以西域亡佚文献作为研究课题的缘由。确定选题以后，先对研究时间和空间范围、研讨对象类别等作一限定；其后在各章搜辑考证散亡文献之时，既梳理每种文献的基本情况，又着重解决之前学者遗留下来的难题及新发现问题；在解析具体疑问时，既沿用传统研究思路，又在研究方法上推陈出新。

一 选题缘起

本书以西域流失文献为整理研究对象，主要基于其文献价值和整理研究现状、条件优势、理论实践意义等方面的考虑。

（一）西域散佚文献的重要性

有关西北陆路丝绸之路的研究，一直是历史学、民族学、宗教学、语言学研究领域中的热门课题,研究基础在于与西域相关的传世古籍和出土材料。在这些现存的可资助研究的历史资料中,清代以前流传至今的西域汉文史部足本古籍仅有十几种(见表7-5),在敦煌、吐鲁番、和田等地出土的胡汉语写刻本、汉晋简牍等史料零碎又多为残帙,零散分藏于世界各地而没有完全对外刊布,国外存世外文史籍有关记载稀少且语焉不详者居多,这些有限的资料制约了对早期西北丝绸之路史的深入研究。收集到的西域佚失文献可在一定程度上补充现有西北丝路的史料。更为重要的是,这些隐没于历史资料中的自然地理与人文风貌等方面的内容,多经著者亲往考察而获得,较为翔实可靠,具有很高的史料价值。大概"正史"编纂者也认识到这一点,故多以西域佚书作为编撰《西域传》的材料。比对西域逸书与"正史"《西域传》中的相应内容,从其相似语句可窥"正史"《西域传》编纂成书的过程,并可以西域遗籍有、"正史"《西域传》无的内容,弥补"正史"记载简略的缺陷。

(二) 西域亡失文献的整理研究现状

"新史料"之于历史学的研究价值为历史学家看重,比如王国维云:"古来新学问起,大都由于新发现。"[①] 陈寅恪称:"一时代之学术,必有其新材料与新问题。取用此材料,以研求问题,则为此时代学术之新潮流。"[②] 傅斯年讲:"近代的历史学只是史料学,利用自然科学供给我们的一切工具,整理一切可逢着的史料。"[③] 王、陈、傅三位国学大师的学术见解足可揭示史学创新和新发现材料利用之间的重要关系。如今档案资料、出土文献、海外汉籍等"新史料"已作为历史研究的基本史料,而遗失文献,这种"新史料",史料价值尚未引起学界的普遍关注与足够重视。

比如西域亡毁文献就一直没有得到全面、系统的整理和研究,故在史料校理与考辨方面,尚存在较大的探索空间。

在整理方面,清乾嘉以来全国性与边疆、西北、西域地区等区域性的

---

① 王国维:《最近二三十年中中国新发见之学问》,《王国维考古学文辑》,凤凰出版社2008年版,第87页。
② 陈寅恪:《陈垣燉煌劫余录序》,《金明馆丛稿二编》,生活·读书·新知三联书店2001年版,第266页。
③ 傅斯年:《历史语言研究所工作之旨趣》,载国立中央研究院历史语言研究所集刊编辑委员会编《国立中央研究院历史语言研究所集刊》第1本第1分,商务印书馆1928年版,第3页。

古代书籍书名目录、提要，比如纪昀等《钦定四库全书总目》卷45—90《史部》（中华书局1997年版），续修四库全书总目提要编纂委员会编《续修四库全书总目提要·史部》（上海古籍出版社2014年版），金恩辉、胡述兆主编《中国地方志总目提要·新疆维吾尔自治区》（台北：汉美图书有限公司1996年版），中国古籍总目编纂委员会编《中国古籍总目·史部》（中华书局、上海古籍出版社2009年版），邓衍林编《中国边疆图籍录》之"古西域资料""新疆"（商务印书馆1958年版），范秀传主编《中国边疆古籍题解》（新疆人民出版社1995年版），吴丰培《吴丰培边事题跋集》（新疆人民出版社1998年版），朱士嘉、陈鸿舜编《西北图籍录——新疆（中文之部）》（《禹贡》第5卷第8、9期，1936年），田澍、陈尚敏主编《西北史籍要目提要·新疆》（天津古籍出版社2010年版），和宁《三州辑略》卷7《艺文门上》、卷8《艺文门中》、卷9《艺文门下》（《中国地方志集成·新疆府县志辑》第6册，凤凰出版社2012年版），王树枏等纂《新疆图志》卷90《艺文志》（民国十二年天津博爱印书局刻本），王耘庄《新疆艺文志稿》（《瀚海潮》第1卷第1、2、3、4、5期，1947年），吴蔼宸《新疆纪游》附录《新疆知见书目一览表》（商务印书馆1945年版），丁实存《新疆书目提要》（《边政公论》第1卷第9、10、11、12期，1942年；《文化先锋》第1卷第19、24期及第2卷第2、9期，1943年；《中国边疆》第3卷第1、2、3、4期，1944年），丁实存、陈世杰编《中文新疆书目》（《国立中央大学理科研究所地理学部丛刊》1943年第1号），陈延琪、萨莎主编《西域研究书目》（新疆人民出版社1990年版），王天丽编著《新疆方志书目提要》（新疆美术摄影出版社、新疆电子音像出版社2015年版），李方主编《新疆历史古籍提要》（中国书籍出版社2019年版），大都相对略述甚至失载清代以前残佚的西域史乘，且所记少量西域亡书内容多数转引自他人论说而罕有创新发明。即便辑佚学专业性比较强的著作亦大多漏收西域遗书，譬如张国淦编著《中国古方志考》仅列敦煌文书《西州图经》（案，另举吐鲁番舆地图《西州地图》实为河西地图[①]），朱祖延纂《北魏佚书考》（中州古籍出版社1985年版）、

---

① 张国淦编著：《中国古方志考》，中华书局2019年版，第131—132页。

刘纬毅辑《汉唐方志辑佚》(北京图书馆出版社1997年版)、顾宏义《金元方志考》(上海古籍出版社2012年版)、刘纬毅等辑《宋辽金元方志辑佚》(上海古籍出版社2011年版)等均未收录西域佚籍。目前学界未见专门比较条理、细致、齐全收辑古代西域地区各种散失文献的著述。

至于研究方面，中外学者侧重于敦煌石室中的西域逸书，或者影响较大的少数西域佚籍，而不注重其他西域佚书，多以不见著录、亡佚之类的话语带过，并未开展细致校录考论工作。

(三) 辑考西域佚亡文献的有利条件

现今整理研究西域亡毁文献，还有诸多优势条件可资利用。例如，渐趋成熟的辑佚学理论与方法，为整理、研究这些资料提供了指导和支撑；又如，现代科学技术将古籍转化成电子文档，古籍的数字化方便了各类佚文的检索；再如，先辈整理轶书的经验，提供了很好的参考借鉴。

因而，充分吸收已有研究成果，并利用现有资源，不嫌烦琐，定会在前人认识基础上，上升到一个新的层次。

(四) 辑证西域散亡文献的理论、现实意义

以上总结了西域亡逸文献的重要性、整理研究现状、有利条件，这说明，以搜辑考订已经散逸西域资料为研究课题，具有前瞻性与可行性，同时亦有一定的学术价值和现实意义。

首先，推进相关基础学科建设和创新发展。辑存丝路沿线文献涉民族学、中华民族共同体学、历史自然地理、中外关系与交通史、敦煌学、方志学等方面若干重大问题，尤其是其中某些史料颇具独特性。对其进行专门研究，当可推动某些疑难问题研究进程，从而助力有关学科教育教学高质量发展。譬如，本课题收存逸书体例多属于早期地志，由对其所作的辑校、考究可为窥探志书起源、形成、流变提供例证。

其次，继承、弘扬、创新中华优秀传统文化。辑录佚书的过程，即复原古书的过程，由"无"生"有"，对于丰富中华民族的古文化典籍，开掘中华优秀传统文化失传已久的部分，推动民族文化创造性转化和创新性发展，具有重要资鉴意义。

最后，为中华民族各民族之间及其与域外民族团结进步、友好交往的思想提供历史根源。辑出的西域佚毁文献见证了汉族与各少数民族、域外

民族携手开发、协同经略丝绸之路的艰辛历程，以及他们之间的和睦友好关系，既可为铸牢中华民族共同体意识与促进民族交往交流提供丰厚的历史滋养，又可为"一带一路"倡议提供中外交往合作发展的若干理论逻辑和历史鉴戒。

二 研究综述

在两汉以后相当长一段时间内，西域新文献书写和旧文献散失相始终，其在当代留存和损失状况仅为少数人关注。重视西域亡失文献并着意进行搜集，始于南宋郑樵《通志》枚举时已亡佚书目。南宋及此后中外辑佚者钩沉西域佚遗文献名称、佚文，另有一些考据学家专门撰文研讨其作者、内容等。根据研究视角和层次，分为宏观、微观两个方向。

（一）宏观研究：佚书举目与佚文辑录

学者列举历代西域逸书的书名，整理佚文，其研究视角为宏观研究，类型属史料整理类。依据辑集轶书或遗文的方式，可将这些辑佚者分作以下两个群体。

南宋郑樵、高似孙，元末明初陶宗仪，清代王谟、严可均、陈运溶，近代以来梁启超、王国维、王仁俊、冯承钧、岑仲勉、汤用彤、向达、《魏书·西域传》《北史·西域传》中华书局点校者、娄雨亭、吴丰培、杨建新、余太山、李德辉、朱玉麒、阳清、刘静、王琳，以及法国学者沙畹、烈维，日本学者高楠顺次郎、内田吟风、船木胜马等，或整理佚书的目录，或辑校佚文。①

---

① 郑樵撰，王树民点校：《通志二十略·图谱略》，中华书局1995年版，第1834页；高似孙：《纬略》卷5《佛钵》，清道光二十四年（1844）金山钱氏重编增刊《守山阁丛书》本；陶宗仪等编：《说郛一百卷》卷77《西域志》、《说郛一百二十卷》卷56《高昌行纪一卷》，《说郛三种》，上海古籍出版社2012年版，第1114、2608—2609页；王谟：《汉唐地理书钞》，中华书局2006年版，第19—20、185页；严可均辑，许振生、冯瑞生审订：《全后汉文》《全梁文》，《全上古三代秦汉三国六朝文》，商务印书馆2006年版，第261、187—188页；陈运溶辑撰：《麓山精舍丛书》第2集《释地类·古海国遗书钞》，岳麓书社2008年版，第217—221页；梁启超：《饮冰室合集》第9册《饮冰室专集之五十七·中国印度之交通》，中华书局1989年版，第27—29页；王国维：《王国维遗书》第13册《古行记四种校录》，上海古籍书店1983年版，第7—13页；王国维辑：《古行记校录八种》，国家图书馆藏清末民初稿本（善本书号：18259）；王仁俊：《玉函山房辑佚书续编·史编总类》，顾廷龙主编《续修四库全书·子部·杂家类》第1206册，上海古籍出版社2002年版，第130页；冯承钧：《王玄策事辑》，《西域南海史地考证论著汇（转下页）

又，在补释"正史"艺文志、经籍志时，清代至当代的一些学者，以案语的形式注明西域逸书的存佚、著录、征引状况，如姚振宗《汉书艺文志拾补》《后汉艺文志》《隋书经籍志考证》，顾櫰三《补后汉书艺文志》《补五代史艺文志》，曾朴《补后汉书艺文志并考》，丁国钧《补晋书艺文志》，文廷式《补晋书艺文志》，秦荣光《补晋书艺文志》，黄逢元《补晋书艺文志》，吴士鉴《补晋书经籍志》，李正奋《隋代艺文志辑证》，章宗源《隋书经籍志考证》，曾贻芬《隋书经籍志校注》，宋祖骏《补五代史

（接上页）辑》，中华书局1957年版，第102—128页；岑仲勉：《晋宋间外国地理佚书辑略》《唐以前之西域及南蕃地理书》，《中外史地考证》，中华书局2004年版，第164—180、300—303、308—318页；汤用彤：《汉魏两晋南北朝佛教史》第15章《南北朝释教撰述》，武汉大学出版社2008年版，第395—397页；向达（佛陀耶舍）：《汉唐间西域及海南诸国地理书辑佚》（第一辑），《史学杂志》1929年第1期；魏收：《魏书》卷102《西域传》，中华书局2020年版，第2282—2287页；李延寿：《北史》卷97《西域传》，中华书局1974年版，第3240—3248页；娄雨亭：《〈新五代史·四夷附录〉标点辨误一则》，《中国历史地理论丛》1989年第2期；吴丰培编纂：《丝绸之路资料汇钞》，《中国文献珍本丛书》第1、2、5册，书目文献出版社1986年版；吴丰培整理：《丝绸之路资料汇钞增补》，《中国文献珍本丛书》第12册，全国图书馆文献缩微复制中心，1993年，第5—17、21、25—27、97—99、101—103页；吴丰培：《吴丰培边事题跋集》，第172—177、324—331页；杨建新主编：《古西行记选注》，宁夏人民出版社1996年版，第41—61、130—137、148—155、156—165页；余太山：《〈魏书·西域传〉（原文）要注》，《两汉魏晋南北朝正史西域传要注》，商务印书馆2013年版，第426—427、428—431、436、438、442、449、452、453、455、458—460、466、473、475、481、482、484—486、488、492、493页；余太山：《两汉魏晋南北朝正史西域传研究》上卷《〈魏书·西域传〉原文考》，商务印书馆2013年版，第86—121页；李德辉辑校：《晋唐两宋行记辑校》，辽海出版社2009年版，第1—6、46—47、49—53、57—59、72、75、79—81、125、127—130、176—178、186—190页；朱玉麒：《〈疏附乡土志〉辑佚初稿》，《吐鲁番学研究》2017年第1期；阳清、刘静：《唐宋佛教行记及其相关文献叙录》，《大学图书馆学报》2018年第4期；王琳主编：《先唐杂传地记辑校》第9册《西域志》《外国事》《西域诸国志》《西域记》、第10册《游行外国传》《历国传》《外国传》、第11册《职贡图》、第12册《行记》《行传》《西域道里记》，《古典文献研究辑刊》第24编第14、15、16、17册，新北：花木兰文化出版社2017年版，第1986—1987、2097—2102、2102—2103、2122—2124、2290—2291、2291、2292、2586—2587、2761—2768、2768—2769、2820页；［法］沙畹：《〈宋云行记〉笺注》，《西域南海史地考证译丛》第6编，冯承钧译，中华书局1956年版，第61—67页；［法］烈维：《王玄策使印度记》，《史地丛考 史地丛考续编》，冯承钧编译，上海古籍出版社2014年版，第36—48页；高楠顺次郎等编纂：《大正新修大藏经》卷51《史传部三·游方记钞》，台北：财团法人佛陀教育基金会出版部，1990年，第981—982、995页；内田吟风：《魏书西域传原文考释》（上中下），《东洋史研究》第1、2、3号，1970—1972年，第83—106、82—101、58—72页；船木胜马：《魏书西域传考——成立·补缀·复原》，《东洋史学》第2号，1951年，第55—74页；船木胜马：《魏书西域传的复原——魏书西域传考（二）》，《东洋史学》第5号，1952年，第1—18页。内田吟风、船木胜马二人论文转引自余太山《两汉魏晋南北朝正史西域传研究》上卷《〈魏书·西域传〉原文考》，第118—119页。

8 西域汉文散佚史部古籍、图画、碑刻整理研究

艺文志》,张兴武《五代艺文考》,黄虞稷、倪灿《补辽金元艺文志》,金门诏《补三史艺文志》,钱大昕《元史艺文志》,吴骞《四朝经籍志补》,张继才《补元史艺文志》;等等。①

以上学者共辑得四十六种西域佚书,其中以梁启超、岑仲勉、李德辉、沙畹所辑逸书、佚文的数量较多。关于学者所辑遗书与轶文的详细情况,可参其著作。下文仅列相关学者所辑同一种轶书且辑文不相重复的总数(单位:条),对于数量单位不以"条"论的辑文,则标注其出处(见表0-1)。

表0-1　　　　　　　　宋代以来学者所辑西域佚书一览

序号	撰者、书名	辑录者	辑文(单位:条)
1	佚名《张骞出关志》	王谟、章宗源、姚振宗、岑仲勉、向达、吴丰培、曾贻芬	2
2	班超《西域风土记》	姚振宗	

---

① 姚振宗撰,项永琴整理:《汉书艺文志拾补》卷5,清华大学出版社2011年版,第397—398页;姚振宗撰,马小方整理:《后汉艺文志》卷2,清华大学出版社2011年版,第197—198页;姚振宗撰,刘克东、董建国、尹承整理:《隋书经籍志考证》卷21,清华大学出版社2014年版,第924、947—948、950—952、955、960—961、972、973、975页;顾櫰三撰,项永琴整理:《补后汉书艺文志》卷5,清华大学出版社2012年版,第210、211页;顾櫰三撰,陈锦春整理:《补五代史艺文志》,清华大学出版社2013年版,第47页;曾朴撰,朱新林整理:《补后汉书艺文志并考》卷6,清华大学出版社2011年版,第227页;丁国钧撰,朱新林整理:《补晋书艺文志》卷2,清华大学出版社2012年版,第64页;文廷式撰,朱新林整理:《补晋书艺文志》,清华大学出版社2012年版,第278—280页;秦荣光撰,朱新林整理:《补晋书艺文志》卷2,清华大学出版社2012年版,第72页;黄逢元撰,朱新林整理:《补晋书艺文志》卷2,清华大学出版社2012年版,第250页;吴士鉴撰,朱新林整理:《补晋书经籍志》卷2,清华大学出版社2012年版,第408页;李正奋撰,周晶晶整理:《隋代艺文志辑证》卷5,清华大学出版社2013年版,第340、341页;章宗源撰,项永琴、陈锦春、郑民令整理:《隋书经籍志考证》卷6,清华大学出版社2012年版,第138—139、148、151—152、158、159页;曾贻芬校注:《隋书经籍志校注》,商务印书馆2021年版,第405—406、414、415—416、417、419、424、425页;宋祖骏撰,陈锦春整理:《补五代史艺文志》,清华大学出版社2013年版,第131页;张兴武编:《五代艺文考》,巴蜀书社2003年版,第146页;黄虞稷、倪灿撰,卢文弨录,陈锦春整理:《补辽金元艺文志》,清华大学出版社2014年版,第31、35页;金门诏撰,陈锦春整理:《补三史艺文志》,清华大学出版社2014年版,第100、101页;钱大昕补纂,张绪峰整理:《元史艺文志》,清华大学出版社2014年版,第168、172页;吴骞撰,张绪峰整理:《四朝经籍志补》,清华大学出版社2014年版,第285、291页;张继才撰,张祖伟整理:《补元史艺文志》,清华大学出版社2014年版,第402、406页。

续表

序号	撰者、书名	辑录者	辑文（单位：条）
3	班勇《西域诸国记》	严可均、姚振宗、顾櫰三、曾朴、吴丰培	《后汉书·西域传》
4	成光子《别传》	岑仲勉	
5	竺法维《佛国记》	王谟、岑仲勉、汤用彤、李德辉、沙畹	7
6	佛图调《佛图调传》	岑仲勉、汤用彤、沙畹	1
7	道安《西域志》	郑樵、高似孙、陶宗仪、王谟、姚振宗、陈运溶、丁国钧、文廷式、黄逢元、吴士鉴、梁启超、岑仲勉、汤用彤、吴丰培、李德辉、曾贻芬、王琳、沙畹	29
8	支僧载《外国事》	王谟、陈运溶、文廷式、秦荣光、吴士鉴、岑仲勉、汤用彤、李德辉、王琳、沙畹	23
9	法盛《历国传》	王谟、姚振宗、文廷式、吴士鉴、梁启超、岑仲勉、汤用彤、向达、李德辉、曾贻芬、王琳、沙畹	1 +《翻梵言》
10	智猛《游行外国传》	秦荣光、姚振宗、梁启超、岑仲勉、汤用彤、向达、李德辉、曾贻芬、王琳、沙畹	2
11	萧绎《职贡图》	王谟、严可均、王仁俊、王琳	2
12	宝云《游履外国传》	梁启超、岑仲勉、汤用彤、沙畹	
13	昙无竭《外国传》	姚振宗、梁启超、岑仲勉、汤用彤、向达、李德辉、曾贻芬、王琳、沙畹	《翻梵言》
14	道普《游履异域传》	梁启超、岑仲勉、汤用彤、沙畹	
15	法献《别记》	岑仲勉	
16	道药《道药传》	梁启超、岑仲勉、汤用彤、李德辉、王琳、沙畹	7
17	佚名《宋云家记》	王谟、梁启超、岑仲勉、汤用彤、向达、吴丰培、杨建新、王琳	3 +《洛阳伽蓝记》《北史·西域传》
18	佚名《惠生行记》	王谟、姚振宗、梁启超、岑仲勉、汤用彤、向达、吴丰培、杨建新、李德辉、曾贻芬、王琳、沙畹	

续表

序号	撰者、书名	辑录者	辑文（单位：条）
19	魏收《魏书·西域传》	《魏书·西域传》《北史·西域传》中华书局点校者、余太山、内田吟风、船木胜马	
20	裴矩《西域图记》	郑樵、王谟、章宗源、姚振宗、梁启超、岑仲勉、向达、曾贻芬、沙畹	10
21	程士章《西域道里记》	王谟、姚振宗、梁启超、岑仲勉、向达、吴丰培、李德辉、曾贻芬、王琳、沙畹	1
22	佚名《突厥本末记》	王谟、章宗源、姚振宗	1
23	佚名《突厥所出风俗事》	章宗源、曾贻芬	
24	彦琮《大隋西国传》	梁启超、向达、沙畹	1
25	彦琮《西域玄志》	梁启超	
26	彦琮《西域传》	李正奋、沙畹	
27	彦琮、裴矩《天竺记》	向达、沙畹	
28	佚名《大隋翻经婆罗门法师外国传》	姚振宗、梁启超、岑仲勉、曾贻芬、沙畹	
29	韦节《西蕃记》	王谟、李正奋、岑仲勉、李德辉、沙畹	3
30	王玄策《西国行传》	梁启超、冯承钧、岑仲勉、向达、烈维	23
31	许敬宗等《西域图志》	梁启超、冯承钧、岑仲勉、向达、烈维、高楠顺次郎等	《法苑珠林》
32	盖嘉运《西域记》	王谟、岑仲勉	1
33	韦弘机《西征记》	梁启超	
34	杜环《经行记》	王谟、陈运溶、王国维、吴丰培、杨建新、李德辉	12
35	佚名《印度记》	沙畹	4
36	高少逸《四夷朝贡录》	岑仲勉、向达	
37	吕述、韦宗卿《黠戛斯朝贡图传》	向达	
38	张建章《戴斗诸蕃记》	岑仲勉、向达	

续表

序号	撰者、书名	辑录者	辑文（单位：条）
39	平居海《于阗国行程记》	顾櫰三、宋祖骏、王国维、张兴武、娄雨亭、吴丰培、杨建新、李德辉	《新五代史·四夷附录》
40	常慜《游天竺记》	向达、李德辉、高楠顺次郎等	3
41	王继业《西域行程记》	梁启超、王国维、吴丰培、李德辉、高楠顺次郎等	
42	王延德《西州使程记》	陶宗仪、王国维、吴丰培、杨建新、李德辉	《挥麈录·前录》《续资治通鉴长编》《宋史·外国传》
43	佚名《沙门怀问三往西天记》	阳清、刘静	
44	瞻思《西国图经》	黄虞稷、倪灿、金门诏、钱大昕、吴骞、张继才	
45	瞻思《西域异人传》		
46	钱炳焕《疏附县乡土志》	朱玉麒	73

（二）微观研究：个案研究

研究者以某种或某几种西域亡毁文献为研究对象，并将其撰者、编修时间、内容、价值、流传情况等作为研究内容，研究视角属个案研究，类别属史学研究类。为便于条理地综述前人研究成果，下文按照文献类型分作西域史部轶书与逸碑两类。对于前者，则循照叙事时间依次分汉代、两晋南北朝、隋唐、五代北宋四个时段陈述。

1. 西域史部逸籍

（1）汉代二种

①佚名《张骞出关志》

中外学者主要围绕这部书撰者展开讨论，叶昌炽、兴膳宏等以为不是张骞，① 吴丰培、易雪梅、廖吉郎等则认为是张骞，并指出《史记·大宛

---

① 叶昌炽：《奇觚庼文集》卷上《汉西域图考序（代）》，民国十年（1921）吴县潘氏刻本；兴膳宏、川合康三：《隋书经籍志详考》，东京：汲古书院1995年版，第429—430页。

列传》的前半篇即此书全文。①

② "班勇所记"②

在《后汉书·西域传》"序言"中，刘宋范晔讲该传录自"班勇所记"。余太山以为并非完全如此，其部分文字转引自《魏略·西戎传》。③

(2) 两晋南北朝十一种

在《续修四库全书总目提要》等书中，向达先后考证了昙景《外国传》、支僧载《外国事》、智猛《游行外国传》、法盛《历国传》、竺法维《佛国记》、道安《西域志》六种佚书，研究涉撰者的经历和史籍的著录、存佚状况、主要内容、成书时间、史料价值等。④

再，郦道元前后数次引用支僧载《外国事》、佛图调《佛图调传》、道安《西域志》、竺法维《佛国记》四种西域逸书注《水经》，故清代以来与《水经注》有关的注释之作顺带辨析了这几种轶书的内容、著者简历等。⑤

又，阳清、刘静以古籍提要的方式，分叙了支僧载《外国事》、竺法维《佛国记》、智猛《游行外国传》、昙无竭《外国传》、法盛《历国传》、昙景《外国传》和《惠生行传》《宋云家记》《道荣传》等书作者生平（如生活的时代、国籍、事迹）、佚文内容、众辑本质量高低、文献价值

---

① 吴丰培：《吴丰培边事题跋集》，第172页；易雪梅、卢秀文：《西北历史文献概述》，《图书与情报》1999年第3期；廖吉郎：《两汉史籍研究》第4章《两汉之地理书及地方史》，《古典文献研究辑刊》第6编第12册，新北：花木兰文化出版社2008年版，第106—107页。

② "班勇所记"可能是《魏略·西戎传》转引的《西域旧图》（参第二章第一节），或有书名，故作为研究对象。

③ 余太山：《〈后汉书·西域传〉与〈魏略·西戎传〉的关系》，《西域研究》1996年第3期（又收入氏著《两汉魏晋南北朝正史西域传研究》，第29—38页）。

④ 王云五主编：《续修四库全书提要》，台北：台湾商务印书馆1972年版，第2812—2813页；中国科学院图书馆整理：《续修四库全书总目提要》（稿本）第22册，齐鲁书社1996年版，第36—40页；向达：《汉唐间西域及海南诸国古地理书叙录》，《唐代长安与西域文明》，商务印书馆2019年版，第583—596页。

⑤ 郦道元注，杨守敬、熊会贞疏，段熙仲点校，陈桥驿复校：《水经注疏》卷1《河水》、卷2《河水》，江苏古籍出版社1989年版，第1—112页；岑仲勉：《〈水经注〉卷一笺校》，《中外史地考证》，第224—225、227、234—241、254—261页；郑德坤：《〈水经注〉引书考》，台北：艺文印书馆1974年版，第89、94、95页；余太山：《早期丝绸之路文献研究》附卷《〈水经注〉卷二（河水）所见西域水道考释》，商务印书馆2013年版，第225—272页。

等。① 他们还在其学术著作的上编中总结并完善了前述及下列西晋至唐代僧人所撰之十种西域行记研究。②

除这些以若干种西域遗书为研究对象的综合性研究外，另有学者还针对某一种西域佚籍，撰专文考释作者及辑文内容等。

①支僧载《外国事》

陈连庆认为支僧载生活的时间在印度笈多帝国月护王、海护王在位时（320—380），并推测《外国事》所载大月氏的别名"佛律婆越"指其都城。③ 在参考前述向达及陈连庆观点基础上，阳清指出，支僧载系晋代大月氏僧人，先于东晋法显游历印度，其所著游记《外国事》现存的陈运溶、岑仲勉两家辑本中，在辑文网罗、校证等方面，后者要优于前者。④

②佛图调《佛图调传》

陈连庆探求了佛图调国籍、《佛图调传》写作和亡逸时代、三条辑文内容及书籍历史文化价值。⑤

③道安《西域志》

王守春概述了道安的平生事迹，认为此书的完书时间在他北居长安之时（373—385）；还指出，其所载于阗道既类狗又像兔的鼠，指和田独有的动物鼠兔。⑥ 另，钟兴麒利用现代地理技术，考证出该书中的"岐沙谷"指今喀喇昆仑山山口明铁盖达坂。⑦

④智猛《游行外国传》

吕蔚、阳清提出，智猛《游行外国传》佚文存于《出三藏记集·智猛传》《初学记》等传世典籍中，内容涵盖西行线路、民族风情、佛教遗迹、

---

① 阳清、刘静：《六朝佛教行记文献十种叙录》，《大学图书馆学报》2017年第1期。
② 阳清、刘静：《晋唐佛教行记考论》上编《佚著论说》，中华书局2021年版，第41—191页。
③ 陈连庆：《新辑本支僧载〈外国事〉序》，《古籍整理研究学刊》1985年第1期。
④ 阳清：《支僧载及其〈外国事〉综议》，《宗教学研究》2016年第4期。
⑤ 陈连庆：《辑本〈佛图调传〉序》，《古籍整理研究学刊》1985年第3期。
⑥ 王守春：《释道安与〈西域志〉》，《西域研究》2006年第4期。
⑦ 钟兴麒：《〈西域志〉岐沙谷即明铁盖达坂考》，《新疆师范大学学报》（哲学社会科学版）2008年第1期。

经历见闻等，可与其他僧人游历传记相互释证。①

⑤竺法维《佛国记》

《佛国记》中先后记载了大月氏和佛楼沙国，据学者考证，在贵霜帝国寄多罗父子在位时（424—452），佛楼沙国指小月氏。因而，陈连庆认为，竺法维生活的年代在寄多罗父子执政时，即南朝刘宋时期。② 对于陈连庆的看法，阳清参据相关文献进行了增补，以为竺法维是高昌或凉州地区的沙门，与支僧载、法显同生活在东晋刘宋时，其所撰行记《佛国记》有六条辑文，辑文内容可与晋唐僧人多数游记交互参证。③

⑥法盛《历国传》

孙猛详细分析了法盛生平，《历国传》在"正史"目录类载籍和佛教典籍中著录及流传情况、辑本等。④

⑦宋云、惠生行记

丁谦、周祖谟、范祥雍、杨勇、杨建新、余太山、沙畹相继笺注了《洛阳伽蓝记》中的《宋云家记》《惠生行记》，注解涉山脉、河流、道里、出发与归国时间、古国地望、佛教名词和圣迹、风情民俗等。⑤ 对于《洛阳伽蓝记》和其他史籍中关于宋云、惠生出使情况不同记载及沙畹等学者解说，一些研究者作了进一步分析、完善和补充。其中比较重要论证有，丁文指出《〈宋云行记〉笺注》存在沙畹校注征引资料不全，冯承钧译文缺译佛教名称等问题。⑥ 杜斗城研讨了宋云西使年代、吐谷浑城、吕光所造"无胡貌"佛像等。⑦ 尚民杰、贾鸿健根据柴达木盆地气候、水文、

---

① 吕蔚、阳清：《释智猛及其〈游行外国传〉钩沉》，《华夏文化论坛》2018年第1期。
② 陈连庆：《辑本竺法维〈佛国记〉序》，《古籍整理研究学刊》1985年第2期。
③ 阳清：《竺法维及其〈佛国记〉探赜》，《学术论坛》2018年第3期。
④ 孙猛：《日本国见在书目录详考·考证篇》，上海古籍出版社2019年版，第888—890页。
⑤ 丁谦：《宋云西域求经记地理考证》，载《浙江图书馆丛书》第2集，民国四年（1915）浙江图书馆校刊本；杨衒之撰，周祖谟校释：《洛阳伽蓝记校释》卷5《城北》，中华书局2016年版，第168—211页；杨衒之撰，范祥雍校注：《洛阳伽蓝记校注》卷5《城北》，上海古籍出版社2009年版，第251—349页；杨衒之撰，杨勇校笺：《洛阳伽蓝记校笺》卷5《城北》，中华书局2006年版，第209—244页；杨建新主编：《宋云行记》，《古西行记选注》，第41—61页；余太山：《早期丝绸之路文献研究》附卷《宋云行记要注》，第273—315页；[法]沙畹：《〈宋云行记〉笺注》，《西域南海史地考证译丛》第6编，冯承钧译，第1—68页。
⑥ 丁文：《"宋云行纪笺注"读后》，《学术月刊》1957年第4期。
⑦ 杜斗城：《关于敦煌人宋云西行的几个问题》，《社会科学》1982年第2期。

地形、植被、交通等地理要素及古城遗迹等，推测了宋云西行时间，从柴达木盆地到新疆若羌行军路线，吐谷浑国地理位置等。① 吴昊、叶俊士、王思明综括传世文献、考古材料和佉卢文文书档案，探究了宋云经往西域地区中鄯善国、左末城、末城三地农业发展状况及与中原经济交流。② 阳清商讨了宋云、惠生事略及行记别称、佚文文献出处、行文风格，提出《洛阳伽蓝记》中宋云、惠生行记文本主体是惠生行记，《大藏经》收录的《北魏僧惠生使西域记》底本是清人魏源《海国图志》中的同名文献等看法。③ 李小白、刘志伟以《洛阳伽蓝记》《魏书·西域传》《北史·西域传》宋云、惠生行记记录宋云居住场所在洛阳城中的地理位置、籍贯、官职及惠生社会身份为引线，指明两人政治地位并不显赫，然在重视门第出身的北魏却能够担任西域使节，原因在于宋云、惠生分别为北魏实际掌权者胡太后的陇右同乡、陪嫁侍仆和亲信，又指出胡太后遣派二人使往西域，出于加强与西域各国政治军事联系、利用访求西域佛经提高其政治声望、为亡故不久父亲荐福等目的。④

再，余太山、吴晶先后区辨了混杂在《洛阳伽蓝记》《魏书·西域传》中的宋云、惠生行记，⑤ 长泽和俊、桑山正进相继结合《魏书·西域传》中的案语与"七国传记"，分析了宋云、惠生的出使路线。⑥ 刘屹认为《洛阳伽蓝记》中的《宋云家记》，关于钵卢勒至乌场国路线、宋云觐见嚈哒王的记述，存在错简误植的情况。⑦

⑦魏收《魏书·西域传》

早在北宋中期，《魏书·西域传》全篇内容即已佚失，时人自《北

---

① 尚民杰、贾鸿健：《宋云西行与吐谷浑国》，《青海社会科学》1992年第3期。
② 吴昊、叶俊士、王思明：《从〈宋云行记〉路线看中原与西域的交流——以鄯善、左末城、末城为例》，《中国农史》2018年第1期。
③ 阳清：《北魏慧生行记诸种相关文献考述》，《宗教学研究》2019年第1期。
④ 李小白、刘志伟：《宋云、惠生西行考论》，《敦煌研究》2021年第5期。
⑤ 余太山：《早期丝绸之路文献研究》上卷《宋云、惠生西使的若干问题——兼说那连提黎耶舍、阇那崛多和达摩笈多的来华路线》，第63—84页；吴晶：《〈宋云惠生行纪〉文本构成新证》，《西域研究》2011年第3期。
⑥ [日] 长泽和俊：《论所谓的〈宋云行记〉》，《丝绸之路史研究》，钟美珠译，天津古籍出版社1990年版，第490—511页；[日] 桑山正进：《巴米扬大佛与中印交通路线的变迁》，王钺编译，《敦煌学辑刊》1991年第1期。
⑦ 刘屹：《"宋云行记"中的两处错简及相关问题》，《西域研究》2024年第2期。

史·西域传》中抽除《周书·异域传》《隋书·西域传》，将剩下文字作为《魏书·西域传》。对于流传至今的宋代辑本《魏书·西域传》，余太山等详释了其中西域古国名称及地理位置、西域历史事件、与中原王朝政治交往等，① 日本学者松田寿男分析了该传资料构成，指出此传材料主要采自北魏使节董琬出访西域的报告、西域国家朝献北魏的官方记录、入竺僧惠生的西域见闻记，资料来源芜杂，致使是传存在西域国家重复介绍等问题。②

(3) 隋唐四种

①裴矩《西域图记》

从《史记正义》《玉海》《通典》三种史籍中，内田吟风搜录了四则《西域图记》，又根据《隋书》《资治通鉴》所载，认为此书的完成时间在大业二年（606）正月至七月间。③

李锦绣以《恰闻记》所引一则《西域图记》为线索，并依据《通典》《唐会要》《册府元龟》编纂原则与内容，复原了其"吐火罗"条佚文；④《〈西域图记〉考》认为该书由图、文两部分组成，以图为主，图包括人物图和地图，还以为《剡源集》著录唐画《西域图》以及王子庆收藏的《西域图》为其残卷。⑤

李锦绣、余太山另指出，《通典》中的于阗、疏勒、何国、天竺、朱俱波、渴槃陀、劫国、陁罗伊罗、越底延九国传记的部分史料或源于《西域图记》，《太平寰宇记》《册府元龟》或暗引四则此书轶文。⑥ 李锦绣的

---

① 余太山：《〈魏书·西域传〉（原文）要注》，《两汉魏晋南北朝正史西域传要注》，第419—502页。

② [日] 松田寿男：《古代天山历史地理学研究》第2部分《论〈魏书〉中的天山诸国》，陈俊谋译，中央民族学院出版社1987年版，第192—202页。

③ 内田吟风：《隋裴矩撰〈西域图记〉遗文纂考》，《藤原弘道先生古稀纪念史学佛教学论集》，福山：内外印刷株式会社1973年版，第115—128页。

④ 李锦绣：《〈通典·边防典〉"吐火罗"条史料来源与〈西域图记〉》，《西域研究》2005年第4期。

⑤ 李锦绣：《〈西域图记〉考》，《欧亚学刊》（国际版）新1辑，商务印书馆2011年版，第359—374页。

⑥ 李锦绣、余太山：《〈通典〉西域文献要注》，上海人民出版社2009年版，第122、123、129、175、186、222、224、234、240—242页。

《试论〈西域图记〉的编纂原则和主要内容》，列举了上述辑文，并由这些辑文归纳了该书的编写原则；①《试论〈西域图记〉的计程系统》一文剖析了是书的计程特点：以瓜州为基准。②丁友芳总括《西域图记》中的地理信息和隋炀帝在西北及西域地区的军事活动，认为这部书在隋朝经营西域方面具有重要的战略指导及情报意义。③

白鸟库吉以《隋书·西域传》与《西域图记》"大海道"条行文相近，故认为前者取材于后者。④余太山以《隋书·西域传》中二十三国传记排列颠倒紊乱，与《西域图记》中的西域四十四国以交通路线系国的叙述不符，故以为《隋书·西域传》并未利用此书的材料，⑤之后他还考述了《西域图记》载录敦煌到西海的丝绸之路中西段南中北三道路线。⑥针对余太山提出的《隋书·西域传》与《西域图记》体例、国家数目的"两个不符"，杨晓春则从成书过程和体例等方面进行解答，所得结论为《隋书·西域传》依据《西域图记》编修。⑦

②许敬宗等《西域图志》

刘全波主要探讨了此书的编撰背景与史料来源，指出书中有关康国、史国、吐火罗的史料，源自西域使者董寄生、王名远的见闻。⑧孙修身认为是书在三个阶段内编修：显庆三年（658）以前，显庆三年至龙朔三年

---

① 李锦绣：《试论〈西域图记〉的编纂原则和主要内容》，载中国人民大学国学院主编《国学的传承与创新：冯其庸先生从事教学与科研六十周年庆贺学术文集》下册《西域敦煌出土文献研究》，上海古籍出版社2013年版，第1223—1233页。

② 李锦绣：《试论〈西域图记〉的计程系统》，载廖肇羽、曹伏明主编《千年西域 百年新疆》，香港：中国文化出版社2011年版，第59—70页。

③ 丁友芳：《〈西域图记〉：隋朝的西域情报、知识与战略总纲》，《唐史论丛》第35辑，三秦出版社2022年版，第299—316页。

④ 白鸟库吉：《大秦国及拂菻国考》，《白鸟库吉全集》第7卷《西域史研究下》，东京：岩波书店1971年版，第144页。

⑤ 余太山：《〈隋书·西域传〉的若干问题》，《新疆师范大学学报》（哲学社会科学版）2004年第3期。

⑥ 余太山：《裴矩〈西域图记〉所见敦煌至西海的"三道"》，《西域研究》2005年第4期。

⑦ 杨晓春：《〈隋书·西域传〉与隋裴矩〈西域图记〉关系考论》，《历史地理》第27辑，上海人民出版社2013年版，第279—283页。

⑧ 刘全波：《唐〈西域图志〉及相关问题考》，《中华文化论坛》2011年第5期。

(658—663)，龙朔三年至乾封元年（663—666）。①

③杜环《经行记》

国内外中西关系史学者对于散存在唐宋元典册中的《经行记》文字表现出极大的研究兴趣，相关研讨论著较多，现枚举其中创新程度较高、研究视角和方法颇具启发性的专门文献学方面研究。丁谦、张星烺、张一纯、杨建新、李锦绣、余太山等辑注了《通典》《太平寰宇记》《太平御览》《通志》《文献通考》等转录的《经行记》，注释广涉山川、湖泊、国家、城邑地理位置，出产的动植物，民族、人的面貌特征及衣着、宗教信仰、风俗习惯、历法、法律制度，中西交通线路，西域历史事件等。②赵万里讨论了杜环经行西域国家地望、《太平寰宇记》引文特殊校勘价值及王国维辑校本在选用底本方面存在问题等。③丁克家强调了《经行记》在探析亚洲中、西部及非洲北部西域古国历史地理情况，中国传统工艺如造纸术在西方传播，伊斯兰教教义概况等方面具有重要历史价值。④宋岘借助《经行记》和阿拉伯古典文献，探究了怛逻斯战以后十余年中，杜环在黑衣大食（阿拔斯王朝）国内从东至西先后数次辗转流徙的时代背景与经行地区，⑤以及唐时中华优秀传统文化与科学技术对于黑衣大食国王营建新都巴格达城，繁荣活跃巴格达城周边贸易集市产生的影响。⑥沈福伟、艾周昌、王颋、许永璋等综括《经行记》有关摩邻、老勃萨、秧〔秋或勃〕萨罗国的各种记载，并从非洲地区自然、人文地理状况厘定了古代这

---

① 孙修身:《官修〈西国志〉的编撰》,《王玄策事迹钩沉》,新疆人民出版社 1998 年版，第 264—267 页。

② 丁谦:《唐杜环〈经行记〉地理考证》,《浙江图书馆丛书》第 2 集，民国四年（1915）浙江图书馆校刊本；张星烺编注，朱杰勤校订:《中西交通史料汇编》第 1 编《古代中国与欧洲之交通》、第 3 编《古代中国与阿拉伯之交通》,中华书局 2003 年版，第 212—214、704 页；杜环原著，张一纯笺注:《经行记笺注》,中华书局 2000 年版，第 1—66 页；杨建新主编:《杜环经行记》,《古西行记选注》,第 130—137 页；李锦绣、余太山:《〈通典〉西域文献要注》,第 132—133、173—174、199—200、206—208、218、230—232、246—248 页。

③ 中国科学院图书馆整理:《续修四库全书总目提要》（稿本）第 25 册，第 13 页；赵万里:《杜环经行记校注一卷》,《赵万里文集》第 3 卷，国家图书馆出版社 2012 年版，第 150—151 页。

④ 丁克家:《〈经行记〉考论》,《回族研究》1991 年第 1 期。

⑤ 宋岘:《杜环游历大食国之路线考》,《明清之际中国和西方国家的文化交流——中国中外关系史学会第六次学术讨论会论文集》,大象出版社 1999 年版，第 232—250 页。

⑥ 宋岘:《唐代中国文化与巴格达城的兴建——（唐）杜环〈经行记〉新证之一》,《海交史研究》1998 年第 1 期。

几个国家地理方位。① 马锋、廖紫蕙探讨了之前《经行记》"拂菻国传记"研究中两个长期悬而未决的难题——与大食国交战对象"拂菻"之所指、作战时间及结果，以及与西海之中物物交换"鬼市"相关拜占庭帝国以物易物这类原始贸易方式的历史事实。② 郭锋参据 20 世纪 60 年代英国民俗学家玛丽·博伊斯在伊朗亚兹德地区几个村落所见其世代相传宗教新年"诺鲁孜"中"哈弗左鲁"日的节日活动——献祭这一古老风俗，窥测了《经行记》载录的末禄国"每岁以画缸相献"这种习俗仪式主要内容和宗教渊源等。③ 在辑释轶文基础上，肖超宇探察了《经行记》反映具有汉文化背景的中原士人，对于域外民族异质社会文化的认知及与其他历史文献的差异性，以及其作为早期民族志呈现出来的书写观念、建构过程和产生的历史文化影响等。④ 德国著名汉学家夏德先后考究了《新唐书·西域传》转引《经行记》摩邻与老勃萨国地望，"鬼市"资料来源，黑衣大食讨伐的拂菻指称地区，拂菻国医士开颅手术。⑤

④常愍《历游天竺记》

阳清、刘静探析了常愍活动时代及其书异称、为他书征引情况和文献价值。⑥

---

① 沈福伟：《唐代杜环的摩邻之行》，《世界历史》1980 年第 6 期；艾周昌：《杜环非洲之行考辨》，《西亚非洲》1995 年第 3 期；王颋：《摩邻：中国中世纪关于西非洲的记载》，《中国史研究》2001 年第 1 期；许永璋：《摩邻国在哪里？》，《河南师大学报》（社会科学版）1982 年第 4 期；许永璋：《"摩邻国"是马里吗？——唐代杜环〈经行记〉摩邻再考》，《非洲研究》第 10 卷，中国社会科学出版社 2017 年版，第 3—18 页；许永璋：《老勃萨国考辨》，《文史哲》1992 年第 2 期；许永璋：《古代中非关系史稿》第 4 章《隋唐五代时期的中非关系》，上海辞书出版社 2019 年版，第 50—61 页。

② 马锋、廖紫蕙：《〈经行记〉拂菻国篇研究成果中未有定论的问题》，《外国问题研究》2020 年第 1 期。

③ 郭锋：《唐杜环西行所见末禄国——对画缸相献习俗之地域文化特点的考察》，《丝路文化研究》第 6 辑，商务印书馆 2021 年版，第 110—124 页。

④ 肖超宇：《民族志视角下的〈经行记〉研究》，《中国社会科学院大学学报》2022 年第 8 期。

⑤ ［德］夏德：《大秦国全录》，朱杰勤译，大象出版社 2009 年版，第 50—52、85—87、92—96 页。

⑥ 阳清、刘静：《唐宋佛教行记及其相关文献叙录》，《大学图书馆学报》2018 年第 4 期；阳清：《唐释常愍与〈历游天竺记〉探颐》，载《唐史论丛》第 28 辑，三秦出版社 2019 年版，第 123—133 页。

(4) 五代北宋三种

西北史地研究者杨建新在其编著的《古西行记选注》一书中，录校了五代平居诲《于阗国行程记》、北宋王延德《西州使程记》部分佚文，并详细诠释了辑文中提及的古城邑、山川、沙碛、民族族属等。① 阳清、刘静集中考述了宋代继业《西域行程记》等逸书著者求法历程和轶文出处、大致内容、学术价值等。②

在《高居诲之于阗纪行》一文中，长泽和俊在道明《于阗国行程记》逸文出处后，探析了从灵州到于阗的交通线路等；又在《继业之西域行程小考》一文中，考察了继业到赴印度途经地、在天竺游历地及从印度归还中土路线；另在《王延德之〈使高昌记〉》一文中，校对了《西州使程记》辑文文字，分析了王延德西往高昌交通路线，还提到龟兹（即安西）盛产硇砂，因此辑文"北庭北山中出硇砂"中"北庭"应改写作"安西"，其所在段落及其他相关语句叙述的地区乃是龟兹。③

《于阗国行程记》的作者，《新五代史·四夷附录》等与《崇文总目》《宋史·艺文志》《本草图经》等，分别记作高居诲、平居诲。娄雨亭觉得苏颂《本草图经》先后两次征引平居诲《行程记》，"正是苏颂炫示于人的得意之笔，照理是不大应该前后两处同出笔误，搞错作者的名字的"④。认为宋代某些史册所言"高居诲"有误，应据《本草图经》写作"平居诲"。

王邦维参照《大唐西域记》等传世典籍记载，考释了南宋范成大《吴船录》所转抄继业西往印度途经地地望等；⑤ 霍巍参据《佛祖统纪》、在今西藏吉隆县发现的《大唐天竺使出铭》等传世古籍、考古资料，论析了《吴船录》转录的继业归国线路，指出继业通过泥婆罗（今尼泊尔）—吐蕃（今西藏）古道中的"基隆道"，经过吐蕃腹地返回宋地。⑥

赵万里在为《续修四库全书总目》撰写的提要中指出了王国维《王延

---

① 杨建新主编：《古西行记选注》，第148—165页。
② 阳清、刘静：《唐宋佛教记及其相关文献叙录》，《大学图书馆学报》2018年第4期。
③ ［日］长泽和俊：《丝绸之路史研究》，钟美珠译，第573—638页。
④ 娄雨亭：《后晋〈于阗国行程记〉作者订讹》，《中国历史地理论丛》1990年第4期。
⑤ 王邦维：《峨眉山继业三藏西域行程略笺释》，《南亚研究》1993年第2期。
⑥ 霍巍：《宋僧继业西行归国路经"吉隆道"考》，《史学月刊》2020年第8期。

德使高昌记校注》录写逸文史料来源、工作底本及文字失校之处，还补苴了校注本遗漏一则"王延德自叙"①。顾吉辰梳理了王延德仕职经历、西赴高昌目的，着重考辨了《西州使程记》所见漠北鞑靼九族族属以及出行线路，有关高昌国各种记述等。②荣新江在调查、分拣、枚举大致相当于或疑为王延德生活的时代的德藏吐鲁番汉文文献残卷及原本附缀在经帙上麻布条上文字的基础上，比定了《西州使程记》记述高昌回鹘王国佛教寺院保藏《大藏经》《唐韵》《玉篇》《经音》等书籍的基本内容及分帙存放情况。③钱伯泉以辑释佚文的方式，论述了《西州使程记》中古今地名与古代少数民族名称语源、宗教及经往地区等。④白玉冬结合《辽史》《史集》等中外史地古籍记录的少数民族名称，重点探究了《西州使程记》所记漠北九族鞑靼部落的居住地和名称等。⑤对于上述长泽和俊所说《西州使程记》"北庭北山中出硇砂"云云讲述的是龟兹地区物产等，张承志发表不同意见。借助实地考察、文献资料载录等，张先生指出昌吉回族自治州吉木萨尔县水西沟冶铁遗址系王延德所描述的硇砂产地，因而"北庭北山中出硇砂"云云叙说地区在北庭，文字不误。⑥赵犇、王辉综合西域传世典籍和历史文物资料，分述了《西州使程记》提到北宋初期高昌回鹘体育娱乐活动如骑射、射物禳灾、苏幕遮、优戏历史渊源与表现形式，以及其体现出来的高昌回鹘社会、经济、文化、宗教特征等，并据此提出在国家实施共建"一带一路"倡议时代背景下发展新疆地区体育文化的重要启示。⑦

---

① 中国科学院图书馆整理：《续修四库全书总目提要》（稿本）第25册，第15页；赵万里：《王延德使高昌记校注一卷》，《赵万里文集》第3卷，第153—154页。

② 顾吉辰：《王延德与〈西州使程记〉》，《新疆社会科学》1985年第2期。

③ 荣新江：《王延德所见高昌回鹘大藏经及其他》，《庆祝邓广铭教授九十华诞论文集》，河北教育出版社1997年版，第267—272页。

④ 钱伯泉：《〈王延德历叙使高昌行程所见〉的笺证和研究》，《西域研究》2010年第4期。

⑤ 白玉冬：《关于王延德〈西州程记〉记录的漠北部族》，《中国边疆史地研究》2019年第1期。

⑥ 张承志：《王延德北庭高昌径路考》，《文明的入门：张承志学术散文集》，北京十月文艺出版社2004年版，第22—35页；张承志：《王延德行记与天山硇砂》，《考古学研究》第6辑，科学出版社2006年版，第544—551页。

⑦ 赵犇、王辉：《〈西州使程记〉中的北宋初期高昌回鹘体育研究——兼论"一带一路"倡议下新疆体育文化的发展启示》，《武汉体育学院学报》2018年第11期。

2. 西域佚碑

清末民初王树枏等在编写的《新疆图志·金石志》及稍后流传此志单行本《新疆访古录》中，转录有根据前此存世载籍和实地调查获知而今已遗失不存的多种西域石刻，即《汉张博望侯残碑》《碑岭汉碑》《北魏金刚经残碑》《两截碑》《丁谷山石刻》《龙兴石刻》《瀚海军碑》《轮台碑》《金满县残碑》《元造像碣》。①

之后学者相继参据王树枏等所列西域佚碑与相关资料进行探究，李惠兴探讨了《汉张博望侯残碑》收录情况、刻立时间、性质等；② 王秉诚论说了《西域图志》《西域水道记》《西域考古录》《阅微草堂笔记》等清代史册录载《金满县残碑》出土地点、碑文中文武官职、碑刻性质和刻写时间等问题；③ 戴良佐述说了《金满县残碑》《轮台碑》《瀚海军碑》《龙兴西寺石刻》《两截碑》《金刚经残碑》《丁谷山石刻》《元造像碣》《博格达山北道残碑》出土地行政建置沿革、在西域古籍中收录情况、撰刻时代背景等，④ 其书虽存在没有充分利用原始资料等缺憾，然文中指明收存碑刻的史册，有助于研究者在新疆史籍中查检佚碑及相关资料。朱玉麒另从传世与出土文献中钩沉出记述东汉窦固、班超与唐代侯君集、姜行本、阿史那社尔、裴行俭、张孝嵩等人军事功绩及唐王朝西域圣德的石刻，并着重分析了其在汉唐经营西域和民族交往交流交融史上所具有的非凡意义等。⑤

综上所述，宋元以来学者的成绩在于，注重校勘、编排辑文，标识辑文的出处，其中少数学者则将辑录和考证相结合，研究领域也较为宽广，均具有重要的参考价值，但是还存在一些不足之处。其一，不少辑录者未完全借鉴前人的辑佚著作，亦未将收辑和论证紧密结合起来，所辑逸书或佚文存在重辑、漏辑、误辑的现象（见表0-1、表7-1、表7-2）；其

---

① 袁大化修，王树枏等纂：《新疆图志》卷88《金石一》、卷89《金石二》；王树枏：《新疆访古录》，民国七年（1918）王氏聚珍仿宋印书局刻本。

② 李惠兴：《张骞通西域 丝路有题碑》，《中国地方志》2002年第3期。

③ 王秉诚：《金满县残碑考释》，载中国人民政治协商会议吉木萨尔县委员会文史资料研究委员会编《北庭文史》第7辑，1992年，第176—189页。

④ 戴良佐：《西域碑铭录》，新疆人民出版社2013年版，第42—43、105—107、117、560—561页。

⑤ 朱玉麒：《汉唐西域纪功碑考述》，《瀚海零缣：西域文献研究一集》，中华书局2019年版，第1—32页。

二，部分学者更为关注宋云、惠生行记和裴矩《西域图记》等，相对忽略其他佚籍，在上列对佚书所作的微观研究中，成果的分布显得不均衡；多数学者将研究重心放在轶书的撰者、成书、价值等方面，较少深入细致探索辑文的内容。

三 历史资料整理研究的说明

在辑集考述西域各种亡佚文献之前，有以下几个注意地方需要指出。

第一，研究地域。"西域"是一个古代地理范围的概念，泛指汉代以来阳关、玉门关以西的地区，有广狭之分：狭义西域一般专指葱岭（今帕米尔高原）以东、天山以南、昆仑山及喀喇昆仑山以北的今塔里木盆地；广义西域则通常包括狭义西域及经由狭义西域所能到达的地区，涵盖今新疆、中亚、西亚、南亚、欧洲东部甚而非洲北部等地。本书研究区域是广义西域。

第二，整理研究对象。本书校理探究对象是在西汉至清代（前206—1911）使用汉字书写的有关西域地区而又没有流传下来的历史文献，类型主要有以下几种：一是中国传统图书四部分类法中的史部古籍，基本上是地理类中的行记和方志；二是西域地图、风物图、人物画、石刻及相关记载，这些材料稀见、史料价值颇高，然较少为今之学者广泛注意和充分重视，亦将非专记西域载籍（例如萧梁萧绎《职贡图》）中与西域有关的图画、重要的碑刻作为研究对象；三是有些逸书不完全涉西域，然载有维吾尔族（今新疆）先祖回鹘（今蒙古高原、河西地区、吐鲁番盆地、中亚）和柯尔克孜族（今新疆）、吉尔吉斯族（今吉尔吉斯斯坦）始祖黠戛斯（今叶尼塞河流域），以及与此二族群在政治、军事、语言、文化等方面关系紧密的突厥，亦列作研究对象。

又，限于个人学识和专著篇幅及掌握历史材料，笔者将没有专名的历代"正史"中西域使者的"述职报告"，敦煌、吐鲁番、和田等地出土胡汉语文书以及涉西域而非专述该地区史事的佚书（譬如唐代贾耽《皇华四达记》）等搁置不论。

再从校雠探析西域诸类散佚文献细节上来讲，本书着重搜集、校证三类逸文：一是零散地录载于古代各种不同名称典籍中的轶文；二是当代古籍整理工作者未进行校勘、注释的遗文；三是对于集中收录在已经现今历史学者校正过某一种古籍中的逸文，在没有发现文中存在断句、解释等值得商讨地方的情况下，笔者不再转录而只标识出处文献，然其如若作为本书探索某个问题必须列举的论据时，会抄录于书中。

第三，文献整理凡例。辑文校勘方式和底本、参校本选择等，参据周天游《八家后汉书辑注·例言》，增补文字、讹字、异文分别在［］（）〔〕内标出；引用文献正文中的夹注，以比正文小一号的字体标示。另，引文括号中"今案"云云，为笔者添加的注释。

第四，西域地名方位研究成果引据。本书参引西域地理名称的位置，主要依据章巽《法显传校注》、季羡林等《大唐西域记校注》、余太山《两汉魏晋南北朝正史西域传要注》、吴松弟《两唐书地理志汇释》、钟兴麒《西域地名考录》等历史地理著作。如果这些著作在考证某个地名地望方面观点出现分歧，就参照相关古籍资料择其善者而从之。

第一章　西汉张骞使西域相关稀见文献稽考

古今中外学者大都利用《史记》《汉书》等基本典籍，考索西汉武帝时张骞先后两次前往西域的时间、经过、路线、历史意义等。时至今日，前人的研究比较全面深入透彻，今人如果想要在某些方面再有所突破，在很大程度上需要借助新发现的史学材料，现今两种已经散失少见的历史资料——张骞第二次使西域所立碑刻《汉张骞碑》、汉晋失却姓名《张骞出关志》即属此类文献。这两种材料分别为目前所知西域地区刻录时间比较早的汉文碑刻和专门记录西域载籍中记事时间稍早的汉语书籍，内容则与张骞及假借"张骞"之名使臣赴西域密切相关，其中若干载述不仅可以补充张骞等西使某些细节，还可从另一个视角窥探张骞出使之于当世和后世的影响。

第一节　张骞《汉张骞碑》碑文内容、镌刻时间与相关问题

《汉张骞碑》（碑名从较早录载张骞碑名称的清乾隆年间刘豢龙《伊犁赋》拟），始载于乾隆中后期撰就的一些赴伊犁效力赎罪的内地官员文学作品、旅行日记和伊犁方志中，时已残破，只能辨认二十余字。由这些书中记录碑刻落款"汉张骞题"和立碑地在今吉尔吉斯斯坦境内，大略可知与前汉张骞使西域紧密相关。再经深入分析碑文，可知《汉张骞碑》是目前除传世文献外见证张骞到往西域的罕见历史材料，也是很早以前中国和

中亚国家人民就已经友好交往的考古学上的直接证据。因没有查询到原碑是否已经完全损毁，抑或未毁坏而收藏在何处的信息，也没有搜集到前人拓印的碑帖，下文只能先利用清代新疆史籍辑校碑文，再综合汉代史书简略考释碑刻真伪、文字等。

一　碑文与立碑地

乾隆四十一年（1776）元月，原任江苏江浦知县刘豢龙在谪戍伊犁第六年所作《伊犁赋并序》中咏叹："南山之上，博望之铭，残碑卓立，廿字分明。"文后附有他的解说："南山有《汉张骞碑》，石多剥，尚存成文者廿字，曰：'进鸿钧于七五，远华西以八千。南接火藏，北抵大宛。'"① 文中指出张骞碑坐落在伊犁"南山"中，碑文文字大都毁损，能够连读成句的文字数量有二十个，与稍后和宁、徐松在嘉庆、道光年间相继撰著西域方志中的碑文文字完全相同。和宁《三州辑略》与《伊犁赋》中碑文名称虽相同，然没有提及其史料出处，因而二者在材料利用方面是否存在转承关系难以详考；因徐松《西域水道记》中碑文转自嘉庆七年（1802）伊犁将军府属吏德某的摹文，故与刘豢龙录写碑文在资料来源方面应该没有关联（均详下）。

同年，伊犁领队大臣格琫额在其作《伊江汇览·山川》中讲到他寻访立存在距离伊犁惠远城（今新疆霍城县）西南四百余里山中张骞碑的经历：

> 惠远城之西南四百余里乱山之巅，茂林丰草，间有古石幢危立焉。披荆棘，履岩巉，梯而登之。视其迹，历年久远，石性浸蚀，雕龙湮没，鲜花剥落，仅存二十四字，仿佛可识。其文曰："去鸿钧以七五，远华西以八千。南达火藏，北抵大宛。"盖汉张骞题也，笔锋活泼，飞舞可爱，诚古迹耳。②

---

① 狄学耕等修，黄昌蕃等纂：《都昌县志》卷14《艺文志·赋录》，清同治十一年（1872）刻本。

② 格琫额：《伊江汇览》，中国社会科学院中国边疆史地研究中心编《清代新疆稀见史料汇辑》，全国图书馆文献缩微复制中心，1990年，第6页。

据上述格琫额寻觅石碑过程可见，他拨开荆斩掉棘，踩着嶙峋突兀的岩石，如同攀爬梯子般到达高低不齐之山最高峰竖立《汉张骞碑》的地方；因历经风吹雨蚀，碑上文字剥落，尚可辨识二十四字，可识之字"笔锋活泼，飞舞可爱"；他的录文中"去""以""达"与前引《伊犁赋》"进""于""接"不同，剩下的十多个文字全部相同；枚举的碑文只有二十个字，余下四字没有列举，或隐含在"盖汉张骞题也"这个结论中。

乾隆四十五年（1780）七月或稍前，缘事发遣迪化（今乌鲁木齐）效力赎罪的原任海州知州邬承显之子邬玉麟，在写给挚友黄易的信中提到，他在伊犁之时听说位于距离惠远城二百余里南山的张骞碑存二十个汉字："弟去岁在伊犁时闻得南山有张骞旧碑一座，距伊城二百余里，为夷人游牧地，华人鲜有至者，故不能得。此碑剥落，仅存二十字，亦无知者。"之后黄易将此事告知李衍孙等①。乾隆四十六年（1781）原任湖北黄梅知县曹麟开贬谪迪化，在《塞上竹枝词》中吟曰"永和贞观碣重重，博望残碑碧藓封"②，张骞爵封博望侯，文中"博望残碑"当指张骞碑。曹麟开在惠远城以东千里之遥迪化已知"博望残碑"，说明伊犁西南存张骞碑的事实，通过邬玉麟等人传播到新疆东部乃至内地士人群体之中。

乾隆四十八年（1783）为人诬陷贪赃而获罪流放至伊犁的原唐山县知县赵钧彤，在其撰写的从始发地保定到目的地伊犁的行程记《西行日记》中言，在惠远城西南山上存有张骞题名石刻："闻惠远城西南数百里高山上有古碑，隶书二十四字，曰：'去青冥而尺五，远华西以八千。南通火藏，北抵大宛。汉张骞题'。"③赵氏日记补充了两则上引《伊犁赋》《伊江汇览·山川》缺载的信息：碑文字体以隶书撰刻，遗漏"汉张骞题"四字。赵氏誊写碑文虽是道听途说，且所收碑文"去青冥而尺五""南通火藏"分别与前录《伊犁赋》"进鸿钧于七五""南接火藏"和《伊江汇览·山川》"去鸿钧以七五""南达火藏"文字不尽相同，然这三人在伊

---

① 薛龙春：《黄易友朋往来书札辑考》，生活·读书·新知三联书店2021年版，第256页。
② 曹麟开：《塞上竹枝词》，星汉编著《清代西域诗辑注》，新疆人民出版社1996年版，第85页。
③ 赵钧彤：《西行日记》，吴丰培整理《丝绸之路资料汇钞》（清代部分），全国图书馆文献缩微复制中心，1996年，第169页。

犁生活的时间相近，其抄写碑文多数文字甚至部分碑文字数相同，不同文字中赵记"尺"比刘、格言"七"于文义较胜（说详下）；《西行日记》闻知碑文落款"汉张骞题"还能和前引《伊江汇览·山川》所下断语"盖汉张骞题也"照应起来，否则刘豢龙、格琫额仅仅通过识别碑文二十余字是难以判断其隶属朝代和撰刻者的。反映《西行日记》记载碑文落款、文字和字体大抵可信，只是可能与《伊犁赋》《伊江汇览·山川》史料来源不同而已。

受职官荐举者李侍尧贪纵营私案牵连的云南迤南道道员庄肇奎，在乾隆四十六年（1781）至五十四年（1789）贬戍伊犁期间，著有《胥园诗钞》"塞外稿"之"伊犁纪事二十首效竹枝体"，其中第三首中云"去天尺五古碑传"，并自注："伊犁城西有汉张骞碑，有人摹得四句，云：'去鸿钧以尺五，远华西以八千。南通火藏，北接大宛。'"①碑文中"去""鸿钧""以""尺五""通""接"与前引《伊犁赋》"进""于""七五""接""抵"和《伊江汇览·山川》"七五""达""抵"及《西行日记》"青冥""而""抵"不同。

因判案违背圣意而免职的原浙江长兴县知县舒其绍，在嘉庆二年（1797）至十年（1805）谪戍伊犁之时撰有《听雪集》，其卷4《伊江杂咏》"张骞碑"诗前注："去城四百里，其文剥落，可读者二十（八）字，去鸿钧以七五，远华西以八千，南达火藏，北接大宛。"②碑文与前此王大枢《西征录》完全相同（详下），除"接"字外的文字又和上引《伊江汇览·山川》近同。

嘉庆十年（1805）乌鲁木齐都统和宁在所撰《三州辑略·艺文门》也拟碑名作《汉张骞碑》："《汉张骞碑》在伊犁南山，文字剥蚀，余二十字，进鸿钧于七五，远华西以八千。南接火藏，北抵大宛。"③收存碑文与徐松《西域水道记·特穆尔图淖尔所受水》同。嘉庆十七年至二十四年（1812—

---

① 庄肇奎：《胥园诗钞》，《清代诗文集汇编》第363册，上海古籍出版社2010年版，第51页。
② 舒其绍：《听雪集》卷4《伊江杂咏》，《清代诗文集汇编》第403册，第376页。
③ 和宁：《三州辑略》卷7《艺文门上》，《中国地方志集成·新疆府县志辑》第6册，第239页。

1819）原任湖南学政徐松遣戍伊犁服役以赎免罪行，其间踏访山川、探觅古迹，在他的名作《西域水道记·特穆尔图淖尔所受水》中亦载录了是碑：

> 淖尔（今案，特穆尔图淖尔）南岸山中，有旧碑，松公筠之初帅伊犁，遣协领德厶访之。其人摹其可辨者数字，曰："进鸿钧于七五，远华西以八千。南接火藏，北抵大宛。"土人名之曰《张骞碑》，而拓本不可得见。德厶今八十余，多遗忘，不能举其地，余三度寻觅，终莫能得。①

从上文徐松关于《汉张骞碑》立碑地、文字等记述可见，张骞碑在特穆尔图淖尔南岸山中，为祖居本地的人称作"张骞碑"；嘉庆七年（1802）松筠初任伊犁将军，派遣协领德某前去山中描摹可识的二十个碑文文字；十七年（1812）或稍后，德某年八十余岁，年老忘却了立碑地具体位置，徐松遣谪伊犁未见拓本，因不能从德某口中获知确切地理方位，先后几次寻访都没有找到。

松筠派属官到特穆尔图淖尔南岸拓摹张骞碑之事，亦见于道光八年（1828）原任湖州知府方士淦自戍遣地伊犁赦还途中所作《东归日记》："［道光戊子三月十五日］伊犁西南卡伦外那林河草地，群山围绕，中有大海，海沿有碑，相传汉张骞立。松湘圃相国筠遣人摹拓，字在有无间，不可辨识。"②其后方氏又在《伊江杂诗》中云"驻师李广利，留碣汉张骞"，并自注："伊犁西南卡伦外曰那林河草地，有大海，万山围绕，距喀什噶尔千余里……相传海沿有张骞碑一座。"③"那林河"即今纳伦河流域，其上游的赤谷城是汉代乌孙的都城，城北八十余千米则是伊塞克湖。伊塞克湖在中国古代史书中先后有"阗池"（汉代），"热海"（隋唐），"大清

---

① 徐松著，朱玉麒整理：《西域水道记》卷5《特穆尔图淖尔所受水》，中华书局2005年版，第288页。
② 方士淦：《东归日记》，李正宇、王志鹏点校《西征续录》，甘肃人民出版社2000年版，第29页。
③ 方士淦：《伊江杂诗》，方浚师撰，盛冬铃点校《蕉轩随录 续录》，中华书局1995年版，第496页。

池"（唐代）、"赤斯宽"（元代）、"特穆尔图淖尔"与"图斯库勒"（清代）等几种称谓，北靠昆格山，南依泰尔斯凯山。

前文中既然徐松、方士淦分别明确提到立碑之地在特穆尔图淖尔"南岸山中"和"那林河草地"众山环绕的"大海""海沿"，那么应当位于泰尔斯凯山。与乾隆中期曾在伊犁驻防和实地测绘的甘肃官员明福，在其作《清人西域图册》第 1 幅"西域总图"标明"汉张骞碑"位于格登山（今新疆昭苏西南）以西正可相应①。

清宣统年间由时任新疆布政使王树枏主持编纂的新疆建省以后第一部全省通志《新疆图志·金石志》，另拟名作《汉张博望侯残碑》，又据引前录徐松《西域水道记·特穆尔图淖尔所受水》、方士淦《东归日记》，其中转引之文漏"藏"字；还加案语云《东归日记》中"大海即图斯库勒"，"碑已无存"②。

要之，《汉张骞碑》在今吉尔吉斯斯坦境内伊塞克湖南岸泰尔斯凯山上，书体隶书；谪守西域官员诗文、日记及西域方志中存在着《伊犁赋》（《三州辑略》《西域水道记·特穆尔图淖尔所受水》）、《伊江汇览·山川》《西行日记》与《听雪集》（《西征录》，详下）及《胥园诗钞》五个版本录文，可汇校作："去〔进〕鸿钧〔青冥〕以〔而、于〕七〔尺〕五，远华西以八千。南达〔通、接〕火藏，北抵〔接〕大宛。汉张骞题。"

二 立碑时间和背景、流传及文字

清代生活在伊犁的文人学士不仅访碑、摹碑、录碑，还尝试结合传世史料讨论张骞碑的真伪。乾隆五十三年（1788）安徽太湖籍举人王大枢因公事戍守伊犁，嘉庆四年（1799）从伊犁赦返原籍后，在厘定的安徽安庆至伊犁沿途及在西域生活见闻记《西征录》"张骞碑"条中针对其真实性提出八个疑问：

> 或传伊（黎）〔犁〕西南四百里许深山间有张骞碑，其文剥落，

---

① 明福：《清人西域图册》"西域总图"，中国国家博物馆藏本。转引自郭小影《中国国家博物馆藏〈清人西域图册〉考论》，《中国国家博物馆刊》2023 年第 6 期。
② 袁大化修，王树枏等纂：《新疆图志》卷88《金石一》。

可辨者才二十余字，云："去鸿钧以七五，远华西以八千。南达（大）[火]藏，北接大宛。"是碑也，吾有八疑：骞从匈奴逃至大夏，无暇立碑，一也；即从，至乌孙，何事勒此间文字，二也；汉时无"火藏"名，三也；伊犁南山非北接大宛之所，四也；俪词不类汉初，五也；"七五"二字无鲜，六也；文字剥落，何独四句恰好完全，七也；且但闻口说遍觅无踪，八也。①

清代其他历史学者也有类似看法，譬如薛国琮《伊江杂咏》云："张骞偕堂邑父使大宛，被留匈奴，再逃而归，何暇立碑？文既剥落，何四句独全？其为后人附会无疑。"②再如文廷式《纯常子枝语》曰："按四句不似汉人文字，疑本是唐碑而土人误指也。"③其观点基本上囊括在王大枢列举的"八疑"之中。

通过前文对于张骞碑在伊犁地方文献资料中著录等情况梳理，可以解答王大枢提出的第七、八个问题：乾隆四十一年（1776）、嘉庆七年（1802），伊犁领队大臣格琫额、伊犁将军松筠下属德某先后前往张骞碑树碑处，曾经亲见此碑；碑文中只有这几句话尚可辨读，故而他们将这些文字拓录下来。其摹录文字不完全相同，说明当时这四句刻文保存的状态也不是很好，并非王大枢指出的"恰好完全"。王大枢列出的其他疑惑中，第一、二和第三—六个疑问分别涉碑铭刻写时间、历史背景、流传情况与碑刻文义等。

（一）碑铭撰刻时间、时代背景及流传

张骞使西域前后凡两次：建元二年（前139）出使大月氏（今阿姆河流域北岸），途中被匈奴截留，"居匈奴中，益宽，骞因与其属亡乡月氏，西走数十日至大宛"。后由大宛"为发导绎，抵康居，康居传至大月氏……骞从月氏至大夏，竟不能得月氏要领"④。反映张骞首次西使从匈奴（漠北地区）逃脱后相继抵达大宛（今费尔干纳盆地）、康居（今锡尔河

---

① 王大枢：《西征录》卷4《杂撰》，国家图书馆藏民国年间抄本（索书号：地800/8547）。
② 史梦兰选辑：《永平诗存》卷6《伊江杂咏》，清同治十年（1871）刻本。
③ 文廷式：《纯常子枝语》卷1，民国三十二年（1943）刻本。
④ 司马迁：《史记》卷123《大宛列传》，中华书局2013年版，第3158页。

流域)、大月氏、大夏(今阿姆河流域南岸)等国家。元狩四年(前119)再次西访外国,目的地是乌孙(今伊犁河、楚河、纳伦河流域),以"断匈奴右臂",出使过程是:"拜骞为中郎将……骞既至乌孙……乌孙发导译送骞还。"①

如果碑刻非后人伪造,那么是张骞哪次到西域所制呢？参据西汉之时西域历史地图,可见张骞碑竖立地泰尔斯凯山地处伊塞克湖之南畔,系西域国家康居国东部和乌孙国西部边疆交界地区,② 其位于张骞哪次到往西域路线上,则为孰时所刻。综合张骞先后两次使往西域交通线路来看,其第一次出访西域路过康居然没有途经乌孙,第二次则反之,抵达目的地乌孙以后未再前行赴康居(详下),表明张骞碑既有可能在首次也难以排除在第二次路经康居或乌孙之时镂刻。笔者在还原、比较张骞相继两次到访西域的政治、军事背景下,相对认同在第二次西使刻立,相关论据详下。

首先,张骞等一行人首次前往西域,担负使命在于联系原游牧于伊犁河、楚河流域的匈奴仇敌大月氏夹击匈奴。然出师不利,未抵达预定地方就被匈奴截扣。迨十余年以后逃离匈奴控制,他应自漠北地区往西南方向行走,之后沿巴尔喀什湖北岸往西南行,而后循楚河南下,直奔大月氏。抵伊犁河、楚河流域之时,大月氏早已南徙至阿姆河流域,他应直接南下再加探寻,从而完成未竟的政治任务。因而其目的地并非泰尔斯凯山西南的大宛,抵大宛当是偶然进入路过而已。如果张骞在循楚河到达泰尔斯凯山而未继续南行情况下雕录碑文,碑文中又存大宛国之名,笔者感到疑惑的是张骞如何能够预先知道下一个即将经过的国家大宛,且经由伊塞克湖南岸前往大宛的路线并非捷径,反映张骞碑并不是在张骞脱离匈奴掌控以后、未到达大宛之前镂刻。

下面循着上文所述张骞行程继续推测,张骞从楚河流域南下,穿过吉尔吉斯山脉,顺着纳伦河逃至大宛以后,在大宛王指派的国人引领之下安全来到康居,那么张骞碑也有可能在此时雕凿。如果这样猜想,那么其具体行进路线为:先自大宛往东北方向行走沿着纳伦河逆流而上,然后穿越

---

① 司马迁:《史记》卷123《大宛列传》,第3168—3169页。
② 孟凡人:《乌孙的活动地域和赤谷城的方位》,《西北师大学报》(社会科学版)1978年第1期。

高峻的吉尔吉斯山抵伊塞克湖南岸,之后朝着西北方向前行顺着楚河到康居。张骞选择这条交通线路有悖于情理,详细分析如下。

《史记·大宛列传》称张骞"身所至"康居,然康居"羁事匈奴",若张骞路过康居本土锡尔河北岸径往大月氏必然会险象环生;且由大宛前往大月氏应当穿过锡尔河与阿姆河之间的索格底亚那地区,没必要经过康居本土。说明张骞在大宛向导导引之下,由大宛向西南行,直接取道康居领地——索格底亚那地区抵大月氏。① 而前面提到从大宛循纳伦河往东北行的路线,则是先自西向东、再往西按逆时针方向绕一个圆圈到康居本土,最后向正南直行至索格底亚那地区。两条交通线相较,从大宛西南行的路线比由大宛沿纳伦河东北走的线路节省时间、路途更近、更安全。

再,原先乌孙为匈奴之臣属国,强大起来以后战胜大月氏,从而举族迁徙至伊犁河、楚河流域,就不再定期向匈奴朝贡,然亦作为其附属国而存在。② 反映张骞首次西使之时匈奴还可以号令乌孙。第二次西行在乌孙未能完成联合其共同抗击匈奴的任务,原因之一在于乌孙"素服属匈奴日久矣,且又近之,其大臣皆畏胡,不欲移徙,王不能专制"③,亦可证张骞相继两次到西域前后乌孙一直受匈奴制掣。乌孙占据楚河流域,其都城赤谷城又北距伊塞克湖八十余千米,倘若假道受匈奴挟制乌孙之邻地而往大月氏,为其发现并扣留,张骞可能会面临遣送回匈奴的命运。

由康居"传至"大月氏以后,张骞"留岁余,还,并南山,欲从羌中归,复为匈奴所得"④。大多数历史学者指出张骞从大月氏返归的路线是:先溯阿姆河往东南方向行,其后越过葱岭进入今塔里木盆地西端,之后依今塔克拉玛干沙漠南缘与昆仑山北麓之间的绿洲向东进发,⑤ 而没有往北行路过伊塞克湖附近循原路返回关中。

---

① 余太山:《张骞西使新考》,《西域研究》1993 年第 1 期;余太山:《两汉魏晋南北朝与西域关系史研究》下卷《张骞西使新说》,商务印书馆 2011 年版,第 289 页。
② 司马迁:《史记》卷 123《大宛列传》,第 3161 页。
③ 司马迁:《史记》卷 123《大宛列传》,第 3169 页。
④ 司马迁:《史记》卷 123《大宛列传》,第 3159 页。
⑤ 余太山:《张骞西使新考》,《西域研究》1993 年第 1 期;余太山:《两汉魏晋南北朝与西域关系史研究》下卷《张骞西使新说》,第 290 页;张志坤:《张骞出使西域路线辨正》,《中国人民大学学报》1995 年第 3 期。

参照上文列举的这几个论据，似乎可以证明张骞第一次西赴西域，在从匈奴逃奔大月氏及自大月氏回归中土途中，都没有通过伊塞克湖或邻近。况且张骞与属官这次出行意在快速安全抵达大月氏领地，似乎没有精力、闲情逸致和时间在石头上刻录文字。故而张骞碑在此时所树可能性较小。

其次，西汉载籍没有记录张骞第二次使西域途经的国家，许多学者先剖析了当时汉朝与匈奴政治军事势力范围，指出：在张骞第二次往赴西域之前，西汉已扭转以往与匈奴屡战屡败的军事形势，并且先后通过几次胜战及利用匈奴统治阶层内讧，控驭着从河西走廊以西一直到罗布泊的广袤地区；[①] 而匈奴控制地域则由西域东部地区往西北方向收缩，退至天山以北、阿尔泰山以南，但依然借助之前威势挟持西域诸国与西汉对抗。进而他们提出张骞应是起先经过陇右、河西走廊到塔里木盆地东部罗布泊地区，之后溯塔里木河及北支流孔雀河、阿克苏河北越天山抵乌孙，[②] 其行走线路和西汉元帝在位时西域都护陈汤从塔里木盆地温宿（今新疆乌什）出发，经乌孙讨伐退守康居的北匈奴郅支单于的前半段行程近同。[③]

参据上文对张骞前后两次赴西域而在孰次刻石可能性的对比和分析，笔者推测张骞第二次使西域到达乌孙之时，可能追忆首次出使等事，前往赤谷城西北距离不远的泰尔斯凯山上，将所经、所闻、所感及功勋勒石，类似于后世汉地军政官员频繁在西域所立之纪功碑。

泰尔斯凯山上所立汉文碑刻，徐松《西域水道记·特穆尔图淖尔所受水》云"土人名之曰'张骞碑'"，又方士淦《东归日记》曰"海沿有碑，相传汉张骞立"（出处详上）。说明这座石碑在乾嘉年间为伊犁文人雅士发现以前，已被当地居民知晓并称作"张骞碑"。"张骞碑"之名语出母语非汉语本地少数民族人民，很有可能是千百年来其世代相传而来，又可与《西行日记》载录隶书落款"汉张骞题"相印证，故而系后人伪造的可能

[①] 司马迁：《史记》卷123《大宛列传》，第3167页。

[②] 黄烈编：《黄文弼历史考古论集》第1编《张骞使西域路线考》，文物出版社1989年版，第38页；余太山：《张骞西使新考》，《西域研究》1993年第1期；余太山：《两汉魏晋南北朝与西域关系史研究》下卷《张骞西使新说》，第293—294页。

[③] 班固：《汉书》卷70《傅常郑甘陈段传》，中华书局2013年版，第3011页。

性不大。

(二) 碑文文字

碑文中的"去〔进〕鸿钧〔青冥〕以〔而、于〕七〔尺〕五，远华西以八千"十二字，"鸿钧"和"青冥"都指青天，"远华西以八千"意为在中国以西八千里地方，形容距西汉遥远，与前一行文字形成对仗，因而"去〔进〕鸿钧〔青冥〕以〔而、于〕七〔尺〕五"意指离苍天很近，言其所在之处很高，或指泰尔斯凯山巍峨高耸。"七"，误；"尺"，确。"尺五"，一尺五寸，意思是离高处距离近。

碑文之中"南达〔通、接〕火藏，北抵〔接〕大宛"八字，表达句义是某个西域国家夹在大宛南和"火藏"北，由此行可南北通达二国。翻查班固《汉书·西域传》可见，大宛之南相邻国家既有位于葱岭北部的休循、捐毒（均今帕米尔高原），也有葱岭以西之大月氏。依据前文所述张骞行走线路可知，其第一次西行从大宛往南走抵达大月氏，先后两次出行都没有经过休循、捐毒，这两个西域古国在《史记·大宛列传》收录"张骞出使报告"中没有记载。根据张骞亲身经历及其掌握有限的西域地理知识，可以推断碑文中叙述某国可能指大月氏。

"火藏"之名在《史记·大宛列传》《汉书·西域传》等西汉典籍中没有相关记述，当代学者李惠兴以为：本来"火"与"大"两字字形就相近，刻画碑文文字又过于"艺术化"，所以后人将"大藏"误识作"火藏"；"大藏"指西藏地区。① 笔者认为碑文中"火"为"大"可能性不大，原因在于：西藏位于大宛东南直线距离一千八百余千米处，它们中间隔着帕米尔高原、昆仑山等众多高地，其间交通情况和碑文中"接""达""通"三字表示意思似乎不相合。笔者根据碑文对仗格式推测，"火藏"或许指大月氏以南国家、地区、部落等。古代西域尤其是葱岭以西地区处于偏远地区，中土之地人士足迹罕至；西域使者、地方官员、僧侣等抵达西域后，也只是将路经或听闻的地名、民族记录下来。因而"火藏"仅留存在张骞碑中，没有书写在传世文献中，不能证明其在前汉不存在。

---

① 李惠兴：《张骞通西域 丝路有题碑》，《中国地方志》2002 年第 3 期。

"汉张骞题"四字表示由西汉张骞题写，正与西域地区本地居民先祖流传下来的碑名"张骞碑"契合，应该是石碑文字篇末款题。

李惠兴还认为张骞碑性质系界分大宛与它南部某国（或者是李先生考出的西藏）地界的界碑，① 倘若如此，张骞碑树碑地当在大宛南部某地，其北是大宛、南则某国。实际上，张骞碑所在的泰尔斯凯山，在大宛东北八百余千米，又在西藏西北一千三百余千米。说明立碑地与大宛、某国（或者西藏）相对位置不符，应该不是标识大宛及南部某国界线的界至碑。

有一种可能可以支持李先生的提法：张骞碑原立在大宛南部，此后有人将其拖运八百余千米至泰尔斯凯山上。"张骞碑"之名在伊塞克湖畔流传甚广，似乎乃本地之物；泰尔斯凯山山势险峻，人迹罕至，需"披荆棘，履岩巉，梯而登之"方可到树碑地（详参上引《伊江汇览·山川》），故而张骞碑被后人搬运的可能性微乎其微，或许一直竖立在此山上。退一步来讲，帕米尔高原、塔里木盆地西北邻接大宛，其南一千多千米为西藏，若是地界碑，应区分大宛与塔里木盆地、帕米尔高原各自境地，似乎和西藏关联不大。

"去〔进〕鸿钧〔青冥〕以〔而、于〕尺五"云云二十字形成对偶骈文，其中前十二字和后八字是否为上下文难以确知，故而这几句话排偶方式有"六六""四四"与"六六四四"两种。西汉初年均出现过类似的格律文章，例如西汉景帝时晁错"贤良文学对策"："妄赏以随喜意，妄诛以快怒心，法令烦憯，刑罚暴酷，轻绝人命，身自射杀；天下寒心，莫安其处。"② 又如武帝时中山王刘胜《文木赋》："丽木离披，生彼高崖。拂天河而布叶，横日路而摧枝。幼雏羸鷇，单雄寡雌，纷纭翔集，嘈嗷鸣啼。载重雪而梢劲风，将等岁于二仪。巧匠不识，王子见知。"③ 另如武帝在位时公孙乘《月赋》："月出皦兮，君子之光。鹍鸡舞于兰渚，蟋蟀鸣于西堂。君有礼乐，我有衣裳。猗嗟明月，当心而出。隐员岩而似钩，蔽修堞

---

① 李惠兴：《张骞通西域 丝路有题碑》，《中国地方志》2002 年第 3 期。
② 班固：《汉书》卷 49《爰盎晁错传》，第 2296 页。
③ 刘歆撰，葛洪集，王根林校点：《西京杂记》卷 6《文木赋》，上海古籍出版社 2012 年版，第 42 页。

而分镜。"① 反映张骞碑俪词合乎西汉之初作品风格。

综上所述，张骞第二次出使抵达乌孙都城赤谷城（今纳伦河上游）以后，前往西北八十余千米伊塞克湖南岸泰尔斯凯山立碑纪功，碑文涉前后两次西行经历等。两千余年中碑铭经历日晒雨淋，文字严重剥蚀，至清时只可辨识二十余字。前十二字讲述泰尔斯凯山山势高峻，处于中土以西渺远地方，中间八字讲到大月氏地理位置等。《汉张骞碑》残文字数虽少，然可在一定程度上弥补《史记·大宛列传》《汉书·张骞李广利传》中张骞第二次赴西域有关记载简略之缺憾。

第二节 佚名《张骞出关志》内容与书籍性质

无名氏《张骞出关志》1卷著录于《隋书·经籍志》《通志》《玉海·地理》之中，② 其一则遗文存录在西晋崔豹《古今注·草木》中（详下），说明它的完书时间当在汉晋时期。北宋王钦若等《册府元龟·国史部》另言其撰者及编写时间、背景等："张骞为郎使月氏，撰《出关志》一卷。"③ 文中指明书籍著者为张骞，撰著时间在他首次使往西域之时或归国以后，内容也许涉联系大月氏夹击匈奴等事。南宋洪遵抄录少量文字于其著《泉志·外国品》中（详下），之后存世载籍未再收录而转引前书，表明亡佚时间应在宋元。

西汉元朔三年（前126）张骞第一次西使返抵汉都长安以后，对武帝述说了他在西域十几年见闻，其话语被司马迁收入《史记·大宛列传》作为上半篇内容，书中记叙了张骞"身所至"大宛、大月氏、大夏、康居及"传闻"六个大国乌孙、奄蔡（今咸海之北）、安息、条支、黎轩、身毒总共十个国家地理环境、物产与风俗习惯。一些学者根据书名或上引《册府

---

① 刘歆撰，葛洪集，王根林校点：《西京杂记》卷4《梁孝王忘忧馆时豪七赋》，第33页。
② 魏徵等：《隋书》卷33《经籍志二》，中华书局2010年版，第985页；郑樵撰，王树民点校：《通志二十略·艺文略第四》，第1584页；王应麟：《玉海》卷16《地理》，江苏古籍出版社、上海书店出版社1987年版，第299页。
③ 王钦若等编纂，周勋初等校订：《册府元龟》卷560《国史部（七）》，凤凰出版社2006年版，第6422页。

元龟·国史部》,认为《张骞出关志》主要记载了张骞西赴大月氏始末,指《史记·大宛列传》前半篇。① 今核现存三则《张骞出关志》辑文,与《史记·大宛列传》前半篇无相应之文,可见他们的看法未必确实。上述研究者观点之所以存在值得商讨地方,原因在于他们没有辑证逸文。下文先辑录存世文献引录三条轶文,分析辑文中隐含的西域史实,再结合《史记·大宛列传》《汉书·西域传》等书相关内容,推测书籍性质和成书经过等。

一 辑文三则

除上文列举《古今注·草木》《泉志·外国品》外,在唐宋时期撰就的其他史册亦征用过《张骞出关志》,从中可搜录三条有关"藤实杯""轩渠国""三童国"的逸文,其大抵讲述了"张骞"在大宛、轩渠、三童等域外国家的经历见闻,所叙当地出产植物、动物及使用钱币、人物面部特征等,部分记述古怪离奇,整部书其他部分或许也有相似的叙述,体裁可能是与作者不详《山海经》、西晋张华《博物志》相类的志怪古书。其记录一些内容虽颇为奇异,但经仔细分析可知描述事物虚实共存,若干载述和历史情况或可印证。

(一) 藤实杯

> 酒杯藤出西域,藤大如臂,叶似葛花,实如梧桐,实、花坚,皆可以酌酒。自有文章,映彻可爱。实大如指,味如豆蔻,香美消酒。土人提酒来至藤下,摘花酌酒,仍以实消醒。国人宝之,不传中土,张骞出大宛得之。事出《张骞出关志》。②

除上文《古今注·草木》有转引外,唐代王叡《炙毂子》、段成式

---

① 吴丰培:《吴丰培边事题跋集》,第 172 页;易雪梅、卢秀文:《西北历史文献概述》,《图书与情报》1999 年第 3 期;廖吉郎:《两汉史籍研究》第 4 章《两汉之地理书及地方史》,《古典文献研究辑刊》第 6 编第 12 册,第 106—107 页。

② 崔豹:《古今注》卷下《草木第六》,《丛书集成初编》第 274 册,中华书局 1985 年版,第 18—19 页。

《西阳杂俎·木篇》及宋代窦苹《酒谱·神异》、李石《续博物志》均存其文,① 辑文题名从《炙毂子》拟。由上面关于其枝叶果实等表述可见,酒杯藤为藤蔓类的植物,叶子为三数宽卵形复叶(见图1-1),荚果或蒴果粗如手指,种子和梧桐子相类,含有萜类芳香油,花、实坚硬可做饮器与现实难符,所以在自然界中难以找到与之对应的植物。② 既然从整段辑文记述难以入手考论,不妨尝试综合辑文中的关键词句和张骞使西域有关史事进行推敲。

图 1-1 酒杯藤枝叶素描

说明:图1-1采自伊钦恒校注的《花镜》,伊先生注:"华南植物研究所认为该植物(今案,酒杯藤)形态性状描述过简,很难确定科属。"(陈淏子辑,伊钦恒校注:《花镜》卷5《藤蔓类考》,第293页)

辑文中提到酒杯藤"藤大如臂","实大如指","张骞至大宛得之"。与之相关的历史事实有,《史记·大宛列传》叙张骞第一次使往西域在大宛见闻及其他有关事宜:"[大宛]有蒲陶酒……宛左右以蒲陶为酒,富人藏酒至万余石,久者数十岁不败。俗嗜酒,马嗜苜蓿。汉使取其实来,于是天子始种苜蓿、蒲陶肥饶地。"③ 说明大宛国不但盛产葡萄,还善于用葡

---

① 李昉等编,汪绍楹点校:《太平广记》卷407《草木二》引《炙毂子》,中华书局1986年版,第3296页;段成式撰,方南生点校:《西阳杂俎·前集》卷18《木篇》,中华书局1981年版,第176页;窦苹著,石祥编著:《酒谱》外篇《神异》,中华书局2010年版,第183页;李石:《续博物志》卷5,《丛书集成初编》第1343册,第66页。

② 石声汉:《试论我国从"西域"引入的植物与张骞的关系》,《科学史集刊》第5期,科学出版社1963年版,第33页;陈淏子辑,伊钦恒校注:《花镜》卷5《藤蔓类考》,农业出版社1979年版,第293页。

③ 司马迁:《史记》卷123《大宛列传》,第3160、3173页。

萄酿制葡萄酒;"汉使"抵达大宛,之后将葡萄种子带回中土。

结合酒杯藤枝干、果实形态特征和大宛地方物产、风俗习惯等,可初步判定"张骞"见到并带回关中的酒杯藤当是葡萄藤。进一步来讲,这条逸文与张骞是否为携大宛葡萄东返中土的西域使者之问题密切相关。前引《史记·大宛列传》讲从西域引葡萄种者乃是未知姓名的"汉使",不足以论析引入大宛葡萄种者与张骞的关系。仔细分析东汉班固《汉书·西域传》可推得西汉之时大宛葡萄传入中国种植的大概时间,对厘清该问题颇有助益:

贰师既斩宛王,更立贵人素遇汉善者名昧蔡为宛王。后岁余,宛贵人以为昧蔡谄,使我国遇屠,相与共杀昧蔡,立毋寡弟蝉封为王……宛王蝉封与汉约,岁献天马二匹。汉使采蒲陶、目宿种归。天子以天马多,又外国使来众,益种蒲陶、目宿离宫馆旁,极望焉。①

从上文贰师将军李广利伐大宛及昧蔡、蝉封相继称大宛王之后"汉使采蒲陶"等事迹可知,虽然与上引《史记·大宛列传》略同,《汉书·西域传》记载从大宛带葡萄种到中原的人也是"汉使",但是可以断定引入时间在蝉封取代昧蔡成为大宛新王以后,亦即李广利攻克大宛并废旧王立昧蔡为宛王的"岁余"。西汉武帝太初三年(前102),李广利攻破大宛拥立贵族昧蔡为新君,②而后的"岁余"最晚在天汉元年(前100),时距张骞(前164—前114)去世已经有十多年时间。因而上引《史记·大宛列传》《汉书·西域传》提到在大宛采获葡萄东归中土的"汉使",非指张骞,③而是武帝在位时太初、天汉年间奉命到往西域的使节。

与在汉晋时期成书的《张骞出关志》一样,东汉至西晋某些史册也将引西域葡萄种入中国之功归于张骞。以目前文献资料看来,生活在东汉安、顺、桓三帝时王逸《王逸子》首次记载张骞前赴西域采来葡萄,相关的史料为:"或问:'张骞可谓名使者欤?'曰:'周流绝域十有余年,自京

---

① 班固:《汉书》卷96上《西域传上》,第3895页。
② 司马迁:《史记》卷123《大宛列传》,第3175页。
③ 胡澍:《葡萄引种内地时间考》,《新疆社会科学》1986年第5期。

师以西、安息以东，方数万里，百有余国，或逐水草，或逐城郭，骞经历之，知其习，始得大蒜、蒲萄、苜蓿。'"① 这部书现已亡失不存，其他数则逸文尚存于《艺文类聚·杂器物部》《太平御览》等书中。② 通读这几条佚文，可知均为盛赞名士高风亮节之论。根据《史记·大宛列传》《汉书·张骞李广利传》张骞使西域文字，可见王逸言张骞"周流绝域十有余年""方数万里"大致符合史实；而路经"百有余国"则与历史事实难合，其和"始得大蒜、葡萄、苜蓿"之语相似，只可以理解作赞扬张骞不辞辛苦、功绩卓越的言辞。

西晋张华《博物志》讲张骞、李广利在异域分别获葡萄、"葡陶"："大宛马嗜苜蓿，汉使张骞因采葡萄、苜蓿归，种。""张骞使大夏，得石榴。李广利为贰师将军，伐大宛，得蒲陶。"③ 以后历史学者多据这些语句认定张骞、李广利传大宛葡萄入中国。采携葡萄种东归者非张骞（详上），然亦非如《博物志》所言李广利。《史记·乐书》："[李广利]后伐大宛得千里马，马名蒲梢。"④ 又《汉书·西域传》："闻天马、蒲陶则通大宛、安息……蒲梢、龙文、鱼目、汗血之马充于黄门。"⑤ 表明李广利征讨大宛获得的"蒲梢"当为千里马的名称。进而推之，张华记李广利"得蒲陶"有两种解释：或张华混淆了上引《史记·大宛列传》《汉书·西域传》植物名"蒲陶"与马名"蒲梢"，误认为李广利是引大宛葡萄到内地者；或将前录《汉书·西域传》"闻天马、蒲陶则通大宛、安息"点断作"闻天马蒲陶则通大宛、安息"，"蒲陶"一词也就从植物名称衍变成大宛国马的称呼，而"[李广利]得蒲陶"一语指李广利斩获大宛马。

---

① 虞世南：《北堂书钞》卷40《政术部十四》引《王逸子》，中国书店1989年版，第114页。
② 欧阳询撰，汪绍楹校：《艺文类聚》卷73《杂器物部》，上海古籍出版社1985年版，第1261页；李昉等：《太平御览》卷759《器物部四》、卷765《器物部十》、卷956《木部五》、卷994《百卉部一》，中华书局1995年版，第3370、3396、4244、4400页。
③ 陈景沂编辑：《全芳备祖·后集》卷26《蔬部》引《博物志》，农业出版社1982年版，第1424页；萧统编，李善注：《文选》卷16潘安仁〈闲居赋〉并序引《博物志》，上海古籍出版社1986年版，第705页。
④ 司马迁：《史记》卷24《乐书二》，第1178页。
⑤ 班固：《汉书》卷96下《西域传下》，第3928页。

(二）轩渠国

> 轩渠，其国多九色鸟，青口，绿颈，紫翼，红膺，绀顶，丹足，碧身，缃背，玄尾。亦名九尾鸟，亦名锦凤。其青多红少谓之绣鸾，常从弱水西来，或云是西王母之禽也。其国币货同三童国也。①

《通典》《太平寰宇记》转上文"轩渠国"及下文"三童国"两条史事，未注文献出处。其应摘自《张骞出关志》，可以根据《泉志·外国品》有关史料作出如此判断：

> 《张骞出关志》曰："凡诸国币货多用蕉、越、犀、象作金，币率象国王之面，亦效王后之面。若丈夫交易则用国王之面，女人交易则用王后之面，王死则更铸。"②

由上文《通典》《太平寰宇记》和《泉志·外国品》关于轩渠、三童、"诸国"钱币记载可见，《张骞出关志》"诸国"和三童国有关货币行文基本相同；三童国在轩渠国西南千里之外，均与大秦相邻，其使用泉币材料、形态、方式又相同，反映关于这两国叙述都来自《张骞出关志》。

依据这两条辑文，可知有三条历史线索可用于考订轩渠国。一是，地理位置：轩渠国东北距三童国一千里，与大秦国邻接；二是，货币形态：以蕉、越、犀、象和印有国王、王后两人头像的"双面钱"作为货泉；三是，独特的物产：出产一种形貌特殊鸟类九色鸟。下面循着这些线索依次考析。

首先，《史记·大宛列传》中亦即西汉时的"黎轩"，今有埃及托勒密王国、西亚塞琉古王国等说法。③ 记述东汉及以后历史的史籍（比如《后

---

① 杜佑撰，王文锦等点校：《通典》卷193《西戎五》，中华书局2007年版，第5267页；乐史撰，王文楚等点校：《太平寰宇记》卷185《西戎六》，中华书局2007年版，第3547页。
② 洪遵：《泉志》卷12《外国品下》，《丛书集成初编》第767册，第62页。
③ [法]伯希和：《犁靬为埃及亚历山大城说》，《西域南海史地考证译丛》第7编，冯承钧译，中华书局1957年版，第34—35页；[德]夏德：《大秦国全录》，朱杰勤译，第19页。

汉书·西域传》）则将"黎轩"作为"大秦"（罗马帝国）的异称。《张骞出关志》记继张骞以后使臣赴西域的事情，完成时间在汉晋。故而《通典》所说与轩渠、三童国毗邻之"大秦"，既有可能指"黎轩"，亦有可能指罗马帝国。既然三童和大秦两国处于何地难以论考，所以由其地理方位殊难论定轩渠国具体位置。

其次，上引《泉志·外国品》曰轩渠国货币形态之一为蕉、越、犀、象，之前已有专研训诂学的学者详细考察了这些物品：段玉裁、郭璞分别指出"蕉""越"与"犀""象"指蕉布、纻布和牛皮角、象牙骨。[①]

查检与《张骞出关志》写就时间相近的《史记·大宛列传》及《汉书》《后汉书》《魏书》"西域传"等，其中提到的犀牛、大象集中分布在今印度半岛印度河、恒河沿岸与伊朗高原及中亚国家阿富汗，与现今它们生活地大致相同。而制作蕉布、纻布的原材料植物芭蕉、苎麻，与犀牛、象一样皆生长在亚热带地区。既然轩渠、三童两国存有这些动植物制成品，那么当与之分布地区一致或者在其附近。

除以蕉、越、犀、象充作泉币外，轩渠、三童国还流通"双面钱"。与此相关的西汉之时西域史实是，《汉书·西域传》："［安息国］亦以银为钱，文独为王面，幕为夫人面，王死辄更铸钱……［大月氏］民俗钱货，与安息同"[②]。说明轩渠、三童、安息（今伊朗高原、两河流域）、大月氏四国流通钱币形态相似。

张骞第一次从西域归来后对武帝所讲的话亦提到安息国钱币形态等："［安息］以银为钱，钱如其王面，王死辄更钱，效王面焉。"[③] 表明安息国铸币材料是白银，新国王即位以后熔铸正面为其头像的新币，与今伊朗等地出土安息银币及更变情况大致相符。今出土安息国银币反面，则多为希腊、伊朗神祇和银币铸造地动植物特产。[④]

此外，安息国也颁行过银币正面为国王、幕面为王后的"双面钱"。

---

① 段玉裁撰，钟敬华校点：《经韵楼集》卷12《〈吴都赋〉"蕉葛竹越"解》，上海古籍出版社2008年版，第341—343页；郭璞注：《尔雅》卷下《释地第九》，《丛书集成初编》第1139册，第80页。
② 班固：《汉书》卷96上《西域传上》，第3889、3890页。
③ 司马迁：《史记》卷123《大宛列传》，第3162页。
④ 程彤、吴冰冰：《伊朗古代钱币的宗教内涵》，《世界宗教研究》2007年第4期。

安息国王弗拉特斯五世（在位时间前2—4年），曾发行钱面为他的头像、钱背为其妻子穆萨头像的银币。在目前考古资料与传世文献中，① 钱面为国王、钱背为王后的古代西域金属货币仅此一例，② 可见《汉书·西域传》所记安息银币的图案大抵不误，《张骞出关志》所载具有国王和王后头像的"双面钱"应指该币。因而《张骞出关志》的记事截止时间当在公元前2年（西汉哀帝元寿元年）或稍后，前引《册府元龟·国史部》所语作者及写作背景、时间等，完全是据书名臆测全书内容，恐误。进而可推，轩渠、三童两国使用流通实物货币和外来金属货币，其政治、经济、文化发展程度不高甚至落后；它们可能受到安息、大月氏直接管治或者其在政治、经济、军事上有所往来。

再次，轩渠国"九色鸟"指何种鸟类，许多人作过猜测，有人以为是鹦鹉，③ 也有人猜想是《山海经》之《海内北经》《大荒西经》中的仙鸟三青鸟。④ 鹦鹉的体态特征与之不合，"三青鸟"为传说中的神鸟，难以符合现实情况。案辑文中提及"九色鸟"是西王母饲养的神禽，产自弱水。《史记·大宛列传》云张骞第一次使西域荣归中国后曾对武帝说到弱水、西王母在条枝，⑤ 东汉以后的史册譬如《后汉书·西域传》另言弱水和西王母位于条枝之西大秦。⑥ 条枝地望有叙利亚、两河流域等看法，大秦通常指罗马帝国。在今人所考条枝诸地望和罗马帝国版图中，未搜寻到与"九色鸟"名称或各种身体特征相符之鸟，所以只能从其他地区探寻。

---

① 目前搜集到有关汉代西域货币的考古资料有：张忠山主编《中国丝绸之路货币》，兰州大学出版社1999年版；上海博物馆编《上海博物馆藏丝绸之路古代国家钱币》，上海书画出版社2006年版。相关论著有：戴建兵、王晓岚、陈晓荣《中外货币文化交流研究》，中国农业出版社2003年版；王三三《帕提亚与丝绸之路关系研究》，博士学位论文，南开大学，2014年；曹源、袁晔《前四史所见西域钱币考》，《中国钱币》2015年第5期。

② 杨巨平：《希腊式钱币的变迁与古代东西方文化交融》，《北京师范大学学报》（社会科学版）2007年第6期。

③ 李贺撰，姚佺等注：《李长吉昌谷集句解定本》卷4《荣华乐》，清初丘象随西轩刻本。

④ 吴任臣：《山海经广注》卷16《大荒西经》，《景印文渊阁四库全书》第1042册，台北：台湾商务印书馆1983—1988年版，第226页。

⑤ 司马迁：《史记》卷123《大宛列传》，第3163—3164页。

⑥ 范晔：《后汉书》卷88《西域传》，中华书局2015年版，第2920页。

棕尾虹雉的通俗名称是"九色鸟"①，为雉科虹雉属的一种，属大型鸡类，栖息在海拔2500—4500米的高山针叶林、高山草甸、杜鹃灌丛中，现为中国国家一级重点保护野生动物，也是尼泊尔的国鸟。其生活在中国西藏南部、东南部和云南省贡山县，以及帕米尔高原与喜马拉雅山以南的阿富汗努里斯坦、巴基斯坦西北边境省、克什米尔、尼泊尔、不丹、印度喜马偕尔邦和阿萨姆邦及缅甸北部山区。②

棕尾虹雉和轩渠国"九色鸟"有以下几个相合地方：一是，棕尾虹雉俗称"九色鸟"；二是，棕尾虹雉分雄、雌两态，"九色鸟"有"九尾鸟""锦凤"和"绣鸾"两种。比较它们外貌特征可知，雄性棕尾虹雉通体五彩斑斓，其形态特征除不具备"九尾鸟"的"红膺""丹足""玄尾"外，其他外形特征基本符合，特别是雄性棕尾虹雉头顶上有一簇蓝绿色羽冠，与"九尾鸟""绀顶"难得契合。雌性棕尾虹全身色彩晦暗，具体来说是黑、白、皮黄三色混杂，态貌和"青多红少"的"绣鸾"不大相合，然它们皆黯淡无光。究其根源，或许与《山海经》载录西王母喂养通体颜色为"赤""黑"的"三青鸟"相关。《山海经·海内北经》："其南有三青鸟，为西王母取食。"同书《大荒西经》："有三青鸟，赤首黑目，一名曰大鵹，一名少鵹，一名曰青鸟。"③也许有人见到雌性棕尾虹以后，将其羽毛色彩说成"青多红少"，目的是附会作西王母神禽三青鸟。一言以蔽之，"九色鸟"在现实生活中的原型是棕尾虹雉。

根据上文关于轩渠国货币币材及出产"九色鸟"栖息地等分析，可将轩渠国定位在今喀布尔河、恒河沿岸及印度河上游地区。

（三）三童国

> 三童，在轩渠国西南千里。人皆眼有三睛珠，或有四舌者，能为一种声，亦能俱语。常货多用蕉、越、犀、象作金，币率效国王之面，亦效王后之面。若丈夫交易，则用国王之面者。王死则更铸以上三

---

① 刘文华：《"九色鸟"棕尾虹雉》，《森林与人类》2017年第3期。
② 卢汰春主编：《中国珍稀濒危野生鸡类》，福建科学技术出版社1991年版，第209页。
③ 袁珂校注：《山海经校注·海经新释》卷7《海内北经》、卷11《大荒西经》，上海古籍出版社1980年版，第306、399页。

国［小人、轩渠、三童］与大秦邻接，故附之。①

关于上文所述国家名称"三童"之意，《方言》称："南楚江淮之间曰颡，或曰䁎。好目谓之顺，鼺瞳之子谓之䁾。"戴震疏证："'瞳''童'，古通用"②；又慧琳《一切经音义》卷16"眼瞳子"条注引曹魏张揖《埤苍》："瞳者，目珠子也。"③ 故而"三童""三睛珠"均指人脸部有三个眼珠。另由前文所考轩渠国地望及与三童国相对位置，可推三童国大概在今恒河、印度河流域及其以南的印度半岛。

文中提到三童国每个人都有三只眼珠，有的人还有四条舌头，这些人的五官特征也许和古代印度婆罗门教宗教人物有关联。大约是从公元前16世纪开始，生活在中亚或高加索山一带的雅利安人离开祖居地，南徙至喜马拉雅山脉以南的南亚次大陆。吠陀时代（前16世纪至前6世纪），雅利安人的祭司阶层糅合各种宗教学说创建了婆罗门教，吠陀后期崇奉梵天、毗湿奴、湿婆三大主神。列国时代（前6世纪至前4世纪），受到沙门思潮的冲击，婆罗门教的势力中衰。此后，甘婆王朝（前78—前28）取代巽加王朝（前185—前78）继续统治恒河中下游地区，公元前28年又被领有德干高原中部的萨塔瓦尔纳王国（前100—200）所攻灭。这几个印度古国都尊崇婆罗门教，借此契机婆罗门教渐渐兴盛起来。

婆罗门教的宗教典籍往世书，大概在公元前1世纪至公元10世纪写成，是印度梵语文学中神话传说的总称，书中重点突出梵天、毗湿奴、湿婆三个主神。梵天是创造之神，传统形象有四颗头、四张脸。湿婆则是毁灭之神，生有三只眼睛，额上第三只眼可以喷出烈焰，焚毁一切，其配偶迦梨女神也生有三只眼睛。

婆罗门教在印度地区流传地和上文所考三童国地望大抵相同，其宗教人物湿婆、迦梨和梵天分别长有三只眼、四颗头四条舌头，又与三童国三

---

① 杜佑撰，王文锦等点校：《通典》卷193《西戎五》，第5267页；乐史撰，王文楚等点校：《太平寰宇记》卷185《西戎六》，第3547页。
② 戴震：《方言疏证》卷2，张岱年主编《戴震全书》第3册，黄山书社1994年版，第31页。
③ 慧琳：《一切经音义》卷16，高楠顺次郎等编纂《大正新修大藏经》卷54《事汇部下》，第406页。

眼珠、四舌暗合，故而三童国可能就是婆罗门教宗教传说流播地。

二　书籍性质

《隋书·经籍志》著录书籍各项信息次序是名称、卷帙、作者和附加注释说明，[1] 因而其中的"张骞出关志，一卷"，应循书中"《四海百川水源记》，一卷，释道安撰"等例，点断作"《张骞出关志》，一卷"，著者不详。

《张骞出关志》主体内容，根据书籍名称及"藤实杯"条辑文中"张骞出大宛得之"一句，可知其应述说"张骞"在大宛、轩渠、三童等域外国家经历见闻。同样，《史记·大宛列传》上半篇亦载张骞首次西使之时亲身经过与听闻大宛等十个西域国家的风土民情。这两种史籍内容虽然都涉大宛，但是相关及其他文字完全不同；并且《张骞出关志》譬如上引"三童国"纪事卓异，与《大宛列传》所录张骞"宽大信人"（即心胸宽大、诚实可信）良好品格及平实话语相悖，比如条枝国存弱水、西王母，张骞借安息长老之言转述于武帝，且说"而未尝见"[2]。既然它们行文和叙事风格不同，那么《张骞出关志》笔述者或口头叙述者应当都不是张骞。

综合《张骞出关志》题名、虚中含实的内容特征，以及上文关于"藤实杯"条记录抵大宛取葡萄藤的"张骞"实际所指的考论，笔者推断书中中心人物"张骞"是托名，指西汉张骞亡故以后的西域使节；而典册性质系他们往赴西域沿途所见所闻之记录。另外几个论据详下。

第一，西汉武帝时张骞先后两次奉命出使西域之后，正式开辟连通中原和西域的西北陆路丝绸之路，此后步张骞后尘西行者不绝于途。《史记·大宛列传》载此盛况："而天子好宛（今案，大宛）马，使者相望于道。诸使外国一辈大者数百，少者百余人，人所赍操大放博望侯时。其后益习而衰少焉。汉率一岁中使多者十余，少者五六辈，远者八九岁，近者数岁而反。"过于频繁遣派以致"使者既多，而外国益厌汉币，不贵其物"。其西往的国家先为"大宛、大月氏相属"，以后"因益发使抵安息、奄蔡、黎轩、条枝、身毒国"[3]。说明大宛及轩渠、三童国所在印度地区皆

---

[1] 杜云虹：《〈隋书·经籍志〉研究》，博士学位论文，山东大学，2012年，第67—68页。
[2] 司马迁：《史记》卷123《大宛列传》，第3163—3164页。
[3] 司马迁：《史记》卷123《大宛列传》，第3170、3171页。

是汉臣出使地。另一部记录西汉一代西域的史册《汉书·张骞李广利传》云前汉武帝时西域北道国家危须（今新疆库尔勒）和大宛等国曾经戕杀回谢汉廷的身毒国使节，① 则表明西汉使者的确抵达了印度地区。武帝以后汉朝与西域各国政治军事交往紧密程度不输武帝一朝，双方经常互遣使臣朝献。《张骞出关志》记叙西汉武帝时采获大宛葡萄种归返内地，以及在轩渠、三童等国见到安息"双面钱"等物的西域使者应为其中一名或几位。

其次，印度地区在中国传统文化典籍中存在"身毒"（《史记·大宛列传》《汉书·西域传》）、"天竺"（《后汉书·西域传》）等多种称名，其词语来源有梵语、古波斯语等多种说法。通过之前学习音韵学中上古音知识，笔者发觉"三童"和"身毒""天竺"上古时代发音近同，声音或许起源于同一种古代语言。

在上古音中，"三"为平声侵部心纽，拟音［səm］；"身"为平声真部书纽，拟音［ɕi̯en］；"天"为平声真部透纽，拟音［t'ien］。②

侵部与真部属鼻音收尾的阳声韵，是通转叠韵关系；心纽属齿音，与皆属舌音的书纽、透纽发音部位相近，是邻纽双声关系。因而"三"与"身""天"古音相近。

又，上古音中，"童"为平声东部定纽，拟音［doŋ］；"毒"为入声觉部定纽，拟音［də̄uk］；"竺"为入声觉部端纽，拟音［tiə̄uk］。③

东部和觉部韵尾分别是［k］［ŋ］，均是舌根音尾，发音部位相同，是旁转叠韵关系；定纽、端纽都属舌音，发音部位相同。故而"童"和"毒""竺"发音相仿。

再次，言而有信的汉朝使臣张骞为西域诸国民众所敬仰，之后汉使假借其威名出入往来各国："然张骞凿空，其后使往者皆称博望侯，以为质于外国，外国由此信之。"颜师古注："如淳曰：'质，诚信也。博望侯有诚信，故后使称其意以喻外国。'李奇曰：'质，信也'。"④ 继张骞以后往

---

① 班固：《汉书》卷61《张骞李广利传》，第2703页。
② 郭锡良编著：《汉字古音手册》，北京大学出版社1986年版，第192、210、230页。
③ 郭锡良编著：《汉字古音手册》，第94、103、288页。
④ 司马迁：《史记》卷123《大宛列传》，第3169、3170页。

赴西域的使节，为了取得各国百姓的信任，对外都宣称自己是"博望侯"，反映"张骞"不再是个人称谓而演变成前汉西域使节群体的总称。西域地区葡萄、核桃、苜蓿、石榴等植物皆为张骞去世以后西汉使者携入中国，然在史乘中却称由西汉张骞传入，可为旁证。

第四，张骞前后两次出使开辟了汉通西域的道路，其由品级低微的郎中令属官封爵博望侯，"自博望侯开外国道以尊贵，其后从吏卒皆争上书言外国奇怪利害，求使"。"其吏卒亦辄复盛推外国所有，言大者予节，言小者予副，故妄言无行之徒皆争效之。"① "从吏卒""其吏卒"，皆指跟随张骞及其他使臣西使的官吏和士卒，为了效仿张骞获得高官厚禄，相继上书陈说西域国家稀奇古怪动植物和事情，争相充当使者，他们中说话夸张者被授予符节担任正使，而夸饰西域怪闻程度低者充任副使，导致品德不良的吹嘘者纷纷仿效之。《张骞出关志》所录大宛国"酒杯藤"、轩渠国"九色鸟"、三童国"三睛珠"在本原的基础上过分夸张，可能是"从吏卒"的呈词。轩渠、三童国使用"双面钱"时间在西汉哀帝、平帝时，内容亦有虚夸成分，其叙述风格或经后人续增润改。

第五，希腊巴克特里亚国王德米特里（约前200—前180年在位）原统管有今兴都库什山之南以至印度河流域的广大地区，委任部属弥兰管理印度北部，此后拥有独立武装的弥兰称霸北印度自封为王（在位时间有前165—前130年、前155—前130年、前115—前90年等说法）。大概在公元前2世纪下半叶有人编写了佛教经典《那先比丘经》，最早汉译文本或许由东晋汉族僧徒翻译出来，书中录有印度智者那先比丘和印度—希腊巴克特里亚国王弥兰之间颇有佛理的问答，其中一条曰：

  那先问王："王本生何国？"王言："我本生大秦国，国名阿荔散。"那先问王："阿荔散去是间几里？"王言："去是二千由旬，合八万里。"②

---

① 司马迁：《史记》卷123《大宛列传》，第3171页。
② 佚名：《那先比丘经》卷下，高楠顺次郎等编纂《大正新修大藏经》卷32《论集部全》，第702页。

关于上文谈到弥兰降生地"大秦国""阿荔散",杨共乐根据斯特拉波《地理志》、普鲁塔克《治国箴言》有关记载和喀布尔河、印度河流域出土的弥兰称王时铸造的印有希腊文、佉卢文两种文字的货币,指出弥兰出生在巴克特里亚(今阿姆河南岸);杨先生还借助与汉译本行文相近的巴利文本《弥兰王问经》,指明弥兰出生地亚历山大里亚距离其统治国家萨竭那200由旬(由旬为古代印度计程单位,相当于套一次牛行走的路程,没有固定的距离①)。所以文中的"大秦国"和"阿荔散"非指之前学者认为的罗马帝国,而指中亚或者南亚北部的某座亚历山大城。②

上古音中"黎""轩"分别为平声脂部来纽、阴声元部晓纽,拟音[liei]与[xǐwan],③"黎轩"当是 Alexander(亚历山大城)的汉译。公元前4世纪马其顿国王亚历山大东征之际,在今阿富汗坎大哈、赫拉特、恰里卡尔、喀布尔以及今巴基斯坦木尔坦、苏库尔、卡拉奇等处筑建城堡,皆称"亚历山大城"。《张骞出关志》中"黎轩"的异名"大秦"既然与恒河、印度河流域的轩渠、三童两国相邻,也许指其中一座亚历山大城。

第六,公元前2世纪以后,原辖有今伊朗高原、两河流域的安息国,向其东方向扩张领土,先后占据今兴都库什山以西、阿富汗西南等地,与阿姆河流域的大月氏一样,领土与东南方向的印度半岛相接,它们之间很有可能存在直接或间接的政治、军事、经济、文化交往。例证是:起先四川盆地出产的邛竹杖和蜀布销往身毒,此后为大夏商贾购得运送到其国,而后被在第一次使西域的张骞在大夏见到。④ 在安息、大月氏两国使用的"双面钱",或许通过多方贸易往来等方式流通到轩渠、三童两国。

上文关于《张骞出关志》中心人物、文本时代、书籍性质及内容特点等方面分析,为推测其资料之源和编著过程提供了重要参考。

---

① 玄奘、辩机原著,季羡林等校注:《大唐西域记校注》卷2《印度总述》,中华书局2012年版,第167页。
② 杨共乐:《〈那先比丘经〉中的"大秦国"和"阿荔散"考》,《世界历史》2004年第5期。
③ 郭锡良编著:《汉字古音手册》,第83、225页。
④ 司马迁:《史记》卷123《大宛列传》,第3166页。

西汉之时由掌管礼仪的侍从官员记录皇帝日常言行的起居注似乎已成为一种制度，比如《汉书·艺文志》收存有 190 卷《汉著记》，其体裁和性质，颜师古云："若今之起居注。"[1] 再如，《隋书·经籍志》言载录西汉武帝日常行为和话语的《禁中起居注》可能由宫中女侍从官书写："汉武帝有《禁中起居注》，后汉明德马后撰《明帝起居注》，然则汉时起居，似在宫中，为女史之职。然皆零落，不可复知。"[2]

综括汉代皇帝起居注制度，以及前引三条《张骞出关志》描述中心人物"张骞"在西域各地所见所闻，都是些篇幅简短的作品，可以尝试推度其编辑经过：曾经追随张骞等西域使者到过西域的"从吏卒"，将西域出产珍奇之物和发生怪异之事告知西汉武帝，之后他们的呈辞被史官录存在《禁中起居注》一类官方档案中，以后其他西域使者面禀皇帝西域之事亦记载在西汉帝王起居注中，其西域经历为汉晋之士摘录而出，略加润色，题名《张骞出关志》。

除《张骞出关志》载有"张骞"在域外所见奇闻怪事外，《湘山野录·徐知谔喜畜奇玩》提及的《张骞海外异记》也有类似记述。《湘山野录》是由北宋著名僧人文莹在神宗熙宁年间（1068—1077）写就的一部笔记小说，记载了从北宋开国到神宗在位时的许多朝野掌故逸事，是研究当时社会生活的重要史料。因他是出家人的身份，不受政治势力的约束，故能将政治传闻秉笔直书，如将犯宋朝忌讳的宋太宗赵光义"弑兄夺位"说法记录下来。他还提到制作白天、黑夜画中内容不同颜料方法见于《张骞海外异记》一书中：

> ［徐知谔］又得画牛一轴，昼则啮草栏外，夜则归卧栏中。谔献后主煜，煜持贡阙下。太宗张后苑以示群臣，俱无知者。惟僧录赞宁曰："南倭乌和反海水或灭，则滩碛微露，倭人拾方诸蚌，胎中有余泪数滴者，得之和色著物，则昼隐而夜显。沃焦山时或风挠飘击，忽有石落海岸，得之滴水磨色染物，则昼显而夜晦。"诸学士皆以为无稽，

---

[1] 班固：《汉书》卷 30《艺文志》，第 1714—1715 页。
[2] 魏徵等：《隋书》卷 33《经籍志二》，第 966 页。

宁曰："见《张骞海外异记》"。后杜镐检三馆书目，果见于六朝旧本书中载之。①

关于文中提到的诸人名字，徐知谔乃润州节度使徐温的第六子，喜好搜集奇异罕见的珍宝；"后主煜"指称南唐后主李煜；宋太宗时僧人赞宁历右街副僧录、史馆编修，杜镐官驾部员外郎，参与编校三馆秘阁典籍，故文中的历史人物并非虚构。文中还讲，在徐知谔所获画作中，牛昼出栏啮草、夜归栏中，赞宁根据六朝史籍转引《张骞海外异记》，指出以南倭蚌、沃焦山石作为绘画的墨料，可使画中的事物昼隐夜显、昼显夜晦。

依据前引《湘山野录》推测，《张骞海外异记》收录在孙吴至陈六代某部典册中，在北宋就已经散亡，中心人物"张骞"在东海地区见到或听说南倭蚌、沃焦山石可用来研磨使白天、黑夜画中事物发生变化的颜色材料。此或与西汉武帝时西域使者访华有关：

汉使还，而后发使随汉使来观汉广大，以大鸟卵及黎轩善眩人献于汉。及宛（今案，大宛）西小国欢潜、大益，宛东姑师、扞罙、苏薤之属，皆随汉使献见天子……是时上方数巡狩海上，乃悉从外国客。②

从上面武帝热情款待前来中国西域使节之事推想，欢潜等西域国家使臣跟随汉朝使者来到中国进献贡品，时武帝先后多次到海边之地巡察，每次都邀请西域使臣一同前往，而曾经前赴西域招引这些外国使者的汉使可能也在随行之列，其逸闻趣事或为后人收存。

除《湘山野录·徐知谔喜畜奇玩》外，未再见其他历史典籍转抄《张骞海外异记》，是故囿于现存材料此书是否为文莹编造出来的伪书，抑或非臆造而与《张骞出关志》是否指同一部书难以详考，笔者能够下的结论是：它们都载有"张骞"在外域的异闻怪谈。

---

① 文莹撰，郑世刚、杨立扬点校：《湘山野录》卷下《徐知谔喜畜奇玩》，中华书局1997年版，第57页。
② 司马迁：《史记》卷123《大宛列传》，第3173页。

综合以上文本方面考证，可见《张骞出关志》叙事时间起于前汉武帝时，止在哀帝元寿元年（前2）或此后，为张骞以后汉使往赴西域的见闻录，现存"酒杯藤""轩渠国""三童国"三条佚文。这几条辑文文字数量虽然不多，叙述史事还貌似荒诞不经，然其中暗含一些内容大致符合历史，就此内容可以推测它的体例并认识其文献价值：《张骞出关志》大概以国家为线索分述西域使者的踪迹和见闻，为西域地方志书和行记的重要源头，也是考察西汉之时中国与位于北印度轩渠、三童等国交往交流的珍贵史料。

案：由于《汉张骞碑》《张骞出关志》辑文及相关资料过少，特别是后者逸文内容超出寻常想象，前此曾先后多次定为伪作，或者以殊难考证真假作为结论。《汉张骞碑》立在张骞第二次使西域目的地乌孙国王城赤谷城附近，落款作"汉张骞题"，在清代还被当地母语非汉语少数民族称作"张骞碑"；《张骞出关志》中轩渠国"九色鸟"与尼泊尔国鸟同名，其头顶羽冠特征更是难得相符，"三童"和印度汉文古称"身毒""天竺"上古音相近。这些证据看起来似乎有其真实的一面，故而将这两种资料作为真品考订并呈现如上。希望文中一些想法对以后学者研究有所启发，或者能够引起更多学者关注和深层次思考这两种历史文献。即便以后证明文中观点有误，也可当作反面典型警示后人。

第二章　东汉班勇《西域诸国记》及相关内容考析

建武至延光年间（25—125）东汉与西域的关系，可概括为"三绝三通"。其中东汉第三次能够控制西域，班勇之功不可没，他为加强后汉与西域政治、经济、文化上的联系，作出了重要贡献。同时，他在西域生活过一段时间，注重搜集西域史地方面的资料，并编纂成书。书中一些内容在《后汉书·西域传》和《三国志》裴松之注中有所存留，可见其史学上的贡献，间接助成了《后汉书·西域传》及《三国志》裴注的编撰。

第一节　《西域诸国记》的内容和文本传承

班勇之书，不见于隋代以降的目录类史籍中，然从相关文献记载分析，其书曾于东汉或稍后流传于世，且系《后汉书·西域传》的主要史料来源，清人严可均拟名其书为《西域诸国记》（出处详下），大致可信。另在《后汉书·西域传》和《魏略·西戎传》中，有两段关于西域国家的传记行文基本相同，说明此三书之间史料关系错综复杂。如果能够厘清它们相互关系，当可明晰其中何种西域史料较具原始性。

一　《西域诸国记》的内容及与《后汉书·西域传》的关系

《西域传》位列《后汉书》卷88，分"序言""正文""论赞"三部分。在"序言"中，范晔指出：

班固记诸国风土人俗，皆已详备《前书》。今撰建武以后其事异于先者，以为《西域传》，皆安帝末班勇所记云。①

细读这段文字，可见《后汉书·西域传》有几个方面的明显特点：第一，记事时间上限起于光武帝建武年间（25—56）；第二，内容涉西域"诸国风土人俗"，且与《汉书·西域传》所载有所不同；第三，所用材料来源于东汉安帝末年班勇记述的相关内容。

在"论赞"中，范晔还指出了"天竺国传记"的优点和缺憾："班勇虽列其奉浮图，不杀伐，而精文善法导达之功靡所传述。"② 在《后汉书·西域传》"正文"中，"天竺国传记"载"［天竺国］修浮图道，不杀伐"③，未讲佛教劝人向善、诱导人觉悟等，内容与这则评语基本相符，可为其转引自"班勇所记"的明确例证。

在《后汉书·西域传》"正文"中，另有与《汉书·西域传》相异的内容。例如："或云其国（今案，大秦）西有弱水、流沙，近西王母所居处，几于日所入也。《汉书》云'从条支西行二百余日，近日所入'，则与今书异矣。"④ 文中讲关于"近日所入"所在地方，《汉书·西域传》《后汉书·西域传》分别作条支西、大秦，《汉书·西域传》与《后汉书·西域传》、"今书"所载不同。留存在《后汉纪·孝殇皇帝纪》中班勇关于甘英出使大秦的记载，亦叙"近日所入"处在大秦（参本节下文），前引《后汉书·西域传》"序言"又谓"班勇所记"与《汉书·西域传》内容不同，可推这部"今书"有指班勇所撰之书的可能。

除《后汉书·西域传》外，《后汉纪·孝殇皇帝纪》也讲班勇撰有关于西域的书籍，其中若干内容与"前史异"："和帝永元中，西域都护班超遣掾甘英临大海而还，具言葱岭西诸国地形风俗，而班勇亦见记其事，或与前史异，然近以审矣。"⑤ 文中言班勇在某书中记录了甘英出访大秦所闻

---

① 范晔：《后汉书》卷88《西域传》，第2912—2913页。案，文中的"末"，《册府元龟》引作"命"（王钦若等编纂，周勋初等校订：《册府元龟》卷555《国史部（二）》，第6357页）。
② 范晔：《后汉书》卷88《西域传》，第2932页。
③ 范晔：《后汉书》卷88《西域传》，第2921页。
④ 范晔：《后汉书》卷88《西域传》，第2920页。
⑤ 袁宏撰，张烈点校：《后汉纪》卷15《孝殇皇帝纪》，中华书局2002年版，第300页。

所睹的西域"地形风俗"。班勇所"记其事"和《后汉书·西域传》,所录关于大秦国"地形风俗"的内容基本相同(参本节下文),反映后者材料源出班勇之记。

从这几处实例可知,《后汉书·西域传》乃范晔采用安帝末班勇所撰的西域地方志书编辑而成。因而,清代学者严可均曰:"[班勇]有《西域诸国记》若干卷案:《后汉书·西域传》云皆安帝末班勇所记,今全卷在范书。"① 认为范晔是全文转引了班勇的记载。案存于《后汉书·西域传》中的"班勇所记",是否为班勇之书全文,囿于现存资料难以详考,故严氏说其"全卷在范书",有轻率之嫌。其后,姚振宗与顾櫰三、曾朴等学者也有类似的看法,并分别拟名班勇之书为《西域风土记》或《西域记》。② 诸学者所拟书名虽不一致,但都认为安帝末班勇曾有关于西域史地著作行于世的看法,应该真实可信。

范晔自述班勇之书(即《西域诸国记》)为《后汉书·西域传》的来源史料,从表面上来讲,说明这两书有明确的史料承袭关系,然从深层次上分析,进而涉《西域诸国记》的内容,以及《后汉书·西域传》的材料来源、成书过程等问题,现分述如下。

(一)《西域诸国记》的内容

《后汉书·西域传》(今案,下文如未另作说明,均指其中的"正文"部分)主要包括西域历史地理,以及西域列国与东汉政治、军事等关系两方面的内容。在《后汉书·西域传》"序言"中,范晔说前者所用的材料取自《西域诸国记》,而未提后者所依据的资料是否亦源自此书。笔者认为,《后汉书·西域传》中一些带有评论性的内容,以及这些政治、军事等关系方面的记载并非来自是书,有以下几个例子可为证。

其一,《后汉书·西域传》中明确指出了《汉书》两处错误:"《汉书》中误云西夜、子合是一国,今各自有王。""《汉书》以为五翕侯数,非其实也。"③ 永元十四年(102),班超从西域回到洛阳,其子班勇当随之

---

① 严可均辑,许振生审订:《全后汉文》卷26《班勇》,第261页。
② 姚振宗撰,马小方整理:《后汉艺文志》卷2,第198页;顾櫰三撰,项永琴整理:《补后汉书艺文志》卷5,第211页;曾朴撰,朱新林整理:《补后汉书艺文志并考》卷6,第227页。
③ 范晔:《后汉书》卷88《西域传》,第2917、2921页。

东归。永初元年（107），军司马班勇等出敦煌"迎都护及西域甲卒而还"。元初六年（119），敦煌太守曹宗请求出击匈奴，"复取西域"，邓太后召班勇等人"诣朝堂会议"，班勇认为现在出兵攻打匈奴的时机尚不成熟，提出在敦煌设护西域副校尉等建议。① 这些史事说明班勇在洛阳生活了一段时间，与其同在洛阳的姑母班昭（约49—121）可相见。永元四年（92）班固去世后，班昭奉诏利用皇家藏书续修《汉书》。此书凝结着班彪和班固、班昭两代人的心血，倘若班勇知道其中内容有误，理应私下相告班昭以作修正，焉有在所著书中议其内容正误之理，可见《后汉书·西域传》中与此类似的话，应不是转自"班勇所记"。

其二，《后汉书·西域传》："[永平十六年，73]冬，汉遣军司马班超劫缚兜题，而立成之兄子忠为疏勒王。忠后反畔，超击斩之。事已具《超传》。""时[章帝元和三年，86]长史班超发诸国兵击莎车，大破之，由是遂降汉。事已具《班超传》。"② 文中讲《后汉书·西域传》的一些内容，在《超传》《班超传》中有详细记载。

就目前文献资料看来，班勇未为父撰写传记《超传》或《班超传》，并且在《后汉书·西域传》中，"事已具《超传》""事已具《班超传》"所言的"事"——立、斩疏勒王忠，击莎车等，在《后汉书·班超传》中确有详述，③ 说明《超传》《班超传》指《后汉书·班超传》，"事已具《班超传》"之类文句当为范晔附注。继而可推，《后汉书·西域传》中"已具《超传》""已具《班超传》"的"事"，亦为范晔所讲，非转袭自"班勇所记"。

其三，《后汉书·西域传》的叙事时间下限，止在熹平四年（175）于阗攻灭拘弥之时，④ 与《西域诸国记》的记事截止和成书时间安帝末年不合，表明《后汉书·西域传》中这些安帝末年以后的西域史事，当非转录自"班勇所记"。

其四，《后汉书·西域传》所述安帝（107—125年在位）末年前后的

---

① 范晔：《后汉书》卷47《班梁列传》，第1587页。
② 范晔：《后汉书》卷88《西域传》，第2926页。
③ 范晔：《后汉书》卷47《班梁列传》，第1574、1579、1580页。
④ 范晔：《后汉书》卷88《西域传》，第2915页。

政治、军事等关系，环环相扣、衔接紧凑，如前云永元九年（97）车师后部王农奇归顺汉朝，后讲永建元年（126）其子加特奴随班勇征战，① 所叙安帝在位前后的西域历史事件可相照应，即为例证。既然安帝末年以后的西域史实非源于"班勇所记"，与其融为一体的安帝末年以前西域历史事实当亦非来自"班勇所记"，上文提到，《后汉书·西域传》记永平十六年（73）班超平疏勒（今新疆喀什），元和三年（86）破莎车等事，皆非取材于"班勇所记"，即可为证。

抽除《后汉书·西域传》中的这些文句，以及与其性质相似的话语，剩下的西域历史地理方面资料，当即《西域诸国记》在《后汉书·西域传》中所存留的内容。由这些记载可推，《西域诸国记》涉西域列国地理位置、人口、交通路线、风俗物产等，所述地域横跨葱岭之东西，材料来自班勇在西域的实地见闻，以及甘英西使大秦耳闻目睹的人、事、物等。

（二）《后汉书·西域传》的史料来源、成书过程

沈约《宋书·范晔传》提及《后汉书》的编纂材料："［范晔］不得志，乃删众家《后汉书》为一家之作。"② 可见范晔编《后汉书》所依据的资料是众家《后汉书》，而未利用较为原始的东汉材料，与前引其自述根据《西域诸国记》编辑《后汉书·西域传》的话不符。对于沈、范二人所讲不合之处，现作如下分析。

沈约（441—513）与范晔（398—445）生活的时代相距不远，对范晔编著《后汉书》所用材料或有所闻；再者，唐代刘知幾《史通》亦有类似的记载："窃惟范晔之删《后汉》也，简而且周，疏而不漏，盖云备矣。""范晔博采众书，裁成汉典。"③ 唐代及以前，众家《后汉书》尚存于世，比对范晔《后汉书》与其相应内容，即可看出史料是否有转承关系，从而知晓范晔《后汉书》的编撰材料是否采自这几种《后汉书》。

这两个论据表明：沈约关于范晔《后汉书》所据材料的说法有一定事

---

① 范晔：《后汉书》卷88《西域传》，第2930页。
② 沈约：《宋书》卷69《范晔传》，中华书局1974年版，第1820页。
③ 刘知幾撰，浦起龙释，王煦华整理：《史通通释》卷5《补注》、卷8《书事》，上海古籍出版社1978年版，第132—133、230页。

实根据；而范晔所说《后汉书·西域传》的成书过程缺失了一些环节，即可能众家中至少一家《后汉书·西域传》存有《西域诸国记》的内容，范晔据此编写《后汉书·西域传》。这个推测立论的前提是，这些《后汉书》中的至少一种为西域立传，事实是否如此呢？

宋代以后，除袁宏《后汉纪》、范晔《后汉书》外，其他各家《后汉书》均已散佚，清代至今的一些学者对其作了辑录、整理工作。在现存数种辑本中，以周天游《八家后汉书辑注》所辑遗文较为齐全，从中可知，西晋司马彪《续汉书》中与西域直接相关的内容有十一条，① 其中十条和保留在《后汉书·西域传》中的《西域诸国记》内容基本相同，或亦为其《西域传》中的内容，这大概是周先生在《八家后汉书辑注·续汉书》中列《西域传》一门，收录这些佚文的原因。从目前文献资料，尚未发现材料为范晔《后汉书》所取的其他诸家《后汉书》中，有与《西域诸国记》相应的记载。尽管如此，这似乎可以说明，某家或某几家取用了《西域诸国记》的材料编纂《后汉书·西域传》。

众家编辑《后汉书》所采用的材料又源于何处呢？南朝萧梁刘勰《文心雕龙》对此有所言："后汉纪传，发源《东观》。"② 文中"东观"指《东观汉记》，记事时间起于光武帝、止在灵帝，系东汉时期的官修史书，时与《史记》《汉书》并称"三史"，为诸家《后汉书》的主要来源史料，现已散失。

同理可推，既然各家《后汉书》均取材于《东观汉记》，其中《西域传》及所录《西域诸国记》的内容，当亦源自《东观汉记·西域传》，而《东观汉记》是否存有《西域传》呢？刘知幾《史通》列有《东观汉记》部分传目，③ 其中未有《西域传》。在刘宋范晔《后汉书》成书之前，流传于世的众东汉史书中，唯《东观汉记》中的"列传"

---

① 司马彪：《续汉书》卷5《西域传》，周天游辑注《八家后汉书辑注》，上海古籍出版社1986年版，第505—506页。

② 刘勰著，黄叔琳等注：《增订文心雕龙校注》卷4《史传第十六》，中华书局2000年版，第206页。

③ 刘知幾撰，浦起龙释，王煦华整理：《史通通释》卷12《古今正史》，第341—342页。

才堪称"本传"①,在《后汉纪·孝殇皇帝纪》中,为东晋袁宏所引的一则六十余字"本传曰"云云议论性文句,②内容围绕着西域而谈,或为《东观汉记》佚文;吴树平从《艺文类聚》中所辑得一条《东观汉记》逸文,与《后汉书·西域传》中的相关史料内容基本相同,故收存在《东观汉记校注·西域》中。③这两条关于西域的《东观汉记》轶文,难与存留在《后汉书·西域传》《八家后汉书辑注·续汉书》等书中的《西域诸国记》内容相应,所以就现存文献资料来说,《东观汉记》是否有《西域传》,以及《西域传》的材料是否转引自《西域诸国记》,茫不可考。

根据上文所述这些东汉史籍的史料来源,以及其中《西域传》的成书情况,大致可推范晔《后汉书·西域传》的成书经过:首先,《东观汉记》是否列有《西域传》,以及立有《西域传》,此传是否以《西域诸国记》为基本材料编纂而成,限于目前史料难以确知;其后,众家或某家以《东观汉记》或其他资料编撰《后汉书·西域传》,在传文前序中提到"皆安帝末班勇所记云";最后,范晔删众家或某家《后汉书·西域传》编成《后汉书·西域传》,并保留了"皆安帝末班勇所记云"这句话。依据这个推测,可列图表示范晔《后汉书·西域传》的编写过程(见图2-1)。

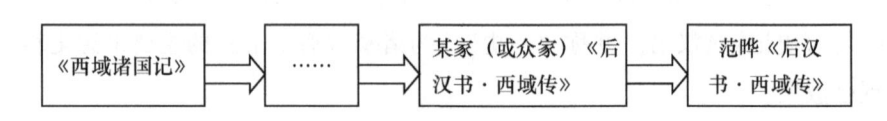

图2-1 范晔《后汉书·西域传》成书过程

二 《西域诸国记》与《汉书·西域传》的关系

《汉书·西域传》记有乌弋山离(以今坎大哈为中心的阿富汗西南地区以及今阿富汗和伊朗之间的锡斯坦)、条支(东汉时在今幼发拉底河下

---

① 周天游:《读〈后汉纪〉札记》,《西北大学学报》(哲学社会科学版)1984年第2期;董文武:《袁宏〈后汉纪〉的史学价值》,《中州学刊》2001年第3期。
② 袁宏撰,张烈点校:《后汉纪》卷15《孝殇皇帝纪》,第301页。
③ 刘珍等撰,吴树平校注:《东观汉记校注》卷20《西域》,中华书局2011年版,第893页。

游)、安息地理位置、国都、人口、农业生产方式、物产及这三国之间交通线等,其中一些内容可能与《西域诸国记》相关,比如以下几条历史记载。

第一,《汉书·西域传》:"[由乌弋山离]行可百余日,乃至条支……[乌弋山离]绝远,汉使希至。自玉门、阳关出南道,历鄯善而南行,至乌弋山离,南道极矣。转北而东得安息。"① 玉门关、阳关,分别在今甘肃敦煌西北、西南。鄯善,今若羌。文中记述了一条由乌弋山离经条支到安息的路线,对此笔者有如下一些认识。

文中提及"南道",《汉书·西域传》对其有所载:"自玉门、阳关出西域有两道。从鄯善傍南山北,波河西行至莎车,为南道;南道西逾葱岭则出大月氏、安息。"②"南山",今阿尔金山、昆仑山、喀喇昆仑山。"河",今塔里木河。莎车,今新疆莎车。可知"南道"是从敦煌出发,向西行,横穿塔里木盆地南缘,越帕米尔高原,到阿姆河流域、伊朗高原的一条路线。

文中还记"南道"一词所在的语境——"至乌弋山离,南道极矣",其语义为在西汉时,自阳关、玉门关出发,至乌弋山离后,已到"南道"尽头。例如清代学者李光廷等即作此解:"安息在其北,则国(今案,乌弋山离)在南也,汉通道极南,至此。"③ 同时,这句话的上下文提到,由乌弋山离向西行,可至条支、安息,与其所言从乌弋山离不可往西行矛盾。对于《汉书·西域传》中的这些不合之处,岑仲勉、余太山曾作过分析。岑先生认为:"最西南曰乌弋山离,其西以沙漠与波斯(今伊朗高原)相隔,极难行,故曰南道极矣。"今案卡维尔盐漠、卢特沙漠、萨尔哈德高原分别在乌弋山离西北、正西、西南,自乌弋山离出发,不经卡维尔盐漠、卢特沙漠,而历萨尔哈德高原,向西南行可到安息。岑说考虑到这些沙漠阻断了乌弋山离至安息的交通,然未虑及从乌弋山离经萨尔哈德高原赴安息的路线,故其观点值得商榷。

岑先生还指出,文中"转北而东得安息"前所承接的国家是乌弋山

---

① 班固:《汉书》卷96上《西域传上》,第3888、3889页。
② 班固:《汉书》卷96上《西域传上》,第3872页。
③ 李光廷:《汉西域图考》卷1《图说》,清同治九年(1870)广州富文斋刻本。

离，其中"东"应改为"西"，指由乌弋山离向西北行"得安息"①。关于"转北而东得安息"一语，岑先生改其中的"东"为"西"，并无凭据。至于其所讲该句前衔接的国家，余太山亦有类似看法："既然至乌弋山离南道已极"，说明"行百余日，乃至条支"，非指由乌弋山离到条支，而指从乌弋山离"转北而东得安息"，再自安息"行百余日"至条支。②

岑、余二先生都认为此路线行程次序为乌弋山离—安息—条支，值得进一步商讨，笔者觉得，其次序有可能是乌弋山离—条支—安息，主要有两个理由。一则，《汉书·西域传》云安息东与乌弋山离接，③可知安息在乌弋山离之西，从乌弋山离"转北而东"必然无法"得安息"；二则，《汉书·西域传》"乌弋山离传记"先以"乌弋山离"为主语，讲述了其地理位置及与长安、西域都护府距离等，接着又说"行百余日，乃抵条支"，文中主语应该是保持一致的，说明是由乌弋山离"行百余日，乃至条支"，再自条支"转北而东得安息"。

在这几家对"至乌弋山离，南道极矣"之语理解中，他们皆认为这句话指"南道"终点在乌弋山离，但对它作的探讨分列在不同层次：李光廷等仅对该语作了句义上的解释，未将此解和其上下文相印证，故未能揭示更深层次的问题；岑仲勉、余太山等发现此句与前后文相抵触，或根据伊朗高原地理环境，或更改《汉书·西域传》"乌弋山离传记"中交通路线解其义，均存在一些不合理之处。

同时，这些学者未注意到，《后汉书·西域传》中的内容有助于理解这句话："前世汉使皆自乌弋以还，莫有至条支者也。"④《后汉纪·孝殇皇帝纪》也有类似记述（详下引文）。反映在西汉时，使者抵乌弋山离后，自此返回了中土，没再向西行去条支，与"至乌弋山离，南道极矣"之语大致相合，当是对其所作较为合理的解释，然与《汉书·西域传》所记从

---

① 岑仲勉：《汉书西域传地里校释》，中华书局1981年版，第175、545页。
② 余太山：《〈汉书·西域传上〉要注》，《两汉魏晋南北朝正史西域传要注》，第115、116页。
③ 班固：《汉书》卷96上《西域传上》，第3889页。
④ 范晔：《后汉书》卷88《西域传》，第2920页。

乌弋山离至条支、安息的路线矛盾，可疑之处一也。

由上文对岑仲勉、余太山的观点所作讨论可见，《汉书·西域传》所录由乌弋山离到安息前后连贯的路线为："［从乌弋山离］行可百余日，乃至条支"，"［自条支］转北而东得安息"。这条线路与《西域诸国记》中的甘英西使大秦路线相较（说详下），其途经地均为乌弋山离—条支—安息，自乌弋山离到条支的行程时间，以及由条支至安息的行走方向皆相同。而永元九年（97），甘英出使归来，时班固已辞世五年，在甘英西行之前，班固难道可未卜先知甘英路线，并载入其书？这几点表明《汉书·西域传》不应记载这条从乌弋山离经条支到安息的交通线，而此书存有该路线，可疑之处二也。

第二，除前文所举乌弋山离—条支—安息路线外，《汉书·西域传》其他方面的内容，也有可能与甘英往赴大秦相关，比如："安息长老传闻条支有弱水、西王母，亦未尝见也。自条支乘水西行，可百余日，近日所入云。"[①] 关于这几句话的史料来源，现作如下探析。

《史记·大宛列传》所收"张骞出使报告"亦有类似文字："安息长老传闻条枝有弱水、西王母，而未尝见。"[②] 在第一次使往西域返归中土以后，张骞借安息长老之言，将弱水、西王母在条支的传闻告诉武帝。至于文中"而未尝见"一语，既可指安息长老在条支没见过弱水、西王母，也可指张骞在域外时，将这条传闻告知张骞的西域人未见到弱水和西王母。与此语相较，前引《汉书·西域传》添增一"亦"字，仔细玩味该字及所处文句，好像暗示着西汉时某人听说过条支存弱水、西王母的传言，之后来到条支国也没有看到弱水和西王母。上文已经提过，前汉时没有人抵达条支，在后汉时甘英到达条支。其体现的语境与同时代历史实际情况难以契合。

此外，《史记·大宛列传》张骞话语中没提到从条支"乘水"可到"近日所入"，说明上引《汉书·西域传》中的"自条支乘水西行"云云当非袭自《史记·大宛列传》，应取自其他与西域有关的材料。另在《后

---

① 班固：《汉书》卷96上《西域传上》，第3888页。
② 司马迁：《史记》卷123《大宛列传》，第3163—3164页。

汉书·西域传》中也有相似的内容:"海水广大,往来者逢善风三月乃得度[大秦],若遇迟风,亦有二岁者,故入海人皆赍三岁粮。""或云其国(今案,大秦)西有弱水、流沙,近西王母所居处,几于日所入也。"① 文中"或"指安息长老(参本节下引《后汉纪·孝殇皇帝纪》),他告诉甘英,由条支乘船渡海,"逢善风"三个月、"遇迟风"两年可到"几于日所入"的大秦,这段话收存在《西域诸国记》中。

前引《汉书·西域传》《后汉书·西域传》皆言,自条支渡水向西行,可至"近日所入"。虽然所讲需要的时间不同,即百余日与"逢善风"三个月、"遇迟风"两年,但有相合的可能,《后汉书·西域传》又指出这个"近日所入"为大秦,故而似乎《汉书·西域传》所称的"近日所入"也指大秦,采自有关甘英西往大秦的资料,可疑之处三也。

《汉书·西域传》中这三个可疑之处,或与其中的他文抵牾,或超出了班固生活的时代,可能并非为他所书,由此猜测:在班固撰写《汉书·西域传》时,其书没有乌弋山离—条支—安息路线,之后包括班昭、班勇在内的学者将《西域诸国记》中甘英出访大秦的部分路线补入该书,同时增添了若干甘英见闻。

这个推论的一个旁证为,《汉书》成书后,因书中内容有误、编排不当等,一些东汉官员上疏请求修改其中的这些内容,譬如安帝永初中(107—113),侍中张衡"又条上司马迁、班固所叙与典籍不合者十余事。又以为王莽本传但应载篡事而已,至于编年月,纪灾祥,宜为元后本纪"②。再如《续汉书》刘昭注引蔡邕《表志》:"宗庙迭毁议奏,国家大体,班固录《汉书》,乃置《韦贤传》末。臣以问胡广,广以为实宜在《郊祀志》,去中鬼神仙道之语,取《贤传》宗庙事置其中,既合孝明旨,又使祀事以类相从。"③ 或许这些人中有人获准将甘英出行路线、见闻等纳入此书,亦未可知。

当然,从另一方面来说,也有可能班固通过其他渠道,获取了这些材料,在录入其书后,未作妥善处理,以致出现这几处矛盾。

---

① 范晔:《后汉书》卷88《西域传》,第2918、2920页。
② 范晔:《后汉书》卷59《张衡列传》,第1940页。
③ 司马彪:《续汉书·郊祀志下》,中华书局2015年版,第3200页。

三 《后汉书·西域传》与《魏略·西戎传》"大秦国传记"的关系

生活在魏末晋初的鱼豢所撰《魏略·西戎传》，现已散逸不存，保留在《三国志》裴注中的"大秦国传记""车离国传记"，分别与《后汉书·西域传》所录"大秦国传记""东离国传记"行文基本相同。西域史地研究者余太山据此提出后者部分内容转抄自前者，他的推断过程分作以下几个依次递进的层次。

首先，班勇在西域开展军事活动的讫止时间（即125年），与《后汉书·西域传》的记事截止时间（即175年）不符，说明此传并非仅依据"班勇所记"，当亦取用了其他西域材料。比对《后汉书·西域传》《魏略·西戎传》"大秦国传记"中关于大秦国驿传制度和猛虎、狮子捕食路人等段落，[①] 可见文字基本相同。因而他认为这两书中的大秦国传记如若不是一书转录自另一书，就是其取自同一种历史资料。同理可推这两书中内容基本相同的"东〔车〕离国传记"史料关系亦是如此。

其次，他进一步认为，这两段关于西域国家的传记，史料同源的可能性较小，原因是裴松之（372—451）和范晔（398—445）生活的年代相近，如果当时鱼豢编辑《魏略·西戎传》利用的原始材料存世，那么裴松之注释《三国志》、范晔编写《后汉书·西域传》，应该都会采用此原始材料。事实上，裴松之采集《魏略·西戎传》注《三国志》，说明范晔编纂《后汉书·西域传》也难以采辑鱼豢见到的原始资料，只能摘抄其书。

再者，他还举出《后汉书·西域传》可采摘《魏略·西戎传》"大秦国传记"中这些内容的两个原因。一则，《魏略·西戎传》中的这几条大秦国史料，均系关于地理位置、交通路线等与时代无关历史地理方面的内容，完全可以吸收纳入《后汉书·西域传》之中。二则，甘英西使没有抵达大秦并完成与大秦结盟的政治军事任务，所以不是十分清楚大秦国具体情形；此后在东汉桓帝时大秦国遣使朝献，官方档案资料缺乏相关情况，

[①] 范晔：《后汉书》卷88《西域传》，第2919—2920页；陈寿撰，裴松之注：《三国志》卷30《乌丸鲜卑东夷传》，中华书局2014年版，第860—861页。

范书不得不摘录鱼书中有关列传。①

《后汉书·西域传》中的"大秦国传记",大抵讲述了大秦国地理位置、政治制度、风俗物产等,是研究东汉时期中国与罗马帝国关系的基本史料,并被《晋书·四夷传》《魏书·西域传》《北史·西域传》"大秦国传记"及《新唐书·西域传》"拂菻国传记"所本,其史料来源亦为除余太山外的其他学者关注。如林英以为:"范晔删节了《魏略·大秦传》的内容,形成了自己的文本(今案,《后汉书·大秦传》)。"② 与余先生看法基本相同。林梅村则认为:"这些材料(今案,《后汉书·大秦传》的编纂材料)的来源一部分是甘英在安息听人介绍的,但绝大多数应来自公元100年到洛阳的罗马商团的介绍。"③ 提出了与余、林二文不同的猜测。

余太山、林英等从文本传承方面探索了《后汉书·西域传》"大秦国传记"的史料来源,根据前文所述《后汉书》的成书过程可知,其材料当转自众家或某家《后汉书·西域传》,故他们的观点值得商榷。林梅村等则从根源上对其所据资料进行了探讨,他的提法亦有值得进一步商讨之处。《后汉书·西域传》《魏略·西戎传》中的"大秦国传记",当均源于有关甘英出使大秦的原始材料,为史料同源关系,④ 理由如下。

与范晔《后汉书》的完书时间相较,至晚在五十年前,袁宏《后汉纪》已经撰成,并保存有较为原始的东汉资料,其中《孝殇皇帝纪》所收"大秦国传记",与《后汉书·西域传》《魏略·西戎传》中的"大秦国传记"行文基本相同,亦有不同,现将此文节录而出,同时分别以"[ ]""{ }",标识《后汉纪·孝殇皇帝纪》有、《后汉书·西域传》和《魏略·西戎传》无,以及它们相异的字句:

和帝永元中,西域都护班超遣掾甘英临大海而还,[具言葱岭西

---

① 余太山:《〈后汉书·西域传〉与〈魏略·西戎传〉的关系》,《西域研究》1996年第3期(又收入氏著《两汉魏晋南北朝正史西域传研究》,第29—38页)。
② 林英:《公元1到5世纪中国文献中关于罗马帝国的传闻——以〈后汉书·大秦传〉为中心的考察》,《古代文明》2009年第4期。
③ 林梅村:《公元100年罗马商团的中国之行》,《中国社会科学》1991年第4期。
④ 下文忽略《后汉书·西域传》的成书过程,假定其材料直接源自《西域诸国记》,以深层次揭示二者的史料关系。

诸国地形风俗，而班勇亦见记其事，或与前史异，然近以审矣]……大秦国一名黎轩，在海西，汉使皆自乌弋还，莫能通条支者。[甘英逾悬度、乌弋山离抵条支]，临大海，欲渡，【人】谓英曰："海广大，[水咸苦不可食]。往来者逢善风，时三月而渡；如风迟，则【三】岁，故入海者皆赍三岁粮。海中善使人思土恋慕，数有死亡者。"英闻之乃止，[具问其土风俗]。

大秦地方数千里，四百余城。小国役属者数十。石为城郭，列置邮亭，皆垩墍之。有松柏诸木百草。民俗力田作，种植树蚕桑。【国王】髡头而衣文绣，乘辎軿白盖小车，出入击鼓，有旌旗幡帜……

[其长老或传言]："其国西有弱水，近日入所矣。"又云："从安息陆道绕海北行出海西至大秦，人相连属，十里一亭，三十里一置，终无盗贼惊，而有猛虎、狮子遮食行者，不有百余人，赍兵器，辄害之，不得过。"又言："旁国渡海飞桥数百里。"所出奇异玉石诸物，多谲怪不经，故不述云，[西南极矣。山离还，自条支东北通乌弋山离，可百余日行。]①

通读这几个段落，可知《孝殇皇帝纪》"大秦国传记"是以甘英与"安息长老"问答形式叙述大秦国状况。起先，甘英欲渡西海使大秦，与"人"交谈始知海中存在着某个东西能够使乘船的人思慕着迷，导致其止步不前醉死在那方土地上。《后汉书·西域传》"安息国传记"亦有相似载述，并记告诉甘英的"人"乃是"安息西界船人"。之后，"英闻之乃止，具问其土风俗"。此后，叙及大秦国的风俗民情、物产（见表2-1）等。其后，复以"其长老或传言""又云""又言"形式讲述该国是"近日所入"之处和设置驿置邮亭，以及猛虎、狮子猎食行人等事。

从上述甘英闻听大秦国风俗民情等之始末，大致可窥其所采得有关大秦国情况的经过：在条支，甘英向安息国年长者问询大秦国的自然环境和风俗习惯，稍后年长者针对问题一一作了回答；追归至塔里木盆地后，甘

---

① 袁宏撰，张烈点校：《后汉纪》卷15《孝殇皇帝纪》，第300、301—302页。

英向班超汇报出使情况,"具言葱岭西诸国地形风俗,而班勇亦见记其事",即班勇《西域诸国记》吸收了这些关于大秦国的资料。《魏略·西戎传》中的"大秦国传记",既与《后汉书·西域传》中的"大秦国传记"内容基本相同,当与其同源自《西域诸国记》中有关甘英所闻大秦国状况的原始材料,故这两书中"大秦国传记"为史料同源关系。对这些甘英所获大秦等国的原始资料,现略作考释。

第一,《后汉书·西域传》"序言"及"论赞"曰:

> [永元]九年,班超遣掾甘英穷临西海而还。皆前世所不至,《山经》所未详,莫不备其风土,传其珍怪焉。
>
> 其后甘英乃抵条支而历安息,临西海以望大秦,拒玉门、阳关者四万余里,靡不周尽焉。若其境俗性智之优薄,产载物类之区品,川河领障之基源,气节凉暑之通隔,梯山栈谷绳行沙度之道,身热首痛风灾鬼难之域,莫不备写情形,审求根实。①

文中讲到甘英西访大秦所经诸国"风土"、所闻各地"珍怪"等,或以文字的形式记录下来。近代学者姚振宗认为,由这两条史料来看,甘英出使大秦所见所闻等或已编成书,撰者是班超,并拟名《西域风土记》。②对此笔者有不同的意见:上引《后汉书·西域传》文句表达较为含糊,未明确指出有关于甘英西使见闻的史籍流传于世;从现有传世文献而言,《西域风土记》之类书名在后来的目录类史书中未见著录,亦未发现此书的确切佚文;甘英出访大秦归来之时,班勇正随父生活在西域,也可将他所讲耳闻目睹葱岭以西的人、事、物记载下来,纳入《西域诸国记》。

说明并无可靠的论据证实《西域风土记》于东汉或稍后在世上流传,至于其撰者为班超,亦缺乏有力证据。退一步讲,即使有关于甘英使往大秦的典籍行世,也有可能指《西域诸国记》。

---

① 范晔:《后汉书》卷88《西域传》,第2910、2931页。
② 姚振宗撰,马小方整理:《后汉艺文志》卷2,第197页。

第二章 东汉班勇《西域诸国记》及相关内容考析

第二,《史通》曰:"案刘《后汉》、曹《魏志》二史,皆当代所撰,能成其事者,盖唯刘珍、蔡邕、王沈、鱼豢之徒耳。""先是,魏时京兆鱼豢私撰《魏略》,事止明帝。"① 这两句话都可以证明《魏略》的成书时间在曹魏。②

留存在《三国志》裴注中的《魏略·西戎传》"大秦国传记",转录了"今《西域旧图》"所载的罽宾、条支、大秦国物产(见表2-1),《西域旧图》书名冠以"旧"字,其内容又存在于曹魏成书的《魏略》中,且在"今"(即曹魏)已见流传,表明这部书完成时间在曹魏及以前,或原名《西域图》。

表2-1 《西域旧图》《后汉书·西域传》《后汉纪·孝殇皇帝纪》所载大秦国物产一览

序号	史料来源	大秦国物产
1	《西域旧图》	又今《西域旧图》云:"罽宾、条支诸国出琦石,即次玉石也。大秦多金、银、铜、铁、铅、锡、神龟、白马、朱髦、骇鸡犀、瑇瑁、玄熊、赤螭、辟毒鼠、大贝、车渠、玛瑙、南金、翠爵、羽翮、象牙、符采玉、明月珠,夜光珠、真白珠、虎珀、珊瑚、赤白黑绿黄青绀缥红紫十种流离、璆琳、琅玕、水精、玫瑰、雄黄、雌黄、碧、五色玉、黄白黑绿紫红绛绀金黄缥留黄十种氍毹、五色氍毹、五色九色首下氍毹、金缕绣、杂色绫、金涂布、绯持布、发陆布、绯持渠布、火浣布、阿罗得布、巴则布、度代布、温宿布、五色桃布、绛地金织帐、五色斗帐、一微木、二苏合、狄提、迷迷、兜纳、白附子、薰陆、郁金、芸胶、薰草木十二种香。"③

---

① 刘知幾撰,浦起龙释,王煦华整理:《史通通释》卷11《史官建置》、卷12《古今正史》,第326、347页。
② 何远景以为,《魏略》的完书时间在曹魏正元二年(255)前后,参氏著《〈魏志·倭人传〉前四段出自〈东观汉记〉考》,《内蒙古师大学报》(哲学社会科学版)1994年第3期。
③ 陈寿撰,裴松之注:《三国志》卷30《乌丸鲜卑东夷传》,第861页。

续表

序号	史料来源	大秦国物产
2	《后汉书·西域传》	[大秦]土多金、银、奇宝，有夜光璧、明月珠、骇鸡犀、珊瑚、虎魄、琉璃、琅玕、朱丹、青碧。刺金缕绣、织成、金缕罽、杂色绫。作黄金涂、火浣布。又有细布，或言水羊毳，野蚕茧所作也。合会诸香，煎其汁以为苏合。凡外国诸珍异皆出焉①
3	《后汉纪·孝殇皇帝纪》	[大秦]多金、银、真珠、珊瑚、琥魄、琉璃、金缕、罽绣、杂色绫、涂布。又有细布，或言水羊毛、野蚕茧所作。会诸香煎以为苏合。凡外国诸珍异皆出焉②

说明：(1) 在《后汉书·西域传》所列十九种大秦国物产中，除朱丹、织成、金缕罽、细布外，其余十五种物产包括在《西域旧图》中；(2) 在《后汉纪·孝殇皇帝纪》所记十二种大秦国物产中，除细布、罽绣外，余下十种物产包含在《西域旧图》中。

此外，《西域旧图》还可能与甘英西使见闻相关，主要有两个根据。一则，甘英历罽宾抵条支，返至塔里木盆地后，"具言葱岭西诸国地形风俗"，他的见闻当包括葱岭西这两国"地形风俗"，《西域旧图》载有罽宾、条支国物产，可见其均涉此二国情况；二则，《后汉书·西域传》《后汉纪·孝殇皇帝纪》"大秦国传记"中的大秦国物产，源于有关甘英出使大秦的原始材料，大抵包括在《西域旧图》中，甚至其中多数物产的排列次序基本相同，反映《西域旧图》载录了甘英听闻的大秦国物产。

《西域旧图》《西域诸国记》都收存甘英西往大秦见闻等内容，说明这两书有一些相同的内容，可能是同一种书籍；即使不是一部书，《西域旧图》中有关大秦国物产等方面的材料或源于《西域诸国记》。

《后汉书·西域传》《后汉纪·孝殇皇帝纪》《魏略·西戎传》"大秦国传记"所用资料，均根源于有关甘英探访大秦的材料，因处理史料的方式、所据材料的原始性程度等不同，故其中资料原始性有高低之别。

相比而言，与范晔《后汉书》史料来源相似，《后汉纪》中的史料亦取自众家《后汉书》及其他东汉史书，③ 可见袁宏未利用第一手材料，然

---

① 范晔：《后汉书》卷88《西域传》，第2919页。
② 袁宏撰，张烈点校：《后汉纪》卷15《孝殇皇帝纪》，第302页。
③ 袁宏撰，张烈点校：《后汉纪·序》，第1页。

在转录这些资料时，尚能忠实于原文，故《后汉纪·孝殇皇帝纪》"大秦国传记"史料原始性要稍高于《后汉书·西域传》"大秦国传记"。同时，其中一些内容还具有独特史料价值。例如关于大秦国"髡头而衣文绣"者，《后汉纪·孝殇皇帝纪》《后汉书·西域传》分别作"国王""皆"①。据现存古罗马人物画像、雕塑像来看，以"髡头"（即剪掉头发）形容男子与事实相符，形容女子则误，② 所以"国王"正确，"皆"有误。再如，关于由条支乘船渡西海，遇迟风抵大秦时间，《后汉纪·孝殇皇帝纪》《后汉书·西域传》分别记"三岁""二岁"，其皆言需储备三年航海物质，据此而推，当以"三岁"为是。《后汉纪·孝殇皇帝纪》中这两条关于大秦国史料就颇具独特性，均不见于存留在《三国志》裴注中的《魏略·西戎传》。

《魏略·西戎传》"大秦国传记"转载的《西域旧图》，成书时间在曹魏或此前，与甘英西使大秦相关，表明鱼豢当见到此书或收录该书之文的典籍，可采用这些资料编纂《魏略·西戎传》"大秦国传记"。无怪乎较之《后汉书·西域传》《后汉纪·孝殇皇帝纪》"大秦国传记"，《魏略·西戎传》"大秦国传记"叙述更为详瞻，且溢出诸多内容。说明仅就史料的原始性而言，在这三段关于大秦国的传记中，鱼书之传利用了较为原始有关大秦国的材料，较具原始性。

另，既然《后汉书·西域传》"东离国传记"和《魏略·西戎传》"车离国传记"行文基本相同，这两国应为一国，盖"东"与"车"形近易致讹也，据余太山等考证，指泰米尔人所建的古国 Chola（前3世纪—1279），位于南印度。③ 下面主要考察这两书中关于此国传记的史料关系。

《后汉书·西域传》："大月氏伐之（今案，东离国），遂臣服焉。"④《魏略·西戎传》亦存类似记载："［车离国］人民怯弱，月氏、天竺击服之。"⑤ 反映东〔车〕离国与大月氏联系甚为密切。东汉时班超先后数次遣

---

① 范晔：《后汉书》卷88《西域传》，第2919页。
② 赵丽云：《先秦至汉唐时期西极观研究》，博士学位论文，首都师范大学，2013年，第96页。
③ 余太山：《第一贵霜考》，《中亚学刊》第4辑，北京大学出版社1995年版，第83页。
④ 范晔：《后汉书》卷88《西域传》，第2922页。
⑤ 陈寿撰，裴松之注：《三国志》卷30《乌丸鲜卑东夷传》，第860页。

使到访大月氏，从大月氏可获悉有关东〔车〕离国的状况，时班勇正随父生活在塔里木盆地，有条件收集这些资料，录入《西域诸国记》。

目前，虽未发现曹魏与印度交往的资料，但知其和塔里木盆地东端西域政权保持着联系。从这些与之往来的西域国家，似乎也可搜集关于东〔车〕离国的资料，表明鱼豢可利用曹魏时期所获材料编纂有关东〔车〕离国的传记。实际上，在《魏略·西戎传》成书之前，《西域诸国记》就已经存有"东离国传记"，在不参考此传的情况下，鱼豢能撰成与其内容基本相同的《魏略·西戎传》"车离国传记"，巧合过多。所以，《后汉书·西域传》《魏略·西戎传》中"东〔车〕离国传记"同源自《西域诸国记》可能性较大。

第二节 《西域诸国记》中若干内容考辨

存于《后汉书·西域传》中的《西域诸国记》，称条支邻西海，又讲甘英抵条支、临西海，可见条支、西海与甘英西行路线密切相关，可结合起来研讨。

一 甘英出使大秦的路线

《后汉书·西域传》中历史地理方面的内容"皆安帝末班勇所记云"，所述地域包括葱岭以西一些地区，譬如提到三条由塔里木盆地中国家到葱岭以西国家的交通线。第一条，由疏勒出发，逾葱岭，至大宛、康居、奄蔡；第二条，从莎车始行，经蒲犁（今新疆塔什库尔干塔吉克自治县）、无雷（今帕米尔高原），抵大月氏、安息；第三条，"自皮山西南经乌秅，涉悬度，历罽宾，六十余日至乌弋山离国，地方数千里，时改名排持。复西南马行百余日至条支……转北而东，复马行六十余日至安息"（以下简称"《后汉书》路线三"）。① 这三条路线是否为班勇躬历而得？欲探此事，需先从他在西域的活动地区说起。

---

① 范晔：《后汉书》卷88《西域传》，第2914、2917—2918、2923页。

建初八年（83），在于阗国，班超"拥爱妻，抱爱子"。永元十二年（100），班超上书说："谨遣子勇随献物入塞，及臣生在，令勇目见中土。"① 表明班勇曾生活在西域，是否为班超在于阗（今新疆和田）所育之子，难以确考。柳用能猜测，班勇生在疏勒，长于龟兹（今新疆库车）。② 殷晴推测，班勇生于西域，长在于阗、龟兹。③ 柳、殷两位先生对班勇生长地的探讨，为探索班勇在西域的活动地提供了重要参考。延光二年至永建二年（123—127），西域长史班勇先在柳中（今新疆鄯善县南鲁克沁）屯田，后抚鄯善、龟兹、姑墨（今新疆阿克苏）、温宿，再定车师（今新疆吐鲁番）、东且弥（今博格多山之北）、焉耆。④ 总之，就目前文献资料来看，班勇在西域的确切生长地殊难详考，到过葱岭以西地区没有史料依据，在西域开展军事活动地区则主要局促于葱岭之东，说明《后汉书·西域传》中这三条跨越葱岭东西的路线不应当来自其实地行程。

由班勇所录这三条非经他亲身经历而获得的路线，以及班勇之父班超遣其属吏甘英西赴大秦两条线索，许多学者以为：《后汉书·西域传》所载这三条中的两条路线，可能是甘英出行、返回路线。比如余太山、莫任南、龚骏分别认为，第一二、二三、三二条路线，是其西使、归返路线。⑤ 这些学者对甘英出使路线所作的探究，与历史事实不完全相符，然其所提出的这两个线索则有一定合理性，多为后之学者赞同。

又有学者从其他史籍中寻找依据，以探求甘英西行路线。例如杨共乐指出，甘英使往大秦的路线录存在《后汉纪》中（以下省称"《后汉纪》路线"），与"《后汉书》路线三"相较，"《后汉纪》路线"稍略，有三个相同途经地，再联系这两条线索，可知"《后汉书》路线三"或为甘英到

---

① 范晔：《后汉书》卷47《班梁列传》，第1578、1583页。
② 柳用能：《班勇生平考》，《新疆大学学报》（哲学社会科学版）1978年第2期。
③ 殷晴：《柳中屯田与东汉后期的西域政局——兼析班勇的身世》，《西域研究》2011年第3期。
④ 范晔：《后汉书》卷47《班梁列传》，第1587—1590页。
⑤ 余太山：《两汉魏晋南北朝与西域关系史研究》下卷《甘英西使小考》，第305页；莫任南：《甘英出使大秦的路线及其贡献》，《世界历史》1982年第2期；龚骏：《甘英出使大秦考》，《东方杂志》第40卷第8号，1944年。

往大秦的路线。① 限于文章篇幅，他的论证过程稍简，亦未根据此线路及西域古国地望，考察甘英实地行程，然该说合理之处较多，可从。同时，在其研究基础上，可作以下几个方面的补充。

《后汉纪·孝殇皇帝纪》所记甘英部分出使、返还路线为："甘英逾悬度、乌弋山离抵条支……山离还，自条支东北通乌弋山离，可百余日行。"（即"《后汉纪》路线"）②《后汉书·西域传》另载甘英经过了条支、安息："和帝永元九年，都护班超遣甘英使大秦，抵条支。""其后甘英乃抵条支而历安息，临西海以望大秦。"③ 结合这两书所述其路经地可见，甘英历悬度、乌弋山离、条支至安息，此后，又从安息经条支返抵乌弋山离。对于这些经行地，笔者有如下一些认识。

第一，《汉书·西域传》载有"县度"："其（今案，乌秅）西则有县度……县度者，石山也，溪谷不通，以绳索相引而度云。"颜师古注："县绳而度也。县，古悬字耳。"④ 反映《汉书·西域传》中的"县度"，当指《后汉书·西域传》《后汉纪·孝殇皇帝纪》中的"悬度"，今克什米尔从达丽尔到吉尔吉特之间印度河上游河谷地带。⑤《法显传》《出三藏记集》分别说甘英未至陀历（今达丽尔）、波伦国（今吉尔吉特），⑥ 根据其地望分析，实际上甘英到过这两地，此二书所记有误。《后汉书·西域传》则讲甘英路过沙度："[甘英历] 梯山栈谷绳行沙度之道。""沙度"和"县〔悬〕度"是甘英西使大秦的途经地之一，均有高山，其间深谷，行人以绳索相牵引乃得渡，说明它们可能指同一个地方，系某西域民族语言的汉译。⑦ 此外，

---

① 杨共乐：《甘英出使大秦路线新探》，《光明日报》2000 年 10 月 13 日，第 C03 版；杨共乐：《甘英出使大秦线路及其意义新探》，《世界历史》2001 年第 4 期。
② 袁宏撰，张烈点校：《后汉纪》卷 15《孝殇皇帝纪》，第 301、302 页。
③ 范晔：《后汉书》卷 88《西域传》，第 2918、2931 页。
④ 班固：《汉书》卷 96 上《西域传上》，第 3882 页。
⑤ 余太山：《〈汉书·西域传上〉要注》，《两汉魏晋南北朝正史西域传要注》，第 100 页。
⑥ 法显撰，章巽校注：《法显传校注·陀历国》，中华书局 2012 年版，第 22 页；僧祐撰，苏晋仁、萧鍊子点校：《出三藏记集》卷 15《智猛法师传第九》，中华书局 1995 年版，第 579 页。
⑦ 关于"悬度"的语源，下列三家观点不相同：岑仲勉认为是伊朗语 Hindu（今案，印度）的移译（参氏著《汉书西域传地里校释》，第 99 页），陆水林以为系布鲁沙斯基语 Sinda（今案，印度河）的音译（参氏著《新疆经喀喇昆仑山口至列城道初探》，《中国藏学》2011 年第 S1 期），王小甫以为是 Shatial（今案，今印度河流域奇拉斯附近）的转译（参氏著《七八世纪之交吐蕃入西域之路》，《新疆历史研究论文选编·隋唐卷》，新疆人民出版社 2008 年版，第339 页）。

第二章　东汉班勇《西域诸国记》及相关内容考析　75

永元七年（95），汉和帝所下嘉褒班超的诏书讲到，该年或此前班超曾"逾葱领，迄县度"①，表明永元八年（96）甘英所选这条经县〔悬〕往赴大秦路线或为之前到过是地的班超之意。

第二，时已升任西域都护的班超，其衙署西域都护府驻地在龟兹它乾城（地望不详），在永元八年（96）遣属官甘英使大秦，可知甘英的始发地或在龟兹。

第三，关于由龟兹到乌弋山离路过的国家，《汉书·西域传》说"［皮山］西南当罽宾、乌弋山离道"，可见自皮山北、东、西的某地前往罽宾、乌弋山离，当经皮山向西南行。甘英从皮山东北的龟兹出发，去往乌弋山离，当经过皮山。《汉书·西域传》又录在西汉成帝时，杜钦对大将军王凤所说的话：以前，西汉官员护送罽宾使者回国，先路经皮山后，而后通过四五个国家，最后到达县度、罽宾，其间山路高低不平、曲折而险峻，窃贼横行无所忌讳，以后送还到汉朝贡的罽宾使者归国，到达皮山之后毋庸如往常一样送抵罽宾。②反映由皮山出发，历县度可到罽宾。结合《汉书·西域传》中的这两段话，以及这些西域古国地望可推，甘英从龟兹经皮山、悬度到乌弋山离，当路经罽宾。

由上文关于其西行途经国家所作考述大略可知，甘英部分出行路线当为龟兹—皮山—悬度—罽宾—乌弋山离—条支—安息，与"《后汉书》路线三"基本相同。根据这条路线，并参据《汉书·西域传》《后汉书·西域传》中的相关内容，以及前人研究成果，可还原甘英出使大秦的完整路线：龟兹—姑墨—于阗—皮山—西夜—子合—蒲犁—乌秅（即德若）—难兜—悬度—罽宾—乌弋山离—条支—安息。同时将该交往路线中其他历经地的史料依据，以及甘英实地行程（见表2-2）分述如下。

首先，自龟兹始发，西经姑墨，之后沿阿克苏河、和田河南下可达于阗，姑墨—于阗路线为由龟兹至皮山的捷径。《汉书·西域传》曰"［龟兹］西与姑墨接"，"［姑墨］南至于阗马行十五日"③，说明从龟兹可南抵于阗。

---

① 范晔：《后汉书》卷47《班梁列传》，第1582页。
② 班固：《汉书》卷96上《西域传上》，第3886—3887页。
③ 班固：《汉书》卷96下《西域传下》，第3910、3911页。

其次，关于自皮山经悬度到罽宾的交通线，第六章第二节"皮山—罽宾路线"将有考述，兹不赘举。

再次，从乌弋山离前往安息西南的条支，必须横穿伊朗高原，关键在于以下两条线路的选择。伊朗高原西北、西南，分别耸立着大小高加索山、厄尔布尔士山和扎格罗斯山；高原中部纵横的丘陵，分割出许多陷落盆地，其中广布着盐质沙漠，干旱少雨，几乎没有常年蓄水的河流、湖泊，不利于通行。因而，古代穿越伊朗高原的交通线，以高原中部为界分为"伊朗北道""伊朗南道"。

"伊朗北道"系以今伊朗高原东北的马什哈德为起点西行，分作南北两路，北路相继经过古昌、柏季努尔德、戈尔干，之后与先后路过内沙布尔、达姆干的南路在德黑兰汇合，稍后又分南北两条支线，北支途经加兹温到达大不里士，南支陆续抵达哈马丹、克尔曼沙阿、巴格达，在巴格达与"伊朗南道"交会。整条路线大抵依循里海南岸厄尔布尔士山的南麓行进，在乌弋山离西北。

扎格罗斯山自亚美尼亚山延伸而出，经伊拉克北部蜿蜒至伊朗西南的波斯湾沿岸，呈西北—东南走向，由许多平行山脉组成。在这些平行山之间，分布着较为平坦、肥沃的谷地，"伊朗南道"即在其间，[1] 具体路线为：从乌弋山离向西南行，越过萨尔哈德高原抵达巴姆（今克尔曼省东部），尔后经克尔曼、亚兹德、波斯波利斯、设拉子、伊斯法罕，再西行越扎格罗斯山，抵马拉维（今洛雷斯坦省霍拉马巴德西南），复东南行至苏萨（今胡齐斯坦省迪兹富勒西南）以后，往南行，沿着迪兹河、卡伦河到波斯湾头。[2] 这条交通线的行走方向，依次是西南—西北—西南—西北—东南，总体而言，位于乌弋山离西南。

根据前引《后汉纪·孝殇皇帝纪》《后汉书·西域传》，甘英由乌弋山离向西南行到条支，在这两条横越伊朗高原的路线中，只有"伊朗南道"在乌弋山离西南，说明其当从乌弋山离经该路线至条支。

---

[1] 赵汝清：《从亚洲腹地到欧洲——丝路西段历史研究》第1章《从亚洲腹地到欧洲之地理环境》，甘肃人民出版社2006年版，第21—22页。

[2] 王钺、李兰军、张稳刚：《亚欧大陆交流史》第3章《绿洲道路》，兰州大学出版社2000年版，第38—39页。

最后，安息国辖有今伊朗高原东部的萨尔哈德高原，表明抵该地就已经到安息国。甘英自乌弋山离，经安息国属地萨尔哈德高原向西行，到条支以后"转北而东，复马行六十余日至安息"，可见文中的"安息"非指安息这个国家，当指其都城泰西封（今伊拉克巴格达），从条支至安息的路线当为自条支往东北行到泰西封，条支位于泰西封西南。这条交通线是稽考条支国处于何地的主要依据，亦是否定日本学者宫崎市定认定东汉时期条支在今叙利亚地区的重要论据（详下）。

表2-2　　　　　　　　　　甘英出使大秦实地行程

序号	途经地	实地行程
1	龟兹—于阗	由库车出发，向西行至阿克苏以后，沿阿克苏河、和田河南下至和田
2	皮山—罽宾	自于阗西北过皮山（即皮山国），抵喀什地区的叶城县，之后溯县南提孜那甫河或棋盘河（即西夜、子合）向西南方向行走，至叶尔羌河上游支流马尔洋河以后，往西直行到达塔什库尔干河上游，而后穿越喀喇昆仑山山口明铁盖达坂或红其拉甫达坂，进入克什米尔地区，沿罕萨河到吉尔吉特（即难兜国），再顺印度河南下到罽宾国
3	乌弋山离—安息	沿赫尔曼德河至今阿富汗西南，① 由此向西行，越萨尔哈德高原，再过伊朗锡斯坦、克尔曼、亚兹德、法尔斯、伊斯法罕、洛雷斯坦、胡齐斯坦省，抵幼发拉底河流域，复东北行，到达底格里斯河流域

前文主要讨论了甘英到往大秦行程路线，至于其回返路线，《后汉纪·孝殇皇帝纪》记，他自安息向东行，经条支，返至乌弋山离（详上引文），之后归还路线未为史籍所载。从乌弋山离还归塔里木盆地，或先向东北行抵大月氏，再依《后汉书·西域传》中的第二条路线到莎车；或由乌弋山离沿西使路线返归皮山。

上列第一条路线由于乌弋山离之北、大月氏西南的数条东西流向河流阻隔而曲折回旋，如果选择该路线，费时又耗力；第二条线路基本上是溯

---

① 波斯帝国阿黑门尼德王朝的建立者居鲁士（前558—前529年在位）东征，除亲率大军经"伊朗北道"往锡尔河外，另遣一军由法尔斯的波斯波利斯出发，向东进入克尔曼、锡斯坦，之后溯赫尔曼德河往东行，抵呾叉始罗（今巴基斯坦拉瓦尔品第），参赵汝清《从亚洲腹地到欧洲——丝路西段历史研究》第5章《波斯人沿丝路西段的大远征》，第92页。反映由巴基斯坦循赫尔曼德河到阿富汗西南的交通线，在甘英出使大秦之前就已经开通。

河直行，倘若选取此路线，可节省不少人力物力，所以甘英从乌弋山离很可能循西行路线返回塔里木盆地。《后汉纪·孝殇皇帝纪》在讲完甘英自条支返抵乌弋山离后，言"而乌弋山离、罽宾、莎车、于阗、宁弥诸国相接，远者去洛阳二万一千里，近者万余里焉"①。由这几个西域古国连接而成的阿富汗—新疆交通线路，与甘英西行线路相当，然是否就是甘英乌弋山离以东具体行走路线，囿于现有资料难以确考。上文揭示甘英返还路线，是考证其始发时间的重要根据（参第六章第二节）。

二　条支与西海

元朔三年（前126），张骞第一次出使西域归来，对武帝讲述了所闻知的西域十国情况，话中讲到传闻中的条支国与其西的安息相距几千里，邻近西海，气候炎热潮湿，适宜种植水稻；出产一种大鸟，产下的蛋如同瓮坛；国家人口较多，各地大都设有小君长，受到安息役使管辖，等等。②《汉书·西域传》因袭了这些材料。③《后汉书·西域传》除转引《史记·大宛列传》中条支旁靠西海，高温暑湿，出产卵如瓮的大雀外，还添增条支国城建立在山上，周长四十余里，城南、东、北三面为海水环绕，西北与外界以陆路相通等史料。④

自清代以来，中外学者主要依据这些史籍所载条支地理位置、气候、物产等，以及"条支"对音考证其地望，在岑仲勉、龚缨晏所列十余家之说中，⑤以德国汉学家夏德提出的观点影响较大、认可度较高：条支国即今伊拉克巴比伦尼亚（即迦勒底）或卡尔提阿，条支城在卡尔提阿湖（今赖扎宰湖）中的半岛上，西海指今波斯湾。⑥日本学者宫崎市定则认为，条支国指从亚历山大帝国分裂出来由塞琉古一世以叙利亚为中心在中、西亚建立的希腊国家塞琉古王国，条支城指其都城安条克（今土耳其

---

① 袁宏撰，张烈点校：《后汉纪》卷15《孝殇皇帝纪》，第302—303页。
② 司马迁：《史记》卷123《大宛列传》，第3163页。
③ 班固：《汉书》卷96上《西域传上》，第3888页。
④ 范晔：《后汉书》卷88《西域传》，第2918页。
⑤ 岑仲勉：《汉书西域传地里校释》，第189—203页；龚缨晏：《20世纪黎轩、条支和大秦研究述评》，《中国史研究动态》2002年第8期。
⑥ ［德］夏德：《大秦国全录》，朱杰勤译，第20—21页。

哈塔伊省首府安塔基亚）的外港塞琉西亚，西海指今地中海。此说为余太山、梁海萍等赞同，[①] 在国内外历史学领域亦有一定影响力，具体考证过程如下。

参据前后汉书中条支国史料，宫崎市定提出其地望需满足以下几个特征：位于安息以西，在安息通达大秦路线上，临靠西海，为安息属国。以前关于条支国地望的众说法中，符合这四项条件的，有夏德、白鸟库吉的"两河流域"说和藤田丰八的"伊朗法尔斯"说。

在排除了部分学者看法以后，他进一步假设大秦国位于地中海沿岸，复详细阐述了第二个特征，认为汉代从中国出发到达地中海海岸经常取用的中西交通线有以下几条。一是陆路，由亚洲中部经过里海南岸、伊朗高原北部至地中海东岸的叙利亚；二是海路，船队自中国南方某海港出发，沿着马来半岛、印度半岛、阿拉伯半岛大陆岸边航行，进入红海后北上，由埃及抵地中海东南沿岸；三是中间路线，从海路至波斯湾头，再北溯幼发拉底河，然后转陆路到叙利亚。

在这三条中外交通线路中，第一条是汉代由中国前往地中海地区最为便捷而又经常使用的路线，其上没有夏德、白鸟库吉、藤田丰八考证出来的条支国地望，据此可否定他们的提法。西海之名，与位于两河流域南的波斯湾不合，可与地中海地理位置相应，当指今地中海。

在以这些条支国特征，否定了此前关于条支国地望的看法后，他又提出了自己的观点，即条支指塞琉古王国或塞琉西亚，大略有三个理由。一则，"条支"是 Seleucid 或 Seleucia 的音译；二则，在全盛时，塞琉古王国辖西自埃及、东到印度河流域的地区，和条支国相较，其气候及所出产的动植物相合；三则，塞琉西亚建在绝壁山上，西临地中海，与条支城地理特征基本相符。然而，塞琉西亚与条支城地理特征亦有不符之处，例如《后汉书·西域传》称条支城是"海水曲环其南与东北，三面路绝，唯西北隅通陆道"，而塞琉西亚城东北角的小路与外界相通，城东、西、南三个方向的交通，则受城东、城西深谷和海

[①] 余太山：《条支、黎轩、大秦和有关的西域地理》，《中国史研究》1985 年第 2 期；梁海萍：《汉魏史籍中条支国所临"西海"释证》，《西安电子科技大学学报》（社会科学版）2007 年第 2 期。

面的限制。至于以上之不合,他认为,根据听闻而录的条支国传记,与实际情形当有一些偏差。① 其论证方法比较新颖,但所持论据似乎不甚充足,理由如下。

其一,在他所列汉代由中国至地中海附近的第一条路线中,穿过伊朗高原北部线路实际上指"伊朗北道"。由其未提及的"伊朗南道",亦可抵地中海附近,并且此交通线是甘英出使大秦路线中的一段,与条支国地望密切相关。通过前文对甘英西行路线所作的探讨可知,东汉时期的条支位于安息都城泰西封西南。塞琉西亚、法尔斯、卡尔提阿分别在泰西封西北、东南、西南,故宫崎市定、藤田丰八的观点需作进一步讨论,而夏德、白鸟库吉的见解值得参考借鉴。

其二,公元前64年(西汉宣帝元康二年),罗马攻灭了仅辖今叙利亚地区的塞琉古王国。此后,安息先后两次进攻罗马属地叙利亚地区:一次在公元前51年(西汉宣帝甘露三年),围攻安条克城;另一次在公元前40年(西汉元帝永光四年),占据安条克城约一年时间。除此之外历史时期内,叙利亚牢牢地掌控在罗马手中。然《后汉书·西域传》称东汉时安息在条支置将领监管:"[安息]后役属条支,为置大将,监领诸小城焉。"② 可见历史上条支、叙利亚地区与安息隶属关系不合。③

又,在罗马皇帝涅尔瓦统治时期(96—98),今叙利亚地区在罗马帝国叙利亚行省内。④ 倘若条支在今叙利亚地区,永元九年(97)甘英抵达了条支,则到过大秦领地,可圆满完成班超交付的任务。但是,《后汉纪·孝殇皇帝纪》《后汉书·西域传》均载,甘英在条支欲渡西海使大秦,在听闻安息船人的一番话后,"英闻之乃止","具问其(今案,大秦)土风俗",反映他未到达大秦。

宫崎市定等学者对条支国地望研究,大体体现了以往中西学者考证条支国地望基本思路,即先利用材料分析法,归纳此国特征,再将这些特征

---

① [日]宫崎市定:《条支和大秦和西海》,载刘俊文主编《日本学者研究中国史论著选译》第9卷《民族交通》,中华书局1993年版,第385—413页。
② 范晔:《后汉书》卷88《西域传》,第2918页。
③ 余太山:《〈后汉书·西域传〉要注》,《两汉魏晋南北朝正史西域传要注》,第269页。
④ 张芝联、刘学荣主编:《世界历史地图集》"罗马帝国极盛时期(公元前1—公元2世纪)"幅,中国地图出版社2002年版,第29页。

与实地及历史情况相印证,从而找到一个在地理位置、国名对译等方面大致相符的地方。他们的研究方法、思路和成果都值得学习参考,然而,还有一些考虑不周之处,如未从史源学的角度考察这些条支国材料。我们知道,明晰史料来源后,可对其作归类、辨伪等工作,复立足这些经处理过的史料探究问题,所得结论更能接近于历史真实情况。有鉴于此,下文先以史源学的视角,对这些条支国资料作如下分析。

《史记·大宛列传》《汉书·西域传》《后汉书·西域传》中的条支国资料分两类:《史记·大宛列传》《汉书·西域传》中的条支国史料系张骞耳闻之言,为第一类;留存在《后汉书·西域传》中《西域诸国记》"条支国传记"地理环境方面的内容,以及乌弋山离、条支、安息三国之间交通线等,系甘英躬临其地而获得(说详上),为第二类。可知这些材料因为隶属时代和采获途径等不同,所记载的条支国实际上可能是同一个国家,也有可能是两个国家,所以两汉时期的条支国地望可能在两地,也有可能在同一地。

在上文划分条支国史料类型基础上,下文总括前后汉时西域政治、军事形势,蠡测时人采集条支国资料过程和条支地望。

西汉张骞首次前往西域时,在"身所至"的包含匈奴在内的五个国家,闻听安息、条支等六国,以及安息长老讲条支存弱水、西王母一事,据此可推张骞获得条支国史料之前此国资料来源若干历史细节:条支系安息西数千里的幅员辽阔的国家,与张骞"身所至"或以西国家毗邻,且其很有可能有政治、军事、经济、文化方面接触甚而交往,故而安息等国人知道些条支国情况,并告诉张骞"身所至"国家的人。

摊开公元前2世纪20、30年代(即张骞首次抵西域之时)或此前亚洲历史地图可知,与安息有所来往、在安息以西、人口众多、西邻海洋的国家,不得不提同脱胎于亚历山大帝国的托勒密埃及王国(今埃及和周围地区,前305—前30)、塞琉古王国(前312—前64)。特别是塞琉古王国,曾经统治过安息、大夏等地,以后还与独立出来的安息交兵不断,相关事宜很容易被安息、大夏等地民众记住、流传下来、传播开来,成为其共同族群记忆。因而西汉时的条支国或许就是这两个希腊化国家中的一个。虽和本书考证条支地望出发点不同,然近代以来有些考据学家亦持此说法。同时也有西域史地研究者在论说地望存在争论的西汉时黎轩、条支国地理位置时,徘徊于此二国之间。① 如果单从《史记·大宛列传》中张骞所述黎轩在安息北这条资料考虑,黎轩国不应指位于安息西南的托勒密埃及王国。假如必须给西汉时张骞闻知的条支、黎轩国地望一个明确答案,综合中外名称对音、地理环境等因素,笔者比较认同前此条支、黎轩分指塞琉古王国、时已为罗马攻占的马其顿王国(今希腊等地,前800—前146)之地论解,相应地条支临接的西海指今地中海。至于班固《汉书·西域传》中记录的黎轩,其中若干记述可能掺杂着西汉除张骞外其他西域使臣及东汉甘英的见闻,大概为许多学者认可的托勒密埃及王国。

综括前文对东汉条支国史料来源所作分析推测,公元前166年(西汉文帝前元十四年),塞琉古帝国皇帝安条克四世(前175—前164年在位)重建位于波斯湾头的卡尔提阿城,并更城名作安条克。② 东汉时西域都护属官甘英受都护班超差遣,由塔里木盆地始发西往大秦,以期结成军事联盟。途中经过安息国王城泰西封西南、西临波斯湾的安条克城(即卡尔提阿城)时,听到当地城名与"条支"两字发音相近,地理条件还和《史记·大宛列传》记载的条支大略相符,遂以为该地就是前汉时的条支国,环绕其三面的今波斯湾是西海。

以上所论两汉时条支史料由来,系基于相关历史资料还原张骞、甘英出使西域具体历史情境后所作的臆测,真实情况是否如此,尚需新发现材料检验。

本章主要研讨了《西域诸国记》主体内容及与《汉书·西域传》《后汉书·西域传》的史料关系,并对书中甘英使往大秦线路及条支国地望进行了简略探索。《西域诸国记》是研治东汉之时西域地方史及中原与中亚、南亚乃至欧洲国家政治、经济、文化交流与交通的基本材料,其史学价值和地位不止于此,据《后汉书·西域传》所见《西域诸国记》概貌及地方志书概念推测,在编纂体例、内容等方面这部书已粗具方志规模,当是西域地区甚至全国性体例成熟地方志渊薮。

---

① 龚缨晏:《20世纪黎轩、条支和大秦研究述评》,《中国史研究动态》2002年第8期。
② 张绪山:《整体历史视野中的中国与希腊—罗马世界——汉唐时期文化交流的几个典例》,《全球史评论》第1辑,商务印书馆2008年版,第219页。

第三章 东晋北朝与佛教有关西域佚书探析

东晋道安《西域志》所载流经今新疆、南亚、中亚等地区的六条河流，以及这六河流经地风俗物产、佛教圣迹等，部分材料来自当时外籍佛教徒（如天竺僧佛图调）的实地见闻。又北魏时宋云、惠生奉诏出使西域，其西使目的之一为求取佛经。由此二例，可证两晋南北朝时期，中国处于南北对峙、分裂割据状态，然通过官方的政治交往，以及民间的文化交流，与西域的联系并未因此而中断。

第一节 道安《西域志》异名及所载山川

道安（312—385）俗家姓卫，常山扶柳（今河北冀州）人，系东晋名僧，其佛学上的主要贡献在于，翻译佛典，创编佛经目录等，影响后世深远。《通典》说他著有一部关于西域的游记《西域志》，书中一些佛教传说奇异怪诞，与其他历史资料记载相悖："诸家纂西域事，皆多引诸僧游历传记，如法显《游天竺记》、支僧载《外国事》、法盛《历诸国传》、道安《西域志》、[竺法]维《佛国记》、昙勇《外国传》、智猛《外国传》、支昙谛《灵鸟山铭》、《翻经法师外国传》之类，皆盛论释氏诡异奇迹，参以他书，则皆纰谬，故多略焉。"[①]《西域志》的撰写时间、背景和史料来源

[①] 杜佑撰，王文锦等点校：《通典》卷191《西戎三》，第5199页。原文中避讳字、讹字，据杨晓春《标点本〈通典〉校点指误一则》（《书品》2006年第3期）更改。

等在诸史籍中未见载，题名表明其当记西域地区事，然由《高僧传》可见道安未游访西域，① 故《通典》言它为道安游历传记，恐误。此外，《出三藏记集》《历代三宝纪》《大唐内典录》《太平御览·经史图书纲目》等亦著录其书名为《西域志》，② 前两书又记卷数为1卷，《太平御览》"正文"引作"释道安《西域志》"云云（见表3-1），说明《西域志》为通称。除这个通常的书名外，据目前掌握的相关文献资料分析，《西域志》大概有五个异名。细绎由这些书名辑得的逸文，可知《西域志》内容涉阿耨达山、蜺罗跂禘水、"南河""北河"、阿耨达大水等，下文逐一考证这些山水。

一 《水经注》中的"释氏《西域记》"

《水经注》引有"释氏西域记〔志或传〕"③，"释氏西域记"可能是撰者和书名的合体，也有可能仅是书籍名称。《水经注》另载"释氏论""释云"云云（出处详下），以及"余（今案，郦道元）考释氏之言……释氏不复根其众归之鸿致"④，表明文中"释氏""西域记"分指某人、书名，"释氏西域记"应点断作"释氏《西域记》"，《水经注校》作"《释氏西域记》"，值得商榷。⑤

关于《西域记》的著者"释氏"指何人，许多学者认为：之前，中土之地僧人或以俗家姓氏、三宝（即佛、法、僧）为姓，或承师姓；东晋

---

① 慧皎撰，汤用彤校注，汤一玄整理：《高僧传》卷5《晋长安五级寺释道安》，中华书局1992年版，第177—188页。
② 僧祐撰，苏晋仁、萧鍊子点校：《出三藏记集》卷5《新集安公注经及杂经志录第四》，第228页；费长房：《历代三宝纪》卷8，高楠顺次郎等编纂《大正新修大藏经》卷49《史传部一》，第76页；道宣：《大唐内典录》卷3《前后二秦传译佛经录第六》、卷10《历代道俗述作注解录第六》，高楠顺次郎等编纂《大正新修大藏经》卷55《目录部全》，第251、330页；李昉等：《太平御览·经史图书纲目》，第16页。
③ 传世《水经注》各种版本中的"释氏西域志""释氏西域传""释氏西域记"通用（郦道元注，杨守敬、熊会贞疏，段熙仲点校，陈桥驿复校《水经注疏》卷1《河水》，第13页），以下统称"释氏西域记"。
④ 郦道元著，陈桥驿校证：《水经注校证》卷1《河水》，中华书局2013年版，第11页。
⑤ 王国维校，袁英光、刘寅生整理标点：《水经注校》卷1《河水》，上海人民出版社1984年版，第6页。

时，道安以为僧徒应尊崇释迦牟尼，当以"释"为姓；① 在北魏，很多人知道道安首倡以"释"作为佛教徒的姓，故郦道元省却了"释道安"的法号，称其为"释氏"，《水经注》中的"释氏《西域记》"当即道安《西域志》。② 另有一些学者例如陈桥驿，指出这个结论缺乏确凿证据。③ 以"释"为佛教徒的姓始于道安，即认为"释氏"指道安，这个论据的确稍显单薄，下文主要综括与"释氏"、道安及《西域记》《西域志》相关的材料补证此论。

《水经注》："佛图调曰：佛树（今案，迦那城贝多树）中枯，其来时更生枝叶。"④ 迦那城，即《法显传》"迦雅城"、《大唐西域记》"迦耶城"，今印度比哈尔邦迦雅。这条史料之义为，在佛图调从天竺去往中国之前，迦那城的贝多树正抽枝发芽，反映他在印度生活过。《高僧传》另提及法号与之相似的佛调、竺佛调为天竺人，拜佛图澄为师："佛调、须菩提等数十名僧，皆出自天竺、康居。不远数万之路，足涉流沙，诣澄受训。""竺佛调者，未详氏族，或云天竺人。事佛图澄为师，住常山寺积年。"⑤ 关于佛图调、佛调、竺佛调，笔者有以下一些看法。汉晋之时，来华的外国僧人多以国籍为姓，可见佛调可以国籍天竺而姓"竺"，称竺佛调。不少学者认为，佛图调和佛调、竺佛调法号相似，国籍有相合的可能，当指同一人，与道安同受业于佛图澄，撰有《佛图调传》一书。⑥ 其说有一定道理，可以信从。

除佛图调外，法汰亦与道安同事师于佛图澄。此后，道安、法汰又同

---

① 王燕飞：《汉传佛教僧人的姓氏》，《文史知识》2010年第9期。
② 郦道元注，杨守敬、熊会贞疏，段熙仲点校，陈桥驿复校：《水经注疏》卷1《河水》，第14页；岑仲勉：《〈水经注〉卷一笺校》《唐以前之西域及南蕃地理书》，《中外史地考证》，第213、311页；郑德坤：《〈水经注〉引书考》卷2《史部》，第94页；汤用彤：《汉魏两晋南北朝佛教史》第15章《南北朝释教撰述》，第395页。
③ 郦道元著，陈桥驿校证：《水经注校证》卷2《河水》，第56页。
④ 郦道元著，陈桥驿校证：《水经注校证》卷1《河水》，第10页。
⑤ 慧皎撰，汤用彤校注，汤一玄整理：《高僧传》卷9《晋邺中竺佛图澄》《晋常山竺佛调》，第356、363页。
⑥ 郦道元注，杨守敬、熊会贞疏，段熙仲点校，陈桥驿复校：《水经注疏》卷1《河水》，第57页；岑仲勉：《唐以前之西域及南蕃地理书》，《中外史地考证》，第311页；郑德坤：《〈水经注〉引书考》卷2《史部》，第94页；汤用彤：《汉魏两晋南北朝佛教史》第15章《南北朝释教撰述》，第395页；陈连庆：《辑本〈佛图调传〉序》，《古籍整理研究学刊》1985年第1期。

在飞龙山避难。之后,道安委法汰前去扬州布道。其后,又派高足慧远探望在荆州患病的法汰。此外,他们还有书信往来,比如僧祐《出三藏记集》收有道安2卷本《答法汰难》,以及法汰致道安的书信名《问释道安三乘并书》,① 法汰又在写给道安的信中追念竺僧敷,② 这些事实说明他们关系比较亲密。

《西域记》文中提到了佛图调、法汰,譬如"佛图调列《山海经》曰","[释氏]以语法汰,法汰以常见怪"(出处详下),表明"释氏"和法汰相识,生活的时代当在东晋,很有可能指佛图调、法汰的同门,与法汰交善的道安。

除了以"释氏"与道安的交游情况相印证,还可将他们的著作《西域记》《西域志》内容结合起来考察,以探索其关系。《西域记》《西域志》有指同一种书的可能,大概有两个根据。首先,在《水经注》的众版本中,所引书名《西域记》和《西域志》通用;再者,这两书有三则内容基本相同的文句,为便于对比分析这些语句,现将它们及与其相关的内容列表如下(见表3-1)。

表3-1　　　　　　　　　　《西域志》异名一览

序号	异名	例文
1	《西域诸国志》	释道安《西域志》曰:"于阗道中有鼠王国,大者如狗,小者如兔,着金袈裟。沙门过,不礼。白衣不礼,辄害人。"③ 《西域诸国志》曰:"有鼠王国,鼠大如狗,着金镂,小者如兔,或如此间鼠者,沙门过,不咒愿,白衣不祠祀,辄害人衣器。"④
2	《西域记》	(1) 释道安《西域诸国志》:"揵陀越西,西海中有安息国。"⑤ [释氏《西域记》]又曰:"揵陀越西,西海中有安息国。"⑥

---

① 僧祐撰,苏晋仁、萧錬子点校:《出三藏记集》卷5《新集安公注经及杂经志录第四》、卷12《宋明帝敕中书侍郎陆澄撰法论目录序第一》,第228、435页。
② 慧皎撰,汤用彤校注,汤一玄整理:《高僧传》卷5《晋京师瓦官寺竺法汰》《晋京师瓦官寺竺僧敷》,第192、197页。
③ 李昉等:《太平御览》卷797《四夷部十八》,第3541页。
④ 李昉等:《太平御览》卷911《兽部二十三》,第4037页。
⑤ 萧绎《职贡图》"波斯国题记"北宋模本,现藏中国国家博物馆(参第六章第三节)。
⑥ 郦道元著,陈桥驿校证:《水经注校证》卷2《河水》,第33页。

续表

序号	异名	例文
		（2）释道安《西域志》曰："波丽越国即佛外祖国也。"① 释氏《西域记》曰："恒水又经波丽国，即是佛外祖国也。"②
		（3）《西域诸国志》曰："屈茨国有山，夜则有光火，昼则恒烟焉。"③ 释氏《西域记》曰："屈茨北二百里有山，夜则火光，昼日但烟，人取此山石炭，冶此山铁，恒充三十六国用。"④
3	《西域诸国记》	《西域诸国记》曰："耆阇崛山在王舍城北四里，山有两崖，鹫鸟常群居其（颠）[巅]，土人号为'灵鹫山'也。"⑤ 释氏《西域记》曰："耆阇崛山在阿耨达王舍城东北，西望其山，有两峰双立，相去二三里，中道鹫鸟，常居其岭，土人号曰'耆阇崛山'。"⑥
4	《西域传》	佛图调曰："佛钵，青玉也，受三斗许，彼国宝之。供养时，[乞]愿，终日（香花）[花香]。不满，则如言。[乞]愿，一把，满，则亦便如言。"⑦ 《西域诸国志》曰："佛钵在乾陁越国，青玉也。受三升许，彼国宝之。供养乞愿，终日花香。不满，则如言也。满，亦如言也。"⑧ 《西域传》曰："《诸国志》曰：'佛钵在乾陁越国，青玉也。受三斗许，彼国宝之。供养[乞]愿，终日花香。不满，则如言也。[乞]愿，一把，满，亦随言也。'"⑨

对于表 3-1 中的这些书名和辑文，现作如下分析。

第一，《太平御览·经史图书纲目》著录有道安《西域志》、佚名《西域诸国志》，然在《太平御览》"正文"中，《西域志》与《西域诸国志》"鼠王国"条行文基本相同。刘宋刘敬叔《异苑》亦有类似之文，又

---

① 李昉等：《太平御览》卷797《四夷部十八》，第3542页。
② 郦道元著，陈桥驿校证：《水经注校证》卷1《河水》，第10页。
③ 李昉等：《太平御览》卷871《火部四》，第3860页。
④ 郦道元著，陈桥驿校证：《水经注校证》卷2《河水》，第37页。
⑤ 李昉等：《太平御览》卷926《羽族部十三》，第4117页。
⑥ 郦道元著，陈桥驿校证：《水经注校证》卷1《河水》，第9页。
⑦ 郦道元著，陈桥驿校证：《水经注校证》卷2《河水》，第33页。
⑧ 李昉等：《太平御览》卷759《器物部四》，第3369页。
⑨ 欧阳询撰，汪绍楹校：《艺文类聚》卷73《杂器物部》，第1254页。

记"释道安昔至西方,亲见如此"①,这固然有误,然将其联系起来当有所据;在宋代绘成的《职贡图》摹本亦引作"释道安《西域诸国志》"云云(见表3-1)。反映《西域志》《西域诸国志》应是一书,《太平御览》混淆为两书。

第二,由这三组文句可知,《西域记》与《西域志》《西域诸国志》行文略有差异,然所述主体内容基本一致,应也是《西域志》别名。

第三,《西域记》为《西域志》异名,《西域诸国记》与《西域记》"耆阇崛山"条行文基本相同,应亦系《西域志》异称。

第四,关于"佛钵"云云出处,《水经注》《太平御览》《艺文类聚》分别作佛图调的话、《西域诸国志》和《西域传》所转之《诸国志》,如何解释这些矛盾呢?案道安《西域志》别称之一为《西域传》,内容参据了《佛图调传》,由这几个线索推测,《西域传》与《西域诸国志》《诸国志》应分别指《西域志》《佛图调传》。那么,又如何理解《西域诸国志》还是《西域志》的异名呢?笔者认为,《西域志》录有《佛图调传》(即《西域诸国志》),可能后人转抄《西域志》中《西域诸国志》时,将这些史料来源标作《西域志》或《西域诸国志》,其后之人见这两书有相同之文,遂以为它们是一书,《西域诸国志》也就成为《西域志》异称。当然,亦有可能《西域诸国志》指道安《西域志》,《西域传》为生活时代晚于道安的古人所撰,其摘引了道安之书。

综上所讲,由南北朝时人对道安的称谓,"释氏"、道安的交游状况和《西域记》《西域志》内容等,大略可推,《水经注》所称的"释氏"指道安,《西域记》《西域传》《西域诸国志》《西域诸国记》为《西域志》之别名。佚书异名是搜索佚文的重要依据,以这些别称辑录《西域志》逸文,在以往学者所辑得三十余则轶文基础上,至少可再增辑十则(本节之外《西域志》辑文详参第五章第一节)。进而总括书籍录存情况和辑文文字,可尝试探索其写就时间。

前此王守春推测:在迁居前秦都城长安以后直至去世(373—385)这

---

① 刘敬叔撰,黄益元校点:《异苑·鼠王国》,《拾遗记》(外三种),上海古籍出版社2012年版,第102页。

段时间内，道安可利用与居住在前秦的西域高僧进行频繁深入交流的便利条件，并在赏识他的苻坚往西域扩张疆土雄心的影响之下，于编译梵典余暇编撰《西域志》。① 对此笔者有一些不同的认识，其书书写时间可能在道安游学邺城（今河北邯郸）至后赵末年皇室诸子为争夺帝位互相残杀（335—349）这段时间中，具体分析如下。

《西域志》讲到道安参阅《佛图调传》及与法汰谈论黄河发源地昆仑山所在等（出处详下），案东晋咸康元年（335）后赵皇帝石虎迁都于邺城，同时或稍后道安抵达了邺城并习之于佛图澄，② 结识了皆为外地人的同学东莞（今山东临沂）人氏法汰和西域僧佛图调，因而咸康元年应为是书成就时间上限。从在邺城求学于佛图澄到在长安逝世，道安在不同时间和地点先后至少编写了五部经书目录，其第一部佛经书目附有《西域志》。僧祐转道安语曰这部目录曾经"遭乱录散，小小错涉"③，所言"遭乱"指东晋永和五年（349）石虎去世皇室诸子争立之事。永和五年应系此经录及《西域志》的完成时间下限。

同样，据"遭乱录散"云云亦可见，他的这部书不可能写于之后安居襄阳、长安之时。再者，道安撰录佛经目录原则为"见经即录、见经才录"，其首次编写的佛经书目未收他在襄阳、长安所见并为之作序的佛经（比如《比丘尼大戒》《杂阿毗婆沙》），亦可为证。④

二 《西域志》中阿耨达山与蛣罗跂禘水

《西域志》载恒伽水（今恒河）、遥奴水（今朱木拿河）、萨罕水（今净河）、新头河（今印度河）、蛣罗跂禘水、阿耨达大水六河源自阿耨达山，前三条河流汇入恒水（今恒河），可见发源于此山的河流也可看作四条。新头河、恒水、蛣罗跂禘水、阿耨达大水，分别流入南海（今孟加拉湾）、东海（今阿拉伯海）、雷翥海、牢兰海（今罗布泊）。⑤ 其中的新头

---

① 王守春：《释道安与〈西域志〉》，《西域研究》2006 年第 4 期。
② 慧皎撰，汤用彤校注，汤一玄整理：《高僧传》卷 5《晋长安五级寺释道安》，第 177 页。
③ 僧祐撰，苏晋仁、萧鍊子点校：《出三藏记集》卷 2《新集撰出经律论录第一》，第 43 页。
④ 谭世保：《道安所撰经录考辨》，《山东大学学报》（哲学社会科学版）1989 年第 1 期。
⑤ 郦道元著，陈桥驿校证：《水经注校证》卷 1《河水》，第 3、4 页。

河、南海等河流、湖海已经中西学者大致考证出来（见表3-10），至于余下未确知其所指的阿耨达山、雷翥海、阿耨达大水，以及存在争议的蜺罗跂禘水等，则是下文主要研究对象。

（一）阿耨达山（今昆仑山、喀喇昆仑山）

《水经注》引《西域志》与阿耨达山相关者有四则：

(1) 释氏《西域记》曰："阿耨达山，其上有大渊水，宫殿楼观甚大焉。山，即昆仑山也。《穆天子传》曰：'天子升于昆仑，观皇帝之宫，而封丰隆之葬。'丰隆，雷公也。皇帝宫，即阿耨达宫也。"

(2) 释氏论："佛图调列《山海经》曰：'西海之南，流沙之滨，赤水之后，黑水之前，有大山，名昆仑。'又曰：'锺山西六百里有昆仑山'。所出五水，祖以《佛图调传》也。又近推得康泰《扶南传》，《传》昆仑山正与调合。如《传》，自交州至天竺最近。泰《传》亦知阿耨达山是昆仑山。"

(3) 释云："赖得调《传》，豁然为解，乃宣为《西域图》，以语法汰。法汰以常见怪，谓汉来诸名人，不应河在敦煌南数千里，而不知昆仑所在也。"

(4) 释云："复书曰：'按《穆天子传》，穆王于昆仑侧、瑶池上觞西王母，云去宗周瀍、涧，万有一千一百里，何得不如调言？子今见泰《传》，非为前人不知也。而今以后，乃知昆仑山为无热丘，何云乃胡国外乎？'"①

这些辑文大抵讲述了阿耨达山与昆仑山的关系，据此，笔者有如下几个方面的认识。

1. 《西域志》的主旨

两汉鼎革之际佛教传入中国，所宣扬的地理观随之而来：阎浮提是现今人类生存居住的地球，中心地是阿耨达山，上有水池，水池是世界万河之源。印度的这个"阿耨达山地理中心"说频见于佛教典籍中，譬如西晋

---

① 郦道元著，陈桥驿校证：《水经注校证》卷1《河水》，第3、10—11页。

法立、法炬所译的《大楼炭经》即存此说。又云大流江、和叉江、信陀江、斯头江，发源于阿耨达池，分别流入东海、南海、西海、北海。①

世界存在中心地的说法，并非古印度地区一隅之观念，在其他地区亦见流行，比如中国的"昆仑山地理中心"说，认为昆仑山是世界中心地。《山海经·海内经》："昆仑去中国五万里，天帝之下都也。"②《水经》："昆仑墟在西北，去嵩高五万里，地之中也。"③ 由这些史籍的成书时间入手分析，至晚在秦汉时这种理论就已经形成。④ 同时，一些史书还讲昆仑山为河流发源地，如《山海经·西山经》载河水、赤水、洋水、黑水源于昆仑山，同书《海内西经》记六条河流源自昆仑山的东南（赤水）、东北（河水）、西北（洋水、黑水）、西南（弱水、青水），⑤ 即所言发源于昆仑山的河流有四或六条。

对比这两种中外地理中心说，可见其所述昆仑山、阿耨达山有两个相同点：既是中心地标志，又是河流发源地。另外，有学者还指出这两山其他相似之处："昆仑山发源的河流都是弯弯绕绕，和佛典中阿耨达山发源的四条河流环行一周很相似。昆仑山南渊又对应阿耨达池。"⑥ 因而，汉以后之人在译注佛经时，往往将它们相等同，例如西晋法护所译的《佛五百弟子自说本起经》等。此外，一些非佛教典籍亦有类似的说法，比如文中所提三国时期康泰的《扶南传》。

和这些僧俗家书籍一样，在《西域志》中，道安也认为，阿耨达山即昆仑山，上有"大渊水"，为六或四条河流的水源地，与《大楼炭经》《山海经》等传世文献所载源自阿耨达山（昆仑山）的河流总数（即四条、六条）相同。反映道安承袭了前人视这两个中心地为一个的学说，并

---

① 法立、法炬译：《大楼炭经》卷1《阎浮利品第一》，高楠顺次郎等编纂《大正新修大藏经》卷1《阿含部上》，第279页。
② 司马迁：《史记》卷117《司马相如列传》，第3061页。此句引自《史记正义》，而不见于传世版本《山海经》，或为其佚文。
③ 郦道元著，陈桥驿校证：《水经注校证》卷1《河水》之"经文"，第1页。
④ 吕建福：《佛教世界观对中国古代地理中心观念的影响》，《陕西师范大学学报》（哲学社会科学版）2005年第4期。
⑤ 袁珂校注：《山海经校注》卷2《山经柬释·西山经》、卷6《海经新释·海内西经》，第47—48、297—298页。
⑥ 周运中：《〈山海经〉昆仑山位置新考》，《中国历史地理论丛》2008年第2期。

融入其书，亦宣扬世界各地河流源于阿耨达山。根据他的这个地理中心观，可推其书主旨：新头河、恒伽水、遥奴水、萨罕水、蚬罗跂褅水、阿耨达大水六条巨川，河水源头位于地球中心地阿耨达山，涌出中心地后奔向世界各地，以后分流成为千万条江流。从更全面更深层面上来说，实则寄寓着其中土之地沙门统一改姓"释"的倡议：《高僧传·道安传》称，道安以为天下佛教徒既然"莫遵释迦"，姓氏渊源有自，当"以释命氏"，"后获《增一阿含》，果称四河入海，无复河名，四姓为沙门，皆称释种，既悬与经符，遂为永式"①。似可为证。

这个意旨是考证《西域志》中流经今塔里木盆地的阿耨达大水之所指的主要依据，亦是辨析《西域志》异名的重要论据。上引《西域志》言道安"乃宣为《西域图》"，表明《西域志》附有舆图《西域图》，中有地理要素河流。另在《隋书·经籍志》《旧唐书·经籍志》《新唐书·艺文志》《通志》中载道安著《四海百川水源记》《江图》各1卷，② 由书名可知，前者大概讲述各地河流水源，后者当指关于河流的专题地图。联系其主旨、内容、卷数，可推《四海百川水源记》《江图》或分别为《西域志》《西域图》的异称。

2. 阿耨达山之所指

文中讲"山（今案，阿耨达山），即昆仑山也"，毋论汉代以前昆仑山指何山，汉武帝已将于阗以南的山脉（今昆仑山、喀喇昆仑山），亦即其所认为的黄河始源之地命名作昆仑山，③ 说明东晋道安所称的"昆仑山"很有可能指今昆仑山、喀喇昆仑山。文中"法汰以常见怪"云云，暗示了在敦煌西南数千里的昆仑山是"河"（即黄河）河源地，以及下引《西域志》（见表3-3引文b）说黄河源出昆仑山（即阿耨达山），即为明证。

除此之外，阿耨达山为四条河流发源地，也是考证其所指的一条重要线索。在这四河中，现今已知新头河、恒水水源地：新头河发源于青藏高

---

① 慧皎撰，汤用彤校注，汤一玄整理：《高僧传》卷5《晋长安五级寺释道安》，第181页。
② 魏徵等：《隋书》卷33《经籍志二》，第985页；刘昫等：《旧唐书》卷46《经籍志上》，中华书局1975年版，第2015页；欧阳修等：《新唐书》卷58《艺文志二》，中华书局1975年版，第1504页；郑樵撰，王树民点校：《通志二十略》之《艺文略第四》《图谱略》，第1581、1834页。
③ 司马迁：《史记》卷123《大宛列传》，第3173页。

原，自东向西流经喜马拉雅山、喀喇昆仑山之南，同时接纳了来自喀喇昆仑山的一些河流，再西南经过巴基斯坦，流入阿拉伯海；恒水源自喜马拉雅山，东南流过印度、孟加拉国，注入孟加拉湾。

另外两条河流的水源地为：塔里木盆地南靠昆仑山、喀喇昆仑山，西依帕米尔高原，阿耨达大水源于阿耨达山西北，流经塔里木盆地东北，注进牢兰海（见表3-3引文），表明阿耨达山在塔里木盆地之南，应指今昆仑山、喀喇昆仑山或其中一山；今阿姆河当即蜺罗跋禘水（说详下），其河源地有帕米尔高原、喀喇昆仑山等。

在两晋时，喜马拉雅山系未知区域，并且古人对河流河源地的认识不一定完全准确。再综合上文所述汉代以后的昆仑山地望，以及这四河发源地，大致可知，阿耨达山应指今昆仑山、喀喇昆仑山。此山之所指，是考证蜺罗跋禘水具指哪条阿姆河支流的重要根据。

(二) 蜺罗跋禘水（今以瓦赫吉尔河南源为河源的阿姆河）

现存《西域志》蜺罗跋禘水方面史料集中收录在《水经注》中，如下：

(1) 蜺罗跋禘出阿耨达山之北，西经于阗国。《汉书·西域传》曰："于阗之西，水皆西流，注西海。"又西经四大塔北。①
(2) 其水（今案，蜺罗跋禘水）至安息，注雷翥海。②

由这些佚文所示其流经地可知，蜺罗跋禘水源自阿耨达山北，经于阗西，四大塔北，至安息流入雷翥海。四大塔，在纠尸罗、揵陀卫、弗楼沙国。③纠尸罗，《大唐西域记》"呾叉始罗"，今巴基斯坦拉瓦尔品第。揵陀卫，今以巴基斯坦白沙瓦为中心的喀布尔河下游地区。弗楼沙，《大唐西域记》"布路沙布逻城"，今白沙瓦。可见蜺罗跋禘水是一条发源于昆仑山或喀喇昆仑山北麓，向西流，经今新疆和田西，巴基斯坦喀布尔河流域北，以及伊朗高原、两河流域的河流。

---

① 郦道元著，陈桥驿校证：《水经注校证》卷2《河水》，第33页。
② 郦道元著，陈桥驿校证：《水经注校证》卷2《河水》，第33页。
③ 郦道元著，陈桥驿校证：《水经注校证》卷2《河水》，第33页。

参据上述蜺罗跂禘水流经地，一些学者就其所指提出自己的看法，或认为指今斯瓦特河，① 或以为指今锡尔河。② 今案斯瓦特河、锡尔河河源地分别在兴都库什山、天山，与蜺罗跂禘水的发源地不符，所以这两河并非蜺罗跂禘水。这些观点之所以存在不合理地方，在于《西域志》所叙蜺罗跂禘水流域范围过大，部分学者多根据它的流经地比定今之河流，而未重视其河源地阿耨达山这条线索。

同时，这几位研究者未留意到《水经注》另提及一条考证蜺罗跂禘水的线索："河水与蜺罗跂禘水同注雷翥海"。厘清了"河水"之所指，就可推雷翥海指今哪处水域，进而可从流入雷翥海的河流中探寻蜺罗跂禘水。

"河水"发源于葱岭中的捐毒，往西流，经休循（今帕米尔高原）南—难兜（今吉尔吉特）北—罽宾（今克什米尔或喀布尔河流域）北—月氏南—安息南，最后流进雷翥海。③

"河水"源自帕米尔高原且往西流，水源地在帕米尔高原且向西流的河流，由北向南而列依次为穆尔加布河、阿尔楚尔河、瓦罕河北支流帕米尔河及南支流瓦赫吉尔河北支等，流入阿姆河的上游喷赤河后，再往西北流，经塔吉克斯坦、乌兹别克斯坦、土库曼斯坦注入咸海。"河水"既与阿姆河发源地、流经地相对位置相合，当指阿姆河，雷翥海则指今咸海。

河源地在帕米尔高原且向西流进咸海的河流，唯有阿姆河。蜺罗跂禘水与"河水"流经地相对位置相符，同注雷翥海，应均指今阿姆河。至于这两河水源地不同，或出自不同的史料，或源自同一资料然其诠解有误，故郦氏混淆为两水录进《水经注》。

蜺罗跂禘水既为源自今昆仑山或喀喇昆仑山的一条阿姆河支流，应从距离这两山最近的阿姆河支流——瓦罕河中去寻找。东西走向的山谷瓦罕走廊，北邻帕米尔高原，南傍兴都库什山，在阿富汗巴达赫尚省和新疆境内，中有瓦罕河自东向西流过，该河由帕米尔河及其南的瓦赫吉尔河汇流而成。

---

① 长泽和俊：《〈水经注〉卷二的西域地理》，《史观》第119册，1988年，第2—15页，转引自余太山：《早期丝绸之路文献研究》附卷《〈水经注〉卷二（河水）所见西域水道考释》，第251页。

② 余太山：《早期丝绸之路文献研究》附卷《〈水经注〉卷二（河水）所见西域水道考释》，第250—252页。

③ 郦道元著，陈桥驿校证：《水经注校证》卷2《河水》，第32—33页。

谷歌卫星地图显示，瓦赫吉尔河大抵由两条支流合流而成，一支源于布扎伊贡巴德东北的帕米尔高原，另一支在布扎伊贡巴德东南，主要有十二条支水汇入，其最东端源自西北距布扎伊贡巴德75千米、形状类似于倒心形的湖泊（北纬37.056028°、东经74.526777°），湖水为喀喇昆仑山的冰雪融水。从所查得瓦赫吉尔河河源地，可知蜺罗跂禘水当指今以瓦赫吉尔河南源为河源的阿姆河。在古代，瓦罕走廊，尤其是其中的瓦赫吉尔河流域，是连接塔里木盆地和阿姆河、印度河流域的重要通道，说明瓦赫吉尔河水源地较易经往还这两地的古人实地勘察而知。

三 《西域志》中南、北河与阿耨达大水

现代地理学上一般以阿克苏地区东南方向的阿拉尔市、巴音郭楞蒙古自治州尉犁县东南的群克两个地点，分循塔里木盆地西、北缘从西往东流的今塔里木河为上、中、下游抑或与之一一对应的西、中、东段。

上游，为塔里木河干流的主要源头，大抵由自北向南排列的阿克苏河、喀什噶尔河、叶尔羌河、和田河（亦称于阗河）四河构成。阿克苏河系塔里木河流水量最大的一条支流，发源于天山山脉西段；喀什噶尔河水源地根本在葱岭，在早期西域史册中多记作"葱岭北河"；叶尔羌河大体上由河源地均在喀喇昆仑山的东、西两支合流而成，但是早期西域史乘基本上言西支源自帕米尔高原，为它的主流，并称作"葱岭南河"，其说未经科学专业实地考察，有误，下文不再纠正而遵从这个错误说法；和田河大致由分别源于昆仑山、喀喇昆仑山的东支玉龙喀什河、西支喀拉喀什河汇合而成。

中游，是塔里木河的主干，在接纳了同由南天山冰雪融水补给的南北流向的木扎提河、渭干河、库车河等河流以后，从西往东流经整个塔里木盆地的北端。

下游，在吸纳了源出博斯腾湖的孔雀河河水之后，东南流，与源出昆仑山自南往北流的车尔臣河一同注入台特玛湖。

关于上述今塔里木河及支流与《西域志》录载"南河""北河""北河枝水"等对应情况，许多历史研究者在解析《水经注》和引录《西域志》相关资料基础上，综括古代塔里木河水道提出自己的看法。他们观点

最大分歧是有无"南河":以清末民初研治《水经注》而闻名于世的杨守敬、熊会贞和当代学者王北辰为代表的历史地理学者,主张"南河"为虚构之河,其与"北河"同指今塔里木河;① 赫尔曼、吕炯、黄文弼、樊自立、王守春、余太山等虽然认同南、北河同时在西域历史上存在,但是他们在这些古河流指称现今哪一或几条河流问题上各执一词(见表3-2)。

表3-2　　　　　　　　赫尔曼等所证南、北河异同对比

序号	河流 考证者	"南河"或流经地	"北河"	"北河枝水"
1	赫尔曼②	自西向东横穿塔克拉玛干沙漠腹地	今塔里木河	
2	吕炯③	昆仑山北麓与塔克拉玛干沙漠南缘之间	今塔里木河	
3	黄文弼④	以今叶尔羌河为河源的塔里木河	今以克孜勒河为河源的塔里木河	今喀什噶尔河
4	樊自立、张永雷等⑤	以今叶尔羌河、和田河为河源的塔里木河	今以喀什噶尔河为河源的塔里木河	今阿克苏河
5	王守春⑥	以今叶尔羌河、和田河、克里雅河为河源的塔里木河	今以喀什噶尔河为河源的塔里木河	
6	余太山⑦	以今和田河为河源的塔里木河	今以叶尔羌河为河源的塔里木河	今克孜勒河、喀什噶尔河

---

① 郦道元注,杨守敬、熊会贞疏,段熙仲点校,陈桥驿复校:《水经注疏》卷2《河水》,第119页;王北辰:《古代西域南道上的若干历史地理问题》,《地理研究》1983年第3期。

② [德]艾伯特·赫尔曼(Albert Herrmann):《中国历史商业地图集》(Historical And Commercial Atlas Of China),剑桥(Cambridge),麻省(Mass),1935年,转引自王守春《〈水经注〉塔里木盆地"南河"考辨》,《地理研究》1987年第4期。

③ 吕炯:《关于西域及西蜀之古气候与古地理》,《气象学报》1942年第Z2期。

④ 黄文弼:《谈古代塔里木河及其变迁》,《西北史地论丛》,上海人民出版社1981年版,第13—20页。

⑤ 樊自立:《历史时期塔里木河流域水系变迁的初步研究》,《新疆地理》1979年第2期;樊自立、陈亚宁、王亚俊:《新疆塔里木河及其河道变迁研究》,《干旱区研究》2006年第1期;张永雷、陈亚宁、杨玉海、郝兴明:《塔里木河道的历史变迁及驱动力分析》,《干旱区地理》2016年第3期。

⑥ 王守春:《〈水经注〉塔里木盆地"南河"考辨》,《地理研究》1987年第4期。

⑦ 余太山:《早期丝绸之路文献研究》附卷《〈水经注〉卷二(河水)所见西域水道考释》,第253—260页。

这几位学者之所以在南、北河问题上聚讼不已,根本上在于对这些材料的理解方式不同。因而,下文先笺释《西域志》中有关阿耨达大水和南、北河等方面的史料,再在总结多家共识、分析四家歧见基础上提出己见,以求教于学界同仁。

(一)《西域志》中的南、北河史料

《水经注》据引《西域志》与南、北河有关史料分四类:第一类侧重讲阿耨达大水,第二类着重述"南河",第三类主要涉"北河""北河枝水""疏勒北山水""姑墨川""龟兹川",第四类集中叙且末河。为便于参引考论这些材料,下面列作表格(见表3-3、表3-4、表3-5、表3-6)。

表3-3　　　　　　　　　"阿耨达大水"史料一览

编号	引文
a	阿耨达山西北有大水,北流注牢兰海者也[1]。其水北流经且末南山,又北经且末城西,国治且末城,西通精绝二千里,东去鄯善七百二十里,种五谷,其俗略与汉同①
b	河自蒲昌,潜行地下,南出积石。 牢兰海东伏流龙沙堆,在屯皇东南四百里阿步干鲜卑山,东流至金城为大河。河出昆仑,昆仑即阿耨达山也[2]②

说明:

[1]"阿耨达山西北有大水,北流注牢兰海者也",指阿耨达大水河源地在阿耨达山西北,向北流,最终流进牢兰海。其发源地和终点湖地理位置,表明它是一条横越塔里木盆地东西、流域面积广阔的大河。

[2]牢兰海又名幼泽、盐泽、蒲昌海,今若羌东北的罗布泊。引文b讲:阿耨达大水注入牢兰海后,潜行地下往东流,在积石山流出地面,为黄河水流之源,其水源地阿耨达山系黄河始源地。

表3-4　　　　　　　　　"南河"史料一览

编号	引文[1]
a	《水经》:"河水又南入葱岭山,又从葱岭出而东北流。其一源出于阗国南山,北流与葱岭所出河合,又东注蒲昌海。"

---

① 郦道元著,陈桥驿校证:《水经注校证》卷2《河水》,第35页。
② 郦道元著,陈桥驿校证:《水经注校证》卷1《河水》、卷2《河水》,第13、49页。

续表

编号	引文
b	《水经注》："河水又东与于阗河合，南源导于阗南山，俗谓之仇摩置。自置北流，经于阗国西，治西城，山多玉石，西去皮山三百八十里，东去阳关五千余里……又西北流，注于河。即《经》所谓北注葱岭河也。"
c	南河又东经于阗国北，释氏《西域记》曰："河水东流三千里，至于阗，屈东北流者也。《汉书·西域传》曰：'于阗已东，水皆东流。'南河又东北经扜弥国北，治扜弥城，西去于阗三百九十里。南河又东经精绝国北，西去扜弥四百六十里。南河又东经且末国北。"[2]
d	释氏《西域记》曰："南河自于阗东于北三千里，至鄯善入牢兰海者也。"[3]①

说明：

[1] 引文 a、b、c 是三个前后连续的段落，其中，引文 a、b 分别是《水经》《水经注》文，均非《西域志》佚文，引文 c、d 则是《西域志》逸文。

[2] 在"南河又东经且末国北"之后的"[南河]又东，右会阿耨达大水"，与"[且末河]又流而左会南河"（见表 3-6 引文 a）内容相应，隐含之意为阿耨达大水应即且末河。阿耨达大水和且末河分指二水（说详下），说明"[南河]又东"云云当是郦道元揣测之文，而非《西域志》佚文，故未录此句。

[3] 文中的"鄯善"，在后文又写作"禅善"（见表 3-5 引文 a），今若羌。

又，《西域志》讲且末河左会"南河"后称注滨河，注滨河注入牢兰海（见表 3-6 引文 a），可知"南河"未直接流入牢兰海，与"[南河]至鄯善入牢兰海者也"抵触。此矛盾可这样解释，牢兰海附近"南河"分两支，一支向南流进且末河后称注滨河，另一支直接注进牢兰海，可见这两句都无误、不抵牾。

表 3-5 "北河""北河枝水""疏勒北山水""姑墨川""龟兹川"史料一览

编号	引文
a	北河自岐沙东分南河[1]，即释氏《西域记》所谓二支北流[2]，经屈茨、乌夷、禅善，入牢兰海者也。北河自疏勒经流南河之北[3]。《汉书·西域传》曰："葱岭以东，南北有山，相距千余里，东西六千里，河出其中。"

---

① 郦道元著，陈桥驿校证：《水经注校证》卷 2《河水》，第 32、34—35 页。

第三章　东晋北朝与佛教有关西域佚书探析　99

续表

编号	引文
b	北河又东北流，分为二水，枝流出焉[4]。暨于温宿之南，左合枝水[5]。枝水上承北河于疏勒之东[6]，西北流，经疏勒国南[7]。又东北与疏勒北山水合[8]，水出北溪，东南流经疏勒城下[9]，南去莎车五百六十里，有市列，西当大月氏、大宛、康居道……枝河又东经莎车国南[10]，治莎车城，西南去蒲犁七百四十里……枝河又东经温宿国南，治温宿城，土地物类，与鄯善同。北至乌孙赤谷六百一十里，东通姑墨二百七十里。于此，枝河右入北河[11]。
c	北河又东经姑墨国南，姑墨川水注之。水导姑墨西北，历赤沙山，东南流经姑墨国西，治南城。南至于阗，马行十五日，土出铜铁及雌黄。其水又东南流，右注北河。
d	北河又东经龟兹国南，又东，左合龟兹川水，有二源，西源出北大山南……又出山东南流，枝水左派焉。又东南，水流三分，右二水俱东南流，注北河。东川水出龟兹东北，历赤沙、积梨南流，枝水右出，西南入龟兹城，音屈茨也，故延城矣。西去姑墨六百七十里。川水又东南流经于轮台之东也①

说明：

[1] "岐沙东"应是"岐沙"以东的某地，"北河自岐沙东分南河"，当指"南河""北河"的分界点是"岐沙东"而非"岐沙"。这四者的相对位置，由西向东而列依次为"岐沙""北河""岐沙东""南河"，所以"南河""北河"均在"岐沙"以东。

[2] 在讲完于"岐沙东"南、北分流以后，以"即"字引出下一句，表明此二句是前后承接关系，"二支北流"应指"南河"和"北河"。这两句话的意思是：在"岐沙东"，"南河""北河"都往北流，在流向上无南北之分。

[3] "北河自疏勒经流南河之北"，指南、北河流过疏勒之时，"北河"位于"南河"之北，其名称和表示相对地理方位才一致起来。唯有这样理解，才可使前后文文义贯通。

[4] "北河又东北流，分为二水，枝流出焉"，原在表3-5引文a中"入牢兰海者也"与"北河自疏勒经流南河之北"之间，主要讲述的是"北河枝水"，所以挪于表3-5引文b之首。

[5] 最晚从汉代开始，古人惯常以南向作为指向标，将作为身体方位的左、右，分别对应作为地理方位的东、西。但是在特殊语言环境中，二者对应关系还当作特别考虑，②《西域志》中相关记述即为其中一个特殊的例子。在南、北河西段，南、北河与"北河枝水"向北流（见表3-9），此处空间方位当以河流流向（即北向）为指向标，与身体方位对应关系是左西右东。故而"暨于温宿之南，[北河]左合枝水"，表示"北河枝水"在"北河"之左（西）。

[6] 在《水经注》一书中，郦道元曾经先后多次使用"上承"一词表达两条河流的相对位置，例如，《水经》曰"[洛水]过卢氏县南"，郦道元注："洛水又东经高门城南，即《宋书》

---

① 郦道元著，陈桥驿校证：《水经注校证》卷2《河水》，第35—37页。
② 刘仁：《〈左传〉"右河而南"杨注志疑——兼论先秦空间方位与身体方位的关系》，《中国典籍与文化》2019年第4期。

所谓后军外兵庞季明入卢氏,进达高门木城者也。洛水东与高门水合,水出北山,东南流合洛水枝津。水上承洛水,东北流经石勒城北,又东经高门城北,东入高门水,乱流南注洛。"① 洛水在今河南卢氏县往东北方向流,再参据杨守敬等编绘的《水经注图》可见,洛水枝津"上承"洛水,指前者位于后者之北(见图3-1)。②

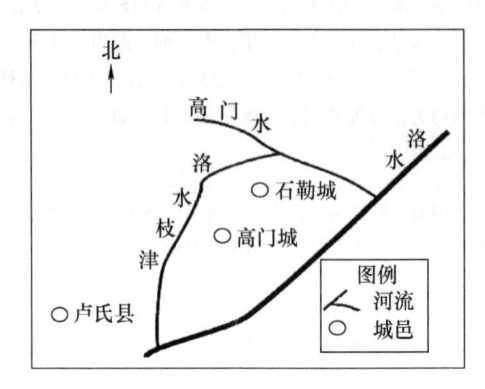

图 3-1　洛水与洛水枝津相对位置

据上文关于卢氏县附近洛水和洛水枝津相对方位例子推测,缕析史料中记述存在"上承"关系的两条河流地理位置,应当充分考虑河流流动的方向:假如以从南往北流的某河流(譬如洛水)为中心陈述其支流与流经地,书籍是依照其南北流向由南往北依次讲述各条支流和经过地方;具体阐述方法为,在叙述某条支流(例如洛水枝津)地理方位之时,地理重心放在其南已经陈说的河流或流经地上,如此看来支流位于地理重心以北,因而记作支流"上承"某河。

借助前文对于《水经注》中"上承"两字解释,可以推断,既然在"北河"西段,"北河"及支水都往北流(见表3-9),那么"[北河]枝水上承北河"指"北河枝水"在"北河"之北。

[7]"[北河枝水]西北流,经疏勒国南",指"北河枝水"向西北流,经过疏勒国之南。

[8] 前文讲"[北河枝水]西北流",此处又说"[北河枝水]又东北与疏勒北山水合",说明"北河枝水"先向西北流,再往东北流。

[9]"水出北溪,东南流经疏勒城下",讲述的是"疏勒北山水"(今喀什噶尔河)。

[10]"[北河]枝河又东经莎车国南",指"北河枝水"向东流,经莎车国之南,反映"北河枝水"在莎车东或南。

[11]"于此(今案,温宿南),[北河]枝河右入北河",与"暨于温宿之南,[北河]左合枝水"内容相应(见本表"说明"注[5]),指"北河枝水"在"北河"之西。

---

① 郦道元著,陈桥驿校证:《水经注校证》卷15《洛水》,第348页。
② 杨守敬等编绘:《水经注图》卷15《洛水·南五西三》,中华书局2012年版,第302页。

表3-6　　　　　　　　　　"且末河"史料一览

编号	引文
a	且末河东北流经且末北，又流而左会南河，会流东逝，通为注滨河。注滨河又东经鄯善国北……其水东注泽……故彼俗谓是泽为牢兰海也[1]①

说明：

[1] 注滨河在今若羌县阿拉干之南，临此河而建的注宾城，今若羌北的麦德克古城。②

（二）南、北河研究述评

现今大多数西域史地研究者认同"北河"主干指今塔里木河中段，其北分支"姑墨川""龟兹川"分指今阿克苏河和木扎提河、渭干河、库车河等；③亦认为历史上塔里木盆地中存在"南河"，然在分析了塔里木盆地地形地势以后，指出其非如赫尔曼、吕炯等学者所提出的流过塔克拉玛干沙漠中间地带，或者在东西方向上穿过塔克拉玛干沙漠南端与昆仑山北之间的绿洲。具体根据在于：由于塔里木盆地地势南高北低，西北又高于东北，以及盆地内耸立着一系列西北—东南方向高地和南北走向高大复合沙垄，故而水源地在帕米尔高原东南和昆仑山西北的河流，往北流入地势稍低的塔里木盆地西南边缘之后，理应在盆地腹地内继续朝北流，而不是向东流，迨到达塔里木盆地北端之时，又会从西边流向盆地东部。④

上面参据王守春提出论据否定赫尔曼、吕炯等人的看法，下面简要评析王先生及其他学者有关南、北河的观点。

通过剖析《西域志》中关于南、北河流向的关键词句，可以获知亦受阻于上言塔里木盆地地势，与今塔里木河流向相似，甚而其支流在南北方向上，干流在东西走向上，保持着相对平行趋势，"南河"自南往北流到塔里木盆地北缘以后，从西向东横穿塔克拉玛干沙漠北部，注进盆地东部的牢兰海（见表3-8、表3-9），故可以通过分今塔里木河为西、中、东

---

① 郦道元著，陈桥驿校证：《水经注校证》卷2《河水》，第35页。
② 李文瑛：《营盘遗址相关历史地理学问题考证——从营盘遗址非"注宾城"谈起》，《文物》1999年第1期。
③ 余太山：《早期丝绸之路文献研究》附卷《〈水经注〉卷二（河水）所见西域水道考释》，第259页。
④ 王守春：《〈水经注〉塔里木盆地"南河"考辨》，《地理研究》1987年第4期。

三段的节点阿拉尔、群克的南北垂线和"南河"交合地方，也界分"南河"为西段、中段、东段。

1. "南河"中东段与"北河"东段

前此已有历史地理学者和考古学者比如黄文弼、白振平、王守春，通过田野调查、历史文献分析法、遥感图像研判等研究方法，基本上厘清了"南河"中段和东段及"北河"东段河流分支与流经地区，他们胪列的论据比较充分翔实，观点多为之后探究塔里木河河道古今变迁的地理学者认可、摘引，下文简要列举之。

（1）"南河"中段

民国十八年（1929）四五月间，黄文弼从位于塔里木盆地北缘的沙雅县往南行，穿越茫茫塔克拉玛干沙漠到盆地南端的和田进行野外考察，在今塔里木河干流之南的六和吉格得及东南十余千米处，相继见到两条东西流向河道宽度分别大概是四十、三百六十米时早已干涸的河流。① 这两条已经废弃的宽大的古河道，多为历史学者比定作"南河"主流。

与黄先生采用实证研究法相似，白振平在处理并提取塔里木河遥感图像以后，分析了历史上"南河"中游河道古今变化过程：分布在今塔里木河干流以南数条几近呈平行状态的旧河道，次序大抵依照从南往北河道存在时间自古到今排列，反映处于"北河"主干之南的"南河"干流，由于种种原因随着时间推移渐渐往其北方向挪到，最终与逐渐南移的"北河"并合为今塔里木河主流。②

除白先生得出今塔里木河干流为南、北河主干相向作用合流结果的结论外，笔者根据遥感图像展现的古河道分布规律，还可提出这样看法：今塔里木河中游以南的古河流，在历史上逐步往北方挪移，最后演变成为现今塔里木河主流。

以上两种关于塔里木河中游河道历史变迁的分析，表明塔里木盆地中可能存在同样也可能并不存有"南河"干流。鉴于没有充分又确切的证据来证明"南河"系子虚，笔者还是遵从学界普遍认为存在"南河"中游的

---

① 黄文弼：《塔里木盆地考古记》第5章《和阗及于阗》，科学出版社1958年版，第43页。
② 白振平：《塔里木河水系变迁遥感研究》，《首都师范大学学报》（自然科学版）1994年第3期。

观点。

(2) 南、北河东段

河流水源完全依靠博斯腾湖的孔雀河，西南流经今库尔勒、尉犁县之南，经常与邻近的塔里木河下游相冲撞：孔雀河水源充足、流速快时，部分水流改道冲进塔里木河下游，而未变道的水流如往常般沿旧河道流进罗布泊；塔里木河下游水流流量大时，直接袭夺孔雀河作为其支流以排泄洪水，其他水流循故道照常注进罗布泊。故而历史上在今库尔勒以南至铁克里克的地区，时常出现南北两条东西流向的河流："北河""南河"分别指孔雀河下游和流过今尉犁东南、阿拉干、铁克里克的塔里木河水域。①

2. 南、北河西段

"南河""北河"西段关系着南、北河水源问题，其指哪条或哪些河流与流经何地，在黄文弼等学者论著中意见不完全一致（见表3-2）。下文在罗列其据引史料基础上，剖析、评判他们的推断经过和结论。

(1) 黄文弼南、北河观点商榷

黄先生论证过程主要分两步：第一步，结合《通典》和《水经注》等史籍中相关史料考证南、北河；第二步，以结论校勘《水经注》。具体考证过程如下。

其一，《通典》提及"葱岭南河"，"按《水经注》南河、北河均发源于葱岭"，可见《水经注》中"南河""北河"分指"葱岭南河""葱岭北河"。发源于葱岭且流经塔里木盆地的两条河流，即叶尔羌河及其北的喀什噶尔河，表明"南河""北河"分别指今叶尔羌河、喀什噶尔河。

克孜勒河源自帕米尔高原，东北流至伽师与喀什噶尔河相合，为喀什噶尔河上游，故确切地说，"北河""北河枝水"分别指今克孜勒河、喀什噶尔河。修订版的《中国历史自然地理》采纳了这个观点。②

其二，《西域志》载"北河枝水""北河"均在疏勒以东，"北河枝水"的流向为西北（说见表3-5引文b"说明"注[6][7]），而其所考的"北河"（今克孜勒河）在疏勒以西，"北河枝水"（今喀什噶尔河）流

---

① 王守春：《〈水经注〉塔里木盆地"南河"考辨》，《地理研究》1987年第4期。
② 邹逸麟、张修桂主编：《中国历史自然地理》第12章《历史时期内流河水系的演变》，科学出版社2013年版，第429页。

向为东北。所以，他认为，表3-5引文b中的"疏勒之东""西北流"，当分别改作"疏勒之西""东北流"。

《西域志》又记"北河枝水"在莎车东或南（说见表3-5引文b"说明"注［10］），然其所证"北河枝水"在莎车之北。因而，他还以为，表3-5引文b中的"莎车国南"应更为"莎车国北"。

今案，黄先生所论值得探讨之处，现略举以下几例加以说明。

第一，《水经注》"南河"和《通典》"葱岭南河"的对应关系。《水经注》未讲"南河""北河"源于葱岭，仅提到"葱岭所出河""葱岭河"（见表3-4引文a、b），又与《通典》成书时间不同，"南河""葱岭南河"称谓亦有异，似乎不能等同；再者，在《通典》中，原文记作"即葱岭南河"，"即"字反映它可能指今玉龙喀什河、喀拉喀什河、叶尔羌河（说详下）。

第二，"北河"与"北河枝水"的关系。《水经注》："引佗水入于大水及海者，命曰枝水。"① 可见"北河"与"北河枝水"为主支流关系。黄先生所讲的"北河""北河枝水"，实际上是同一条河流的上下游，非干水和支水关系。

第三，传世版本的《水经注》文，与黄先生改动文字之前原文相同。以更改文句迎合结论，恐难信人。

（2）樊自立等南、北河看法商讨

樊先生等以为，分析表3-4引文a、b可知，引文b"河水又东与于阗河合"中"河水"，指"葱岭所出河""葱岭河"（均指今叶尔羌河），引文b主要讲述了今叶尔羌河、和田河相汇之事。表3-4引文c大抵叙述的是"南河"流经地。

表3-4引文b、c所叙的河流当为同一条河，所以"南河"指今和田河、叶尔羌河。卫星地图显示，古叶尔羌河在今叶尔羌河东北方向，流经叶城、皮山之间山前平原与和田河合流，即可为证。

至于"北河"，在樊自立等先生的这两篇文章中，未明确说它指今何河，但其中"图2 两汉—北魏时期塔里木河流域水系图"，标示"北河"

---

① 郦道元著，陈桥驿校证：《水经注校证》卷1《河水》，第2页。

为今喀什噶尔河。① 同时，其文亦未列"北河枝水"指今阿克苏河的论据。

今案，樊文中值得进一步商榷之处，有以下两点。

首先，表3-4引文b、c所述河流的对应关系。樊先生等将表3-4引文b所言河流（即"河水"和"于阗河"汇流之水）与引文c中"南河"相等同，这一推证缺乏文献学上的依据：《水经注》及其他传世史籍中未提它们为同一条河流。

其次，"北河枝水"流向及与莎车、疏勒的相对位置。"北河枝水"在疏勒之南、莎车东或南，先西北流，再东北流（说见表3-5引文b"说明"注[7][8][10]），樊先生等所证"北河枝水"（今阿克苏河）则在疏勒东北、莎车东北，往东南流，可见今阿克苏河、"北河枝水"流向，以及与莎车、疏勒相对位置不符，不可等同。

（3）王守春南、北河说法商兑

王先生指出，在《水经注》中，"南河"先后出现过四次，即共有四条"南河"史料。前两条摘自《西域志》，后两条"从行文来看显然不是引自'释氏《西域记》'"，所以在不同的语境中，"南河"有三种不同含义，《水经注》中的"南河"史料可分三类：第一二类主要记述"南河"西段流经地，第三类重点讲述"南河"中、东段流经地（见表3-7）。

表3-7　　王守春所划分的三种"南河"史料一览

类别	史料内容	在《水经注》中出现的次序
第一类	表3-4引文b、"北河自疏勒经流南河之北"（见表3-5引文a）	第0、4次
第二类	表3-4引文c、d	第1、2次
第三类	"北河自岐沙东分南河"云云（见表3-5引文a）	第3次

对于表3-7中的这三类"南河"史料，王先生的解析如下。

其一，第一类"南河"史料。

据表3-4引文b、c可知，在第一次出现"南河"之前，讲到"河

---

① 樊自立：《历史时期塔里木河流域水系变迁的初步研究》，《新疆地理》1979年第2期。

水"（今案，在表3-7中笔者标为第零次"南河"，称载录此名的文句为第零条"南河"史料），且"河水"（即"葱岭河"）与源自"于阗国南山"之水相汇。卫星地图表明，在古代，喀拉喀什河穿过墨玉县及其北的沙漠，以及玛扎塔格、乔喀塔格两山地之间，西北流入叶尔羌河，说明"河水"当指今叶尔羌河，"于阗国南山"之水应指今和田河西支喀拉喀什河。

由"北河自疏勒经流南河之北"一语可见，"南河""北河"邻近疏勒。今叶尔羌河、喀什噶尔河在疏勒附近，且在长达三百千米的河段上大体保持南北平行状态，其分别被古人称作"南河""北河"。

从上文对这两条史料所作考察可知，第一类"南河"史料着重记载了由"河水"到"南河"称谓的转变过程：第零条"南河"史料所叙其两个水源（今叶尔羌河、喀拉喀什河），尚未流经于阗以东成为"南河"，故称为"河水"；通过第二类"南河"史料可见，它指于阗以东的河流，第四条"南河"史料叙述的是其开始段位置，表明当叶尔羌河与喀拉喀什河合流之水向东流，经过于阗以东时，才称作"南河"，"南河"当是今叶尔羌河、喀拉喀什河。

其二，第二类"南河"史料。今玉龙喀什河在于阗以东，当即"南河"。

其三，第三类南河史料。"岐"应作"歧"，为"分歧"之意。"沙东"，塔克拉玛干沙漠之东。由对这两词所作的解释推测，这条史料大略讲：在塔克拉玛干沙漠之东，"南河"自"北河"分流而出，此二河在南北方向上基本保持平行趋势，且往东流。

又，"二支北流"，今玉龙喀什河和克里雅河。克里雅河源自昆仑山，在历史上，曾经由南向北贯穿塔克拉玛干沙漠，流入今塔里木河中游干流之南古河道。

今案，王文中值得再商讨之处，兹列出以下几条。

第一，樊自立等认为表3-4引文c中"南河"指引文b中"河水"和"于阗河"合流之水，与他们的观点相似，王先生以为表3-4引文c中"南河"即引文b中"河水"。其实，这些河流是否指"南河"，有待进一步考证。因此，王先生所划分的三种"南河"史料，以及由第一类"南河"史料所推"河水"到"南河"名称的转变过程等，立论前提恐难成立，对其所作的分析也就缺少坚实的依据。

另，在四条"南河"史料中，[1]后两条应亦采自《西域志》，原因为："二支北流"云云与第三四条史料之间，文义连贯、缺一不可（说见表3-5引文a"说明"注[1][2][3]），既为《西域志》的佚文，说明这两条史料当也是《西域志》逸文。由此亦可证王先生对"南河"史料所作的分类不太合理。

第二，对第三条"南河"史料的理解。这条史料自始至终在阐述"南河""北河"，表明其中"二支北流"应指这两河（说见表3-5引文a"说明"注[1][2][3]）。王先生认为"二支北流"指今玉龙喀什河和克里雅河，缺乏充足证据。《集韵·支韵》："岐，分也。"可见"岐"作动词用，有"分"之意。然而，倘若文中"岐"意为"分"，则与同句中的"分"字重复，写成"北河自沙东分南河"会更加简洁明了。反映"岐沙东"系一个偏正型的合成词，词性为名词，王先生以为文中"岐"为"分歧"之意，值得进一步探讨。

第三，"北河枝水"与喀什噶尔河的相对位置。《西域志》所见"北河枝水"流经地：莎车在喀什噶尔河之南，"北河枝水"既在莎车东或南（说见表3-5引文b"说明"注[10]），当也在喀什噶尔河以南。

王先生未考证"北河枝水"，即以其结论旁推"北河枝水"流经地。"北河枝水"既在"北河"之北（说见表3-5引文b"说明"注[6]），当亦在喀什噶尔河（即王先生所说的"北河"）北，与"北河枝水"应在喀什噶尔河之南抵牾。

（4）余太山南、北河意见商酌

余先生提出，据表3-4引文d可知"南河"在于阗东北，当指以今于阗东北的和田河为主源塔里木河。余先生又根据"南河"推求"北河""北河枝水"之所指："《水经注》的'南河'既属子虚，又载有于阗河，则郦氏所谓'北河'只能视作叶尔羌河及其下游，只有这样理解，才能落实所谓'北河'的'枝水'（今克孜勒河、喀什噶尔河）。"

---

[1] 实际上，在《水经注》卷2《河水》中先后出现过五次"南河"，王先生漏讲的第五次"南河"在表3-6引文a中。

今案，余文中值得研讨之处，现列举一二。

首先，古代和田河河道。"南河""北河"存于《西域志》，说明在东晋或此前其名已经存在，考辨这两河，必须结合东晋及以前塔里木河河道。在汉唐之时，和田河西支喀拉喀什河流入叶尔羌河（说详下），不在于阗之东，所以余先生以今和田河水道与《西域志》所载相关内容印证，未注意河道古今变迁。

其次，"北河枝水"流向及与莎车的相对位置。"北河枝水"先西北流，再东北流，在莎车东或南（说见表3-5引文b"说明"注 [7] [8] [10]）；克孜勒河、喀什噶尔河流向分别是东南、东北，又分别在莎车西北、东北，可见其流向、流经地不完全相符。

上文主要陈述了诸位学者考证南、北河的依据，同时举出一些可商之处。然这些研究者利用史料分析法、卫星地图等探索南、北河，提出了许多新看法、新思路，解决了很多疑难问题，如黄文弼等前往塔里木盆地中间地带，实地踏访塔里木河古河道；樊自立等考虑了以前叶尔羌河的古河道变迁，指出古叶尔羌河在今叶尔羌河东北方向；王守春等根据塔里木盆地地势，否定"南河"横穿塔克拉玛干沙漠腹地，以及流经昆仑山北麓和塔克拉玛干沙漠南缘之说，又指出，在古代，叶尔羌河与喀拉喀什河相汇；余太山等以且末河与阿耨达大水流入牢兰海的方式不同，认为其非指同一条河流；等等，这些都值得参考借鉴。

（三）南、北河与阿耨达大水

南、北河和阿耨达大水三河流域皆在今塔里木盆地，其隶属关系错综复杂。下文在相继考析其具指何河基础上，厘正它们相互之间关系。

1. "南河"（今玉龙喀什河）、"北河"（今喀拉喀什河）

仔细阅读表3-4、表3-5、表3-6中《水经注》转录《西域志》南、北河资料，未见其河水具体发源地，然得知其流经西域古国、大致河流方向和注入的湖泊（见表3-8、表3-9），现依据河段分述如下：上游，河源地在同一地的两河，流至岐沙以东的某地称作"南河"和"北河"，时它们都是由南往北流，迨流经疏勒时南、北河相对位置发生变化，即"北河"位于"南河"以北。"北河"分支"北河枝水"先往西北方向流，经疏勒国南部，再向东流，过莎车国南部，最后朝东北方向流，与流经疏勒国的"疏勒北山水"(今喀什噶尔河)合流汇作一河。中下游,南、北河在保持南北相对平行趋势下从塔里木盆地西端流向东缘。

表3-8 "南河""北河""北河枝水"流经地一览

序号	河流	流经地
1	"南河"	"南河"流经于阗东北—扞弥(今策勒)北—精绝(今民丰北)北—且末(今且末)北,最后流入牢兰海
2	"北河"	在温宿南"北河枝水"汇入"北河","北河"流经姑墨南—屈茨(即龟兹,今库车)南—乌夷(即焉耆,今焉耆)南—禅善(即鄯善,今若羌),最终流进牢兰海
3	"北河枝水"	疏勒东—疏勒南—莎车(今莎车)南—温宿南

表3-9 南、北河西段流向一览

序号	河流	史料依据(表3-5中的引文)	流向
1	"南河"	北河自岐沙东分南河,即释氏《西域记》所谓二支北流	北
2	"北河"		北
		北河又东北流,分为二水,枝流出焉	东北
3	"北河枝水"	[北河枝水]西北流,经疏勒国南	西北
		[北河]枝河又东经莎车国南	东
		[北河枝水]又东北与"疏勒北山水"合	东北

前文梳爬"南河""北河"及支流河流流向和经过地区,已粗略勾勒出其在塔里木盆地中呈现出来的河道脉络,但尚不足以缕析它们分指现今哪条河流。理清具体所指,必须逐字逐句解析《西域志》中的关键语句。通过综合研判上文笺注《西域志》南、北河和"北河枝水"等相关文字(见表3-4、表3-5),笔者认为南、北河上游(即西段)应当分指今玉龙喀什河、喀拉喀什河,"北河枝水"应该指今叶尔羌河,有关推导过程详下。

第一,"北河枝水"在"北河"西或北,又在莎车东或南(说见表3-5引文b"说明"注[5][6][10][11]);另,同往北流的南、北河在经过疏勒以后,在相对位置方面"北河"处于"南河"以北(说见表3-5引文a"说明"注[3])。说明在南、北河西段由南往北或者从西向东排列,其相对地理方位顺次是莎车、"北河枝水""北河""南河"。对照现今塔里木河上游支流地理位置,可见今莎车以东自西向东依次布列的河流叶尔羌河、喀拉喀什河、玉龙喀什河,应分别对应"北河枝水""北河""南河"。

其次,在疏勒以南的南、北河分界点"岐沙东"中的"岐"一字,中古音作巨支切,群母、支韵、开口、三等、平声,在止摄,拟音[gǐe]。① 再,《魏书·西域传》:"渠莎国,居故莎车城。"② "渠莎"中"渠",中古音作强鱼切,群母、鱼韵、开口、三等、平声,在遇摄,拟音[gǐa]。③ "岐"与"渠"声纽相同,互为旁转字,可相通用。"岐沙"和"渠莎"或皆指今莎车,系西域某民族语族名、国名、地名等汉译。由南、北河在莎车异称"岐沙"之东(说见表3-5引文a"说明"注[1]),亦可旁证前文考证出来的南、北河和莎车之间相对位置。

前此亦有历史学者从其他角度论析"岐沙"与今地对应关系,譬如部分学者指出"岐沙"即《西域志》另外提到的地名"岐沙谷"④。《西域志》中有关"岐沙谷"的记载为:位于伽舍罗逝国(今塔什库尔干塔吉克自治县)南部流向为东北的某条河流,在流出岐沙谷以后分流成为两条水流,其中的一条往东流,相继流过无雷、依耐(均今帕米尔高原)、蒲犁、皮山等西域古国北部。⑤ 钟兴麒在分析了这条河水流域以后,运用谷歌全球卫星地图查找相关区域,发现自古以来连通塔里木盆地和印度半岛的孔道——横穿喀喇昆仑山的山口明铁盖达坂,矗立着西北—东南走向的山

---

① 郭锡良编著:《汉字古音手册》,第73页。
② 魏收:《魏书》卷102《西域传》,第2264页。今本《魏书·西域传》系由宋人辑自《北史·西域传》,鉴于前书可以标识历史资料的时代(即北魏),后书中北魏之时西域史料原始性较高,本书根据不同情况需要引录二传,并校对参引文字。
③ 郭锡良编著:《汉字古音手册》,第116页。
④ 岑仲勉:《奇沙国》,《中外史地考证》,第185页;贺灵主编:《西域历史文化大词典》,新疆人民出版社2012年版,第900页。
⑤ 郦道元著,陈桥驿校证:《水经注校证》卷2《河水》,第34页。唐代道宣《释迦方志》引来书称"河源东北流,出葱岭岐沙谷,分为两水"云云,又录此书所言积石山地理位置(道宣撰,范祥雍点校:《释迦方志》卷上《中边篇第三》,上海古籍出版社2011年版,第6、7页)。书中内容与《西域志》若干记载似可接续,是否为其佚文待考。

脊，为发源于其东西两个斜坡之上河流的分水岭；又查得源自斜坡东部的河水往东北方向流，之后先后流进喀拉其库尔河及干流塔什库尔干河。可见"岐沙谷"及源于其东坡流向为东的河流，分指今明铁盖达坂和塔什库尔干河。①

总括以上学者有关"岐沙谷"之所指及与"岐沙"关系的观点，以及前文对"岐沙""南河""北河"相对方位所作解析，可以推测都在今明铁盖达坂（即"岐沙谷""岐沙"）之东的"南河""北河"与和田河、叶尔羌河，应当存在着对应关系。

最后，既然在于阗之东"南河"为北流向且河流长度达三千余里的一条大河（见表3-4引文d），那么应该至少包含位于于阗以东流向相同的今玉龙喀什河。

除通过剖析《西域志》相关核心资料外，另可验证和田河和遥感图像反映古代叶尔羌河在塔里木盆地中的流动方向与"南河""北河"及"北河枝水"流向，检验前文结论正确与否。

第一，河源地分别在塔里木盆地以南昆仑山及喀喇昆仑山、西南帕米尔高原的和田河、叶尔羌河，水流从高地自南往北流到塔里木盆地南缘以后，为盆地由南向北倾斜地势限制，继续往盆地北部流，其与"南河"和"北河"上游流向基本一致（见表3-9）。

第二，现今叶尔羌河上游由往西北流的东支与流向相继为东北、西北、东北的西支合流而成，它的中下游流动方向是东北。比对今河道和遥感图像资料显示叶尔羌河古水道，可以发现：古叶尔羌河上游河道由于受到盆地以南山谷的限制，变化不大；它的中下游流向虽然也是东北，但是与今叶尔羌河中下游河道地理位置不相同，大抵位于其东北方向。② 表明在流向方面，古叶尔羌河东支而非西支与流向依次是西北、东、东北的"北河枝水"大致相符（见表3-9），它们之所以相应，也许和古人以为东支水源地在古代的昆仑山相关（说详下）。

---

① 钟兴麒：《〈西域志〉岐沙谷即明铁盖达坂考》，《新疆师范大学学报》（哲学社会科学版）2008年第1期。
② 白振平：《塔里木河水系变迁遥感研究》，《首都师范大学学报》（自然科学版）1994年第3期。

2.《西域志》反映塔里木河的水道特征

依据上文论证《西域志》所语塔里木盆地中的"南河"和"北河"及支水具指今河的结果，可以推测书籍撰就之时或此前古人获知的塔里木河正源、水源地与河道情况。

其一，南、北河分指以今和田河东支玉龙喀什河及西支喀拉喀什河为主要河源的塔里木河，说明今和田河系南、北河正宗水源，其水源地昆仑山（今昆仑山、喀喇昆仑山，下同）为南、北河主要河源地。水源地亦在昆仑山的今叶尔羌河东支，以后又汇入"北河"，因而同样也是南、北河的正统水源。也许因此《西域志》中命今叶尔羌河名为"北河枝水"。

《西域志》记南、北河末端注入牢兰海（即蒲昌海）之后，其水潜伏地下化作潜流往东流，而后在以东的积石山流出地表，成为黄河的主要水源（见表3-3引文b、表3-4引文d、表3-5引文a）。《汉书·西域传》也有相似的表述："其水（今案，蒲昌海）亭居，冬夏不增减，皆以为潜行地下，南出于积石，为中国河云。"[①] 根据古人执持这种"黄河河源潜流"的想法，可以逆向推断南、北河及水源地应是黄河始源与始源地。

其二，与现今叶尔羌河独自北流和玉龙喀什河、喀拉喀什河合流汇作和田河不同，古代叶尔羌河作为支流流入喀拉喀什河，玉龙喀什河单独作为一条河流往东北方向流。

以上概括《西域志》暗示南、北河及黄河始源、始源地和南、北河河道特征，可与"正史"《西域传》等史册有关载述相验证。

第一，《史记·大宛列传》《汉书·西域传》分别称黄河始源地在于阗以南的昆仑山，源头位于盐泽（即牢兰海）："汉使穷河源，河源出于阗，其山多玉石，采来，天子案古图书，名河所出山曰昆仑云。"[②] "于阗之西，水皆西流，注西海；其东，水东流，注盐泽，河原出焉。"[③] 水源地在昆仑山并且流入盐泽的河流，系今玉龙喀什河、喀拉喀什河，应是古人认为黄河最终的水源，与由《西域志》窥知古代塔里木河与黄河水源关系可相印证。

---

① 班固：《汉书》卷96上《西域传上》，第3871页。
② 司马迁：《史记》卷123《大宛列传》，第3173页。
③ 班固：《汉书》卷96上《西域传上》，第3881页。

不仅上引两种西汉典籍，其他"正史"《西域传》也提到黄河始源。比如《魏书·西域传》："于阗城东三十里有首拔河，中出玉石。""[于阗]城东二十里有大水北流，号树枝水，即黄河也，一名计式水。[于阗]城西五十里亦有大水，名达利水，与树枝水会，俱北流。"① 又如《周书·异域传》："其（今案，龟兹）南三百里有大水东流，号计戍水，即黄河也。""[于阗]城东二十里有大水北流，号树枝水，即黄河也。城西五十里亦有大水，名达利水，与树枝水俱北流，同会于计戍。"②

文中的"首拔河""树枝水""计式水""计戍水""树枝水"与"达利水"，分别指今玉龙喀什河、喀拉喀什河。既然文中还讲到玉龙喀什河是黄河始源，那么其水源地昆仑山应当是黄河最终源地。在此基础上综合"黄河河源潜流"说逆推，今玉龙喀什河应该是古塔里木河的主要水源。

比较前引《魏书·西域传》《周书·异域传》和《西域志》关于塔里木河正源及黄河始源、始源地的认知，其观点一致之处在于均认可昆仑山系黄河水源地，分歧在于《魏书·西域传》《周书·异域传》与《西域志》，分别以为和田河及其东支玉龙喀什河系塔里木河正源、黄河始源。它们之所以不同，原因可能在于：在东晋道安《西域志》记叙存在"南河"的时代，今和田河东西分支为两条不相交汇而独自北流的河流；而据前录《魏书·西域传》《周书·异域传》，追到北魏、北周之时今玉龙喀什河、喀拉喀什河已经汇作一河——和田河，说明从表面上看来这几种典册记录塔里木河正源、黄河始源不尽相同，实际上没有差别。

第二，《西域志》记述南、北河等塔里木盆地河流隶属的时代，与其资料来源密切相关。因《高僧传·道安传》没有提及道安游方西域之事，故其书中西域河流材料应该不是由道安远赴西域实地探察而获，当是通过其他渠道获得。笔者注意到：《西域志》转引的《佛图调传》，所载昆仑山及山上流出的河流等，系天竺僧佛图调从印度前往中国，路经西域时躬历而得；既然道安"赖得调《传》，豁然为解"（出处详上），表明道安读过《佛图调传》，编著书籍所述西域地区河流等方面的材料很有可能主要采自

---

① 魏收：《魏书》卷102《西域传》，第2262、2263页。
② 令狐德棻等：《周书》卷50《异域传下》，中华书局1971年版，第917页。

这部书。从这个实例递推,或许汉晋之时西域僧人前来中国布道,或者中土汉僧去往天竺及归返中原,路过塔里木盆地时将实地勘察获悉盆地中的河流诸项情况录进其旅行记或个人传记中,以后道安在编译佛经时见到这些历史资料,遂摘抄写入《西域志》之中。故而《西域志》有关塔里木盆地河流材料来自汉晋僧侣考察经历可能性较大,其所属时代应为汉晋。

据载有汉晋某个时间段内西域水道的中国古典文献,例如前引《史记·大宛列传》《汉书·西域传》,难以探颐汉晋塔里木盆地河道的详细情形。所幸参据其他历史典籍及解析遥感图像资料,可以知悉北魏、唐代玉龙喀什河、喀拉喀什河、叶尔羌河河道特征和全新世时期(自 12000—10000 年前至今)其水道演变规律,可逆推汉晋时期这几条河流河道的大致特点,以与《西域志》反映的同时代南、北河水道特征相核验。

北魏郦道元所著《水经注》云"葱岭河"(今叶尔羌河)与于阗河汇流(见表 3-4 引文 b),上引《魏书·西域传》《周书·异域传》言时玉龙喀什河和喀拉喀什河相汇。说明北魏时玉龙喀什河流进喀拉喀什河形成和田河以后,流入叶尔羌河(见图 3-2)。

唐代杜佑《通典》"于阗国"条也录有玉龙喀什河、喀拉喀什河水道特征:"首拔河,亦名树拔河,或云即黄河也。北流七百里,入计戍水,一名计首水,即葱岭南河,同入盐泽。"[①] 文中称首拔河(今玉龙喀什河)汇入计戍水(今喀拉喀什河),其下之语"即葱岭南河"应当指今玉龙喀什河、喀拉喀什河合流之水和田河。

对此笔者感到疑惑的是,"葱岭南河"指发源于葱岭、流经塔里木盆地相对位置为南北两条河流中的南支今叶尔羌河,与水源地同在昆仑山的今喀拉喀什河、玉龙喀什河难以等同起来。故而"即葱岭南河"一语只能指今玉龙喀什河和喀拉喀什河合流成为一河和田河以后,流入叶尔羌河(见图 3-2)。

上文归纳的北魏、唐代玉龙喀什河、喀拉喀什河、叶尔羌河水道特征,均遵循遥感图像资料显示它们在全新世时期河道历史变迁规律:先是,喀拉喀什河西北流进叶尔羌河,玉龙喀什河和克里雅河汇流;此后,

---

① 杜佑撰,王文锦等点校:《通典》卷 192《西戎四》,第 5224 页。

叶尔羌河、玉龙喀什河逐渐往西移动，喀拉喀什河渐渐向东摆动；最后，叶尔羌河和喀什噶尔河相汇，玉龙喀什河与喀拉喀什河汇合形成今和田河（见图3-2）。①

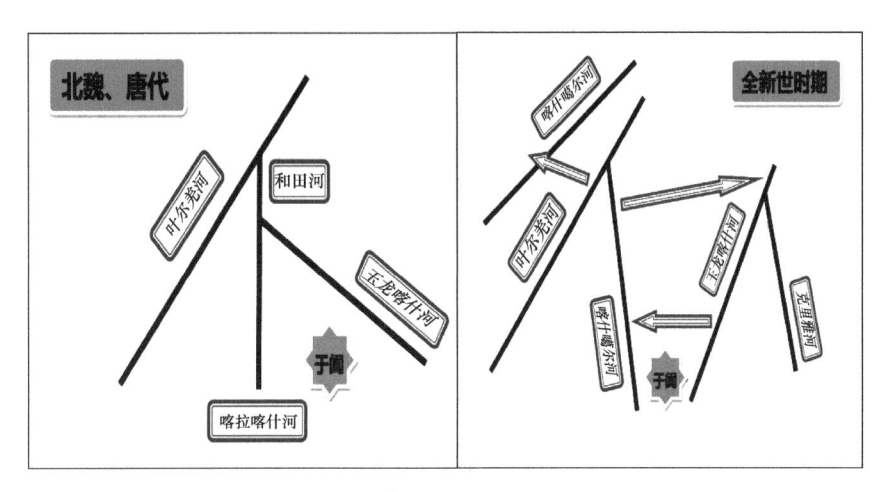

图3-2 北魏、唐代、全新世时期叶尔羌河、和田河河道或变迁

说明：图中的箭头表示全新世时期河流移动方向。

总括上述三个时期内其河道特点或演变过程，可推断汉晋时期它们的水道特征：喀拉喀什河和叶尔羌河相汇，与据《西域志》窥知汉晋时期塔里木河水道特征相符；玉龙喀什河或者与喀拉喀什河一同流入叶尔羌河，或者单独往东北方向流，与《西域志》反映汉晋时塔里木河河道特征有相合的可能。

综合上文对于《西域志》和其他历史载籍相关内容核验情况来讲，《西域志》所见汉晋时期塔里木河的正源、发源地、河道，与《史记·大宛列传》等有关记述大抵符合，又和推演出来的汉晋时期玉龙喀什河、喀拉喀什河、叶尔羌河河道特征至少部分相合。故而从现在掌握的历史材料来看，南、北河分指今玉龙喀什河、喀拉喀什河的结论具有一定的合理性。

3. 阿耨达大水（今塔里木河）

《西域志》先说阿耨达大水经过"且末南山"（今昆仑山）北、且末

---

① 白振平：《塔里木河水系变迁遥感研究》，《首都师范大学学报》（自然科学版）1994年第3期。

西北（见表3-3引文a），又讲且末河（今车尔臣河）流经且末北（见表3-6引文a）。部分学者例如王北辰、王守春、樊自立以为所述其流域相对地理方位近同，应指同一条河流。① 笔者认为书中描述它们流经地相对地理位置过于宽泛，据此难以判定它们是为一河；同时依靠书中其他材料大致可以断定其非指一河，相关论据如下。

首先，阿耨达大水源自昆仑山别名阿耨达山（今昆仑山、喀喇昆仑山）西北（见表3-3引文a），且末河源于今昆仑山东北，说明其河源地地理位置不相一致。

其次，阿耨达大水直接注入牢兰海（见表3-3引文a），且末河与"南河"并合以后通称"注滨河"，注滨河流入牢兰海（见表3-6引文a），可见它们流进牢兰海的方式不同。②

最后，《西域志》表达的基本观点是：发源于阿耨达山的六河奔向世界各地，相继分流成为千万条涓涓细流；六河中唯有阿耨达大水经过塔里木盆地，之后在积石山流出地面成为黄河源头，最后化身作中国境内的千百条河流。倘若阿耨达大水指与和田河、克里雅河同一河源地，且注进牢兰海方式也相同的且末河，那么它就不是存在于塔里木盆地中的唯一一条河流，有悖于《西域志》主旨。如若合乎《西域志》主要旨意，阿耨达大水只可为今塔里木河流域诸河概称。

除前文总结的《西域志》表示的中心意思外，利用《西域志》相关资料也可推断它指今塔里木河及其支流。塔里木盆地中的某河流如为阿耨达大水，必须符合两个特征：发源于阿耨达山西北，直接注入牢兰海。在道安构筑的塔里木盆地水系之中，仅南、北河满足以上两个条件，其统称之名应是阿耨达大水。

依据上文所考及以前学者相关研究成果，现将《西域志》中河流名称、流经地、今之所指列表如下（见表3-10），以便查核。

---

① 王北辰：《古代西域南道上的若干历史地理问题》，《地理研究》1983年第3期；王守春：《〈水经注〉塔里木盆地"南河"考辨》，《地理研究》1987年第4期；樊自立：《历史时期塔里木河流域水系变迁的初步研究》，《新疆地理》1979年第2期；樊自立、陈亚宁、王亚俊：《新疆塔里木河及其河道变迁研究》，《干旱区研究》2006年第1期。

② 余太山：《早期丝绸之路文献研究》附卷《〈水经注〉卷二（河水）所见西域水道考释》，第249页。

表 3-10　　　　　《西域志》所载西域地区河流一览

序号	河流流经地			河流名称	实际之所指	
1	阿耨达山之北	葱岭之西		蜺罗跋䴭水	今以瓦赫吉尔河南源为河源的阿姆河	
2		葱岭之东	阿耨达大水	南河	今玉龙喀什河	今塔里木河
				北河	今喀拉喀什河	
			北河	北河枝水	今叶尔羌河	
				姑墨川	今阿克苏河	
				龟兹川	今木扎提河、渭干河、库车河	
			疏勒北山水		今喀什噶尔河	
			且末河		今车尔臣河	
3	阿耨达山之南			新头河	今印度河	
4			恒水	遥奴水	遥奴水，可能指《法显传》中的"遥捕那河"，今印度北方邦马图拉以东流入印度河的朱木拿河。因此道安讲遥奴水流进恒河，恐误①	今恒河
5				萨罕水	Sohan（即印度河的支流净河，在今巴基斯坦旁遮普）与"萨罕"音近，或即萨罕水。道安说萨罕水系恒水支流，恐靠不住②	
6				恒伽河	今恒河	

第二节　宋云、惠生行记之辨分

由《洛阳伽蓝记·城北》《魏书·西域传》《北史·西域传》可知，宋云是敦煌人，在北魏任王伏子统，③居住在洛阳城东北的闻义里，惠生则是洛阳崇立寺沙门。孝明帝在位时（516—528），宋云、惠生分别奉明帝、胡太后之命前往西域。在一些典籍中提到他们西行见闻等已编成书，

---

① 法显撰，章巽校注：《法显传校注·摩头罗国》，第 48 页。
② 岑仲勉：《〈水经注〉卷一笺校》，《中外史地考证》，第 222 页。
③ 关于宋云的官职，《魏书·西域传》中的"王伏子统"，《北史·西域传》则作"剩伏子统"。

如《洛阳伽蓝记》引用了《宋云家记》《惠生行记》,《隋书·经籍志》《通志》著录有《慧生行传》1 卷,[①]《旧唐书·经籍志》《新唐书·艺文志》称宋云撰有《魏国以西十一国事》1 卷,[②] 在北宋、元代成书的史籍相继援用了《宋云行记》《魏宋云西行记》(见表 3 - 14)。在这六种行记中,除《宋云家记》《惠生行记》《宋云行记》《魏宋云西行记》尚有佚文可辑外,其余两种均无逸文可录。同时,在这些辑文中,宋云、惠生行记内容已相混淆,有鉴于此,本节先归纳区分行记的方法,再以这些方法区辨其出行时间、路线、见闻等。

需要说明的是,本书所言的"宋云、惠生行记",是"宋云行记、惠生行记"的简称,指分别记载宋云、惠生赴印始末的行记,在《洛阳伽蓝记》中则分指《宋云家记》《惠生行记》,撰者是否分别为宋云、惠生,限于现有资料难以确考。这两种行记是探研 6 世纪中亚与印度地区历史地理以及中外关系与交通史极其重要的历史资料,与法显《法显传》和玄奘、辩机《大唐西域记》及慧超《往五天竺国传》同为东西方学者重视。[③]

一 宋云、惠生行记的区分法

就目前搜集的文献资料来看,现存三种宋云、惠生行记辑文。一是,《洛阳伽蓝记》中的《宋云家记》《惠生行记》,是篇幅最长的辑文;二是,《北史·西域传》中有关朱居、渴槃陀、钵和、波知、赊弥、乌苌、乾陀国的传记(今案,以下省称"七国传记"),系篇幅次长的辑文,其中的朱居、渴槃陀、乌苌、乾陀,分别指《洛阳伽蓝记》所述宋云、惠生行记中的朱驹波、汉盘陀、乌场、乾陀罗;三是,唐宋元史籍所载关于宋云、惠生出使之事,以及所引《宋云行记》《魏宋云西行记》,为散条(见表 3 - 14)。

其中,第一二种辑文,保留了有关宋云、惠生西使情况较为原始的史

---

① 魏徵等:《隋书》卷 33《经籍志二》,第 985 页;郑樵撰,王树民点校:《通志二十略·艺文略第四》,第 1586 页。

② 刘昫:《旧唐书》卷 46《经籍志上》,第 2016 页;欧阳修等:《新唐书》卷 58《艺文志二》,第 1505 页。案:《新唐书·艺文志》中的"以",《旧唐书·经籍志》记作"已"。

③ 杨衒之撰,范祥雍校注:《洛阳伽蓝记校注》卷 5《城北》,第 251 页;杨衒之撰,周祖谟校释:《洛阳伽蓝记校释·序》,第 9 页。

料，存有区分宋云、惠生行记的线索，从中可归纳三种区辨行记的方法：中心人物判定法、史料处理方式辨别法、纪行方式区分法。

(一) 中心人物判定法

《洛阳伽蓝记》中的宋云、惠生行记，以×年×月×日、行×日、行×里到某国的形式联结以下列国（城邑）：洛阳—吐谷浑（今柴达木盆地）—鄯善城（今若羌）—左末城—末城—捍䴢城（以上三城在今若羌西、和田东）—于阗—朱驹波（今叶城）—汉盘陀（今塔什库尔干塔吉克自治县）—钵和（今阿富汗巴达赫尚省东北的瓦罕走廊）—嚈哒（今阿富汗昆都士、巴尔赫）—波知（今阿富汗巴达赫尚省泽巴克）—赊弥（今巴基斯坦西北边境省马斯图季以南至吉德拉尔）—乌场（今巴基斯坦斯瓦特河流域）—乾陀罗（今白沙瓦）。①

同时，以诸国（城邑）作为纵向线索，分叙其地自然地理环境（例如气候、地势、山脉、河流）、民俗风情（譬如农业生产、仪礼、服饰、头饰、丧葬习俗、语言文字、历法、佛教传说与圣迹）及宋云、惠生的活动等。

这些内容说明《洛阳伽蓝记》中的《宋云家记》《惠生行记》，以日和里两种纪程方式记载了宋云、惠生途经地。为便于直观详细一览宋云、惠生路经地、行程路线等，现列表如下（见表3-11、表3-12）。

表3-11　《洛阳伽蓝记》所记宋云、惠生洛阳—赊弥段行程

序号	途经国家	行程路线	纪行方式	中心人物
1	北魏	(1) 神龟元年十一月冬，太后遣崇立寺比丘惠生向西域求经	年、月	惠生
		(2) 初发京师，西行四十日，至赤岭，即国之西疆也②	日	
2	吐谷浑	(1) 发赤岭，西行二十三日，渡流沙，至吐谷浑国	日	
		(2) 从吐谷浑西行三千五百里，至鄯善城。其城自立王，为吐谷浑所吞③	里	

---

① 杨衒之撰，周祖谟校释：《洛阳伽蓝记校释》卷5《城北》，第168—211页。
② 杨衒之撰，周祖谟校释：《洛阳伽蓝记校释》卷5《城北》，第168、169页。
③ 杨衒之撰，周祖谟校释：《洛阳伽蓝记校释》卷5《城北》，第170—171页。

续表

序号	途经国家	行程路线	纪行方式	中心人物
3	未详	（1）从鄯善西行一千六百四十里，至左末城	里	
		（2）从左末城西行一千二百七十五里，至末城	里	
		（3）从末城西行二十二里，至捍麼城。[城]南十五里有一大寺，三百余僧众①	里	
4	于阗	从捍麼城西行八百七十八里，至于阗国②	里	
5	朱驹波	神龟二年七月二十九日入朱驹波国③	年、月、日	
6	汉盘陀	（1）八月初入汉盘陀国界……三日至不可依山	月、日	
		（2）是时八月，天气已冷④		
7	钵和	九月中旬入钵和国⑤	月	
8	嚈哒	十月之初，至嚈哒国	月	[嚈哒王]见大魏使人（今案，宋云），再拜跪受诏书⑥
9	波知	十一月初入波知国，境土甚狭，七日行过⑦	月、日	
10	赊弥	十一月中旬入赊弥国⑧	月	

表3-12　《洛阳伽蓝记》所载宋云、惠生在乌场、乾陀罗国行程

路经国家	行程路线	纪行方式	中心人物	行程编号
乌场	[神龟二年]十二月初入乌场国	日	国王见宋云云大魏使来，膜拜受诏书⑨	0

---

① 杨衒之撰，周祖谟校释：《洛阳伽蓝记校释》卷5《城北》，第171、172页。
② 杨衒之撰，周祖谟校释：《洛阳伽蓝记校释》卷5《城北》，第173页。
③ 杨衒之撰，周祖谟校释：《洛阳伽蓝记校释》卷5《城北》，第176页。
④ 杨衒之撰，周祖谟校释：《洛阳伽蓝记校释》卷5《城北》，第177、179页。
⑤ 杨衒之撰，周祖谟校释：《洛阳伽蓝记校释》卷5《城北》，第180页。
⑥ 杨衒之撰，周祖谟校释：《洛阳伽蓝记校释》卷5《城北》，第181、182页。
⑦ 杨衒之撰，周祖谟校释：《洛阳伽蓝记校释》卷5《城北》，第183页。
⑧ 杨衒之撰，周祖谟校释：《洛阳伽蓝记校释》卷5《城北》，第183页。
⑨ 杨衒之撰，周祖谟校释：《洛阳伽蓝记校释》卷5《城北》，第185、186页。

第三章 东晋北朝与佛教有关西域佚书探析 121

续表

路经国家	行程路线	纪行方式	中心人物	行程编号
乌场	（1）宋云于是与惠生出城外，寻如来教迹。水东有佛晒衣处		宋云、惠生	1
	（2）王城北八十里，有如来履石之迹	里		2
	（3）城北有陀罗寺，佛事最多		宋云惠生见彼比丘戒行精苦，观其风范，特加恭敬①	3
	（1）去王城东南，山行八日，［至］如来苦行投身饲饿虎之处	日	宋云与惠生割舍行资，于山顶造浮图一所，刻石隶书，铭魏功德②	4
	（2）王城南一百余里，有如来昔在摩休国剥皮为纸，折骨为笔处	里		5
	（3）王城西南五百里，有善持山	里	当时太簇御辰，温炽已扇，鸟鸣春树，蝶舞花丛，宋云远在绝域，因瞩此芳景，归怀之思，独轸中肠，遂动旧疹，缠绵经月，得婆罗门咒，然后平善③	6
乾陀罗	（1）至正光元年四月中旬，入乾陀罗国	年、月		7
	（2）［在乾陀罗与罽宾的边境上］宋云诣军		［乾陀罗国王］自恃勇力，与罽宾争境，连兵战斗……王常停境上，终日不归……宋云诣军，通诏书，［乾陀罗］王凶慢无礼，坐受诏书……遂将云（今案，宋云）至一寺，供给甚薄④	8

① 杨衒之撰，周祖谟校释：《洛阳伽蓝记校释》卷5《城北》，第186、187、188页。
② 杨衒之撰，周祖谟校释：《洛阳伽蓝记校释》卷5《城北》，第188、189页。
③ 杨衒之撰，周祖谟校释：《洛阳伽蓝记校释》卷5《城北》，第190—191页。
④ 杨衒之撰，周祖谟校释：《洛阳伽蓝记校释》卷5《城北》，第194、195—196页。

续表

路经国家	行程路线	纪行方式	中心人物	行程编号
乾陀罗	（3）于是西行五日，至如来舍头施人处	日		9
	（4）复西行三日，至辛头大河	日		10
	（5）复西行三日，至佛沙伏城……[佛沙伏]城北一百里有白象宫，寺内佛事，皆是石像	日		11
	（6）复西行一日，至如来挑眼施人处	日		12
	（7）复西行一日，乘船渡一深水，三百余步	日		13
	（8）复西南行六十里，至乾陀罗城①	里		14
	（9）[乾陀罗城]东南七里，有雀离浮图②	里	（1）惠生既在远国，恐不吉反，遂礼神塔，乞求一验。于是以指触之，铃即鸣应。得此验，用慰私心，后果得吉返	15
			（2）惠生初发京师之日……拟奉尸毗王塔	
			（3）宋云以奴婢二人奉雀离浮图，永充洒扫	
			（4）惠生遂减割行资，妙简良匠，以铜摹写《雀离浮图仪》一躯，及《释迦四塔变》	
	（10）于是西北行七日，渡一大水	日		16
	（11）至如来为尸毗王救鸽之处，亦起塔寺③			17

由表3-11、表3-12可见，在《洛阳伽蓝记》所述宋云、惠生行记中，除在嚈哒和乌场、乾陀罗分别提到中心人物"大魏使人"与宋

---

① 杨衒之撰，周祖谟校释：《洛阳伽蓝记校释》卷5《城北》，第197、198、199页。
② 杨衒之撰，周祖谟校释：《洛阳伽蓝记校释》卷5《城北》，第199页。
③ 杨衒之撰，周祖谟校释：《洛阳伽蓝记校释》卷5《城北》，第204—206页。

云、惠生外,在其他西域国家均未言中心人物。关于在嚈哒的"大魏使人"指何人,《洛阳伽蓝记》载乌场国国王称宋云为"大魏使",宋云是北魏官员,又与乌场国国王"通诏书"(见表3-12),出使目的为加强北魏与西域诸国的政治联系,惠生则系寺院僧人,恐非肩负北魏和西域列国政治交往的外交使命,说明向嚈哒国国王宣读诏书的"大魏使人"当指宋云。

宋云抵嚈哒、乌场、乾陀罗,惠生至乌场、乾陀罗,这是区分其西使时间、路线、见闻的重要根据。

(二)史料处理方式辨别法

在《洛阳伽蓝记》所录宋云、惠生行记之末,杨衒之以案语形式讲:"衒之按《惠生行记》事多不尽录,今依《道荣传》《宋云家记》,故并载之,以备缺文。"① 这则案语之意为:《惠生行记》内容较为简略,故以《宋云家记》《道荣传》补其缺漏。② 由这条案语,可推一些关于宋云、惠生行记的信息。

第一,流传情况。在杨衒之生活的时代,《惠生行记》《宋云家记》《道荣传》皆以单行本的形式在世上流传。第二,文本构成。文中的宋云、惠生行记材料来自《惠生行记》《宋云家记》《道荣传》。③ 第三,三书的关系。所叙宋云、惠生行记中,《宋云家记》《道荣传》处于从属地位,起补充材料作用,其"服务对象"为居于主体地位的《惠生行记》。之所以如此编排,大概由于详述西域各国佛教建筑、传说等内容的《惠生行记》,与《洛阳伽蓝记》内容、主旨更为贴近。

---

① 杨衒之撰,周祖谟校释:《洛阳伽蓝记校释》卷5《城北》,第209页。
② 韩结根译注:《〈洛阳伽蓝记〉选译·闻义里》,巴蜀书社1991年版,第299页。对于此案语中的"《惠生行记》事多不尽录"一语,尚荣有不同的理解:"《惠生行记纪》所记事多,但不能尽录,如今依照《道荣传》《宋云家记》一并记载,用来完备缺少的文字。"(尚荣译注:《洛阳伽蓝记·闻义里》,中华书局2012年版,第397页)周振甫亦有类似看法(参氏著《〈洛阳伽蓝记〉译注》,江苏教育出版社2005年版,第213页)。尚、周二人对该句的不同解释,并不影响上文关于宋云、惠生行记各项历史信息的推论。
③ 杨衒之撰,范祥雍校注:《洛阳伽蓝记校注》卷5《城北》,第252页;杨衒之撰,周祖谟校释:《洛阳伽蓝记校释》卷5《城北》,第209页;杨衒之撰,杨勇校笺:《洛阳伽蓝记校笺》卷5《城北》,第244页;吴晶:《〈宋云惠生行纪〉文本构成新证》,《西域研究》2011年第3期;[日]长泽和俊:《论所谓的〈宋云行记〉》,《丝绸之路史研究》,钟美珠译,第499页。

在《洛阳伽蓝记》所引宋云、惠生行记中，杨衒之转录《宋云家记》《惠生行记》，未注出典，而举凡摘引《道荣传》，都标明了出处。现以其中几条史料为例，分析《道荣传》与《惠生行记》的关系：

[乾陀罗城]东南七里，有雀离浮图。《道荣传》云："城东四里"。

王（今案，迦尼色迦）更广塔基三百余步，《道荣传》云："三百九十步。"从地构木，始得齐等。《道荣传》云："其高三丈，悉用文石为阶砌栌栱，上构众木，凡十三级。"①

据上文有关记载推测，乾陀罗城与雀离浮图的距离，行记、《道荣传》分别作"东南七里""东四里"；"塔基"的周长，行记与《道荣传》分别记"三百余步""三百九十步"；行记载建造"塔基"材料（即"木"），杨衒之以《道荣传》补说其高度（即"其高三丈"）、原料（即"文石""栌栱"）。说明《道荣传》起"述异""解释""补缺"作用，与杨衒之所讲以《道荣传》弥补《惠生行记》不足的话相合，所"备"的这些内容当为《惠生行记》。这是判断《惠生行记》以何种方式（即日或里）纪程的重要论据。

（三）纪行方式区分法

《北史·西域传》："慧生所经诸国，不能知其本末及山川里数，盖举其略云。"② 仔细揣摩这句话，大约有两层含义：记载惠生"所经诸国"的史籍（即惠生行记），或惠生"所经诸国"为其内容一部分的史书，"不能知其本末及山川里数"；下文列举内容出自惠生行记。"七国传记"列在这条案语之下，材料当源于惠生行记。从另一个角度讲，这七国应为"慧生所经诸国"中一部分。对于这则案语，笔者提出以下几种看法。

---

① 杨衒之撰，周祖谟校释：《洛阳伽蓝记校释》卷5《城北》，第199—200、201页。
② 李延寿：《北史》卷97《西域传》，第3232页。

唐代杜佑《通典》也有内容相似的案语："孝明帝熙平中，遣伏子统宋云使西域，所经诸国，不能知其本末及山川里数，今举其略云。"① 此外，主要生活在五代、北宋初期的乐史所撰《太平寰宇记》亦存类似记载："后魏孝明帝熙平中，遣王伏子统宋云等使西域，所经诸国，不能知其本末及山川里数，今举其略云。"②

由这三条案语可知，关于"所经诸国"云云中心人物，《北史·西域传》《通典》《太平寰宇记》分别作"惠生""宋云""宋云等"。相应地，其中"七国传记"材料分别来自惠生行记、宋云行记、"宋云等"行记。《通典》《太平寰宇记》与《北史·西域传》案语中心人物不同，是否有误呢？

在《魏书·西域传》没有亡失以前，杜佑、乐史就广泛征引汉代以来"正史"《西域传》分别编辑《通典》《太平寰宇记》，由此旁推，其书案语也有可能引自足本《魏书·西域传》。即便是在目前材料有限情况下难以确知案语是否为《魏书·西域传》原文，然在其书中记述史实表达的是他们的看法。表明杜、乐二人之书案语中心人物当有一定事实依据，不能轻易否定。既然这三书案语中心人物均言之有据，可结合起来分析。绎思其义，可有以下两解。

其一，宋云、惠生行记皆"不能知其本末及山川里数"，此三书所说都正确。按照这种理解，《魏书·西域传》案语原文当为"宋云、慧生所经诸国……"，下列"七国传记"材料源自宋云、惠生行记。

其二，在宋云、惠生行记中，仅其中一种行记"不能知其本末及山川里数"，这三书所讲部分无误。依照此解法，《魏书·西域传》案语原文应是"宋云所经诸国……"，或者"慧生所经诸国……"，同理，下述"七国传记"材料分别采自宋云行记、惠生行记。

这两种对案语的理解，共同之处在于，认可至少一种行记"不能知其本末及山川里数"。"本末"，"所经诸国"的古今沿革、风俗民情等。

---

① 杜佑撰，王文锦等点校：《通典》卷193《西戎五》，第5259页。
② 乐史撰，王文楚等点校：《太平寰宇记》卷183《西戎四》，第3499页。

"山川"，山脉、河流的名称、地理位置等。"里数"，以里为长度单位的距离。

综合对这几个词语所作的解析，以及表3－11、表3－12中引文可知，《洛阳伽蓝记》中的宋云、惠生行记载有"所经诸国""本末及山川里数"。同样，《北史·西域传》"七国传记"亦言及"所经诸国""本末及山川里数"："［乌苌国］犯死罪唯徙于灵山，西南有檀特山"，"乾陁国，在乌苌西。本名业波，为嚈哒所破，因改焉。其王本是敕勒，临国已二世矣……所都城东南七里有佛塔"①。

由上文关于《洛阳伽蓝记》《北史·西域传》中相关内容和案语所作比对可推，在这两种对案语的解释中，第一种不成立，第二种可以遵从，并且当进一步引申为：在宋云、惠生行记中，一种行记"不能知其本末及山川里数"，另一种行记"能知其本末及山川里数"。

下面将对此案语的第二种理解与《洛阳伽蓝记》所转述宋云、惠生行记中相关资料验证，以进一步揭示该案语之意。

古人多以日行百里换算里数和日数，《洛阳伽蓝记》中《宋云家记》《惠生行记》所载宋云、惠生行程路线，有可相互转的里数与日数〔见表3－11引文1（2）、2、6（1），表3－12引文"乌场王城南"（1）（2）（3）、"乾陀罗"（3）（4）（5）（6）（7）（10）〕，然未统一这些内容，又有精确到个位的里数〔见表3－11引文3（2）（3）、4〕，可见其中若干里数与日数难以转算。如果《宋云家记》《惠生行记》中的一种行记记载了这些行程，为何以日、里两种方式纪行呢？此外，这些交通路线还存在其他难以理解之处，现列举一二。

由《洛阳伽蓝记》所录宋云、惠生在乌场、乾陀罗国行程可知，他们先后抵达了乌场国王城北、东南、南、西南，又在乾陀罗东部边境觐见其王，再向西行深入乾陀罗国腹地（见表3－12）。对于表3－12中宋云、惠生在乌场、乾陀罗国具体途经地等，现联系《法显传》《大唐西域记》等书中相关资料作些探讨。

---

① 李延寿：《北史》卷97《西域传》，第3233页。

第一，乌场国（行程编号0），今以巴基斯坦西北边境省曼格勒为中心的斯瓦特河流域，其王城即《大唐西域记》"瞢揭厘城"，今曼格勒。

第二，《洛阳伽蓝记》中宋云、惠生行记称："雨止，佛在石下东面而坐，晒袈裟。年岁虽久，彪炳若新。非值条缝明见，至于细缕亦彰。乍往观之，如似未彻，假令刮削，其文转明……王城北八十里，有如来履石之迹，起塔笼之。履石之处，若践水泥，量之不定，或长或短。"① 另，《大唐西域记》："水（今案，今巴基斯坦斯瓦特河）北岸大磐石上有如来足所履迹，随人福力，量有短长……顺流而下三十余里，至如来濯衣石，袈裟之文焕焉如镂。"② 综括这两段文字，笔者有如下一些认识。

《洛阳伽蓝记》所引宋云、惠生行记中的"佛晒衣处"（行程编号1）、"如来履石之迹"（行程编号2），分别指《大唐西域记》"如来濯衣石"处、"如来足所履迹"③。《大唐西域记》讲，玄奘由"如来濯衣石"处，沿着自北向南流的斯瓦特河，"顺流而下三十余里"，到"如来足所履迹"处，说明"佛晒衣处"（行程编号1）在"如来履石之迹"处（行程编号2）之南三十余里。而"如来履石之迹"处（行程编号2）在乌场国王城北八十里（见表3-12），可见"佛晒衣处"（行程编号1）亦在乌场国王城北。

第三，从表3-12可知，陀罗寺（行程编号3）、"如来苦行投身饲饿虎处"（行程编号4）、"如来剥皮为纸、折骨为笔处"（行程编号5），分别在乌场国王城北、东南、南。另外，虽由"山行八日"，难以确定"如来苦行投身饲饿虎处"（行程编号4）的具体位置，但可根据相关史料，考析其与"如来舍头施人处"（行程编号9）、印度河的相对方位。

关于"如来舍头施人处"（行程编号9）和"如来苦行投身饲饿虎处"（行程编号4）的相对位置，《法显传》："竺刹尸罗，汉言截头也。佛为菩

---

① 杨衒之撰，周祖谟校释：《洛阳伽蓝记校释》卷5《城北》，第187页。
② 玄奘、辩机原著，季羡林等校注：《大唐西域记校注》卷3《乌仗那国》，第277页。
③ 杨衒之撰，周祖谟校释：《洛阳伽蓝记校释》卷5《城北》，第187页。

萨时,于此处以头施人,故因以为名。复东行二日,至投身喂饿虎处。"①根据这段话,笔者提出以下说法。

竺刹尸罗国,今巴基斯坦拉瓦尔品第西北五千米的沙恩台里,为菩萨"以头施人"处所在。《法显传》中菩萨"以头施人"处、"投身喂饿虎处",分指《洛阳伽蓝记》所转抄宋云、惠生行记中"如来舍头施人处"(行程编号9)、"如来苦行投身饲饿虎处"(行程编号4)。② 法显自"如来舍头施人处"(行程编号9),向东行到"如来苦行投身饲饿虎处"(行程编号4),表明前者在后者之西。

至于"如来舍头施人处"(行程编号9)与印度河的相对方向,《大唐西域记》:"[呾叉始罗]城北十二三里有窣堵波,无忧王之所建也……斯胜地也,是如来在昔修菩萨行,为大国王,号战达罗钵剌婆,志求菩提,断头惠施。若此之舍,凡历千生。"③ 对于这些叙述,可作如下理解。

"呾叉始罗",《法显传》中的"竺刹尸罗",在印度河以东。《大唐西域记》中的如来"断头惠施"处,既然在"[呾叉始罗]城北十二三里"的窣堵波(即佛塔),当亦在印度河之东,指《洛阳伽蓝记》所引录宋云、惠生行记中的"如来舍头施人处"(行程编号9)。④ 通过表3-12可知,从"如来舍头施人处"(行程编号9)向西行可到印度河,与《大唐西域记》所记此二者相对地理位置正相合。

综上所述,其相对地理方位自西往东排列挨次是:印度河、"如来舍头施人处"(行程编号9)、"如来苦行投身饲饿虎处"(行程编号4)。

第四,《大唐西域记》载"跋虏沙城东北二十余里至弹多落迦山","跋虏沙城",《洛阳伽蓝记》所叙宋云、惠生行记中的"佛沙伏城"(行程编号11),今白沙瓦东北马尔丹地区的夏巴司迦利;"弹多落迦山",《洛阳伽蓝记》所述宋云、惠生行记中"善持山"(行程编号6)、《北史·

---

① 法显撰,章巽校注:《法显传校注·竺刹尸罗国》,第32页。
② 杨衒之撰,周祖谟校释:《洛阳伽蓝记校释》卷5《城北》,第188、197页。
③ 玄奘、辩机原著,季羡林等校注:《大唐西域记校注》卷3《呾叉始罗国》,第304页。
④ 杨衒之撰,周祖谟校释:《洛阳伽蓝记校释》卷5《城北》,第197页。

西域传》"檀特山"，今夏巴司迦利东北的梅哈桑达山。①

第五，神龟二年（519）十二月初入乌场国后，宋云先在正光元年（520）正月太簇御辰游览善持山（行程编号6），②又于"正光元年四月中旬，入乾陀罗"。

第六，"入乾陀罗国"（行程编号7），指到达乾陀罗国。

第七，据表3-12可知，"宋云诣军之地"（行程编号8），应即乾陀罗国王驻军之地，在"如来舍头施人处"（行程编号9）、印度河之东。

第八，《大唐西域记》："［布色羯逻伐底城］城北四五里有故伽蓝……伽蓝侧有窣堵波高数百尺，无忧王之所建也，雕木文石，颇异人工。是释迦佛昔为国王，修菩萨行，从众生欲，惠施不倦，丧身若遗，于此国土千生为王，即斯胜地千生舍眼。"③ 文中"布色羯逻伐底城"，今白沙瓦东北、喀布尔河和斯瓦特河相汇处的查萨达，其中"千生舍眼"处，指《洛阳伽蓝记》所摘引宋云、惠生行记中的"如来挑眼施人处"（行程编号12）。④

第九，由表3-12可知，自查萨达（即"如来挑眼施人处"）向西南行到白沙瓦（即乾陀罗城），必须南渡喀布尔河，可见文中的"深水"系今喀布尔河。

第十，从表3-12可见，由乾陀罗城（行程编号14）往西北行，必须渡喀布尔河才可到"如来为尸毗王救鸽处"（行程编号17），反映文中的"大水"（行程编号16）亦是今喀布尔河。

结合表3-12和图3-3，不难发现，在宋云、惠生乌场、乾陀罗国行程路线中，以下几段路线令人困惑不解。

第一，离开陀罗寺（行程编号3）后，需向东南行，渡印度河，才至"如来苦行投身饲饿虎处"（行程编号4）。宋云、惠生行记通常将渡河（如"辛头大河""深水""大水"）纳入其行程路线中，然所录这条路线

---

① 玄奘、辩机原著，季羡林等校注：《大唐西域记校注》卷2《健驮逻国》，第256、257、258、259页。
② 杨衒之撰，周祖谟校释：《洛阳伽蓝记校释》卷5《城北》，第191页。
③ 玄奘、辩机原著，季羡林等校注：《大唐西域记校注》卷2《健驮逻国》，第251、252—253页。
④ 杨衒之撰，周祖谟校释：《洛阳伽蓝记校释》卷5《城北》，第198页。

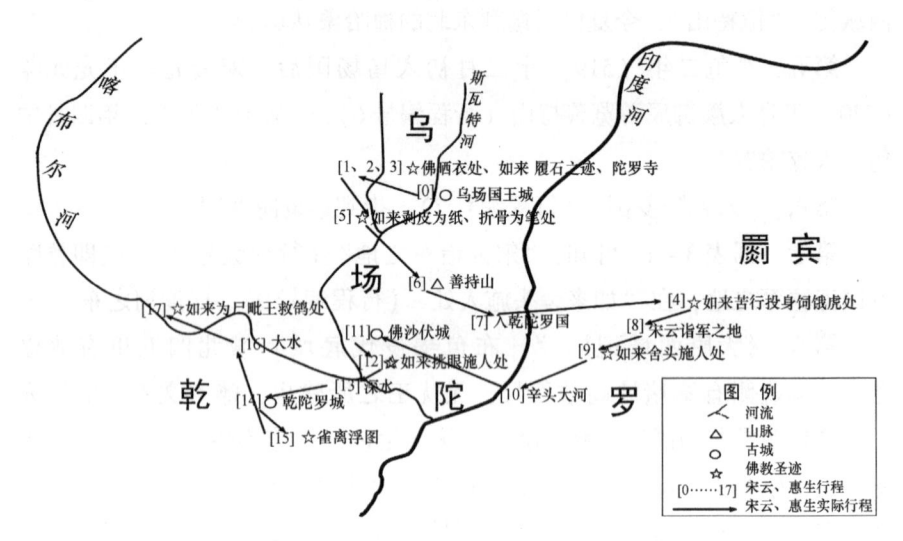

130　西域汉文散佚史部古籍、图画、碑刻整理研究

图 3-3　宋云、惠生在乌场、乾陀罗国行程路线

说明：图 3-3 的底图采自周祖谟《洛阳伽蓝记校释·宋云使西域行程图》，第 256 页。

未言渡"辛头大河"。

第二，抵达"如来苦行投身饲饿虎处"（行程编号 4）后，可直接南往"宋云诣军之地"（行程编号 8）。而在原路线中，则自"如来苦行投身饲饿虎处"（行程编号 4）往西行渡印度河，依次至"如来剥皮为纸、折骨为笔处"（行程编号 5）、善持山（行程编号 6），然后向东行，再渡印度河到"宋云诣军之地"（行程编号 8）。说明这条先后多次来回往返的路线有悖于事理，同时也没将前后两次渡过印度河的行程列入其中。

第三，倘若宋云、惠生行记中的一种行记记述了由"如来挑眼施人处"（行程编号 12）至乾陀罗城（行程编号 14）的路线，按照古制一里合三百步，完全可将其中前后相接的路程"三百余步""六十里"合并在一起写作"六十一里许"，而在行记中为何分列在两条路线中呢？

综上所论，《洛阳伽蓝记》中《宋云家记》《惠生行记》所叙以日、里纪行的路线，未统一作一种纪程方式，体例不统一，同时，还存在缺环。另外，《通典》《北史·西域传》《太平寰宇记》所载案语又说宋云、惠生行记中的一种行记"不能知里数"（详上）。表明《洛阳伽蓝记》中的《宋云家记》《惠生行记》，一种行记以日纪程，另一种行记以里纪行。笔者认为，《宋云家记》《惠生行记》当分别以日、里为路程单位联通路经国家，有以下两个理由。

其一，《道荣传》所"备"的行记为《惠生行记》，其中涉"里数"（参本节上文），说明惠生行记以里纪程。

其二，《洛阳伽蓝记》及《北史·西域传》"七国传记"所引宋云、惠生行记言，嚈哒、赊弥国"不信佛法"，波知国"风俗凶慢"，和惠生参拜佛教圣迹、访求经书、布施向善之举动不相合，所以惠生不必前往这三国；嚈哒控制着从波斯（今伊朗高原）到于阗的广大地区，为西域大国，又先后数次遣使朝魏，宋云承担着北魏和西域列国交往的政治任务，当往嚈哒，况且宋云的确抵达了该国（见表3-11）。

《洛阳伽蓝记》中宋云、惠生行记所记嚈哒（神龟二年十月之初至）—波知（神龟二年十一月初入）—赊弥（神龟二年十一月中旬到）路线（见表3-11），在时空衔接上较为紧密，应收存在同一种行记中。联系上述宋云、惠生出使的国家，可知宋云行记载录了这条路线，并以日纪行。

《宋云家记》《惠生行记》的纪程方式，对辨明宋云、惠生出使时间、路线、见闻等至关重要。

二 行记区分之一：出使时间和路线

现存的三种宋云、惠生行记辑文，都是以第三人称叙述宋云、惠生使往西域经历，由时间、地点、人物、见闻四部分构成。因而，下文依据其组成要素，分西使时间、线路、见闻三个单元；在每个单元中，利用前述三种行记区分法及其他方法，分辨这两种行记的内容。

（一）出使时间

诸史籍所云宋云、惠生的西行时间皆在北魏孝明帝在位时，主要有三个：熙平元年（516）、熙平年间（516—518）、神龟元年（518）。为方便对比考辨这些史书所记他们出行时间的异同，兹列作表格（见表3-13）。

表 3-13　　史书所载宋云、惠生出使、归国时间异同一览

序号	西使时间	回国时间	资料出处
1	熙平元年	正光三年冬	《魏书·释老志》："熙平元年，诏遣沙门惠生使西域，采诸经律。正光三年冬，还京师。所得经论一百七十部，行于世。"①
2		正光三年	隋代费长房《历代三宝纪》："孝明立，宣武子，改熙平元，造永宁寺，遣沙门慧生使西域取经，凡七年还，得经论一百七十部，并行于世。""正光三年，沙门慧生凡历七年从西域还，得梵经论一百七十部，即就翻译，并行于世，见魏史。"②
3		正光三年冬	唐代道宣《广弘明集》："熙平元年，诏遣沙门慧生使西域采经律，涉七载，正光三年冬还，所获经论一百七十部。"③
1	熙平年间		《隋书·经籍志》："熙平中，遣沙门慧生使西域，采诸经律，得一百七十部。"④
2		正光中	《北史·西域传》："初，熙平中，明帝遣剩伏子统宋云、沙门法力等使西域，访求佛经，时有沙门慧生者，亦与俱行。正光中，还。""熙平中，宋云等竟不能达［钵卢勒国］。"⑤
3			《通典》《太平寰宇记》分别称宋云、"宋云等"，在"熙平中"出使（参本节上文）
1	神龟元年	正光二年二月	《洛阳伽蓝记》云惠生在"神龟元年十一月冬"出使（见表 3-11），"正光二年二月始还天阙"⑥
2			道宣又在《释迦方志》中讲：宋云、惠生在神龟元年出使（见表 3-14）
3		正光三年二月	《资治通鉴》："［神龟元年］魏胡太后遣使者宋云与比丘惠生如西域求佛经"，"魏宋云与惠生自洛阳西行四千里，至赤岭，乃出魏境赤岭在唐鄯州鄯城县西二百余里，又西行，再期，至乾罗国而还。［正光三年］二月，达洛阳，得佛经一百七十部魏遣宋云求佛经事，始上卷天监十七年。"⑦

---

① 魏收：《魏书》卷114《释老志》，第3042页。
② 费长房：《历代三宝纪》卷3，高楠顺次郎等编纂《大正新修大藏经》卷49《史传部一》，第45页。
③ 道宣：《广弘明集》卷2，高楠顺次郎等编纂《大正新修大藏经》卷52《史传部四》，第104页。
④ 魏徵等：《隋书》卷35《经籍志四》，第1098页。
⑤ 李延寿：《北史》卷97《西域传》，第3231—3232页。
⑥ 杨衒之撰，周祖谟校释：《洛阳伽蓝记校释》卷5《城北》，第209页。
⑦ 司马光编著，胡三省音注：《资治通鉴》卷148《梁纪四》、卷149《梁纪五》，中华书局1956年版，第4640、4670页。

部分学者以为，在载有宋云、惠生出发时间的这些典籍中，《洛阳伽蓝记》中的宋云、惠生行记系秉笔直书，从而认同书中神龟元年（518），否认他书中的熙平元年（516）、熙平年间（516—518），认为他们同于神龟元年启程。①

事实上，《洛阳伽蓝记》中宋云、惠生行记，谓惠生起程时间在神龟元年（518），果真完全可靠吗？成书时间稍晚的《魏书·释老志》，称惠生西使时间在熙平元年（516），不无一定根据吗？现试以史源学视角，对这两个西行时间作如下分析。

《洛阳伽蓝记》《魏书·释老志》较早记载了宋云、惠生出使时间，以史料可靠性度之，杨衒之（生卒年不详）、魏收（505—572）分别生活在北魏（386—534）、东魏（534—550）与北魏、东魏、北齐（550—577），宋云、惠生出行时间有可能都在这两人生活的时代中，可见杨、魏二人对其动身时间或有所闻；再者，《洛阳伽蓝记》中宋云、惠生行记所记行程时间具至年、月、日，当非妄言，然所收之文由宋云、惠生行记拼合而成，在录入《洛阳伽蓝记》过程中，杨衒之是否删改了原始材料难以确知，说明其中的神龟元年（518），或为宋云、惠生中一人出使时间，或是这两人共同的出发时间。因而，《洛阳伽蓝记》《魏书·释老志》所言西行时间当均有所据，如果偏信一方则有失公允。

大概也是基于这些认识，内田吟风、余太山以为，这两个时间系宋云、惠生共同的出行时间，并提出糅合了这两个时间的"为北魏、蠕蠕政治关系延误"说。

一是，高车（今准噶尔盆地）是北魏对抗蠕蠕（今蒙古）的重要盟国，也是连接中原和西域的枢纽，熙平元年（516）为蠕蠕所破，其国王弥俄突遭擒，余众则西逃嚈哒。② 同年前此北魏已下诏令宋云、惠生往赴西域，奈何时北魏失去了政治盟友高车，当与蠕蠕交恶，因此与西域的交

---

① 丁谦：《宋云西域求经记地理考证》，《浙江图书馆丛书》第2集；杨衒之撰，周祖谟校释：《洛阳伽蓝记校释》卷5《城北》，第169页；杨衒之撰，范祥雍校注：《洛阳伽蓝记校注》卷5《城北》，第256页；[法]沙畹：《〈宋云行记〉笺注》，《西域南海史地考证译丛》第6编，冯承钧译，第3页。

② 魏收：《魏书》卷103《蠕蠕传》《高车传》，第2297、2311页。

通隔绝，宋云、惠生西域之旅便未能成行。

二是，神龟元年（518）二月、三月、五月、闰七月，嚈哒、吐谷浑、蠕蠕、高昌、高车五国先后遣使贡献。① 反映时高车已在准噶尔盆地重建国家，其他四国和北魏交好，北魏交通西域的路线通顺起来，适时遣派宋云、惠生出发。②

今案，以上两位先生分析熙平元年（516）或稍后的北魏、蠕蠕两国关系，似乎与当时它们客观交往情况不合；再者，即使其融洽关系决裂，北魏使臣亦可在该年出行。大抵有以下几个根据。

其一，熙平元年（516）前后北魏和蠕蠕的交往状况。延昌三年（514），北魏宣武帝欲遣骁骑将军马义舒使蠕蠕，由于他还未离开魏都洛阳就已去世，北访蠕蠕的事情就搁置下来。延昌四年（515）七月、熙平二年（517）十二月，蠕蠕先后两次都遣俟斤尉比建等朝魏，③ 记录在元魏官方档案中的这两个朝贡时间，应为蠕蠕使者抵达洛阳的时间，而他们事先准备和从蠕蠕出发的时间，较之当更早些（下同）。表明在蠕蠕攻灭高车前后，北魏和蠕蠕一直保持着较好的外交关系，个中原因或如下。

从诸国政治军事利益角度权衡，如若北魏因为痛失抗衡漠北军事强国蠕蠕的盟国高车，而公开宣布和蠕蠕断绝外交关系，不仅无济于事，似乎还会因小失大挑起彼此间的政治冲突；蠕蠕虽已攻占高车国从而壮大了实力，但在准噶尔盆地政治、军事基础尚未稳固，高车大批余部尚在嚈哒，"经数年"，其国王弥俄突之弟伊匐在嚈哒扶持下复国可为证。④ 可见蠕蠕占据高车之地后，出于各种考虑，当不会立刻与北魏反目。

其二，北魏与位于阿姆河、印度河流域国家的交通。就当时东西方交往线路而言，北魏使节出访西域，从洛阳出发抵河西走廊或者柴达木盆地

---

① 魏收：《魏书》卷9《肃宗纪》，第227、228页。
② 内田吟风：《后魏宋云释惠生西域求经记考证序说》，《塚本善隆博士颂寿纪念佛教史学论集》，京都：塚本善隆博士颂寿纪念会，1961年，第116—121页，转引自长泽和俊《论所谓的〈宋云行记〉》，《丝绸之路史研究》，钟美珠译，第491页；余太山：《早期丝绸之路文献研究》上卷《宋云、惠生西使的若干问题——兼说那连提黎耶舍、阇那崛多和达摩笈多的来华路线》，第64—65页。
③ 魏收：《魏书》卷103《蠕蠕传》，第2297页。
④ 魏收：《魏书》卷103《高车传》，第2311页。

以后，可经昆仑山北麓和塔克拉玛干沙漠南缘之间的绿洲西行至瓦罕走廊，由此，往西走可到阿姆河流域的嚈哒，朝南行可达喀布尔河流域的乾陀罗。

在北魏时，处于这条中西交通要道上的国家或地区受到吐谷浑、高昌、嚈哒三个国家联合控制：高昌国辖今吐鲁番盆地；吐谷浑治今柴达木盆地，还操纵着塔里木盆地东端的鄯善、且末两国政治和军事；嚈哒领今阿姆河流域，同时支配着塔里木盆地中部的于阗以西至伊朗高原的西域列国。

延昌四年（515）八月、十月，熙平元年（516）二月、五月，熙平二年（517）三月、八月、九月，神龟元年（518）二月、三月、闰七月，吐谷浑遣使朝贡；延昌四年九月，熙平元年四月、七月，神龟元年五月，高昌遣使朝献；延昌二年（513）八月、熙平二年四月、神龟元年二月，嚈哒遣使进贡。[①] 由这三个军事大国朝贡北魏的官方记录可推，在蠕蠕攻据高车前后，既然北魏与它们关系结好，那么西域使臣可经由其控制区域往返阿姆河、印度河流域。

其三，熙平二年（517）七月，神龟元年（518）七月，罽宾、乌场分别遣使进奉北魏，[②] 可知即便蠕蠕攻克高车奄有其地，也没有阻断北魏和印度河流域国家的交通。

退一步来讲，假如因为熙平元年（516）北魏和蠕蠕断交导致宋云、惠生未能如期出发，熙平二年（517）十二月、神龟元年（518）二月，蠕蠕遣使来朝，说明至晚在熙平二年十二月，北魏与蠕蠕已经和好，此时即可派使节出使西域，何故延迟至神龟元年十一月遣宋云、惠生出行呢？

所以，内田吟风、余太山所讲的"为北魏、蠕蠕政治关系延误"说有进一步商讨的余地。相应地，熙平元年（516）、神龟元年（518）也就不是宋云、惠生共同而是这两人先后出行的时间。如果能够辨清其中一人的始发时间，那么另一人的始行时间就会昭然若揭。

笔者认为，宋云的出发时间当在神龟元年（518），依据为：在《洛阳

---

① 魏收：《魏书》卷8《世宗纪》、卷9《肃宗纪》，第213、222—228 页。
② 魏收：《魏书》卷9《肃宗纪》，第226、228 页。

伽蓝记》所转述宋云、惠生行记中，以日纪程的路线，在时间、空间上的衔接几乎无间隙，当系一体，又始于神龟元年十一月，可见这个时间转自以日纪行的宋云行记，应为宋云的启程时间。厘清了宋云的西行时间，可推惠生的出行时间当在熙平元年（516），他们并非同时从洛阳出发。

另有学者以宋云、惠生抵乌场、乾陀罗的时间，来证其未同时出使，理由为：假设这两人同在神龟元年（518）十一月自洛阳始行，二年（519）十二月入乌场国，正光元年（520）四月中旬往乾陀罗国，可知惠生在乌场国停留了约五个月，与《洛阳伽蓝记》中宋云、惠生行记所载"惠生在乌场国二年"矛盾。①

沿着这位学者所述行程继续往下推：宋云、惠生在乌场国留居五个月后，正光元年（520）四月中旬，南入乾陀罗；然后，到乾陀罗国王驻军之地；其后，至少需十七日寻访八处佛教圣迹（今案，指由"如来舍头施人处"至"如来为尸毗王救鸽处"的行程时间，见表3-12）。表明最早在正光元年六月，可完成在乾陀罗国的任务并准备回返。

如果惠生自乾陀罗返至乌场未再继续行走，而是在此住到正光三年（522）正月，其间十九个月再加上前文推出的五个月，总计二十四个月，与杨衒之所讲"惠生在乌场国二年"大体相符，反映最早在正光三年正月，他可开始离开乌场国、返回北魏。至于惠生到达洛阳的时间，可由其动身时间和自乌场到洛阳的行程时间（其与由洛阳出发至乌场的时间大抵相同，即约一年，始发洛阳、抵乌场时间见上文）叠加而得，即正光四年（523）正月前后。

史书记载惠生西返北魏的时间不完全相同（见表3-13），且所说"始还天阙""还京师""从西域还""还"，大约有两种解释：动身回返或还归洛阳时间。在难以论证这些时间真假的情况下，本书所推得开始返还、抵达洛阳时间，与其中一个归返时间相符，可证这两个时间存在可能，如果不相合，则判它们有误。

第一，如果指启程的时间，所推得正光三年（522）元月或稍后，与《洛阳伽蓝记》"正光二年二月"不合，然和《魏书·释老志》《广弘明

---

① 赖永海主编：《中国佛教通史》第2卷，江苏人民出版社2010年版，第246页。

集》"正光三年冬"、《历代三宝纪》"正光三年"大致相合。

第二，如若指至洛阳时间，所证得正光四年（523）正月前后，和《洛阳伽蓝记》"正光二年二月"、《历代三宝纪》"正光三年"及《资治通鉴》"正光三年二月"不符，但与《魏书·释老志》《广弘明集》"正光三年冬"基本相符。

总之，比较所推得及相关资料记载的惠生出发、还抵洛阳时间，可知其有相合的可能。说明上述笔者对惠生前往西域始末所作的假设有可能成立，此学者提出的论据，不足以否定宋云、惠生同时出使之论。

上文主要讨论了宋云、惠生的西使时间，根据所得结论，大致可推他们的西使经过：宋云往赴西域的行程，基本上被收录在《洛阳伽蓝记》所引宋云、惠生行记中，对此不必着墨；惠生在熙平元年（516）出发，大概在一年后到达乌场国，时在熙平二年（517）前后，神龟二年（519）十二月"宋云于是与惠生出城（今案，乌场国王城）外，寻如来教迹"，可见此时惠生尚在乌场国，正光元年（520）四月与宋云"入乾陀罗国"，之后，大约经一年的路程，在正光二年（521）四月前后与宋云一同归抵洛阳，这个出访过程，与《洛阳伽蓝记》中宋云、惠生行记所述"惠生在乌场国二年"，以及"［惠生］正光二年二月始还天阙"基本契合。

（二）出使路线

关于宋云、惠生到往西域的路线，日本学者长泽和俊结合《洛阳伽蓝记》《魏书·西域传》等史籍对其进行了探讨，认为宋云、惠生同时从洛阳出发，经柴达木盆地、塔里木盆地至钵和，由此分道扬镳，宋云历嚈哒、波知到乌场、乾陀罗，惠生从波知、印度河上游的赊弥、[①] 钵卢勒（今克什米尔吉尔吉特）至乌场、乾陀罗。周祖谟、余太山等亦有类似看法。[②]

长泽和俊指出，钵和以东宋云、惠生西使路线，已收存在《洛阳伽蓝

[①] 赊弥国的地望，一般认为在今巴基斯坦西北边境省吉德拉尔与马斯图季之间。长泽和俊否定此说，将其定在今印度河上游的达尔科特或哈伊姆。

[②] 周祖谟：《洛阳伽蓝记校释·宋云使西域行程图》，第255页；余太山：《早期丝绸之路文献研究》上卷《宋云、惠生西使的若干问题——兼说那连提黎耶舍、阇那崛多和达摩笈多的来华路线》，第87页。

记》所叙宋云、惠生行记中。至于钵和以西出行路线,可根据其出使目的等进行推测。

其一,通过《魏书·西域传》"慧生所经诸国"云云与"七国传记"可知,惠生途经了朱居、渴槃陁、钵和、波知、赊弥、钵卢勒、乌场、乾陀罗。

其二,《洛阳伽蓝记》中宋云、惠生行记称神龟二年(519)九月、十月、十一月依次抵达钵和、嚈哒、波知,可见其间天气寒冷、道路艰险难行;另外,宋云当往而惠生不必去嚈哒,其目的地均在印度。这两点说明,如果惠生随宋云由钵和前往嚈哒,不仅徒遭险难,还要耗费不必要的时间、人力、物力,莫若此二人在钵和分道,宋云向西行去往嚈哒,惠生往南走前赴乌场,最终他们在乌场会合。① 关于长泽和俊所析宋云、惠生行走路线,笔者有一些不同的意见。

宋云、惠生同在神龟元年(518)出发,这是长泽和俊所考这两人出使路线的前提,与笔者认为其当在不同时间动身的看法不同,姑且搁置争议,暂从该说。关于《魏书·西域传》"慧生所经诸国"云云,由前引《通典》《太平寰宇记》可知宋云、"宋云等"经过这些国家。表明长泽和俊未察这两书中的相关史料,所列证据不太充足。因长泽氏的其他理由以这个存在罅漏的证据为支撑,故无须对其他依据进行辩驳。

下文利用行记区分法及其他方法,考辨宋云、惠生西使路线,以及在乌场、乾陀罗行程路线。

1. 宋云、惠生出使西域的路线

宋云、惠生使往西域的时间不同,所选择的出行路线不一定相同,下面采用中心人物判别法等方法加以辨析。

(1) 中心人物判别法

由表3-11、表3-12可见,宋云历嚈哒、乌场、乾陀罗,惠生经乌场、乾陀罗。

(2) 纪程方式判定法

从表3-11、表3-12可知,以日纪程的宋云路经地为:洛阳—赤岭—吐谷浑—朱驹波—汉盘陀—钵和—嚈哒—波知—赊弥—乌场—乾陀

---

① 长泽和俊:《论所谓的〈宋云行记〉》,《丝绸之路史研究》,钟美珠译,第490—511页。

罗。以里纪行的惠生途经地有：吐谷浑—鄯善—左末—末城—捍麼城—于阗—乌场—乾陀罗。

(3) 材料分析法

《洛阳伽蓝记》述在西域地区"佛事处"惠生敬赠幡、锦香袋之事：

> 惠生初发京师之日，皇太后敕付五色百尺幡千口，锦香袋五百枚，王公卿士幡二千口。惠生从于阗至乾陀罗，所有佛事处，悉皆流布，至此顿尽。惟留太后百尺幡一口，拟奉尸毗王塔。①

这段话说明惠生从洛阳出发以后，路过了于阗与乾陀罗及位于其交往线路上所有举行佛教仪式的地方。《北史·西域传》说北魏时朱驹波"咸事佛"，汉盘陀"亦事佛道"②，反映惠生应至在从于阗到乾陀罗交通路线上存有"佛事处"的这两国。据《洛阳伽蓝记》中宋云、惠生行记记载，左末城有佛与菩萨画像，捍麼城有大寺，③ 作为佛教徒的惠生当往此二城。

综上所考，宋云的出使路线为：洛阳—赤岭—吐谷浑—朱驹波—汉盘陀—钵和—嚈哒—波知—赊弥—乌场—乾陀罗。惠生的出行线路是：洛阳—吐谷浑—鄯善—左末—末城—捍麼城—于阗—朱驹波—汉盘陀—乌场—乾陀罗。

在宋云西使路线中，朱驹波以西的行程路线比较完整，至于朱驹波以东的路线，由吐谷浑到朱驹波，需经塔里木盆地中的鄯善、于阗等国，这段路线未载这些国家，故并不完整。在惠生西行路线中，于阗以东的行程路线较为完整，在于阗以西路线中，汉盘陀—乌场路线存在缺断。由汉盘陀到乌场，或当历印度河上游的钵卢勒，或应过瓦罕谷地的钵和，笔者认为，惠生当选择第一条路线，有以下两个依据。

其一，《洛阳伽蓝记》中宋云、惠生行记所载自钵卢勒到乌场的交通线（见表3-14），应源于宋云或惠生行记。《北史·西域传》言"宋云等竟不能达［钵卢勒］"（见表3-14），表明宋云未抵钵卢勒，亦未经钵卢

---

① 杨衒之撰，周祖谟校释：《洛阳伽蓝记校释》卷5《城北》，第205页。
② 李延寿：《北史》卷97《西域传》，第3232页。
③ 杨衒之撰，周祖谟校释：《洛阳伽蓝记校释》卷5《城北》，第171、172页。

勒至乌场，前考其由赊弥赴乌场即可为证，《洛阳伽蓝记》中的该段路线当出自惠生行记，为惠生出使路线中的一部分。

其二，钵卢勒国，《法显传》"陀历国"、《大唐西域记》"达丽川"，很多汉地僧徒经此国到中印度，如东晋法显、刘宋昙无竭、北魏道荣等。①

法显从于阗过子合、于麾（即《洛阳伽蓝记》"朱驹波"）、竭叉（即《洛阳伽蓝记》"汉盘陀"），"度葱岭"，"始入其境，有一小国名陀历。亦有众僧，皆小乘学。其国昔有罗汉，以神足力，将一巧匠上兜术天，观弥勒菩萨长短、色貌，还下，刻木作像。前后三上观，然后乃成。像长八丈，足趺八尺，斋日常有光明，诸国王竞兴供养，今故现在"②。说明其从于阗经朱驹波、汉盘陀、钵卢勒抵达乌场。

前录《法显传》还提到钵卢勒国有弥勒菩萨木像，《大唐西域记》对此亦有记载："达丽川中大伽蓝侧，有刻木慈氏菩萨像，金色晃昱，灵鉴潜通，高百余尺，末田底迦阿罗汉之所造也。罗汉以神通力，携引匠人升睹史多天，亲观妙相。三返之后，功乃毕焉。自有此像，法流东派。"③ 惠生既然在"从于阗至乾陀罗，所有佛事处"布施幡、锦香袋等，当至其中立有"刻木慈氏菩萨像"的钵卢勒国。

又，《北史·西域传》中宋云、惠生行记所说由钵和向西行至嚈哒的路线，存于宋云出使路线中，而所录从钵和南达乌场的路线，④ 在宋云、惠生出行路线中没有体现。诸书未载宋云返还路线，其回返可由乌场经赊弥、波知往钵和，无须从波知过嚈哒，再向东折至钵和，所以笔者疑此书所讲钵和—乌场路线为宋云归返路线中的一段。

2. 宋云、惠生在乌场、乾陀罗国的行程路线

前文指出了宋云、惠生在乌场、乾陀罗国出行线路于常理不合之处，其实，法国汉学家鼻祖沙畹在笺注宋云、惠生行记时，已注意到这些问题。沙畹认为，《大唐西域记》称善持山在乾陀罗国，正光元年（520）正

---

① 道宣撰，范祥雍点校：《释迦方志》卷下《游履篇第五》，第92、93页。
② 法显撰，章巽校注：《法显传校注·陀历国》，第22页。
③ 玄奘、辩机原著，季羡林等校注：《大唐西域记校注》卷3《乌仗那国》，第295—296页。
④ 李延寿：《北史》卷97《西域传》，第3232页。

第三章　东晋北朝与佛教有关西域佚书探析　141

月宋云至善持山（行程编号6），反映当时宋云身在乾陀罗国，与此后的行程"正光元年四月中旬入乾陀罗国"（行程编号7）在时间、空间上矛盾。

另外，沙畹还留意到，宋云、惠生在乌场、乾陀罗国的途经地，没有依照从近到远的顺序排列，同时改动其次序，以解决行程路线与事理相悖的问题：乌场国王城（行程编号0）—"如来苦行投身饲饿虎处"（行程编号4）—"宋云诣军之地"（行程编号8）—"如来舍头施人处"（行程编号9）—"至辛头大河"（行程编号10）—佛沙伏城（行程编号11）、善持山（行程编号6）—"如来挑眼施人处"（行程编号12）—"乘船渡一深水"（行程编号13）—乾陀罗城（行程编号14）。① 对于沙氏这些观点，笔者提出一些不同的看法。

《洛阳伽蓝记》："[神龟二年] 十二月初入乌场国……鞞罗施儿之所。"② 可见时"鞞罗施儿之所"在乌场国内。《太子须大拏经》《大唐西域记》载有"鞞罗施儿"的佛教传说，又说"鞞罗施儿之所"在善持山，其中后者还提及善持山在乾陀罗国。③

从《洛阳伽蓝记》《大唐西域记》等对"鞞罗施儿"之地记载来看，在北魏宋云、惠生和唐代玄奘相继抵印度时，善持山分别属于乌场、乾陀罗国，行程善持山（行程编号6）与"入乾陀罗国"（行程编号7）之间并不抵牾。沙畹未考虑到，由于时代不同，乌场、乾陀罗国疆域范围或有所变化。

再，"入乾陀罗国"（行程编号7）未列入"沙畹路线"中，能否合理地植入此路线，这是判断其能否成立的一个重要标准。根据宋云、惠生抵达善持山、乾陀罗国的时间，可知行程善持山（行程编号6）必列在"入乾陀罗国"（行程编号7）之前。

在"沙畹路线"中，既然"宋云诣军之地"（行程编号8）、"如来舍头施人处"（行程编号9）在善持山（行程编号6）之前，当亦位于"入乾陀罗国"（行程编号7）前。"宋云诣军之地"（行程编号8）、"如来舍头

---

① ［法］沙畹：《宋云行记笺注》，《西域南海史地考证译丛》第6编，冯承钧译，第42页。
② 杨衒之撰，周祖谟校释：《洛阳伽蓝记校释》卷5《城北》，第185页。
③ 佚名撰，圣坚译：《太子须大拏经》，高楠顺次郎等编纂《大正新修大藏经》卷3《本缘部三》，第418—424页；玄奘、辩机原著，季羡林等校注：《大唐西域记校注》卷2《健驮逻国》，第258—259页。

施人处"(行程编号9)在哪个或哪些国家呢?

关于"宋云诣军之地"(行程编号8)所在的国家,《洛阳伽蓝记》中宋云、惠生行记载"[乾陀罗国王]自恃勇力,与罽宾争境,连兵战斗,已历三年……常停境上,终日不归",又记宋云诣军时对乾陀罗王说的话:"大王亲总三军,远临边境。"说明"宋云诣军之地"(行程编号8)在乾陀罗和罽宾交界处,与"入乾陀罗国"(行程编号7)或多或少应有所关联。

至于"如来舍头施人处"(行程编号9)所处的国家,《洛阳伽蓝记》中宋云、惠生行记大都是以国家为纲分述各国国内的佛教圣迹,在乾陀罗国下列有这个"佛事处",可见在北魏时此佛教圣迹在该国中的可能性较大。

所以,在"沙畹路线"中,"入乾陀罗国"(行程编号7),和"宋云诣军之地"(行程编号8)或"如来舍头施人处"(行程编号9)排列次序相同,与其中行程善持山(行程编号6)在时间上矛盾。易言之,这条路线存在若干不确定因素,并非"完美"的行程路线。

"沙畹路线"虽存在一些不合理地方,但沙畹提出的研究思路值得学习借鉴。依据此思路,并且参考相关资料的记载,笔者认为,宋云、惠生在乌场、乾陀罗国的行程路线当为:乌场国王城(行程编号0)—"佛晒衣处"(行程编号1)—"如来履石之迹"(行程编号2)—陀罗寺(行程编号3)—"如来剥皮为纸、折骨为笔处"(行程编号5)—善持山(行程编号6)—"入乾陀罗国"(行程编号7)—"如来苦行投身饲饿虎处"(行程编号4)—"宋云诣军之地"(行程编号8)—"如来舍头施人处"(行程编号9)—"至辛头大河"(行程编号10)—佛沙伏城(行程编号11)—"如来挑眼施人处"(行程编号12)—"乘船渡一深水"(行程编号13)—乾陀罗城(行程编号14)—雀离浮图(行程编号15)—"渡一大水"(行程编号16)—"如来为尸毗王救鸽处"(行程编号17)。主要有以下两个根据(为避免赘文,下文仅列这些行程的编号)。

其一,常理而言,应按照由近到远的原则,同时考虑山脉、河流等阻隔安排行程。从8到13的行程以"西行×日"方式纪行,可谓环环相扣、一体相连。结合这些线索,并尽可能遵循原叙述顺序,可将这些行程的次序调整为：0—1—2—3—5—6—7—4—8—9—10—11—12—13—14—15—16—17，其中，0—1—2—3—5—6—7 在印度河以西，4—8—9 处于印度河以东，10—11—12—13—14—15—16—17 位于印度河之西。从事理上来讲，此路线贴近现实生活，当接近于宋云、惠生在乌场、乾陀罗国的实际行程路线。

其二，如果将行程编号 0 到 6 的叙述顺序，看作宋云、惠生所经次序，则需先后三次渡印度河，频繁东西折返于情理不合，表明这些行程顺序并非完全是其所历次序。之所以如此排序，大概出于如下原因。

在《洛阳伽蓝记》一书中，杨衒之按照城内、城东、城南、城西、城北次序记述洛阳城寺庙，是以顺时针方向叙述；同样，这七个行程以乌场国王城（行程编号 0）为中心，分述其北（行程编号 1、2、3）、东南（行程编号 4）、南（行程编号 5）、西南（行程编号 6）佛教圣迹，也以顺时针方向陈述。或为使全书体例统一，杨衒之将宋云、惠生在乌场国行程，调整为 0 至 6 的顺序。鉴于上论，可适当对其作些调整。

《洛阳伽蓝记》中的《宋云家记》载："去［乌场国］王城东南，山行八日，［至］如来苦行投身饲饿虎之处。""山行八日"中的"山"，首先可以理解作"山路"，指从乌场国王城至"如来苦行投身饲饿虎处"（行程编号 4），需行八日山路。实际上，自乌场国王城到"如来苦行投身饲饿虎处"（行程编号 4），走的并非完全是山路，如需渡印度河。

再者，《宋云家记》以日纪行的范式为"行×日"，即使在记翻越山岭的行程时，亦以这种方式纪程，未言道路险易，例如：

> ［神龟二年］八月初入汉盘陀国界，西行六日，登葱岭山。复西行三日，至钵盂城。三日至不可依山……自发葱岭，步步渐高，如此四日，乃得至岭（今案，不可依山）。依约中下，实半天矣。汉盘陀国正在山顶。①

文中讲宋云途经了四地：葱岭山—钵盂城—不可依山—汉盘陀。从葱

---

① 杨衒之撰，周祖谟校释：《洛阳伽蓝记校释》卷 5《城北》，第 177、179 页。

岭到汉盘陀的道路为山路，然这三个行程以"行×日"方式纪行，未言道路路面高低起伏情况，说明"山行八日"纪行方式与其他以日纪程方式不类。

据这两个理由可知，"山行八日"云云或有脱漏，其中的"山"非指山路，可能指某座山。在宋云、惠生乌场、乾陀罗国行程中，唯一涉山脉的行程是善持山（行程编号6）。综合这两点可推，"山行八日"或原作"由善持山行八日"，指自善持山出发，行八日到"如来苦行投身饲饿虎处"，或系杨衒之误删宋云、惠生行记所致，所以行程善持山（行程编号6）应排在"如来苦行投身饲饿虎处"（行程编号4）之前。

三　行记区分之二：西使见闻

在前述三种宋云、惠生行记辑文中，《洛阳伽蓝记》中的宋云、惠生行记，较完整记载了他们的出使见闻，并且存有不少区分见闻的线索，下文先以这些线索区辨其中的宋云、惠生各自见闻，再以此为标准，窥探《北史·西域传》"七国传记"、《宋云行记》等书中相关记载的史料来源。

（一）《洛阳伽蓝记》中的宋云、惠生行记

分辨此书中宋云、惠生见闻，除采用行记辨别法外，亦可利用其他方法。

1. 中心人物判别法

专述宋云或惠生一人活动之文，当分别采自宋云或惠生行记。例如，宋云向嚈哒、乌场、乾陀罗三国国王"通诏书"，在善持山有"归怀之思"等源于《宋云家记》；在乾陀罗国惠生占卜回程吉凶，布施锦香袋、幡，"摹写雀离浮图仪一躯"等来自《惠生行记》。

2. 纪行方式判定法

以日、里纪行的路线所涉山脉、河流、佛教圣迹等，分别出自《宋云家记》《惠生行记》。

3. 其他区别法

钵和、嚈哒、波知、赊弥为宋云独经的四国，反映其自然条件、民俗风情等方面的内容源自《宋云家记》；宋云作为北魏使节可以近距离细致察看国王、王妃形貌，可见有关于阗、嚈哒国国王、王妃服饰和头饰的描述等转自《宋云家记》;① 佛教传说等应与精通佛学的惠生相关，摘自《惠生行记》;《道荣传》补释的行记，采自《惠生行记》。

又，由杨衒之所言"惠生在乌场国二年，西胡风俗，不能具录"，以及以《宋云家记》"备"《惠生行记》"缺文"来看，② 吐谷浑、鄯善城、左末城、末城、于阗、朱驹波、乌场、乾陀罗八国或城邑山脉、河流、人文风情等，应亦抄自《宋云家记》。

(二)《北魏僧惠生使西域记》

民国时期日本学者高楠顺次郎主持编纂的《大正新修大藏经》，所收《北魏僧惠生使西域记》一文，③ 主要讲述了宋云、惠生、"使"出使西域的所见所闻等。与《洛阳伽蓝记》中的宋云、惠生行记相比对，可见《北魏僧惠生使西域记》为它的删节版，其中的"使"指宋云。

《大藏经》编辑者大都会标记收录的释教内外典的版本和异文，例外的是未言《北魏僧惠生使西域记》所据的版本，亦未录其异文。据阳清等人考证，《北魏僧惠生使西域记》乃是抄录、删正清代学者魏源《海国图志》中同名文献而成，在魏书中已指明此行记转袭自《洛阳伽蓝记》。④

流传至今的《洛阳伽蓝记》诸古本之中，尤以明代的如隐堂、吴琯《古今逸史》本刊刻时间最早，之后的版本基本上为其翻刻本或者合校本。逐字对比《北魏僧惠生使西域记》和这两种版本文字，不难发现其既存在一致地方，也有不同之处。例如，《古今逸史》本中"依约中夏"，如隐堂本、《北魏僧惠生使西域记》则作"依约中下"；再如，如隐堂本中"水皆西流"，《古今逸史》本、《北魏僧惠生使西域记》另作"水皆西流入西海"。说明该文至少利用了两种版本的《洛阳伽蓝记》材料。

此外，《北魏僧惠生使西域记》还可能参据了《北史·西域传》中的宋云、惠生行记。现举两个例子为证：比如，如隐堂、《古今逸史》本中"左末城"，《北魏僧惠生使西域记》和《北史·西域传》中宋云、惠生行记则作"且末城"；另如，《北魏僧惠生使西域记》"渴盘陀"，如隐堂、《古今逸

---

① 杨衒之撰，周祖谟校释：《洛阳伽蓝记校释》卷5《城北》，第173、182页。
② 杨衒之撰，周祖谟校释：《洛阳伽蓝记校释》卷5《城北》，第209页。
③ 高楠顺次郎等编纂：《大正新修大藏经》卷51《史传部三》，第866—867页。
④ 阳清：《北魏慧生行记诸种相关文献考述》，《宗教学研究》2019年第1期。

史》本作"汉盘陀",《北史·西域传》中宋云、惠生行记作"渴槃陁"。

《北魏僧惠生使西域记》既系如隐堂、《古今逸史》本《洛阳伽蓝记》,以及《北史·西域传》中宋云、惠生行记之节略版,且在迻录过程中,不乏脱衍倒误及臆改原文之讹,所以周祖谟以它为参校本,校勘《洛阳伽蓝记》中宋云、惠生行记,① 值得探讨。

上文提到,《北魏僧惠生使西域记》材料转袭自宋云、惠生行记。余太山则认为,《洛阳伽蓝记》中关于宋云、惠生往赴西域情况等,出自宋云行记,相应地,《北魏僧惠生使西域记》既与之行文基本相同,当亦源自宋云行记。追溯其说之根据可知,余先生主要依据杨衒之和《北史·西域传》案语,论证《洛阳伽蓝记》《北史·西域传》所录宋云、惠生西域见闻等源于宋云行记。关于杨衒之案语,他解释为,《惠生行记》内容过于简单,所以仅利用《宋云家记》《道荣传》材料。至于《北史·西域传》案语,他将其中"盖举其略云"理解作:"'举其略'乃指《慧生行纪》对于'所经诸国'的记述,而不是指《魏书·西域传》编者本人对于《慧生行纪》的引用。"②

余先生对这两则案语的诠释,有进一步商讨余地:他未析杨衒之案语中"以备缺文"之义,此句当指以《宋云家记》《道荣传》补充《惠生行记》缺略;《北史·西域传》案语中"盖举其略云",似乎应指下文列出惠生行记大略。因而,余先生以为《北魏僧惠生使西域记》转自宋云行记,论据不够充足。

(三)《北史·西域传》中的"七国传记"

根据前文所区分的《洛阳伽蓝记》中宋云、惠生见闻,可推《北史·西域传》中"七国传记"的文本构成。仅宋云至钵和、波知、赊弥,"七国传记"中关于这三国的内容当引自宋云行记;惠生行记以里纪行,"七国传记"中"[乾陀国]所都城东南七里有佛塔"等涉"里数"语句应取自此行记,反映"七国传记"为宋云、惠生行记的合本行记辑文。

从上文对"七国传记"的文本结构所作分析,可知其史料来源大概有

---

① 杨衒之撰,周祖谟校释:《洛阳伽蓝记校释》卷5《城北》,第168—211页。
② 余太山:《早期丝绸之路文献研究》上卷《宋云、惠生西使的若干问题——兼说那连提黎耶舍、阇那崛多和达摩笈多的来华路线》,第77、82、87页。

两种可能。其一，出自单行本宋云行记、惠生行记；其二，录自宋云、惠生行记的合本行记。倘若第一个推测成立，则"七国传记"的编著者（魏收或李延寿）应当清楚，在这两种行记中，孰"能知其本末及山川里数"。而由上面关于《洛阳伽蓝记》中宋云、惠生见闻所作考辨，可将《北史·西域传》等书中案语"所经诸国"云云进一步理解作：宋云行记"能知""本末"，惠生行记是否"能知""本末"难以详考；宋云、惠生行记分别"不能知""能知""里数"；宋云、惠生行记都"能知""山川"。表明案语中心人物无论为"宋云""宋云等"抑或"慧生"均误，"七国传记"的编撰者仅知所据行记的大致区别，难以逐一区辨开来。说明第一个假设恐难信从，第二个推断更为接近历史事实。这个观点是考证唐宋元时宋云、惠生行记以合本形式流传的重要依据（详下）。

（四）《魏国以西十一国事》《宋云行记》《魏宋云西行记》等

与宋云有关的行记有《宋云家记》《魏国以西十一国事》《宋云行记》《魏宋云西行记》。此外，《释迦方志》《通典》《太平广记》亦载宋云、惠生途经地等，当有所据，可视为改写后的行记辑文。通过这些史籍可辑八则宋云、惠生行记佚文，为便于比较分析这些内容，现列表如下（见表3–14）。

表3–14　　　　　　八则宋云、惠生行记辑文一览

序号	宋云、惠生行记			《洛阳伽蓝记》《北史·西域传》	
	辑文		实际出处	相关内容	出处
1	《隋史·西域传》《魏宋云西行记》《唐太宗实录》，皆言于阗有毗摩寺，是老子化胡处①		不详	(1) 从捍麼城西行八百七十八里，至于阗国。② (2) 惠生从于阗至乾陀罗，所有佛事处，悉皆流布，至此顿尽③	《惠生行记》

---

① 志磐撰，道法校注：《佛祖统纪校注》卷41《法运通塞志十七之七》，上海古籍出版社2012年版，第939页。
② 杨衒之撰，周祖谟校释：《洛阳伽蓝记校释》卷5《城北》，第173页。
③ 杨衒之撰，周祖谟校释：《洛阳伽蓝记校释》卷5《城北》，第205页。

续表

序号	宋云、惠生行记		《洛阳伽蓝记》《北史·西域传》	
	辑文	实际出处	相关内容	出处
2	《宋云行记》云："[乌场国]人皆美白,多作罗刹鬼法,食噉人肉,昼日与罗刹杂于市朝,善恶难别。"①	惠生行记	(1) [乌场国] 太子所食泉水北有寺,恒以驴数头运粮上山,无人驱逐,自然往还。寅发午至,每及中餐。此是护塔神湿婆仙使之然②	《惠生行记》
			(2) [乌场国] 此寺昔日有沙弥,常除灰,因入神定。维那挽之,不觉皮连骨离,湿婆仙代沙弥除灰处,国王与湿婆仙立庙,图其形像,以金傅之③	《惠生行记》
			(3) [乌场国] 隔山岭有婆奸寺,夜叉所造。僧徒八十人。云罗汉夜叉常来供养,洒扫取薪,凡俗比丘,不得在寺④	《惠生行记》
3	《宋云行记》云："北魏神龟中至乌苌国,又西,至本释迦往自作国,名摩休王。有天帝化为婆罗门形,语王曰:'我甚知圣法,须打骨作笔,剥皮为纸,取髓为墨。'王即依其言,遣善书者抄之,遂成大乘经典,今打骨处化为琉璃。"⑤	宋云、惠生行记	[神龟二年] 十二月初入乌场国⑥	《宋云家记》
			[乌场国] 王城南一百余里,有如来昔在摩休国剥皮为纸,折骨为笔处⑦	《惠生行记》

---

① 乐史撰,王文楚等点校:《太平寰宇记》卷183《西戎四》,第3504页。
② 杨衒之撰,周祖谟校释:《洛阳伽蓝记校释》卷5《城北》,第193页。
③ 杨衒之撰,周祖谟校释:《洛阳伽蓝记校释》卷5《城北》,第194页。
④ 杨衒之撰,周祖谟校释:《洛阳伽蓝记校释》卷5《城北》,第194页。
⑤ 苏易简:《文房四谱》卷1《笔谱》,《丛书集成初编》第1493册,第19—20页。
⑥ 杨衒之撰,周祖谟校释:《洛阳伽蓝记校释》卷5《城北》,第185页。
⑦ 杨衒之撰,周祖谟校释:《洛阳伽蓝记校释》卷5《城北》,第190页。

第三章　东晋北朝与佛教有关西域佚书探析　149

续表

序号	宋云、惠生行记		《洛阳伽蓝记》《北史·西域传》	
	辑文	实际出处	相关内容	出处
4	（1）《宋云行记》云："[赊弥国]语音诸国同，不解书算，不知阴阳。国人剪发，妇人为团发。亦附嚈哒。东有钵卢勒国，路险，缘铁锁而度，下不见底。"后魏时，遣宋云等使于彼，不达①	宋云、惠生行记	（1）[嚈哒国]阴阳运转，莫知其度，年无盈闰，月无大小，周十二月为一岁②	《宋云家记》
	（2）十五谓后魏神龟元年，燉煌人宋云及沙门惠生等从赤岭山傍铁桥至乾陀卫雀离浮图所。及返，寻于本路③	宋云、惠生行记	（2）从钵卢勒国向乌场国，铁锁为桥，悬虚为度，下不见底，旁无挽捉，倏忽之间，投躯万仞，是以行者望风谢路耳④	《惠生行记》
	（3）今按悬度、葱岭，迤逦相属，邮置所绝，道阻且长，故行人由之，莫能分别，然法显、宋云所经即悬度山也⑤	惠生行记	（3）东有钵卢勒国，路险，缘铁锁而度，下不见底。熙平中，宋云等竟不能达⑥	惠生行记
5	（1）《图记》云："吐火萝国北，有屋数颇梨山，即宋云所云波讪山者也。南崖穴中，神马粪流出，商胡曹波比亲见焉出《洛闻记》。"⑦	宋云行记	[嚈哒王]见大魏使人（今案，宋云），再拜跪受诏书⑨	《宋云家记》
	（2）吐火罗国波讪山阳，石壁上有一孔，恒有马尿流出⑧			

---

① 乐史撰，王文楚等点校：《太平寰宇记》卷186《西戎七》，第3566—3567页。
② 杨衒之撰，周祖谟校释：《洛阳伽蓝记校释》卷5《城北》，第181页。
③ 道宣撰，范祥雍点校：《释迦方志》卷下《游履篇第五》，第93页。
④ 杨衒之撰，周祖谟校释：《洛阳伽蓝记校释》卷5《城北》，第184页。
⑤ 杜佑撰，王文锦等点校：《通典》卷193《西戎五》，第5273页；乐史撰，王文楚等点校：《太平寰宇记》卷186《西戎七》，第3564页。
⑥ 李延寿：《北史》卷97《西域传》，第3232页。
⑦ 李昉等编，汪绍楹点校：《太平广记》卷435《马》，第3530页。
⑧ 李昉等编，汪绍楹点校：《太平广记》卷435《马》，第3530页。
⑨ 杨衒之撰，周祖谟校释：《洛阳伽蓝记校释》卷5《城北》，第182页。

对于表 3 – 14 中这些辑文的史料来源，兹作如下分析。

第一，辑文述于阗国毗摩寺为老子化胡处，在《洛阳伽蓝记》《北史·西域传》宋云、惠生行记中没有印证内容。另外，今新疆境内的于阗国系南往印度、西去中亚的通衢，当是宋云、惠生西域行程必经之地。故而仅就这条史料所记西域古国及寺院，难断其摘自何种行记。

第二，在佛教传说中，罗刹、夜叉为恶鬼，罗汉系佛陀得法弟子修行所获最高果位，湿婆是守护神，说明辑文"人皆美白"云云涉乌场国神魔。这则辑文在《洛阳伽蓝记》《北史·西域传》所录宋云、惠生行记中无对应文字，然与《洛阳伽蓝记》中《惠生行记》内容叙事风格相似，根据佛教传说属惠生行记的辨别标准，可知其源于此行记。

第三，辑文"北魏神龟中至乌苌国"云云，在《洛阳伽蓝记》所引宋云、惠生行记中有相应之文，然详略有殊，辑文陈述较为详赡。"北魏神龟中至乌苌国"一语应来自以日纪行的宋云行记。而"又西至本释迦往自作国"云云涉佛教传闻，当源自惠生行记。

第四，辑文"语音诸国同"云云，言及赊弥国语言、历法、国人发饰等，在《洛阳伽蓝记》《北史·西域传》所述宋云、惠生行记中无印证叙述，但与《宋云家记》中关于嚈哒国语言、历法等方面的内容主题相类；有关钵卢勒国通往乌场国道路状况的辑文，在《洛阳伽蓝记》《北史·西域传》宋云、惠生行记中存类似表述。

宋云、惠生分别经赊弥、钵卢勒国，表明辑文中有关赊弥国，以及钵卢勒国到乌场国道路情况等方面的内容，分别采自宋云行记、惠生行记。

第五，文中"图记"，指隋代裴矩《西域图记》，① 其中提及的吐火萝是古代印欧民族，在公元前 2 世纪中叶占据阿姆河南岸、兴都库什山以北的地区，5 世纪 30 年代又被原游牧于阿尔泰山的嚈哒征服，遂与其杂居。②宋云抵嚈哒，又称吐火萝北的屋数颇梨山为波讪山，反映宋云行记录"波讪山"之名，其中与此有关逸文见载于上引《太平广记》。

---

① 李锦绣：《〈通典·边防典〉"吐火罗"条史料来源与〈西域图记〉》，《西域研究》2005 年第 4 期。

② 王欣：《从巴克特里亚到吐火罗斯坦——阿富汗东北部地区古代民族的变迁》，《世界民族》2006 年第 4 期。

由上文对《宋云行记》材料来源所作考述可知，流传于北宋的《宋云行记》为宋云、惠生行记合本行记。除此之外，在唐宋时成书的目录类载籍、《北史·西域传》"七国传记"史料来源，以及史书所载宋云、惠生西行时间等，亦可佐证唐宋元时宋云、惠生行记以合本形式流传。

第一，由诸史籍著录行记的情况来看，在北魏和东魏、隋代、唐代、北宋、南宋、元代六个时间段内，分别流传着《宋云家记》《惠生行记》，《慧生行传》，《魏国以西十一国事》，《宋云行记》，《慧生行传》，《魏宋云西行记》（参本节上文）。说明北魏至元代，宋云、惠生行记有两个明显的流传特征。一是，《宋云家记》《惠生行记》在后世典籍中未见著存，分别被《魏国以西十一国事》《宋云行记》《魏宋云西行记》和《慧生行传》取代；二是，隋、唐、北宋、南宋、元代中的某一朝代，仅流传其中一种行记。

在古代书籍名称并不固定，可见第一个特征符合情理。之所以出现第二个特征，原因大概有两个：或目录类著作失收，或某行记失传后又复出。这些解释存在过多巧合，恐难成立。既然此猜测可能性不大，那么，似乎可这样认为，《慧生行传》《魏国以西十一国事》《宋云行记》《魏宋云西行记》均指一书，系宋云、惠生行记合本行记别称。

第二，在《北史·西域传》"七国传记"编写者（北齐魏收或唐代李延寿）生活的时代，宋云、惠生行记的合本行记已见流传（说详上）。

第三，关于宋云、惠生的出使时间，唐宋史籍记载不一（见表3-13），甚至在唐代成书的《广弘明集》《释迦方志》中，其撰者道宣分别称惠生的出行时间在熙平元年（516）、神龟元年（518）。倘若在唐宋时宋云、惠生行记以单行本形式流传，查阅这两种行记即可厘清其西行时间。事实上并非如此，或在当时此二人的西使时间已掺杂在一书中。

再，《旧唐书·方伎传》提到，从西域归返北魏途中，宋云在葱岭见到达摩："[达摩]乃之魏，隐于嵩山少林寺，遇毒而卒。其年，魏使宋云于葱岭回，见之，门徒发其墓，但有衣履而已。"[①] 与《旧唐书·方伎传》相较，宋代道原《景德传灯录》载在葱岭宋云遇见达摩之事更为详细，并

---

① 刘昫等：《旧唐书》卷191《方伎传》，第5109页。

曰二人相遇时间在北魏孝明帝太和十九年的"后三岁",达摩对宋云说"汝主已厌世",宋云"暨复命,即明帝已登遐矣,而孝庄即位"①。

根据上文《景德传灯录》记叙达摩对宋云所说的话,可知二人相逢时间在北魏孝明帝逝世、孝庄帝即位之初(即528年)。同书又记另外一个相见时间——北魏孝明帝太和十九年的"后三岁",太和并非孝明帝而是孝文帝的年号(太和元年至二十三年,即477—499),这个时间当指太和二十二年(498)。《景德传灯录》所述这两个宋云返回时间(即498、528年)相抵触,其中一个(即498年)还与《洛阳伽蓝记》所提宋云的出发时间(即518年)抵牾,并且《旧唐书·方伎传》《景德传灯录》陈达摩死后遁至葱岭一事颇为奇诡。据以上理由可推,宋云在葱岭遇见达摩之事当为后人杜撰,非出自宋云行记。

本章大致探求了《西域志》异名、所记部分山脉、河流今之所指,还分辨了《洛阳伽蓝记》和《北史·西域传》"七国传记"等资料转录宋云、惠生合本行记中宋云、惠生各自动身时间、交通线路、见闻等。据前考《西域志》主旨、内容等窥测,《西域志》或许是以中亚、南亚、新疆地区巨川为纲,在纲下分叙支流及流经地佛教传说、遗迹等,文体与郦道元《水经注》相似而宗教色彩比较浓厚的历史地理著作。与《西域志》行文方法类似,宋云、惠生行记以出行时间、路线为经,沿途各国风俗文化、物产、交通、佛教传闻、圣迹等为纬,经纬交织叙述其经历见闻。

----

① 道原著,顾宏义译注:《景德传灯录译注》卷3《中华五祖并旁出尊宿》,上海书店出版社2010年版,第129页。

第四章　隋唐官修西域图志考论

隋唐两朝与突厥持续作战，以争夺对西域的控制权，在隋炀帝时仅辖西域东部，至唐高宗时将之并入中原王朝的统辖范围。于西域，隋炀帝、唐高宗在武功方面取得辉煌成就的同时，文治方面亦有突出的成绩，具体表现在有两部代表性的西域著作问世，即裴矩《西域图记》、许敬宗等《西域图志》。《西域图记》修撰完毕即由裴矩上呈给隋炀帝，具有半官方性质，《西域图志》则系西域地区首部官修地方志书。它们都由记（志）文和图画两部分构成，在西域史书编纂体例上有开拓性贡献。

第一节　裴矩《西域图记》佚文及与《隋书·西域传》的史料关系

裴矩（？—627）字弘大，河东闻喜（今山西闻喜）人，历仕北齐、北周、隋、唐四朝，官至民部尚书。在大业二年（606）张掖之地，裴矩奉诏负责与前来该地西域胡商进行经济贸易。在此期间，他"寻讨书传，访采胡人"[1]，将敦煌以西、地中海和阿拉伯海以东西域国家的山脉、河流、风土民情等编辑成书，即《西域图记》，而后进京奏呈炀帝。《隋书》"裴矩传""西域传"、《北史·裴矩传》《旧唐书·裴矩传》及《新唐书》

---

[1] 魏徵等：《隋书》卷67《裴矩传》，第1579页；李延寿：《北史》卷38《裴矩传》，第1389页。

"艺文志""裴矩传"、《通典》《太平御览》等均录此名，①《史记正义》《太平寰宇记》或引作《西域图记》，或称为《西域记》（见表4-1），《隋书·经籍志》《通志》另记作《西域图》，②郑樵且说图画部分在南宋时已散佚，可见《西域图记》与《西域记》《西域图》，分别是其书书名之通称、异名。

由这些书名，可搜辑九则《西域图记》轶文。本节先解析此书"序言"隐含的历史信息，再结合其他几条辑文，探索其与《隋书·西域传》的相互关系。

一 辑文九则

《隋书·裴矩传》《北史·裴矩传》转录了《西域图记》"序言"③，在"序言"中裴矩追溯了以前历代中央王朝与西域的交往，汉代以来西域政治形势，并提及前书对西域记述的不足，又言撰修《西域图记》情由和内容，着重叙述了从敦煌到西海（今地中海、阿拉伯海）的西北丝绸之路中西段南、北、中三道路线等。由裴序，可知关于《西域图记》史料来源、内容等方面信息。

第一，编纂材料大约来自前史中关于西域的记载，以及来华胡商的见闻等。同时，严格甄辨这些材料的真伪，例如，"序言"提到，若对胡贾所讲之事有所怀疑，即求证于其他人。

第二，全书有3卷，大抵分三部分：序言、人物画及题记、地图。

作为该书主要组成部分的人物画、题记，是西域四十四国国王、平民画像及国家传记。择取的这四十几个国家符合三个条件，即百姓户籍数量

---

① 魏徵等：《隋书》卷67《裴矩传》、卷83《西域传》，第1578、1859页；李延寿：《北史》卷38《裴矩传》，第1388页；刘昫等：《旧唐书》卷63《裴矩传》，第2406页；欧阳修等：《新唐书》卷58《艺文志二》、卷100《裴矩传》，第1507、3932页；杜佑撰，王文锦等点校：《通典》卷191《西戎三》、卷192《西戎四》，第5207、5232页；李昉等：《太平御览》卷793《四夷部十四》，第3517页。

② 魏徵等：《隋书》卷28《经籍志二》，第987页；郑樵撰，王树民点校：《通志二十略·图谱略》，第1834页。

③ 魏徵等：《隋书》卷67《裴矩传》，第1578—1580页；李延寿：《北史》卷38《裴矩传》，第1389页。案，《隋书·裴矩传》中的"四十四国"，《北史·裴矩传》则作"四十五国"，其余之文基本相同。

在千户以上，出产奇珍异物，非为散居在山区无国名的小部落。在"序言"中，裴矩既然讲到，前世史书失载了关于西域山川险易、姓氏风土、服章物产三方面的内容，所撰之书当弥补这些缺憾，反映其书题记当涉这些内容，《隋书·裴矩传》《北史·裴矩传》云"矩知帝方勤远略，诸胡商至者，矩诱令言其国俗山川险易，撰《西域图记》三卷，入朝奏之"①，即为明证。

地图地域范围为今敦煌与地中海、阿拉伯海之间，图上或绘有"序言"所讲从敦煌到西海的西北丝路西域段南、北、中三道路线。此书既分3卷，可能以这三条交通线作为划分卷数的依据，在每卷中按照各国交通方位依次叙述。

除上文提到的《西域图记》"序言"外，已标注文献出处或经学者证实的逸文有七条，笔者又从《大秦景教流行中国碑》中辑出一则（见表4-1），合计九则。此碑刻于大唐建中二年（781），大体讲述了当时景教（即基督教）在中国的流传情况等，所引《西域图记》和大秦国地理位置、物产等相关。

除"序言"之外的这八条辑文，所涉高昌、苏对沙那、吐火罗及分指"序言"中"铍汗""挹怛""拂秝"的钵汉、悒怛、大秦六国，在"序言"中已述及，内容包括西域山脉、交通、特产、王族姓氏、风俗习惯等，与"序言"所叙题记的内容基本切合。

综合这几则《西域图记》辑文，有以下两个问题需要说明。

其一，《隋书·地理志》记有后周、隋代敦煌县的历史沿革："敦煌郡旧置瓜州……[后周] 又并敦煌、鸣沙、平康、效谷、东乡、龙勒六县为鸣沙县。开皇初废郡。大业置敦煌郡，改鸣沙为敦煌。"② 可见隋代设置敦煌县的时间，当在大业年间置敦煌郡之时。《隋书·炀帝纪》："[大业三年四月] 壬辰，改州为郡。"③ 说明大业三年（607）四月，改地方州县制为郡县制，罢瓜州设敦煌郡，与此同时，鸣沙县

---

① 魏徵等：《隋书》卷67《裴矩传》，第1578页；李延寿：《北史》卷38《裴矩传》，第1388页。
② 魏徵等：《隋书》卷29《地理志上》，第815、816页。
③ 魏徵等：《隋书》卷3《炀帝纪上》，第67页。

更名敦煌县。

　　与上引《隋书·地理志》不同，《元和郡县图志》载大业二年（606）隋置建敦煌县："周武帝改为鸣沙县，以界有鸣沙山，因以为名。隋大业二年，复为敦煌。"①《太平寰宇记》则讲置立于"隋初"："后周保定三年改燉煌为鸣沙县，以县界鸣沙山为名。隋初复为燉煌县。"②

　　对于这三书的不同说法，杨守敬《隋书地理志考证》及施和金与《隋书·地理志》相关的论著等憾未指出，下面联系《西域图记》的成书时间和辑文内容等对其作些探讨。

　　《西域图记》辑文中有"西州""瓜州""伊州"等字词（见表4-1），表明其完书时间在隋"改州为郡"之前，即大业三年（607）四月以前。南宋王应麟《玉海》将之系在大业二年（606），③日本学者内田吟风根据《隋书·炀帝纪》《资治通鉴》等传世古籍，又将写就时间具至兴建洛阳城与裴矩转升黄门侍郎之间，即大业二年正月至七月。④这个说法论据较为充足，多为以后的学者遵信。⑤

　　又，《西域图记》"序言"云隋代丝绸之路中西段南、北、中三道"发自敦煌"，"总凑敦煌，是其咽喉之地"，综括该书完成时间，以及当时地方州（即瓜州）县建制，可推文中"敦煌"当指敦煌县，且此县名最晚在大业二年（606）七月就已存在。因《西域图记》编著地点、时间分别在张掖、大业二年，有"地近易核，时近迹真"的优长，能够细致、具体、确切反映历史之事实，故隋代设立敦煌县的时间，应以其成就时间等所推得的大业二年七月或稍前为准。《元和郡县图志》《太平寰宇记》等史书中相关内容皆可佐证是说，《隋书·地理志》等将它系于大业三年（607）设敦煌郡之时，恐有误。

　　其二，《西域图记》"序言"还提到，在于阗之北、葱岭以东三十余

---

① 李吉甫撰，贺次君点校：《元和郡县图志》卷40《陇右道下》，中华书局2005年版，第1026页。
② 乐史撰，王文楚等点校：《太平寰宇记》卷153《陇右道四》，第2956页。
③ 王应麟：《玉海》卷16《地理》，第300页。
④ 内田吟风：《隋裴矩撰〈西域图记〉遗文纂考》，《藤原弘道先生古稀纪念史学佛教学论集》，第115—128页。
⑤ 余太山：《裴矩〈西域图记〉所见敦煌至西海的"三道"》，《西域研究》2005年第4期。

国，"其后更相屠灭，仅有十存"。这指西汉时期西域三十六国，至裴矩撰修此书之时仅存十国。表明在《西域图记》所收西域四十四国中，十国前身是西汉时西域古国。

检《中国历史地图集》可见，在隋代，于阗以北、葱岭之东有高昌、焉耆、龟兹、姑墨、温肃、尉头、于阗、朱俱波、喝盘陀、疏勒十个国家，以及隶属于隋的伊吾、鄯善、且末三郡。① 鄯善、且末虽为西汉时西域地区的国家，然至隋已经不存，沦为地名。《隋书·炀帝纪》言大业五年（609）伊吾朝贡之事，② 但它不是前汉时的西域古国。

《中国历史地图集》所载这十国前身均为西汉时的西域古国，其中，除姑墨、温肃、尉头外，其余七国在《西域图记》辑文、《隋书·西域传》中已提及。北魏时姑墨、温肃、尉头三国隶属龟兹，在唐代尚有亟墨国（其前身即汉代的姑墨国）。虽然从目前传世文献中，未找到隋代存在姑墨、温肃、尉头国的证据，但是《中国历史地图集》将这三国标入隋代西域地图当有所据。所以笔者认为，此十国当为《西域图记》所言西域四十四国中的十国。

二 《西域图记》与《隋书·西域传》的关系

《西域传》位列《隋书》卷83，分"序言""正文""论赞"三部分。在"序言"中，魏徵指出，③ 由于隋朝末年中国局势动荡不安，西域国家不再定期来华朝献，致使当时缺乏有关隋代西域国家的资料，只存西域二十国材料，《西域传》中的西域二十国传记即据此而编。"正文"部分大致陈说了河西走廊、西域、西南地区二十三国山脉、地理方位、交通、行政沿革、婚姻、宗教信仰、兵力，以及与隋朝的政治、军事关系等。

《隋书·西域传》所载西域列国和隋朝政治、军事等关系，也许摘自佚名《开皇起居注》或类似的隋代档案资料等。至于所录有关西域风俗民

---

① 谭其骧主编：《中国历史地图集》第5册《隋时期》"西突厥"幅，中国地图出版社1996年版，第30—31页。
② 魏徵等：《隋书》卷3《炀帝纪上》，第73页。
③ 《隋书》附录《宋天圣二年〈隋书〉刊本原跋》，第1903页。

情等历史地理方面的内容，通常认为转自《西域图记》，① 但前此以该说为结论的研究缺乏充足证据。余太山则认为，《隋书·西域传》未利用《西域图记》的材料，大抵有以下两个根据。

首先，唐代官修《隋书·经籍志》收录隋代典籍中有裴矩《西域图记》，同书《西域传》"论赞"讲到裴矩向隋炀帝进献《西域图记》，说明唐朝初年编辑隋代历史之时尚可见到《西域图记》。《西域图记》"序言"讲它有西域四十四国题记，而《隋书·西域传》列西域二十国传记，反映它们所录西域国家传记的篇数不合。

其次，在《隋书·西域传》二十三国传记中，这些国家前后位置排序杂乱毫无章法：河西地区（吐谷浑、党项）、吐鲁番盆地（高昌）、泽拉善夫河流域（康、安国）、锡尔河流域（石国）、葱岭之南（女国）、塔里木盆地（焉耆、龟兹、疏勒、于阗）、中亚费尔干纳盆地（钹汗）、阿姆河南岸（吐火罗、挹怛）、泽拉善夫河流域（米、史、曹、何国）、阿姆河南岸（乌那曷、穆国）、伊朗高原（波斯）、喀布尔流域（漕国）、西南地区（附国）。与《西域图记》按照交通路线循序叙述西域四十四国的体例不合。②

针对余先生提出《隋书·西域传》与《西域图记》所收西域国家传记篇数、体例的"两个不合"，杨晓春从成书过程、体例等方面进行解答，认为《隋书·西域传》依据《西域图记》的资料编修，大概列有以下两个论据。

其一，《隋书·西域传》中西域二十国传记，与《西域图记》中西域四十四国题记的矛盾。《隋书·西域传》："大业年中，相率而来朝者三十余国（今案，西域三十余国），帝因置西域校尉以应接之。"③《旧唐书·西戎传》亦有类似记载。④ 可见隋炀帝大业年间，西域地区三十余国来隋朝贡。由此可推，《西域图记》的编辑过程约略经历了三个阶段：大业二

---

① 白鸟库吉：《大秦国及拂菻国考》，《白鸟库吉全集》第 7 卷《西域史研究下》，第 144 页。
② 余太山：《〈隋书·西域传〉的若干问题》，《新疆师范大学学报》（哲学社会科学版）2004 年第 3 期。
③ 魏徵等：《隋书》卷 83《西域传》，第 1841 页。
④ 刘昫等：《旧唐书》卷 198《西戎传》，第 5309 页。

年（606），西域十余国胡商前往张掖经商，这些胡贾对裴矩叙说了西域十余国情况，时裴矩获取西域十余国史料（即《西域图记》第一个版本）；大业三年（607）或此后，西域二十余国前来隋都朝觐，这些西域使者向裴矩讲述了西域二十余国状况，时裴矩又采得西域二十余国资料（即它的第二个版本）；最后，根据这些材料，裴矩编成西域四十四国题记（即其第三个版本）。在唐初，第一、三个版本已经亡佚，《隋书·西域传》编撰者利用第二个版本编纂成西域二十国传记。

其二，《隋书·西域传》中西域国家传记编排错乱。裴矩未到过西域，不清楚西域四十四国地理位置，同时，又依据胡商之言编《西域图记》，而胡贾所述西域国家先后或和其交通位置无关；再者，其书载有未分布在丝绸之路西域段南北、中、三道上的国家，难以交通路线罗列这些国家。表明《西域图记》题记原本就是排列无序的，与《隋书·西域传》中西域二十国传记未以交通路线编次的体例相合。①

余、杨两位先生争议的焦点，在于《隋书·西域传》《西域图记》关于西域国家传记篇数、体例之不合，一位据此否定它们有史料转承关系，另一位试图解释这些不符之处，从而证明其存在材料承袭关系。对于他们的观点，笔者的意见如下。

先看杨先生的说法，由前引《隋书·裴矩传》"矩知帝方勤远略"云云可知，大业二年（606）裴矩在张掖主持关市之时就已编成了《西域图记》，并且诸史籍未载裴矩续修之事，所以杨先生所讲此书成书过程值得商榷。

再，《西域图记》"序言"提到裴矩严谨的修史态度，所记从敦煌至西海的西北丝路中西段三条交通线，可作为编排西域列国传记的线索；至于未分布在这三条路线上的国家，可插入与它相邻，且位于此三条交通线上两国之间。因而，一般认为这部书叙述这些西域国家先后有序。② 在《西

---

① 杨晓春：《〈隋书·西域传〉与隋裴矩〈西域图记〉关系考论》，《历史地理》第 27 辑，2013 年，第 279—283 页。
② 李锦绣：《试论〈西域图记〉的编纂原则和主要内容》，中国人民大学国学院主编《国学的传承与创新：冯其庸先生从事教学与科研六十周年庆贺学术文集》下册《西域敦煌出土文献研究》，第 1224—1226 页。

域图记》现已不存的情况下，不敢臆断他们的观点孰正孰误，然赞同其中有关西域国家传记排列条理分明之论，故杨先生之文不足以回答余先生提出的"两个不合"问题。

再说余先生的看法，实际上，余先生提出的是"三个不合"。一是，《隋书·经籍志》著存《西域图记》，而《隋书·西域传》未采用《西域图记》材料，表明《隋书》志书和列传内容不切合；二是，《西域图记》《隋书·西域传》关于西域国家传记的篇数不相契合；三是，《西域图记》《隋书·西域传》体例不符。对于这些问题，笔者作如下解析。

第一，在《隋书·西域传》"序言"中，魏徵言隋炀帝时侍御史韦节往赴西域，《通典》《太平寰宇记》引三则韦节《西蕃记》（参第五章第一节），说明此书当为韦节在康国、吐火罗、挹怛等国的见闻记，且在唐中期至北宋初期流传于世，但在唐初成书的《隋书·西域传》中不见这三条西域史料。

此外，《隋书·经籍志》《通志》收录有隋代无名氏《诸蕃国记》（17卷）、程士章《西域道里记》（3卷），① 前者疑指韦节《西蕃记》，② 后者则在《旧唐书·经籍志》《新唐书·艺文志》《玉海》等书中均见著录，③ 可知唐宋时期主要记述西域诸国、城邑之间里程等方面情况的实用型书籍《西域道里记》曾流传于世。同时，《太平寰宇记》还存其一则佚文："昔康国王之先，兄弟十人，分居王国，其一即渴汗国也。城可十余里，有户二万。"④ 渴汗国指小安息国，又系《隋书·西域传》"康国传记""何国传记"提到的小安国，然而《隋书·西域传》未使用这些史料为小安国立传。

这两部隋代西域史籍收存在《隋书·经籍志》中，且在唐宋时期流传

---

① 魏徵等：《隋书》卷33《经籍志二》，第987页；郑樵撰，王树民点校：《通志二十略·艺文略第四》，第1585页。

② 余太山：《〈隋书·西域传〉的若干问题》，《新疆师范大学学报》（哲学社会科学版）2004年第3期。

③ 刘昫等：《旧唐书》卷46《经籍志上》，第2016页；欧阳修等：《新唐书》卷58《艺文志二》，第1505页；王应麟：《玉海》卷16《地理》，第300页。

④ 乐史撰，王文楚等点校：《太平寰宇记》卷184《西戎五》，第3521页。关于其王以昭武为姓的今中亚地区西域古国，《西域道里记》《隋书·西域传》《新唐书·西域传》分别说有十、八、九个，且后两书所载这些国家不完全相同。

于世，为何《隋书·西域传》编修者未利用这些西域资料充实此传内容呢？对于这些矛盾，可根据《隋书》修撰过程等加以探究。

《隋书》的编撰进程大略分两个时段：贞观三年至十年（629—636），魏徵等人撰修本纪和列传；贞观十五年至显庆元年（641—656），于志宁、李淳风、韦安仁、李延寿等编修志书部分，书中的《经籍志》乃是删削隋朝观文殿藏书目录等而成。[①]

《隋书》纪传和志书编著者不同，完书时间前后相隔二十年，以致《隋书》中这两部分内容前后不能照应。如《隋书》中郑译、牛弘、裴政等人传记谓"语在《音律志》""事在《音律志》"[②]，实际上，此书并无《音律志》，而列有《音乐志》《律历志》。

同理可推，《隋书·经籍志》收有《西域道里记》等西域载籍，同书《西域传》编录者未取用这些西域史料，并非对其有偏见，或与《隋书》编辑过程和这些隋代西域史乘在唐代的流传情况等相关：撰修《隋书》纪传时，编撰者未见到这些隋代西域文献，撰《西域传》也就未能利用这些材料；待五年后修《经籍志》才发现它们，时《西域传》已定稿，不得已乃一仍其旧。这大概也是流传于唐宋时期的隋代西域史书，至少保存有西域二十一国资料（即《隋书·西域传》所用西域二十国材料和《西域道里记》中小安国史料），而《隋书·西域传》编修者说时仅存西域二十国材料原因之一。由上文所述《隋书》编撰情况等可推，《隋书》纪传撰修者是否依据《西域图记》编纂《西域传》，与《隋书·经籍志》是否存录《西域图记》并无必然联系。

第二，《隋书》纪传编撰者未见到《西蕃记》《西域道里记》等隋代西域典籍，也就理所当然地未以这些材料编写《西域传》。与之不同的是，《隋书》"裴矩传""西域传"明确提到裴矩向炀帝进呈《西域图记》，同时前者还节录了该书序言，序言讲其有西域四十四国题记，反映《隋书》纪传修撰者当见到此书，并且知道它存西域四十四国史料，在当时隋朝西域材料有限的情况下，有可能依据是书编辑《隋书·西域传》。既然如此，

[①] 魏徵等：《隋书》卷32《经籍志一》，第908页。
[②] 魏徵等：《隋书》卷38《郑译传》、卷49《牛弘传》、卷66《裴政传》，第1138、1308、1549页。

为何《隋书·西域传》编著者还说唐初仅有西域二十国资料呢？对于这个疑问，似可作如下解释。

在隋末，禁军将领宇文化及攻袭江都，焚烧皇家宫殿，致使宫中珍藏书籍全部化为灰烬，[①] 明代胡应麟曾总结中国历史上十次书籍劫难（即所谓"十厄"），江都之乱为其中之一；[②] 唐武德五年（622），敕令司农少卿宋遵贵用船运洛阳修文殿内的藏书至长安，在运送途中，帆船触碰暗礁，船中藏书漂没于水中，存者十不一二。[③] 说明在隋末唐初，大量书籍惨遭损毁，在唐初可能缺乏关于隋朝的资料。事实上的确如此，这在《隋书》列传部分所据材料上可得到体现。例如《隋书·南蛮传》："大业中，南荒朝贡者十余国，其事迹多湮灭而无闻。今所存录，四国而已。"[④] 又如在《隋书》其他列传中，房兆、辛遵、辛韶、许奭、许澄诸人传记多为片言只语，原因在于"史失其事"[⑤]，《孝义传》《儒林传》《文学传》中的人物传记仅寥寥数语。这些国家、人物传记过于简略，可见时《隋书》纪传编修者所掌握有关隋朝材料之稀缺。

再者，《隋书》纪传修撰者魏徵、许敬宗、孔颖达、颜师古等皆饱读诗书，魏徵讲用来编写《西域传》的西域材料不充足，当非其一人观点，而为这些学者的共识。

这两条论据表明《隋书·西域传》"序言"称西域"事多亡失"，且当时仅有西域二十国材料，并无诳语。《隋书·西域传》"序言"之语，与《西域图记》"序言"所讲其有四十四国题记，既各有根据，又自相矛盾，对此所作较为合理的解释应为：时存的《西域图记》是残本，其题记的篇数不足四十四。

除《隋书·西域传》外，在现有其他资料中，未见到在唐初成书的传世文献摘引《西域图记》,《史记正义》《通典》《太平寰宇记》《册府元

[①] 王明清撰，中华书局上海编辑所编辑：《挥麈录·后录》卷7，中华书局1961年版，第174页。

[②] 胡应麟：《少室山房笔丛》卷1《甲部·经籍会通一》，中华书局1958年版，第8页。

[③] 魏徵等：《隋书》卷32《经籍志一》，第908页。

[④] 魏徵等：《隋书》卷47《南蛮传》，第1831页。

[⑤] 魏徵等：《隋书》卷53《房兆传》、卷54《田仁恭传》、卷78《艺术传》，第1359、1365、1783页。

龟》等在中唐至宋代完就的史籍频引这部书，且所录之文多不见于《隋书·西域传》，这大致可反映《西域图记》的流传情况：在唐初，这个残本《西域图记》保存的西域史料有限，在社会上流传范围亦有限；唐中期以后，士人陆续发现其他残片。

第三，其实，《隋书·西域传》中二十三国传记排列还是有章可循的。例如，其按照河西、西域、西南地理方位讲述二十三国。再如，在此传中，其中七国传记叙述次序为安、米、史、曹、何、乌那曷、穆国，"康国传记"则历数了附属于它的米、史、曹、何、安、小安、那色波、乌那曷、穆国。表明除安国外，该传及其中的"康国传记"叙说米、史、曹、何、乌那曷、穆国的先后顺序相同。

此外，《隋书·西域传》中西域二十国传记载有一些相邻国家的距离，十六国到瓜州的道里，以及高昌至敦煌的路程"十三日行"（见表4-1）。在古代，多以日行百里换算里数和日数。另外，在大业三年（607）以前，敦煌县属瓜州。这两个实例说明高昌到敦煌的"十三日行"，可看作高昌距瓜州1300里，《西域图记》"高昌"条辑文载高昌至瓜州1300里（见表4-1），即可为证。

假若先不思索《隋书·西域传》中西域二十国的编排顺序，而只是总结传记中这些国家与瓜州距离的推算方法，不难发现某些国家到瓜州的距离，由它东至某国的距离和某国到瓜州的距离叠加而来，将这十多个西域国家勾连起来，可形成几段环环相扣的道里链。

第一，高昌东到瓜州1300里，西距焉耆900里；龟兹东至焉耆900里，西到疏勒1500里。以高昌到瓜州的距离为基数，分别与高昌、焉耆，焉耆、龟兹，龟兹、疏勒的距离相加，可得《隋书·西域传》所述焉耆、龟兹、疏勒至瓜州的距离2200、3100、4600里。

第二，《隋书·西域传》"铍汗国传记"称，铍汗国到瓜州5500里，北去石国500里，将这两个道里叠加，可知石国距瓜州6000里。据《隋书·西域传》"石国传记"可见，石国到瓜州6000里，南至铍汗国600里，将这两个距离相减，可推铍汗国到瓜州5400里，与"铍汗国传记"所讲的铍汗国距瓜州5500里矛盾。

苏对沙那国东到铍汗国500里，西至米国500里，米国距瓜州6400

里，由此可逆推苏对沙那、钹汗国到瓜州的距离分别是 5900、5400 里，后者与上文从不同角度推得的钹汗国至瓜州 5400 里相同。

第三，《隋书·西域传》未讲康国到瓜州的距离，从其所记米国至瓜州、康国的 6400、100 里，以及曹国距瓜州、康国的 6600、100 里，同可推知康国至瓜州 6500 里。

第四，何国到瓜州的 6750 里，由曹国距瓜州、何国的 6600、150 里累加而来。《隋书·西域传》未言小安国至瓜州的距离，然依据何国到小安国的 300 里，可推出小安国至瓜州 7050 里。

第五，乌那曷国到瓜州 7500 里，西至穆国 200 里，穆国距瓜州的 7700 里即由这两个距离相加而来。波斯到瓜州的 11700 里，通过穆国至瓜州、波斯的 7700、4000 里叠加而得。

第六，由于阗到朱俱波、瓜州的 1000、2800 里，可推朱俱波至瓜州 3800 里。疏勒距瓜州 4600 里，《隋书·西域传》"疏勒传记"说"[疏勒]南去朱俱波八九百里"，根据这两段距离，可知朱俱波距瓜州 3800 或 3700 里，其中的 3800 里与上文从不同的路径推得的朱俱波至瓜州 3800 里相同。

这几个例子说明，在《隋书·西域传》中，有关西域国家的传记貌似排列无序，实际上其中若干内容井然有序，可谓"外乱而内不乱"。进而可推，《隋书·西域传》所用材料内容原本可能是整齐不紊的，待录入该传时已经错乱。

以上主要分析了《隋书·西域传》编写经过、《西域图记》存佚流传状况等，在此基础上可推测，《隋书·西域传》所录西域二十国传记中历史地理方面的材料，当来自残本《西域图记》，[①] 理由如下。

其一，从《隋书·西域传》可知，毕国有千余家，焉耆、龟兹、于阗、钹汗、史国、曹国、何国均有胜兵千余人，疏勒、穆国各有胜兵两千人，挹怛有胜兵五六千人，高昌、康国、女国、焉耆、龟兹、疏勒、于阗、钹汗、吐火罗、波斯、漕国出产珍奇异物，与《西域图记》选取四十四国标准千户以上、出产珍异相合。

[①] 前此李宗俊已敏锐觉察到《隋书·西域传》依据残本《西域图记》编纂，遗憾的是他没有就此论进行详细考述（参氏著《唐敕使王玄策使印度事迹新探》，《西域研究》2010 年第 4 期）。

又,《隋书·西域传》中的西域二十国多以山脉（例如白山、葱岭等）、河流（譬如萨宝水、那密水、药杀水、乌浒水、独莫水、达曷水等）为基点定位,《西域图记》"吐火罗"条辑文述吐火罗国地理位置亦以葱岭为参照物（见表4-1）。

再,《隋书·西域传》记有十六国国王姓氏和表字,有关于康国、女国、焉耆、龟兹、于阗、钹汗、挹怛、波斯、漕国国王、王后、庶人（即"丈夫""人"）头饰、服饰等描述;《西域图记》亦载苏对沙那国国王姓氏、表字（见表4-1）,"吐火罗"条辑文也有与庶人（即"男子""女子"）头饰、服饰等相关的叙述。

由上文关于《隋书·西域传》和《西域图记》内容所作比对可知,《西域图记》"序言"提及,西域四十四国题记有关于山川险易、服章物产、国王姓氏三方面的内容,这在《隋书·西域传》西域二十国传记中可得到印证。

其二,在《隋书·西域传》《西域图记》中,关于"大海道"、钹汗、吐火罗国的记载行文近乎相同（见表4-1）。《隋书·西域传》中的"大海道""伊吾路",分别由敦煌通往高昌、伊吾,与《西域图记》"序言"所叙西北丝路中西段中道、北道路线中敦煌至高昌、伊吾大致吻合。

另,《西域图记》"吐火罗"条辑文和《隋书·西域传》"吐火罗传记"尚有不同之处:关于吐火罗国胜兵数目及至瓜州的距离,《西域图记》《隋书·西域传》分别作五万、六千七百里和十万、五千八百里,并且和《西域图记》相比,《隋书·西域传》组织文字更加简洁、通畅。反映《隋书·西域传》纪传编修者除以《西域图记》作为基本材料外,亦利用了其他西域资料,同时删除了《西域图记》中的冗文。

根据上文对《隋书·西域传》《西域图记》内容等所作比较,可知这两书有史料转袭关系。在这个基础上综合《隋书·西域传》中西域二十国传记和九则《西域图记》辑文,大抵可推《西域图记》所载三十七国:伊吾、铁勒、突厥、拂菻、高昌、焉耆、龟兹、姑墨、温肃、尉头、疏勒、钹汗、石国、苏对沙那、米国、康国、曹国、何国、安国、毕国、小安国、史国、那色波、乌那曷、穆国、波斯、于阗、女国、朱俱波、喝槃陁、护密、吐火罗、挹怛、帆延、漕国、刦国、婆罗门。《通典》《太平寰宇记》

抄录的三个西域国家传记，涉隋代西域地区的赊弥、陁罗伊罗、越底延、乌荼四国，①疑为《西域图记》的逸文。②如若增添上这四个西域古国，合计四十一国国名，还有三国难以确知。

李宗俊、梁雨昕认为《隋书·西域传》中吐谷浑、党项、附国三国传记材料亦转录自《西域图记》，③指明本书未能考证出来的三国为吐谷浑、党项、附国。笔者赞成其提出《隋书·西域传》有关吐谷浑、党项历史地理方面记载可能取自《西域图记》的看法，根据是裴矩主要依据胡贾经行见闻撰书，其中或许穿插他们经过非西域地区的国家、部族。然又考虑到这些国家在河西走廊和西南地区，与裴书书写地理范围"西域"难以对应起来；并且，《附国传记》称"附国者，蜀郡西北二千余里"④，表明其选用材料写就时间应该在隋于地方分别颁行州郡县、郡县行政建置的开皇元年至三年（581—583）、大业三年至隋末（607—618）两个时间段之内，和《西域图记》完就时间大业二年（606）正月至七月抵牾，故而最终对此存疑不论。

李锦绣搜辑《西域图记》西域国家亦存相似问题：元代戴表元《剡源集》与鲜于枢《困学斋杂录》言，《西域图》（1卷）绘四国"王""奴"人物组合画像，其国名为蜀郡西北两千余里的附国，吐谷浑南、白兰北的弥罗国，白兰以西数千里的佇贬欲归国，党项西的千碉国，它们中的"附国题记"与《隋书·西域传》中"附国传记"前半篇内容基本相同。⑤李先生以为《西域图》为《西域图记》残卷，⑥显然没有考虑到《西域图》"附国题记"中"蜀郡"与《西域图记》辑文中"瓜州"在行政建制方面相抵触。再者，《西域图》肖像画中"奴"（即国王侍者）和《西域图记》"序言"所语画中"庶人"（即平民）人物形象难以契合。

---

① 杜佑撰，王文锦等点校：《通典》卷193《西戎五》，第5277—5278页；乐史撰，王文楚等点校：《太平寰宇记》卷186《西戎七》，第3572—3574页。
② 李锦绣、余太山：《〈通典〉西域文献要注》，第240、241、242页。
③ 李宗俊、梁雨昕：《〈隋书·附国传〉与早期吐蕃史相关问题》，《西藏大学学报》（社会科学版）2020年第4期。
④ 魏徵等：《隋书》卷83《西域传》，第1858页。
⑤ 戴表元：《剡源集》卷4《唐画〈西域图〉记》，《丛书集成初编》第2055册，第62—63页；鲜于枢：《困学斋杂录》，《丛书集成初编》第2884册，第4页。
⑥ 李锦绣：《〈西域图记〉考》，《欧亚学刊》（国际版）新1辑，2011年，第362—365页。

另外，唐代道宣《续高僧传》提到大业二年（606）或此后隋炀帝令裴矩、彦琮合力编撰《天竺记》："敕又令裴矩共琮（今案，彦琮）修缵《天竺记》。文义详洽，条贯有仪。"① 案《西域图记》列有婆罗门国（即天竺）题记，《天竺记》或在此基础上编成。《太平御览》引《天竺记》："大雪山中有宝山，诸七宝并生，取，可得。唯颇黎宝生高峰，难得。"② 文中"大雪山"一般认为指今兴都库什山或喜马拉雅山，③ "颇黎"则通常指水晶之类天然稀有矿物。此条是否采自裴矩、彦琮《天竺记》，殊难稽考。

又，《永乐大典》引有书名与之相似的《天竺志》："葱岭，冬夏有雪。有毒龙，若犯之，则风雨晦冥，飞砂扬砾，过此难者，万无一全。"④《天竺志》的撰者和成书时间均不详，是否指《天竺记》，难以详考。亦有一种可能难以排除，笔者注意到《法显传》也有与《天竺志》类似内容："葱岭冬夏有雪。又有毒龙，若失其意，则吐毒风，雨雪，飞沙砾石。遇此难者，万无一全。"研究东晋法显西行求法集大成者章巽列举的《法显传》异名没有《天竺志》，⑤ 然《天竺志》既与《法显传》有行文基本相同文句，或为《法显传》别名。

表4-1　《西域图记》辑文与《隋书·西域传》中相关内容对比

序号	《西域图记》辑文	《隋书·西域传》有关内容
1	隋《西域图记》云："白山，一名阿羯山，常有火及烟，即是出硇砂之处。"⑥	（1）焉耆国，都白山之南七十里。 （2）龟兹国，都白山之南百七十里。 （3）疏勒国，都白山南百余里⑦

---

① 道宣撰，苏小华校注：《续高僧传》卷2《译经篇二·隋东都上林园翻经馆沙门释彦琮传四》，上海古籍出版社2021年版，第52页。
② 李昉等：《太平御览》卷808《珍宝部七》，第3592页。
③ 义净著，王邦维校注：《大唐西域求法高僧传校注》卷上《太州玄照法师》，中华书局2009年版，第16页；玄奘、辩机原著，季羡林等校注：《大唐西域记校注·序一》，第7页。
④ 马蓉等点校：《永乐大典方志辑佚》第5册，中华书局2004年版，第3240页。
⑤ 法显撰，章巽校注：《法显传校注》，第5—7、21页。
⑥ 杜佑撰，王文锦等点校：《通典》卷191《西戎三》，第5207页；乐史撰，王文楚等点校：《太平寰宇记》卷181《西戎二》，第3463、3465页。白山即今天山，关于其语源等，可参向达《论龟兹白姓兼答冯承钧先生》（《冯承钧西北史地论集》，中国国际广播出版社2013年版，第158页）等。
⑦ 魏徵等：《隋书》卷83《西域传》，第1851、1852页。

续表

序号	《西域图记》辑文	《隋书·西域传》有关内容
2	《史记正义》："裴矩《西域记》云：'［盐泽］在西州高昌县东，东南去瓜州一千三百里，并沙碛之地，水草难行，四面危，道路不可准记，行人唯以人畜骸骨及驼马粪为标验。以其地道路恶，人畜即不约行，曾有人于碛内时闻人唤声，不见形，亦有歌哭声，数失人，瞬息之间不知所在，由此数有死亡。盖魑魅魍魉也。'"① 裴矩《西域记》云："自高昌东南去瓜州一千三百里，并沙碛，乏水草，人难行，四面茫茫，道路不可准记，惟以六畜骸骨及驼马粪为标验，以知道路。若大雪即不得行，兼有魑魅，以是商贾往来多取伊吾路。"又有一路自县东南行经大海之东，又东南度碛入伊州界，即裴矩所谓伊吾路也②	(1) 高昌国去敦煌十三日行 (2) 从（武威）［敦煌］西北，有捷路，度沙碛千余里，四面茫然，无有蹊径。欲往者，寻有人畜骸骨而去。路中或闻歌哭之声，行人寻之，多致亡失，盖魑魅魍魉也。故商客往来，多取伊吾路③
3	《史记正义》云："《西域图记》：'钵汉，古渠搜也。'"④	钹汗国，都葱岭之西五百余里，古渠搜国也⑤

---

① 司马迁：《史记》卷 123《大宛列传》，第 3175 页。辑文中所讲"大海道"，《太平寰宇记》中"柳中路"，古代从敦煌直达吐鲁番的沙碛路。关于这条路线的研究，可参王去非《关于大海道》，《中国历史博物馆馆刊》1983 年第 1 期；曹洪勇《探察大海道——吐鲁番至敦煌古道行》，《西域研究》1995 年第 1 期；王素《高昌史稿·交通篇》第 2 章《高昌通中国（中原）的道路》，文物出版社 2000 年版，第 166—175 页；魏长洪、李晓琴《大海道史探》，《新疆大学学报》（哲学社会科学版）2003 年第 3 期；等等。

② 乐史撰，王文楚等点校：《太平寰宇记》卷 156《陇右道七》，第 2995 页。

③ 魏徵等：《隋书》卷 83《西域传》，第 1846、1847 页。关于"伊吾路"的研究，可参王素《高昌史稿·交通篇》第 2 章《高昌通中国（中原）的道路》，第 190—197 页。

④ 乐史撰，王文楚等点校：《太平寰宇记》卷 181《西戎二》，第 3471 页；王应麟《玉海》卷 16《地理》，第 300 页。渠搜和钵汉的关系，可参何光岳《渠搜、叟人的来源和迁徙》（《思想战线》1991 年第 1 期），余太山《古族新考》附卷《一 渠搜》（中华书局 2000 年版，第 115 页）等。

⑤ 魏徵等：《隋书》卷 83《西域传》，第 1853 页。

第四章　隋唐官修西域图志考论　169

续表

序号	《西域图记》辑文	《隋书·西域传》有关内容
4	(1) 隋《西域图记》云："其（今案，苏对沙那国）马，骊马、乌马多赤耳、黄马、赤马多黑耳。唯耳色别，自余毛色与常马不异。"① 隋《西域图记》云："其（今案，苏对沙那国）马，乌马、骊马多白耳、白马、骢马多赤耳、黄马、赤马多黑耳。唯耳色别，自余色与常马不异。"② (2) 隋《西域图记》："寺伐城西南百里有一土堆，近边省者皆见堆，上有一大城，恒似倒悬，堆上有积雪，历年不消，人不得上。其王每年杀白马以祭祀此城。又有波悉山，③南见一城，号弥遮城，内有一千户。"④ (3) [隋《西域图记》] 又云："[苏对沙那国] 王姓苏色匿，字底失槃陁，积代承袭不绝。"⑤	(1) 鏺汗西去苏对沙那国五百里 米国东去苏对沙那国五百里⑥ (2) [康国] 王字代失毕 [安国] 王姓昭武氏，字设力登。 [石国] 其王姓石，名涅。 [女国] 王姓苏毗，字末羯。 [焉耆] 其王姓龙，字突骑。 [龟兹] 其王姓白，字苏尼咥。 [疏勒] 其王字阿弥厥。 [于阗] 其王姓王，字卑示闭练。 [鏺汗] 王姓昭武，字阿利柒。 [米国] 其城主姓昭武，康国王之支庶，字闭拙。 [史国] 其王姓昭武，字逖遮。 [何国] 其王姓昭武，亦康国王之族类，字敦。 [乌那曷] 王姓昭武，亦康国种类，字佛食。 [穆国] 其王姓昭武，亦康国王之种类，字阿滥密。 [波斯] 其王字库萨和 [漕国] 其王姓昭武，字顺达⑦

---

① 杜佑撰，王文锦等点校：《通典》卷192《西戎四》，第5232页。
② 乐史撰，王文楚等点校：《太平寰宇记》卷182《西戎三》，第3481页；李昉等：《太平御览》卷793《四夷部十四》，第3517页。
③ 关于波悉山之所指，丁谦以为指今阿赖山（参氏著《新旧唐书西域传地理考证》，《浙江图书馆丛书》第1集），许序雅认为即今Hissar（希沙尔）山脉所属（参氏著《唐代丝绸之路与中亚历史地理研究》第3章《〈新唐书·西域传〉所记中亚史地考辨》，西北大学出版社2000年版，第95页）。
④ 乐史撰，王文楚等点校：《太平寰宇记》卷182《西戎三》，第3482页。
⑤ 杜佑撰，王文锦等点校：《通典》卷192《西戎四》，第5232页。
⑥ 魏徵等：《隋书》卷83《西域传》，第1853、1854页。
⑦ 魏徵等：《隋书》卷83《西域传》，第1848、1849、1850、1851、1852、1853、1854、1855、1856、1857页。

续表

序号	《西域图记》辑文	《隋书·西域传》有关内容
5	吐火罗国，在葱岭西，与挹怛杂居。胜兵共五万。其国土著。多男子，少妇人，故兄弟通室。妇人五夫，则角饰戴五角，十夫则戴十角。男子无兄弟者，则与他人结为昆季，方始得妻；不然者，终身无妇矣。被服、文字与于阗略同。城北有屋数颇梨山，① 南崖穴中有神马，国人每牧牝马于其侧，时产名驹，皆汗血。多善马。有屋宇，杂以穹庐，着小袖袍，小口袴，大头长裙帽。女子被发为辫。其地与益州邻，常通商贾。民慕其利，多往从之，教其书记，为之辞译，稍桀黠矣。 其（今案，吐火罗国）北界即汉西域大宛之地，今属西蕃突厥，在瓜州西六千七百里②	（1）吐火罗国，都葱岭西五百里，与挹怛杂居。都城方二里。胜兵者十万人，皆习战。其俗奉佛。兄弟同一妻，迭寝焉，每一人入房，户外挂其衣以为志。生子属其长兄。其山穴中有神马，每岁牧牝马于穴所，必产名驹。南去漕国千七百里，东去瓜州五千八百里③ （2）石国东南去瓜州六千里 焉耆东南去瓜州二千二百里 龟兹东南去瓜州三千一百里 疏勒东南去瓜州四千六百里 于阗东北去瓜州二千八百里 钹汗东去瓜州五千五百里 挹怛东去瓜州六千五百里 米国东去瓜州六千四百里 史国东去瓜州六千五百里 曹国东去瓜州六千六百里 何国东去瓜州六千七百五十里 乌那曷东去瓜州七千五百里 穆国东去瓜州七千七百里 波斯东去瓜州万一千七百里 漕国东北去瓜州六千六百里④

---

① 《太平广记》："吐火罗国波讪山阳，石壁上有一孔，恒有马尿流出。至七月平旦，石崖间有石阁道，便不见。至此日，厌哒人取草马，置池边与集。生驹皆汗血，日行千里，今名无数颇梨。随西域中浴，须臾即回。"（李昉等编，汪绍楹点校《太平广记》卷435《马》，第3530页）文中"屋数颇梨山"，当指《西域图记》"吐火罗"条辑文中"无数颇梨"，所以《太平广记》中载有此山名的这则语句或系《西域图记》佚文。

② 王钦若等编纂，周勋初等校订：《册府元龟》卷958《外臣部（三）》、卷961《外臣部（六）》，第11100、11133页。

③ 魏徵等：《隋书》卷83《西域传》，第1853—1854页。

④ 魏徵等：《隋书》卷83《西域传》，第1851、1852、1853、1854、1855、1856、1857页。

续表

序号	《西域图记》辑文	《隋书·西域传》有关内容
6	案《西域图记》及汉魏史策，大秦国南统珊瑚之海，北极众宝之山，西望仙境花林，东接长风弱水。其土出绫布、返魂香、明月珠、夜光璧。俗无寇盗，人有乐康①	［波斯］西北去拂菻四千五百里②

第二节　许敬宗等《西域图志》修撰及相关西域佚书

许敬宗（592—672），字延族，杭州新城（今浙江富阳）人，官至中书令，主持编撰有《晋书》《唐高祖实录》《唐太宗实录》《文馆词林》《姓氏录》等，并著文集80卷。显庆三年（658），唐攻灭西突厥可汗阿史那贺鲁，全面控制西域后，令许敬宗领衔编修《西域图志》（60卷），以彰平西域之功，《旧唐书·许敬宗传》与《新唐书》"西域传""许敬宗传"、《唐会要》"修撰""安西都护府"、《册府元龟·国史部》等，提到是事或书名。

关于《西域图志》，唐代道世《法苑珠林·传记篇》载有书名相似、卷数相同的《西域志》："《西域志》六十卷，图画四十卷。右此二部合成一百卷，皇朝麟德三年奉敕令百官撰。"③《新唐书·艺文志》另记许敬宗主持编纂了60卷《西域国志》："《西域国志》六十卷高宗遣使分往康国、吐火罗，访其风俗物产，画图以闻。诏史官撰次，许敬宗领之，显庆三年上。"④《通志》亦著录许敬宗的60卷《西域国志》。⑤

---

① 景净、吕秀岩所撰的《大秦景教流行中国碑》，现藏西安碑林博物馆。唐代王名远亦著有《西域图记》，所述地区在今新疆和田到伊朗之间（参第四章第二节），似乎不会详述远在伊朗以东的大秦国，说明这条辑文中关于大秦国物产等方面内容，应非出自王名远《西域图记》，当转引自裴矩《西域图记》。
② 魏徵等：《隋书》卷83《西域传》，第1857页。
③ 道世撰，周叔迦、苏晋仁校注：《法苑珠林校注》卷100《传记篇》，中华书局2003年版，第2885页。
④ 欧阳修等：《新唐书》卷58《艺文志二》，第1506页。
⑤ 郑樵撰，王树民点校：《通志二十略·艺文略第四》，第1585页。

由这些传世古籍中的相关记载推测，《西域国志》应是《西域图志》别称，《西域志》和《西域图志》卷数、文本结构相同，一般认为亦是《西域图志》异称。① 此外，《新唐书·艺文志》还提及《西域图志》的史料来源、完书时间等，《法苑珠林》讲到《西域图志》的撰修时间。

根据这些史乘所言有关《西域图志》的情况，以及其他文献中的相关内容，本节先考述《西域图志》的编纂成书状况，再探研它与王名远《西域图记》、王玄策《西国行传》等西域逸书的史料关系及其他问题。

一 编撰成书

《法苑珠林》转引有《西域图志》，且所录其名不完全相同（见表4-2)，这些辑文主要讲述了唐代西域使者王玄策在印度的出使活动等，冯承钧已辑录在案。② 同时，《法苑珠林》、新旧两唐书、《唐会要》等载及《西域图志》史料来源和始撰、成书时间等，现联系这些材料，对有关问题加以探讨。

表4-2　　　　　　《西域图志》异名一览

序号	异名	资料出处
1	《西域志》	《法苑珠林》"法服篇""敬塔篇""伽蓝篇""传记篇"
2	《西国志》	《法苑珠林》"六道篇""敬佛篇""感通篇""破邪篇"
3	《西域传》	《法苑珠林·感通篇》
4	《西域图》	《旧唐书·敬播传》
5	《西域国志》	《新唐书·艺文志》《通志二十略·艺文略第四》

（一）史料来源

前引《新唐书·艺文志》述及《西域图志》的资料来源，《法苑珠林》对此亦有所记：

---

① 孙修身：《官修〈西国志〉的编撰》，《王玄策事迹钩沉》，第264页；刘全波：《唐〈西域图志〉及相关问题考》，《中华文化论坛》2011年第5期。

② 冯承钧：《王玄策事辑》，《西域南海史地考证论著汇辑》，第102—128页。

[玄奘]奉诏译经兼敕令撰出《西域行传》一十二卷。至今龙朔三年，翻译经论，未似奘法师游国博闻，翻经最多。依奘法师《行传》、《王玄策传》及西域道俗，任土所宜，非无灵异。敕令文学士等总集详撰，勒成六十卷，号为《西国志》，图画四十卷，合成一百卷。从于阗国至波斯国已来，大唐总置都督府及州县折冲府，合三百七十八所。① 九所是都督府，八十所是州，一百三十三所是县，一百四十七所是折冲府。四洲所宜，人物别异者，并简配诸篇，非此所明。今之所录者，直取佛法、圣迹、住持，别成一卷。余之不尽者，具存大本。冀后殷鉴，知有广略矣。②

逐字阅读这个段落的文字，可知关于《西域图志》编纂材料等信息。

第一，《法苑珠林》撰成时间在总章元年（668），可推文中"至今龙朔三年"，并非《法苑珠林》记事时间下限。案《西域图志》存"至今龙朔三年"之语（详下），此处"至今龙朔三年"或亦录自《西域图志》，系其志文部分叙事时间下限。

第二，《西域图志》所用材料有玄奘《西域行传》、王玄策《王玄策传》（即《西国行传》别名，以下通称《西国行传》），以及"西域道俗"所撰之书。

第三，《法苑珠林》中有关"佛法、圣迹、主持"的记载，资料源于《西域图志》，除此以外，其他篇章保存有《西域图志》内容之大略。

《法苑珠林》包括《西域图志》诸多内容，同时引用了《西域行传》《西国行传》，此二书又系《西域图志》编修材料之一。根据这些线索可推，《法苑珠林》所录《西域行传》《西国行传》，当转袭自《西域图志》。再联系上引《新唐书·艺文志》可见，《西域图志》据引材料还有除王玄策外的其他唐朝西域使者见闻。

---

① 合算下列羁縻都督府、州、县、折冲府的数目，总计三百六十九个，与文中所语总数三百七十八所不合，反映缺少九所，当有脱漏。此处唐庭在于阗西、波斯东的西域国家设立行政机构，应与显庆三年（658）、龙朔元年（661）王名远前后两次前往这些国家创设与调整行政建置有关，其中为首次使往设置可能性较大。

② 道世撰，周叔迦、苏晋仁校注：《法苑珠林校注》卷29《感通篇》，第888页。

1. 玄奘《西域行传》

在《法苑珠林》中，《西域行传》有许多别称，如《西国传》《奘法师传》《西国记》《玄奘师传》《奘法师行传》《奘师传》等。与《大唐西域记》对校，可见《西域行传》资料源于《大唐西域记》，为其节略版，实际上《西域图志》采用材料是《大唐西域记》。在《法苑珠林校注》一书中，周叔迦、苏晋仁已标注所引《西域行传》出处，但对与玄奘有关的《西域传》未作说明：

> 《西域传》云："奘师发迹长安，既渐至高昌……又此东南往古王寺，有佛顶骨一片，广二寸余，色黄白，发孔分明。至大唐龙朔元年春初，使人王玄策从西国（今案，迦毕试国）将来（今案，将来佛顶骨），① 今现宫内供养……于大唐显庆年中敕使卫长史王玄策因向印度，过净名宅，以笏量基，止有十笏，故号方丈之室也。"②

据这几句话可知，《西域传》涉玄奘游历西域，以及显庆年间（656—661）、龙朔元年（661）王玄策出使印度等事。关于《西域传》，冯承钧以为：此书指在贞观二十年（646）七月或此前即已撰写完毕的《大唐西域记》，所记贞观二十年以后的事，可能来自《西域图志》《西国行传》，表明流传于今的《大唐西域记》不是原本，经过了唐以后之人的修订。③ 岑仲勉则认为：玄奘没有名为《西域传》的著作，该书当指《西域图志》。④ 对于冯、岑二先生的观点，笔者作如下讨论。

---

① 关于文中"使人王玄策从西国将来"一语之意，烈维认为，指龙朔元年（661）春初，王玄策正在迦毕试国（即罽宾国），将要启程东还中国（参氏著《王玄策使印度记》，《史地丛考 史地丛考续编》，冯承钧编译，第38页）；岑仲勉理解作，龙朔元年春初，王玄策在长安附近，未几将抵长安（参氏著《中外史地考证·王玄策〈中天竺国行记〉》，第302页）。此语关涉王玄策第三次西使印度的回国时间，有必要深究。笔者以为，"将"有"拿、持"之义，"将来"指携带，下引《法苑珠林·敬佛篇》中"慧昱将此像来入长安"即可为证，该句指王玄策从迦毕试国带来佛顶骨，烈维、岑先生对其所解释值得商榷。但是，岑先生说王玄策第三次出使印度的归国时间在龙朔元年春，无误。

② 道世撰，周叔迦、苏晋仁校注：《法苑珠林校注》卷29《感通篇》，第888、891、903页。

③ ［法］烈维：《王玄策使印度记》，《史地丛考 史地丛考续编》，冯承钧编译，第41页；冯承钧：《王玄策事辑》，《西域南海史地考证论著汇辑》，第109、110、111页。

④ 岑仲勉：《西域记》，《中外史地考证》，第297—298页。

通常认为，《大唐西域记》未经后人删削，完成时间在贞观二十年（646），[①]与《西域传》述显庆年间（656—661）王玄策游访印度净名宅，以及龙朔元年（661）从迦毕试国返归中国等事不合，反映冯先生认为《西域传》指《大唐西域记》证据不足。但冯先生说《西域传》中贞观二十年以后的内容出自《西域图志》《西国行传》，对考辨这些史料的来源颇有启发性。岑先生看法有一定合理之处，惜未列出理由。在这两位学者研究基础上，下文综括《西域图志》《法苑珠林》成书过程、史料来源等，对《西域传》指何书作些探索。

前引《西域传》所在《法苑珠林·感通篇》"圣迹部"材料采自《西域图志》（说详前文），《西域图志》编纂材料有《西域行传》《西国行传》，由此可推上引《法苑珠林》成文经过：起先，许敬宗等利用玄奘、辩机《大唐西域记》和王玄策《西国行传》编辑《西域图志》，在《西域图志》中并述玄奘、王玄策在印度的事迹等；然后，道世收这些内容入《法苑珠林》，对其未加改削，同时将出处文献《西域图志》另拟名作《西域传》。因而，《西域传》当指《西域图志》。这既是考证《西域图志》志文部分写就时间的重要根据，也是辨析《西域图志》《大唐西域记》佚文的有力证据。

现存日本奈良药师寺佛足迹石及其东、南的两个石碑，刻于孝谦天皇天平胜宝五年（753）。这座寺院佛足迹石东的石刻转引有《西域传》，此传内容涉中印度波罗奈国鹿野苑、龟兹国佛足迹石及在北印度乌仗那国东北的龙泉等；其南碑铭言，先前，王玄策出使中印度时所临摹佛足迹图，藏在长安普光寺，之后，日本使者黄文本入唐，描摹此图并带回日本，藏于平城京四条一坊禅院，其后，文室真人智努又将黄文本所临之图刻在药师寺石上；等等。有关碑铭撰刻背景及其他内容等，可参霍巍、吉村怜等中外学者的论著。[②]

[①] 季羡林：《玄奘与〈大唐西域记〉——校注〈大唐西域记〉前言》，《大唐西域记校注》，第112页。

[②] 霍巍：《王玄策与唐代佛教美术中的"佛足迹图"》，《世界宗教研究》2020年第2期；[日]吉村怜：《关于药师寺佛足石记与书写者"神直石手"》，《天人诞生图研究：东亚佛教美术史论文集》，卞立强译，上海古籍出版社2009年版，第536—548页。

关于碑文中"西域传"指何书，20世纪90年代学界大抵有两种看法：孙修身、孙晓刚等认为，这两段铭文前后相接，一段转录《西域传》，另一段所述王玄策使印事迹，当出自《西域传》，说明《西域传》撰者为王玄策，系《中天竺国行记》异称；① 陆庆夫等以为，《西域传》和《大唐西域记》所叙文义基本相同，当指《大唐西域记》。② 对于这几位研究者所考《西域传》之所指，笔者结合上文关于《西域图志》异名等所作分析，有新的认识。

这两段文字，一言印度佛足迹石等，一载药师寺佛足迹图渊源等，根据其内容，很难得出《西域传》著者即王玄策的结论，所以《西域传》为《中天竺国行记》之说缺少确凿证据；《西域传》与《大唐西域记》相关记载语义大体一致，③ 指《大唐西域记》有一定合理性。

不过，它还是指《西域图志》可能性稍大些，原因在于，《西域传》和《大唐西域记》组织文字基本不同，内容有不符之处，似乎不能完全等同。例如，关于龙泉地理位置，《西域传》记位于乌仗那国东北二百六十里，表明它在此国之外；《大唐西域记》作在乌仗那国都城瞢揭厘城东北二百五六十里，并未明确指出其位于该国以外。而《西域图志》别名之一是《西域传》，内容根据《大唐西域记》材料而编，行文可不拘泥于玄奘、辩机之书，与它偶有不合，也在情理中。

又，前此范祥雍指出，《法苑珠林·感通篇》转引《西域传》《奘师传》，其中不见于《大唐西域记》的十三条文句，④ 应是或疑为《大唐西域记》的阙文。⑤ 之后王邦维提出这十几则文字当系道世添加的字句，非

---

① 孙修身：《唐朝杰出外交活动家王玄策史迹研究》，《敦煌研究》1994年第3期；孙晓刚：《陕西耀县佛足迹铭的研究》，《西北大学史学丛刊》第2辑《中国西北大学、奥地利萨尔茨堡大学丝绸之路国际学术研讨会文集：汉、英对照》，三秦出版社1999年版，第143页。
② 陆庆夫：《关于王玄策史迹研究的几点商榷》，《敦煌研究》1995年第4期。
③ 玄奘、辩机原著，季羡林等校注：《大唐西域记校注》卷1《屈支国》、卷3《乌仗那国》、卷8《摩揭陀国上》，第60、274—275、633—634页。
④ 道世撰，周叔迦、苏晋仁校注：《法苑珠林校注》卷29《感通篇》，第888、892、894、895、896、897—898、904、910、913、914、915页。
⑤ 范祥雍：《〈大唐西域记〉阙文考辨》，《文史》第13辑，中华书局1982年版，第76—82页。

《大唐西域记》缺失语句。① 由前述《法苑珠林》编排材料方式来看，这些句子引自《西域图志》，不是《大唐西域记》逸文，亦非道世的话语。

2. 唐使见闻

前引《新唐书·艺文志》讲唐朝西域使臣的见闻系《西域图志》史料来源之一，《唐会要·修撰》亦有类似记载：

> 其年（今案，显庆三年）五月九日，以西域平，遣使分往康国及吐火罗等国，访其风俗物产及古今废置，画图以进。令史官撰《西域图志》六十卷，许敬宗监领之。书成，学者称其博焉。②

文中言显庆三年（658）五月九日，高宗派遣使者前往康国（今乌兹别克斯坦撒马尔罕）、吐火罗（今阿富汗之北阿姆河流域）等西域国家，寻访关于这些国家"风俗物产""古今废置"方面的资料，以作编修《西域图志》的材料。

比较《唐会要·修撰》与《新唐书·艺文志》之文，可见两处不同：显庆三年（658）西域使节到往的国家，前者记"康国及吐火罗等国"，后者则作"康国、吐火罗"；关于西域使者在这些国家搜访的资料，前者溢出"古今废置"。对于这些不同之处，下文作如下分析。

《旧唐书·西戎传》《唐会要·罽宾国》《太平寰宇记》云：

> 显庆三年，访其（今案，罽宾）国俗，云："王始祖馨孽，至今曷撷支，父子传位，已二十代。"其年，改其城（今案，遏纥城）为修鲜都督府。龙朔初，授其王（今案，罽宾国王）修鲜等十一州诸军事兼修鲜都督。③

文中讲，显庆三年（658），高宗遣外交官员到罽宾（今阿富汗贝格拉

---

① 王邦维：《也谈〈大唐西域记〉的"阙文"问题》，《文史》2021年第2辑。
② 王溥：《唐会要》卷36《修撰》，中华书局1955年版，第656页。
③ 刘昫等：《旧唐书》卷198《西戎传》，第5309页；王溥：《唐会要》卷99《罽宾国》，第1776页；乐史撰，王文楚等点校：《太平寰宇记》卷182《西戎三》，第3487页。

姆)"访其国俗",说明在显庆三年,以搜集风俗物产等方面资料为目的而使往的西域国家,当以《唐会要·修撰》中的"康国及吐火罗等国"为准。至于《唐会要·修撰》另载的"古今废置",《册府元龟》亦有类似叙述,①除此之外,以目前其他资料难以论证西域使节是否访求这项内容。案《唐会要》所据材料有实录、起居注等档案资料,②史料较具原始性,所述这些事情应大致可信。

除上文《旧唐书·西戎传》等提到显庆三年(658)在罽宾国置修鲜都督府外,在该年西域使臣董寄生又于康国设康居都督府:"显庆三年,高宗遣果毅董寄生列其(今案,康国)所居城为康居都督府,仍以其王拂呼缦为都督。"③

由这几种唐宋史书中的相关记载可知,显庆三年(658),唐使在罽宾、康国既设立都督府,又搜寻关于其"国俗"方面的资料。案西域使者可同时处理这两件事,而不相耽搁,表明显庆三年使臣在西域国家设置羁縻府州之时,当兼访这些国家的风俗物产、古今废置等,以作撰修《西域图志》的材料。下面根据这个推论,先探讨显庆三年唐使在其他西域国家置建羁縻都督府州的情况,再据此推求西域使节在哪些国家采集资料。

《唐会要·吐火罗国》《太平寰宇记》说"三年"西域使者王名远在吐火罗设立月氏都督府:

> 永徽元年,[吐火罗]献大鸟,高七尺,其色(元)[玄],足如驼,鼓翅而行,日三百里,能噉铁,夷俗谓之鸵鸟。三年,其叶护那史乌泾波奉表告立,高宗遣置州县使王名远到其国,以所理阿缓大城为月氏都督府,仍分其小城为二十四州,以乌泾波为都督。五年,乌泾波遣子伊室远官弩以朝献。龙朔元年,授乌泾波使持节月氏等二十五州诸军事月氏都督。④

---

① 王钦若等编纂,周勋初等校订:《册府元龟》卷560《国史部(七)》,第6425页。
② 董兴艳:《〈唐会要〉研究》,博士学位论文,厦门大学,2008年,第98—114页。
③ 王溥:《唐会要》卷99《康国》,第1774页;乐史撰,王文楚等点校:《太平寰宇记》卷183《西戎四》,第3494页。
④ 王溥:《唐会要》卷99《吐火罗国》,第1773页;乐史撰,王文楚等点校:《太平寰宇记》卷186《西戎七》,第3570页。

第四章 隋唐官修西域图志考论

据文中的"永徽元年"云云，可推其后的"三年"当指永徽三年（652）。《新唐书·西域传》亦存类似文字：

> 永徽元年，[吐火罗] 献大鸟，高七尺，色黑，足类骆驼，[鼓] 翅而行，日三百里，能噉铁，俗谓驼鸟。显庆中，以其阿缓城为月氏都督府，析小城为二十四州，授王阿史那都督。后二年，遣子来朝。①

仔细分析这三书所载可知，关于在吐火罗置月氏都督府，授其王为都督，析其领地为二十四州的时间，《唐会要·吐火罗国》《太平寰宇记》与《新唐书·西域传》分别作"三年""显庆中"。案前引《新唐书·艺文志》《唐会要·修撰》均讲在显庆三年（658），使臣前赴吐火罗，以访其风俗物产等，他们当亦承担着在该国设月氏都督府的政治任务，反映创设月氏都督府的时间应该在显庆三年，上引《唐会要·吐火罗国》《太平寰宇记》中"三年"②，以及《新唐书·西域传》中"显庆中"，应皆指显庆三年。该年与王名远同往吐火罗者，可能还有唐王朝任命的拂林国诸蕃招慰大使阿罗憾（参第五章第三节）。

除康国、罽宾、吐火罗三国外，《新唐书·西域传》《唐会要》《太平寰宇记》等还载，显庆三年（658）、"显庆时"（656—661），在其他西域国家大概置有八所羁縻都督府、州（见表4-3）。

表4-3　显庆三年（658）、"显庆时"（656—661）使者在
　　　　西域所置八所羁縻府州一览

序号	国家	所置府州	史料依据
1	石国	大宛都督府	《新唐书·西域传》《唐会要》《太平寰宇记》："显庆三年，以瞰羯城为大宛都督府，授其王瞰土屯摄舍提于屈昭穆都督。"③

---

① 欧阳修等：《新唐书》卷221下《西域传下》，第6252页。
② 吴玉贵认为，永徽三年（652），唐尚未平定西突厥阿史那贺鲁叛乱，时不具备在吐火罗设羁縻府州的条件，说明文中"三年"前脱"显庆"二字，参氏著《唐代西域羁縻府州建置年代及其与唐朝的关系》，《新疆大学学报》（哲学社会科学版）1986年第1期。
③ 欧阳修等：《新唐书》卷221下《西域传下》，第6246页；王溥：《唐会要》卷99《石国》，第1771页；乐史撰，王文楚等点校：《太平寰宇记》卷186《西戎七》，第3567页。

序号	国家	所置府州	史料依据
2	史国	佉沙州	《新唐书·西域传》:"显庆时,以其地(今案,史国)为佉沙州,授君昭武失阿喝剌史。"①《唐会要》《太平寰宇记》:"显庆三年,遣果毅董寄生列其所治为怯沙州,以其王昭武失阿曷为刺史。"②
3	安国	安息州	《新唐书·西域传》:"显庆时,以阿滥为安息州,即以其王昭武杀为刺史;䫻斤为木鹿州,以其王昭武闭息为刺史。"③
4	东安	木鹿州	
5	米国	南谧州	《新唐书·西域传》:"显庆三年,以其地(今案,米国)为南谧州,授其君昭武开拙为刺史。"④
6	宁远	休循州	《新唐书·西域传》:"[显庆]三年,以渴塞城为休循州都督,授阿了参刺史。"⑤
7	帆延	写凤都督府	《新唐书·西域传》:"显庆三年,以罗烂城为写凤都督府,缚时城为悉万州,授王葡写凤州都督,管内五州诸军事。"⑥
8	护蜜	鸟飞州	《新唐书·西域传》:"显庆时以地(今案,护蜜)为鸟飞州,王沙钵罗颉利发为刺史。"⑦

由唐在这些西域国家置立的羁縻府州可推,显庆年间(656—661),唐派出董寄生、王名远等使者,前赴康、石(今乌兹别克斯坦塔什干)、史(今乌兹别克斯坦沙赫里夏勃兹)、安(今乌兹别克斯坦布哈拉)、东安(今中亚泽拉善夫河流域)、米(今塔吉克斯坦彭吉肯特)、宁远(今中亚费尔干纳盆地)、帆延(今阿富汗巴米扬)、护蜜(今阿富汗伊什卡什姆)、吐火罗、罽宾,以及《资治通鉴》记载的曹、悒怛等国家,⑧ 在置羁

---

① 欧阳修等:《新唐书》卷221下《西域传下》,第6248页。
② 王溥:《唐会要》卷99《史国》,第1777页;乐史撰,王文楚等点校:《太平寰宇记》卷183《西戎四》,第3497页。
③ 欧阳修等:《新唐书》卷221下《西域传下》,第6245页;许序雅:《唐代丝绸之路与中亚历史地理研究》第3章《〈新唐书·西域传〉所记中亚史地考辨》,第91页。
④ 欧阳修等:《新唐书》卷221下《西域传下》,第6247页。
⑤ 欧阳修等:《新唐书》卷221下《西域传下》,第6250页。
⑥ 欧阳修等:《新唐书》卷221下《西域传下》,第6254页。
⑦ 欧阳修等:《新唐书》卷221下《西域传下》,第6255页。
⑧ 司马光编著,胡三省音注:《资治通鉴》卷200《唐纪十六》,第6431页。

縻都督府、州时，兼访其风俗物产、古今沿革等，以作编撰《西域图志》的材料。

(二) 始撰和成书时间

诸史籍所记《西域图志》的编修时间主要有三个，即显庆三年（658）、龙朔三年（663）、乾封元年（666），下面从中厘清其始纂和完成时间。

1. 显庆三年（658）

前引《唐会要·修撰》载《西域图志》的始编时间在显庆三年五月九日，与上引《新唐书·艺文志》称其成就时间在显庆三年抵牾，后说当误，原因如下。《法苑珠林》："《西域志》云：'王玄策至大唐显庆五年九月二十七日菩提寺，寺主名戒龙，为汉使王玄策等设大会'。"① 书中叙显庆五年（660）菩提寺寺主为王玄策等使者"设大会"，可见它的完书时间当在显庆五年或稍后。

2. 龙朔三年（663）

唐代李俨在《法苑珠林》"序言"中说：

> [道世]以类编录，号曰《法苑珠林》。事总百篇，勒成十帙……披览日久，还知其要。故于大唐总章元年，岁在执徐，律惟姑洗，三月三十日纂集斯毕。②

文中讲李俨用很长时间阅读《法苑珠林》，才知其精要所在，并在总章元年（668）三月三十日写完序言。乾封三年（668）二月改元总章元年，③ 与"序言"完成时间"总章元年""三月三十日"相合。表明在李俨作序之前，《法苑珠林》已成书，撰就时间当在总章元年三月或此前。另外，《法苑珠林》言释迦牟尼生年相距乾封三年的时间，④ 可知其完毕时

---

① 道世撰，周叔迦、苏晋仁校注：《法苑珠林校注》卷39《伽蓝篇》，第1254页。
② 道世撰，周叔迦、苏晋仁校注：《法苑珠林校注·法苑珠林序》，第2页。
③ 刘昫等：《旧唐书》卷5《高宗本纪下》，第91页。
④ 道世撰，周叔迦、苏晋仁校注：《法苑珠林校注》卷100《传记篇》，第2901页。《法苑珠林》引征《西国行传》述释迦牟尼卒年与咸亨二年（671）相隔的时间（第2901页），反映其最终完就时间在咸亨二年或稍后。

间当如宋代赞宁《宋高僧传》记载系于总章元年。① 然而,《法苑珠林》存有与上文所推其完成时间不合之文:

> 《西域传》云:"奘师发迹长安,既渐至高昌……[精舍涅槃佛像]前有石柱,记佛灭相。有云:当此土三月十五日者。说有部云:当此九月八日。诸部异议云。至今龙朔三年,则经一千二百年,此依菩提寺石柱记也。"②

在叙《西域图志》的史料来源时,道世说"至今龙朔三年"云云(参本节前文),在此处又讲"至今龙朔三年"云云,这两句话都与《法苑珠林》的写就时间总章元年(668)不合;再者,此处"至今龙朔三年"云云出自《西域传》(即《西域图志》异名)。说明该年可能是《西域图志》志文部分记事时间下限、完就时间。

3. 乾封元年(666)

前引《法苑珠林·传记篇》谓《西域图志》100卷系"皇朝麟德三年奉敕令百官撰",该句语义不明确,大概有两种理解:麟德三年(666)或为始撰时间,或系编就时间。除此之外,道世还在《法苑珠林》中的他处述及《西域图志》的编撰时间:"《西国志》六十卷,国家修撰,奉敕令诸学士画图集在中台。复有四十卷,从麟德三年起首,至乾封元年夏末方迄。"③

案《旧唐书·高宗本纪》:"[麟德三年春正月]壬申,改麟德三年为乾封元年。"④ 可见编修时间"麟德三年起首,至乾封元年夏末",指乾封元年(666)正月至六月,即六个月。这个时间亦含糊不清,既可指编著100卷全书所花费的时间,也可指绘制40卷图画所用的时间。

一些学者认为,在六个月内实难撰成100卷抑或40卷著作,高宗年号

---

① 赞宁撰,范祥雍点校:《宋高僧传》卷4《唐京师西明寺道世传二》,中华书局2018年版,第67页。
② 道世撰,周叔迦、苏晋仁校注:《法苑珠林校注》卷29《感通篇》,第888、901页。
③ 道世撰,周叔迦、苏晋仁校注:《法苑珠林校注》卷5《六道篇》,第174页。
④ 刘昫等:《旧唐书》卷5《高宗本纪下》,第89页。

"麟德"只有两年，故有人将"从麟德三年起首"中的"三年"改作"二年"①，还有人认为其中的"麟德"系"显庆"或"龙朔"之讹。② 关于《法苑珠林》所记《西域图志》的编纂时间，笔者也有一些不成熟的看法。

上文对道世前后两次所讲《西域图志》撰写时间作的解释，一致之处在于，均称它的撰就时间在乾封元年（666），此说殆无异议。焦点在于乾封元年是否为《西域图志》的始编时间，答案是否定的，有以下两个理由。

第一，《旧唐书·敬播传》："永徽初，[敬播]拜著作郎。与许敬宗等撰《西域图》。"参与撰修《西域图志》的敬播，其卒年在龙朔三年（663），③ 反映在该年或此前已开始编写这部书。

第二，《法苑珠林》记麟德元年（664）僧人慧昱从荆州携带瑞像图画至长安，时正撰绘《西域图志》图画：

> 至麟德元年，[慧昱]从州（今案，简州）故往荆州长沙寺瑞金铜像所。至诚发愿，意欲图写瑞像供养。访得巧匠张净眼，使洁净如法，已画得六躯，未有灵感。至第七躯，即放五色神光，洞照内外，远近皆睹。经于七日，光渐隐灭。道俗惊喜，不可具述。慧昱将此像来入长安，未及庄饰，并欲画左右侍者菩萨圣僧供养具等。当时奉敕令京城巧匠至中台，使百官诸学士监看，令画《西国志》六十卷，图有四十卷。慧昱为外无好手，就中台凭匠范长寿装画。像在都堂，至六月七日夜至三更初，像放五色光明，彻照堂外。④

细绎这几句话可见，在麟德元年（664）或稍前，已开始编制《西域图志》图画部分，与《法苑珠林》另言其始修时间乾封元年（666）抵触。这段话记录时间、地点、人物、事情原委等颇为翔实，论证方法是以当时

---

① 陆庆夫：《论王玄策对中印交通的贡献》，《敦煌学辑刊》1984年第1期。
② 岑仲勉：《王玄策〈中天竺国行记〉》，《中外史地考证》，第300页；范祥雍：《〈大唐西域记〉阙文考辨》，《文史》第13辑，1982年，第74页。
③ 刘昫等：《旧唐书》卷189上《敬播传》，第4955页。
④ 道世撰，周叔迦、苏晋仁校注：《法苑珠林校注》卷14《敬佛篇》，第488页。

实际发生、广为学者共知修撰《西域图志》的事情，映衬佛教人物画像现身虚构之事亦为真实事件，可能在无意中记录了编绘《西域图志》图画的时间，故当以这个编修时间为准。

综合这些《西域图志》的编纂线索，大致可推：《西域图志》由志文和图画两部分构成，修撰时间为显庆三年（658）至乾封元年（666），其中，志文的完稿时间在龙朔三年（663），图画的始绘时间在麟德元年（664）或此前。

二 与《西域图志》有关的两种西域逸书

王名远《西域图记》与其出使吐火罗等西域国家相关，王玄策《西国行传》为他西使印度的闻见录，均属前述《西域图志》来源史料之"唐使见闻"部分。因这两部书牵涉问题稍多且为部分学者混淆，故特地在此列出加以稽考。

（一）王名远《西域图记》

《唐会要·安西都护府》载西域使者王名远著有《西域图记》："龙朔元年六月十七日，吐火罗道置州县使王名远进《西域图记》，并请于阗以西、波斯以东十六国，分置都督府及州八十，县一百一十，军府一百二十六，仍以吐火罗国立碑以记圣德，诏从之。"下面罗列十六个都督府、州都督府与其辖州名称和数目（见表4-4）。[①]

由前引《唐会要·吐火罗国》可知，显庆三年（658），王名远西往吐火罗等国，在设月氏都督府等羁縻府州时，搜集有关当地风俗物产等方面的资料，以作《西域图志》的编纂材料。在此处，《唐会要·安西都护府》又讲，龙朔元年（661），王名远呈献《西域图记》，并请求再次西行，在西域十六国置立羁縻府州。根据其先后两次到往西域承担的政治任务等，可推《西域图记》的主要内容或许涉以下两个方面史实。

第一，关于显庆三年（658）在吐火罗等国设置羁縻府州的情况，或者，有关这些西域国家风俗民情、古今沿革等方面的资料；第二，在于阗

[①] 王溥：《唐会要》卷73《安西都护府》，第1323—1325页。《唐会要》中的"县一百一十"，《通典》作"一百"，其余文同（杜佑撰，王文锦等点校：《通典》卷193《西戎五》，第5277页）。

以西、波斯以东的西域十六国，设立羁縻都督府、州、县、军府的"行政构想"，即置建"都督府及州八十"，为龙朔元年（661）使往西域的纲领性文件。下面根据《西域图记》的基本内容，探求《唐会要·安西都护府》中这些都督府、州都督府名称等史料来源。

在《唐会要·安西都护府》所列这十六个西域国家中，波斯位于今伊朗高原，余下十五国在今阿姆河之南，① 可见这些国家在于阗西和波斯东。在这些西域国家中，置有八个都督府、七十二个州（见表4-4），其中波斯都督府的治所在波斯国疾陵城。②

龙朔元年（661）王名远赴波斯国，以疾陵城为波斯都督府驻地，在《旧唐书·西戎传》《唐会要·波斯国》等书中有所记载："［波斯王］卑路斯龙朔元年奏言频被大食侵扰，请兵救援。诏遣陇州南由县令王名远充使西域，分置州县，因列其地疾陵城为波斯都督府，授卑路斯为都督"③。

说明《唐会要·安西都护府》中这十六国所在的地域，在这些国家所置都督府、州的数目，以及其中波斯都督府的名称和治所，与王名远的"行政构想"相合，这些资料有可能源自《西域图记》。

从另一方面来看，《西域图志》内容既然包含所述地域的历史沿革，彰显唐王朝在羁縻西域国家方面的丰功伟业，应该吸纳唐在西域创设都督府、州、县、军府等政治建制方面资料，所以《西域图记》无论作为编修《西域图志》的材料而进呈，抑或作为在这十几个西域国家设立羁縻都督府、州的纲领性文件而上呈，其均会作为编辑材料为《西域图志》取用。表明《唐会要·安西都护府》列举这十六个都督府、州都督府及其辖州的名称等，也有可能摘自《西域图志》。下面综合《旧唐书·地理志》《新唐书·地理志》等史籍中的相关记载简要分析这些内容（见表4-4）。

---

① 吴松弟编著：《两唐书地理志汇释》，安徽教育出版社2002年版，第341—344、305—308页。
② 王溥：《唐会要》卷73《安西都护府》，第1325页。
③ 刘昫等：《旧唐书》卷198《西戎传》，第5312—5313页；王溥：《唐会要》卷100《波斯国》，第1783页。

表4-4 《旧唐书·地理志》与《新唐书·地理志》(《唐会要·安西都护府》)所载十六个都督府、州都督府名称及所领州数目异同比较

	序号	都督府〔州都督府〕	领州	序号	都督府〔州都督府〕	领州
相同	1	大〔太〕汗都督府	15	6	姑墨州都督府〔和默州〕	1
	2	写凤都督府	4	7	旅獒州都督府〔挟撖州〕①	
	3	波斯都督府		8	昆墟州都督府	
	4	悦般州都督府〔悦般都督府〕	1	9	至拔州都督府〔至撖州〕	
	5	奇沙州都督府〔奇沙州〕	2	10	王庭州都督府〔王庭州〕	
		合计			23	

	序号	都督府／领州	《旧唐书·地理志》	《新唐书·地理志》(《唐会要·安西都护府》)
不同	1	月支〔氏〕都督府	24	25
	2	条支〔枝〕都督府	8	9
	3	天〔大〕马都督府	3	2
	4	高附都督府	3	2
	5	修鲜都督府	11	10
	6	鸟飞州都督府〔鸟飞州〕		1
		合计	49	49

说明：表4-4六角括号内都督府、州名称出自《旧唐书·地理志》。

　　《新唐书·地理志》也有与上引《唐会要·安西都护府》类似内容："西域府十六，州七十二龙朔元年，以陇州南由令王名远为吐火罗道置州县使，自于阗以西，波斯以东，凡十六国，以其王都为都督府，以其属部为州县。凡州八十八，县一百一十，军府百二十六。"在下文列有十六个都督府、州都督府及其辖州的名称和数目，② 对这两书中的相关记载可作如下考察。

　　《唐会要·安西都护府》《新唐书·地理志》所述十六个都督府、州都督府辖州的数量（见表4-4），以及县、军府总数相同，然所语都督府、

---

① "撖"应写作"獩"或"獒"，参陈晶晶《〈旧唐书〉〈太平寰宇记〉所见"挟（旅）撖"辨误》，《中国史研究》2024年第2期。
② 欧阳修等：《新唐书》卷43下《地理志七下》，第1135—1137页。

州的总和不一致：前书言"都督府及州八十"，后书先讲"州七十二"，之后在正文下注"凡州八十八"。这三个州数哪个是正确的呢？

表4-4中相关数据表明，十六国中设置都督府、州都督府各八个，它们共辖七十二州。因而，"都督府及州八十"应指八个都督府和七十二个州，其与"州七十二"计算方法都无误。"凡州八十八"指都督府、州都督府辖州与州都督府的总额，但只有八十个，恐误。究其原因，或者"凡州八十八"衍第二个"八"字，或者"州"字前脱"府"字。

除《新唐书·地理志》外，《旧唐书·地理志》亦有类似记载："龙朔元年，西域吐火罗款塞，乃于于阗以西、波斯以东十六国，皆置都督，督州八十，县一百一十，军府一百二十六，仍立碑于吐火罗以志之。""龙朔元年，西域诸国，遣使来内属，乃分置十六都督府，州八十，县一百一十，军府一百二十六，皆隶安西都护府，仍于吐火罗国立碑以记之。"下文列有十六个都督府、州及其辖州的名称、数目（见表4-4）。①

这两条《旧唐书·地理志》史料有一处不同：前说"督州八十"，后言"州八十"。由表4-4《旧唐书·地理志》胪列有关数值可见，在这十六国中，置九个都督府、七个州，都督府、州共辖七十二州，但不论如何整合，都与"督州八十""州八十"之语难合。

《旧唐书·地理志》《新唐书·地理志》陈述都督府、州都督府的辖州，以及县、军府的总数相同，枚举都督府、州（州都督府）及其辖州的名称略有差异（见表4-4）。其中，《旧唐书·地理志》中的"悦般都督府"，《新唐书·地理志》写作"悦般州都督府"。《新唐书·地理志》中的"××州都督府"，《旧唐书·地理志》一般记作"××州"，或"悦般都督府"依文例作"悦般州"。所以，《旧唐书·地理志》云都督府八、州八，都督府、州辖州七十二，其中的"督州八十"无论指都督府八、辖州七十二，抑或指州八、辖州七十二，均可。

除此之外，这两书列举六个都督府、州都督府所辖的州数不同（见表4-4），现对之作如下讨论。

联系前引《旧唐书·西戎传》《唐会要·安西都护府》《新唐书·西

---

① 刘昫等：《旧唐书》卷40《地理志三》，第1647、1649—1650页。

域传》《太平寰宇记》可知，在表4-4中，《旧唐书·地理志》中月氏都督府辖二十四州所属年代为显庆三年（658），修鲜都督府统十一州隶属时代系龙朔（661—663）初年，《新唐书·地理志》《唐会要·安西都护府》中月氏都督府统管二十五州所属时间是龙朔元年（661），修鲜都督府统辖十州系年非龙朔初年，《旧唐书·地理志》《新唐书·地理志》《唐会要·安西都护府》中写凤都督府统管四个州隶属年代非显庆三年。

由这些羁縻府州所属年代可推，显庆三年（658）、龙朔元年（661）月氏都督府等所辖州数目不相同，在这两年，王名远等西域使者先后两次出使这些国家目的之一，应分别是设置都督府、州，调整都督府政区建制。①

(二) 王玄策《西国行传》

王玄策事迹及留存在《释迦方志》《诸经要集》《法苑珠林》等书中的《西国行传》逸文，已为冯承钧、岑仲勉、孙修身、李并成等学者网罗殆尽。②《法苑珠林》转录《西国行传》的异名有《王玄策行传》《王玄策传》《西国行记》《西域行传》等，征引文字提到贞观十七年（643）王玄策等人护送印度使臣回国："粤以大唐贞观十七年三月内爰发明诏，令使人朝散大夫行卫尉寺丞上护军李义表、副使前融州黄水县令王玄策等送婆罗门客还国。"③该年是已知此书记事时间上限。

又，上引《西域图志》载龙朔元年（661）春王玄策从迦毕试国归来，《西域图志》的史料来源之一又系《西国行传》，反映《西国行传》当记这件事，其叙事时间下限及完成时间应在龙朔元年或稍后。《法苑珠林》提及："又案王玄策《西域行传》云：'摩伽陀国菩提寺大德僧赊那去线陀据经算出云："释迦菩萨年至十九，四月十五日初夜出城，至三十成道，至七十九入般涅槃已来，算至咸亨二年，始有一千三百九十五年。"'"④

---

① 吴玉贵：《唐代西域羁縻府州建置年代及其与唐朝的关系》，《新疆大学学报》（哲学社会科学版）1986年第1期。
② 冯承钧：《王玄策事辑》，《西域南海史地考证论著汇辑》，第102—128页；岑仲勉：《王玄策〈中天竺国行记〉》，《中外史地考证》，第303页；孙修身：《王玄策事迹钩沉》；李并成：《有关王玄策事迹的一条新史料》，《敦煌研究》2003年第2期。
③ 道世撰，周叔迦、苏晋仁校注：《法苑珠林校注》卷29《感通篇》，第911页。
④ 道世撰，周叔迦、苏晋仁校注：《法苑珠林校注》卷100《传记篇》，第2901页。

"算至咸亨二年"云云，表明或许王玄策在第三次访印归国以后的咸亨二年（671）增修其作，① 也有可能道世依照《西国行传》中释迦牟尼亡故之年到某年的时间，往后推演计算至咸亨二年的时间，② 总之咸亨二年是否为《西国行传》记事讫止时间难以论断。

《法苑珠林》《旧唐书·经籍志》《新唐书·艺文志》《通志》另讲王玄策曾撰与西往印度有关的旅行记《中天竺国行记》10卷，③ 唐代张彦远《历代名画记》载及它的文本结构和撰成时间："《中天竺国图》有《行记》十卷，图三卷，（明）[显]庆三年王玄策撰。"④

《西国行传》与《中天竺国行记》撰者、体裁（即行记）相同，内容均涉印度地区，所以多数学者习惯上将其等同（如下文所引冯承钧、陆庆夫、李宗俊之文）。然而，《西国行传》述显庆四年（659）事——"又王玄策《西国行传》云'王使显庆四年至婆栗阇国'"⑤，其写毕时间在龙朔元年（661）及以后，与《历代名画记》所说《中天竺国行记》完书时间显庆三年（658）不合，表明二书可能并非一书。此二书到底是何种关系呢？

在显庆三年（658）完就的《释迦方志》，暗引两条王玄策行记；在显庆年间（658—661）写就的《诸经要集》，引录两则王玄策《西国行传》《王玄策行传》。⑥ 说明王玄策行记在显庆三年写成的假设不能排除。再，《西国行传》所言王玄策在印度的出使活动，时间详细到年、月、日，⑦ 其体裁或是日记体行记。

综合这些线索，以及王玄策前后四次西访印度的情况可推，《中天竺

---

① 冯承钧：《王玄策事辑》，《西域南海史地考证论著汇辑》，第117页。
② 岑仲勉：《王玄策〈中天竺国行记〉》，《中外史地考证》，第301页。
③ 道世撰，周叔迦、苏晋仁校注：《法苑珠林校注》卷100《传记篇》，第2885页；刘昫等：《旧唐书》卷46《经籍志上》，第2016页；欧阳修等：《新唐书》卷58《艺文志二》，第1505页；郑樵撰，王树民点校：《通志二十略·艺文略第四》，第1586页。
④ 张彦远：《历代名画记》卷3，《丛书集成初编》第1646册，第151页。
⑤ 道世撰，周叔迦、苏晋仁校注：《法苑珠林校注》卷4《日月篇》，第107页。
⑥ 冯承钧：《王玄策事辑》，《西域南海史地考证论著汇辑》，第105—107页；岑仲勉：《王玄策〈中天竺国行记〉》，《中外史地考证》，第303页。
⑦ 道世撰，周叔迦、苏晋仁校注：《法苑珠林校注》卷29《感通篇》、卷36《伽蓝篇》，第908、911、1254页。

国行记》可能是《西国行传》的初修本。贞观十七年（643）、二十一年（647），王玄策先后两次西使印度，在访印期间记载每日见闻，贞观二十一年、二十二年（648）回国后，编作《中天竺国行记》。显庆三年（658），第三次到往印度，在旅印之时又记每天见闻，龙朔元年（661）归国后再次整理，并在原书基础上增补成《西国行传》，进呈朝廷作为撰修《西域图志》的材料。这两种书无专名，引用者依据其内容而拟书名。龙朔二年（662）五月或稍后，太州仙掌（今陕西华阴市）籍僧人玄照游历印度时，王玄策向唐高宗"表奏"玄照的"实德"，"遂蒙降敕旨，重诣西天，追玄照入京"，此为王玄策第四次使印。这次赴印去返时间比较急迫，《大唐西域求法高僧传》记其部分行程时间和路程曰"以九月而辞苫部，正月便到洛阳，五月之间，途经万里"①，即为凭证，可能无暇记录西使始末。再者，在麟德二年（665）返抵中国时，《西域图志》志文部分已撰写完毕，所以未录他第四次出行之事。道宣、道世相继见到《西域图志》编纂材料（如《中天竺国行记》）或其定本，甚至他们可能一同参与这部书编修，以后将之纳入各自著作《释迦方志》《续高僧传》与《诸经要集》《法苑珠林》。

上文讲到，使往吐火罗等国西域使者王名远撰有《西域图记》。李宗俊认为，王名远与其作《西域图记》，应分指王玄策及行程记《中天竺国行记》，根据主要有以下几个。

其一，王玄策、王名远出使西域时间均在显庆三年（658），可见他们出行时间相同。龙朔元年（661）六月，王名远向朝廷呈献《西域图记》，反映其返归时间，以及此书撰就时间当在龙朔元年六月或稍前，与王玄策回国时间龙朔元年春初切合：龙朔元年春回国，在之后的六月份进《西域图记》，中间相隔的几个月可解释为王玄策（王名远）董理《西域图记》（《中天竺国行记》）的时间。

其二，二王西使归来所呈行记，皆作为编修《西域图志》材料。据冯承钧、陆庆夫研究，《中天竺国行记》完毕时间在龙朔年间，反映其撰毕时间相同。

---

① 义净著，王邦维校注：《大唐西域求法高僧传校注》卷上《太州玄照法师》，第 10 页。

冯先生还讲，在《法苑珠林》中，《中天竺国行记》异名之一为《西域记》。陆先生又指出，《佛祖统纪》中《西域记》即《中天竺国行记》。根据题名可知《西域图记》由图、文两部分组成，倘若配图散佚或分离则可称为《西域记》，表明《西域图记》与《中天竺国行记》当指同一书。

其三，经孙修身考证，王玄策曾抵中亚地区的大夏、迦毕试国（今阿富汗喀布尔河流域）；据《唐会要·吐火罗国》可见，王名远曾至今阿富汗之北阿姆河流域的吐火罗，说明他们西访地区相同。

其四，"玄""策"分别有"远""记载、写在策上"之义，古文中有含"策名"二字的文句，故"玄策"与"名远"字义可相策应，应是名和字的关系。①

笔者认为，过多未知因素存于李先生所列的这几个论据中，实系材料不足征所致，王玄策与王名远指同一人之说，尚有进一步商讨余地。

第一，倘若显庆三年（658）仅王名远到访西域，王玄策亦于该年前往西域，则这两人有可能指同一个人。事实上，显庆三年前赴西域的使节并非王名远一人，如董寄生西往康国、史国；再者，其所证王玄策、王名远回国时间难以等同，似乎不可作为证明他们是同一人的论据。

第二，同样道理，在显庆三年（658）往赴西域的使臣，返还中国后当都进奏关于其抵达国家民俗特产、古今废置等方面的书籍，以作纂辑《西域图志》的材料，可知出访西域归来后进书的使臣非唯王玄策、王名远。

另外，冯承钧、陆庆夫主要依据《法苑珠林》所记考析《中天竺国行记》（即《西国行传》）的书写时间，相关资料记载为：

《西国志》云："唐国使人王玄策已三度至彼（今案，瞻波国大头仙人），以手摩头共语，了了分明。"

《西域志》云："大唐使人王玄策等前后三回往彼（今案，摩竭陀国王舍城耆阇崛山），见者非一。"

即如唐太宗文皇帝及今皇帝，命朝散大夫卫尉寺丞上护军李义表、副使前融州黄水县令王玄策等二十二人，使至西域。前后三度，

---

① 李宗俊：《唐敕使王玄策使印度事迹新探》，《西域研究》2010年第4期。

更使余人。①

冯先生认为，文中《西域图志》所载"三度至彼""三回往彼""前后三度"，指王玄策接续三次出使印度，第三次西使天竺时间在显庆三年至龙朔元年（658—661）。冯先生还指出，《西域图志》所言王玄策第三次西往印度等事，材料当出自《中天竺国行记》，反映《中天竺国行记》当亦记王玄策第三次西赴天竺，成书时间应在其返归时间之后，即龙朔元年（661）或稍后；《西域图志》系"唐朝麟德三年奉敕令百官撰"，完成时间应在麟德三年（666），表明《中天竺国行记》既是《西域图志》编纂材料之一，完书时间下限应在麟德三年。综之，《中天竺国行记》撰就时间在龙朔元年至麟德三年（661—666）。② 而李先生引冯先生观点作龙朔元年至三年（661—663），值得讨论。

与冯先生看法相似，陆庆夫也认为，既然书中先后数次讲到王玄策陆续三次出使天竺，其书写就时间在三次赴印以后。陆先生还以为，《法苑珠林》称《西域图志》编撰时间为"从麟德三年起首至乾封元年夏方讫"，其中"三年"当作"二年"。《西域图志》史料来源之一是《中天竺国行记》《大唐西域记》，反映后两书作为编辑西域史乘材料受到唐王朝重视，《中天竺国行记》撰毕时间应在《西域图志》完就时间麟德年间（664—665）之前的龙朔年间（661—663）。③ 对于冯、陆二人论证《中天竺国行记》的成就时间，笔者有如下认识。

前文提及，王玄策的这两种著作《中天竺国行记》《西国行传》，写毕时间不同，冯、陆二先生将之等同，值得商榷；即使此二书为一书，其所析《西国行传》写完时间亦有值得进一步探讨之处。

文中"三度至彼""三回往彼"，指王玄策陆续三次西访天竺或瞻仰释教圣迹，"前后三度，更使余人"言语含糊，当指唐朝首次派遣包括王玄策在内的二十二位使者往赴印度，第二、三次使印则更换了几名使节，没

---

① 道世撰，周叔迦、苏晋仁校注：《法苑珠林校注》卷5《六道篇》、卷35《法服篇》、卷55《破邪篇》，第174、1107、1661页。
② 冯承钧：《王玄策事辑》，《西域南海史地考证论著汇辑》，第104、105页。
③ 陆庆夫：《论王玄策对中印交通的贡献》，《敦煌学辑刊》1984年第1期。

有指明后两次都有王玄策。因而，冯、陆二人认为其指王玄策前后三次到往印度，值得再商讨。

又，文中"麟德""三年"是否为讹字，殊难详考，陆先生改"三年"为"二年"，理由不够充分；再者，经他修改后的"麟德二年"，当为《西域图志》始撰或成书时间，说明该年或此前已撰成《西国行传》。然陆先生推定其纂成时间在"麟德前"、龙朔三年（663），恐难令人信服。

冯、陆两位先生关于《西国行传》完就时间的看法，虽有不尽合理之处，但认为其成书时间在龙朔元年（661）或稍后是可取的。这个时间与王名远《西域图记》完毕时间龙朔元年六月及以前，似乎不能等同。

以上主要论述了《中天竺国行记》《西域图记》写成时间，下面论证《西域记》是否为《中天竺国行记》别称。

翻阅了《法苑珠林》全文，又利用中国基本古籍库在电子版《法苑珠林》中搜索关键词"西域记"，未搜得王玄策《西域记》。李先生所列冯承钧称《中天竺国行记》是《西域记》别名的依据为：

> 下面十余条（今案，《西国行传》辑文）并见《法苑珠林》，其中有"王玄策《传》""王玄策《行传》""《西国行传》""《西域行传》"种种名称之不同，还有几条说是出于玄奘《西域记》。然考所标年月，皆在玄奘表上《西域记》之后。大约不是出于《西域行传》，便是出于《西域志》的。因为同一事实三书并见，而皆有西域两字的标题，所以就混淆不分了。①

仔细阅读这段文字，可知文中未提到《西国行传》的异名《西域记》。但提及玄奘《西域记》、王玄策《西国行传》、许敬宗等《西域图志》之文在《法苑珠林》中混淆不分，表明李先生很可能是误解了冯先生之意。再者，从《诸经要集》《释迦方志》《法苑珠林》等书中，冯先生所辑三十六条与王玄策有关的史料载有《西国行传》异称，② 其中未有《西域

---

① 冯承钧：《王玄策事辑》，《西域南海史地考证论著汇辑》，第108—109页。
② 冯承钧：《王玄策事辑》，《西域南海史地考证论著汇辑》，第102—128页。

记》。

再，宋代志磐《佛祖统纪》引十一则《西域记》，其中多数内容引自《大唐西域记》，少数未言具体资料来源，如："顺殑伽河东北至毗邪离，东北至弗栗恃，西北至尼波罗其国北境即东女国，与吐蕃接，比来国命往还，率由此地。唐梵相去万里，自古取道迂回，致成远阻……印度尽三海际，同一王命唐玄奘三藏《西域记》。"① 陆庆夫指出，夹注中"其国北境即东女国"云云不见于《大唐西域记》，其出处文献《西域记》当指《中天竺国行记》。②

笔者认为，唐代以后记述西域事宜典籍比如辽代非浊《三宝感应要略录》中的"唐"一字也可指称中国，③ 文中即有"唐梵相去万里"之语，表明这段话叙事时间当在唐代或稍后。又考虑到，唐代与许敬宗生活年代相近的道世、道宣分别所撰《法苑珠林》《续高僧传》亦有类似记载，④ 可见《西域记》书写年代在唐代；前书还指明其出自《西域图志》别称《西域传》，然据此难证材料源出《西国行传》抑或其他史书。⑤ 反映限于目前的资料，《西域记》是否为《中天竺国行记》异名难以确考。相应地，李先生所述理由恐难成立。

第三，《续高僧传》讲王玄策曾到往大夏："使（今案，出使印度的唐朝使节）既西返，又敕王玄策等二十余人随往大夏。"⑥ 关于此次西使时间，孙修身系于贞观二十一年（647）第二次西赴印度之时；⑦ 张远则根据使团人数、使者活动等信息，推测应为贞观十七年至十九年（643—645）第一次往赴印度之时，⑧ 当以张先生所考为准。为方便对比考察王玄策、王名远西往大夏等国时间，现列作表格（见表4-5）。

---

① 志磐撰，道法校注：《佛祖统纪校注》卷33《世界名体志第十五之二》，第733、735页。
② 陆庆夫：《关于王玄策史迹研究的几点商榷》，《敦煌研究》1995年第4期。
③ 阳清、刘静：《晋唐佛教行记考论》第3章《释智猛与〈游行外国传〉》，第80页。
④ 道世撰，周叔迦、苏晋仁校注：《法苑珠林校注》卷29《感通篇》，第904页；道宣撰，苏小华校注：《续高僧传》卷4《译经篇四·京大慈恩寺释玄奘传一》，第90页。
⑤ 玄奘、辩机原著，季羡林等校注：《大唐西域记校注》卷7《尼波罗国》，第617—618页。
⑥ 道宣撰，苏小华校注：《续高僧传》卷4《译经篇四·京大慈恩寺释玄奘传一》，第96页。
⑦ 孙修身：《王玄策使大夏》，《王玄策事迹钩沉》，第220页；孙修身：《唐初中国和尼泊尔王国的交通》，《敦煌研究》1999年第1期。
⑧ 张远：《唐初印中遣使若干细节考辨——取熬糖法、献菩提树、破阿罗那顺和翻老子为梵言》，《中国典籍与文化》2016年第2期。

表4-5　　　　　　　王玄策、王名远出使西域时间和地点

序号	西域使者	出访时间	出使地
1	王玄策①	贞观十七年至十九年（643—645）	大夏
2		显庆三年（658）至龙朔元年（661）春	印度、迦毕试国
3	王名远	显庆三年至龙朔元年六月以前	吐火罗

从表4-5可见，他们虽曾出访过同在今阿富汗之北阿姆河流域的大夏、吐火罗，然其使往时间不同；此二人在显庆三年（658）出行，但其目的地印度、迦毕试国和吐火罗地理位置不同。说明就目前史料而言，王玄策、王名远出使地相同，然西行时间不同；动身时间相同，到访国家有异，不可以这些西使时间、国家证明其为一人。

第四，古代不少历史人物姓名、表字可以互释，即便同姓名或表字者，不可轻下其同指一人的论断。比如浙江大学图书馆藏存盖题《大周故王府君墓志铭》、首题《大周瀛洲鄚县丞王君墓志铭并序》的拓片（种次号：ZUL-SX01-2-247），讲墓主太原府祁县（今山西祁县）人氏王玄策（627—693），历任职务有相州林虑县（今河南林州）与申州义阳县（今河南信阳）主簿、瀛洲鄚（今河北任丘）县丞，② 而未列西域使节王玄策担任融州黄水（今广西罗城北）县令、右卫率府长史、和籴副使、左监门长史、左骁卫长史、陇右道巡察使、殿中侍御史等职，亦未提及往赴印度之事，恐怕与生活年代相仿的西域使臣王玄策非同一个人。相应地，麟德二年（665）刻于洛阳龙门石窟"王玄策造弥勒佛像题记"，其作者为

---

① 1990年，在今西藏吉隆县境内发现的《大唐天竺使出铭》，系显庆三年（658）左骁卫长史王玄策所勒，提到"声超雪岭"。关于碑文中"雪岭"，林梅村认为，指今阿富汗南境的兴都库什山，说明王玄策曾抵吐火罗（参氏著《碎叶川裴罗将军城出土唐碑考》，《中原文物》2016年第5期）；霍巍以为，并非兴都库什山之专名，也可能指今喜马拉雅山，表明王玄策是否到过吐火罗有待进一步考证（参氏著《〈大唐天竺使出铭〉相关问题再探》，《中国藏学》2001年第1期）。因而，显庆三年王玄策是否到过吐火罗存在争议。

② 墓志铭拓本图像及形态等资料详参浙江大学图书馆古籍碑帖研究与保护中心制作的"中国历代墓志数据库"，网址：http://csid.zju.edu.cn/tomb/stone/detail? id = 40288b95677977d00168789a432e0d94&rubbingId = 40288b95677977d00168789a43390d95；毛阳光、余扶危主编：《洛阳流散唐代墓志汇编》第52号《大周瀛州鄚县丞王君（玄策）墓志铭　神功元年十月二十一日》，国家图书馆出版社2013年版，第104—105页。

西域使者王玄策之说尚有进一步讨论余地。① 因而，李先生以为王玄策字名远，证据不够充足。

本章简要分析了裴矩《西域图记》九条佚文内容及相关问题，与《隋书·西域传》在资料利用方面的关系，还论析了许敬宗等《西域图志》编著材料来源及开始撰写和完就时间，以及与《西域图志》相关的王名远《西域图记》、王玄策《西国行传》等。魏晋以降，以文字记述为主并附录图画，还冠名"图经""图志""图记"的地理书籍，逐渐成为地方志发展过程中新型编纂形式，本章两种《西域图记》和《西域图志》即属于此类。与同时期国内其他地区相同类型方志相较，这几种西域地志有两个显著特点：中央政府主持编绘，配有人物及方物图。

---

① 李玉昆：《龙门石窟新发现王玄策造像题记》，《文物》1976年第11期。

第五章　西域佚遗文献拾零

由于受自然和人为等因素的影响，诸多西域文献散佚不存，且亡佚程度不尽相同。就目前搜集相关史料来看，或有少量佚文，或仅赖传世史书的著录、征引而知其名。鉴于此，前四章主要探讨了辑文数量较多、影响较大的西域文献，本章则着重梳理前文未涉及或旁及而未详考的西域资料，按文献类型和散失程度，分轶籍存文、存目及佚碑三类，在每类之下依照其叙事时间先后排列。

第一节　逸籍存文类

尚有逸文可辑的西域史部佚书属"存文"类，从现有存世典籍，共搜辑此类轶籍二十四种（不含本节所列没有辑文的《突厥所出风俗事》），其中十三种述印度地区，大部分内容可与《法显传》《大唐西域记》《往五天竺国传》等载籍中的相关记载印证。对于这些轶书内容的解释，可参中华书局版章巽《法显传校注》、季羡林等《大唐西域记校注》、张毅《往五天竺国传笺释》、王邦维《大唐西域求法高僧传校注》，以及与《水经注》相关的注释等，[①] 下文不再另作诠解。这些辑文在存世西域史料中虽属片言只字，但亦弥足珍贵。

---

① 郦道元注，杨守敬、熊会贞疏，段熙仲点校，陈桥驿复校：《水经注疏》卷1《河水》、卷2《河水》，第13—112页；岑仲勉：《〈水经注〉卷一笺校》，《中外史地考证》，第209—261页；余太山：《早期丝绸之路文献研究》附卷《〈水经注〉卷二〈河水〉所见西域水道考释》，第225—272页。

一 (东汉) 成光子《别传》

《释迦方志》:"三谓后汉献帝建安十年,秦州刺史遣成光子从鸟鼠山度铁桥而入,穷于达嚫。旋归之日,还践前途,自出别传。"① 反映建安十年(205)或稍后回归中原以后,成光子著有关于他循印度河上游河谷南下到达嚫(今印度半岛德干高原②)的游历传记。同书摘引有成光子的话语,或出自其传:"故成光子云:'中天竺国东至振旦国五万八千里振旦即神州之号也,彼人目之,南至金地国五万八千里,西至阿拘遮国五万八千里,北至小香山阿耨达池五万八千里。'"③ 一般认为金地国在今缅甸,小香山或许与同存有阿耨达池的香山(即昆仑山④)有关联,甚至同指一处,阿拘遮国地望难考。

二 (东晋) 道安《西域志》

第三章第一节已辑录、考释了该书部分辑文,下面另录二十四则辑文。

1. 新头河(今印度河)

(1) 其山(今案,阿耨达山)出六大水,山西有大水,名新头河。

(2) 新头河经罽宾、犍越、摩诃剌诸国,而入南海是也。

(3) 捷陀越王城西北有钵吐罗越城,佛袈裟王城也。东有寺。重复寻川水,西北十里有河步罗龙渊,佛到渊上浣衣处,浣石尚存。⑤

关于文中"钵吐罗越"之所指,杨守敬以为指《大唐西域记》"钵露罗"(今克什米尔拉达克);⑥ 岑仲勉则认为,即《法显传》"那揭国"(今

---

① 道宣撰,范祥雍点校:《释迦方志》卷下《游履篇第五》,第91页。
② 李智君:《天竺与中土:何为天地之中央——唐代僧人运用佛教空间结构系统整合中土空间的方法研究》,《学术月刊》2016年第6期。
③ 道宣撰,范祥雍点校:《释迦方志》卷上《中边篇第三》,第4页。
④ 玄奘、辩机原著,季羡林等校注:《大唐西域记校注》卷1《序论》,第39、41页。
⑤ 郦道元著,陈桥驿校证:《水经注校证》卷1《河水》、卷2《河水》,第3、4、33页。
⑥ 郦道元注,杨守敬、熊会贞疏,段熙仲点校,陈桥驿复校:《水经注疏》卷2《河水》,第85页。

阿富汗贾拉拉巴德)、《大唐西域记》"那揭罗曷",主要有以下两个根据。

其一,钵吐罗越国有"河步罗龙渊","河"或系"诃"之误,《大唐西域记》载瞿波罗龙居住在那揭罗曷国的深涧中,"诃"和"瞿"古音可相通转,所以"河步罗龙"应指"瞿波罗龙";其二,钵吐罗越国存佛浣衣石,那揭罗曷国有如来濯浣袈裟之大盘石。说明这两国有相同的事物,当为一国。① 岑说可从,下面再补充一条理由。

文中的"犍越""乾陀越""揵陀越",为《法显传》"犍陀卫"、《大唐西域记》"健驮逻",今巴基斯坦斯瓦特河与喀布尔河交汇处。辑文讲钵吐罗越国在乾陀越国西北,钵露罗、那揭罗曷国分别在乾陀越国东北、西北。

(4) 摩诃赖国又南得诃赖国,有阿耨达山,王舍城在阿耨达山东南角,竹园精舍在城西。又有佛浴所、六年苦行处,去城五十里。②

(5) 须刺国,有五百沙弥真人寺,望、晦日,寺前有方青石,(大)[天]人来下石上。③

2. 恒水(今恒河)

(1) 阿耨达山西南有水,名遥奴;山西南小东有水,名萨罕;小东有水,名恒伽。此三水同出一山,俱入恒水。

(2) 故释氏《西域记》有恒曲之目。恒北有四国,最西头恒曲中者是也,有拘夷那褐国。④ 拘夷[那褐]国北去城数百里,山上有石骆驼。溺水滴下,以金、铜、铁及木器、手掌承之,皆漏,惟瓢瓠不漏。服之,令人身臭,毛皮尽脱得止。其国(掌)[常]有婆罗门守视。⑤

---

① 岑仲勉:《晋宋间外国地理佚书辑略》,《中外史地考证》,第174页。
② 欧阳询撰,汪绍楹校:《艺文类聚》卷76《内典上》,第1293页;李昉等:《太平御览》卷797《四夷部十八》,第3541—3542页。
③ 欧阳询撰,汪绍楹校:《艺文类聚》卷76《内典上》,第1293页。
④ 郦道元著,陈桥驿校证:《水经注校证》卷1《河水》,第4页。
⑤ 李昉等:《太平御览》卷797《四夷部十八》,第3541页。

（3）毗舍利，维邪离国也。

（4）恒曲中次东，有僧迦扇奈揭城，佛下三道宝阶国也。

（5）[迦维罗卫]城北三里恒水上父王迎佛处，作浮图，作父抱佛像。①

（6）[迦那城]尼连水南注恒水，水西有佛树，佛于此苦行，日食糜六年。西去城五里许，树东河上，即佛入水浴处。东上岸尼拘律树下坐修，舍女上糜于此。于是西度水，于六年树南贝多树下坐，降魔得佛也。佛图调曰："佛树中枯，其来时更生枝叶。"②

文中的"尼连水"，《外国事》《大唐西域记》"尼连禅河"，今印度帕尔古河，③由南向北流进恒河，《西域志》云此河从北往南流入恒河，恐不确。

（7）波罗奈斯国，佛转法轮、调达入地狱土陷处，皆在其国。④

（8）恒曲次东有瞻婆国，城南有卜佉兰池，恒水在北，佛下说戒处也。⑤

（9）罗卫国东（西）[南]四百里至波丽越国，波丽越国即佛外祖国也。⑥

（10）大秦一名梨靬（今案，多摩梨靬）。⑦

"大秦一名梨靬"之语出自鱼豢《魏略·西戎传》，在鱼书中大秦为罗马帝国，道安以印度半岛的多摩梨靬指大秦国，恐靠不住。

---

① 郦道元著，陈桥驿校证：《水经注校证》卷1《河水》，第5、6页。
② 郦道元著，陈桥驿校证：《水经注校证》卷1《河水》，第10页。
③ 玄奘、辩机原著，季羡林等校注：《大唐西域记校注》卷8《摩揭陀国上》，第663页。
④ 欧阳询撰，汪绍楹校：《艺文类聚》卷76《内典上》，第1293页；李昉等：《太平御览》卷797《四夷部十八》，第3541页。
⑤ 郦道元著，陈桥驿校证：《水经注校证》卷1《河水》，第10页。
⑥ 李昉等：《太平御览》卷797《四夷部十八》，第3542页。
⑦ 郦道元著，陈桥驿校证：《水经注校证》卷1《河水》，第10页。

（11）恒水东流入东海。盖二水（今案，新头河、恒水）所注，两海（今案，南海、东海）所纳，自为东西也。①

3. 其他

（1）天竺国以十一月六日为冬至，冬至则麦秀；十二月十六日为腊，腊则麦熟。②

（2）月支国有佛澡灌，受二升许，青石，后名罗勒，色碧玉班白，受水无定，随其多少。佛带在月支国，长三尺许，似孔雀尾也。③

（3）［疏勒］国有佛浴床，赤真檀木作之，方四尺，王于官中供养。

（4）［屈茨］国北四十里，山上有寺，名雀离大清净。④

（5）巫咸山，一名覆莫山。

（6）葱岭，高，行十二日可至顶。

（7）胡国北有鸡城，北有人皆冠，象鸡也。

（8）珠穴出麇卢水边沙中，有短腰蜂窠，烧治以为虎珀。⑤

三　（东晋）支僧载《外国事》

在《续修四库全书总目提要》一书中，向达先后考析了支僧载国籍、生活的时代和《外国事》内容、史料价值等，其说大略有三点。其一，魏晋时期，来到中国的外籍僧侣大都以故国首字作为姓氏，支僧载姓"支"表明其国籍是月氏；其二，由《水经注》《太平御览》等书引《外国事》，可知所述地区基本上在北印度；其三，足本《外国事》与《法显传》《大

---

① 郦道元著，陈桥驿校证：《水经注校证》卷1《河水》，第10页。
② 贾思勰原著，缪启愉校释，缪桂龙参校：《齐民要术校释》卷10《五谷、果蓏、菜茹非中国物产者》，农业出版社1982年版，第567页；李昉等：《太平御览》卷28《时序部十三》、卷33《时序部十八》、卷838《百谷部二》，第132、158、3745页。
③ 虞世南：《北堂书钞》卷135《服饰部四》，第546页；李昉：《太平御览》卷712《服用部十四》、卷765《器物部十》，第3170、3394页。
④ 郦道元著，陈桥驿校证：《水经注校证》卷2《河水》，第36、37页。
⑤ 李昉等：《太平御览》卷50《地部十五》、卷797《四夷部十八》、卷808《珍宝部七》，第245、3542、3590页。

唐西域记》史料价值相当。① 对于向先生的这些看法，笔者有如下几点不同的意见。

支僧载之姓"支"，说明其来自月氏或承师姓姓"支"②，故向先生说支僧载的国籍是月氏值得商榷；在现存《外国事》辑文所涉十五个西域国家中，除罽宾、私诃条（今斯里兰卡）、大秦、大月氏外，余下十一国均在中印度，具体根据可参下列辑文，所以向先生言《外国事》所叙地区在北印度，恐有误；其所析《外国事》的史料价值亦值得再商讨，可参下面"拘私那竭国""舍卫国"两则辑文的注解。

1. 大月氏国

佛钵［所］在大月氏国，一名佛律婆越国，是天子之都也。起浮图，浮图高四丈，七层。四壁里有金银佛像，像悉如人高。钵处中央，在第二层上，作金络络钵，锁悬钵。钵是石也，其色青。③

2. 大秦国

大秦国人（援）［猿］臂长胁。④

《外国图》也有类似的记载："大秦国人长一丈五尺，猿臂长胁，好骑骆驼。"⑤ 关于它的记事时间，《外国图》曰："从大晋国正西七万里，得昆仑之墟。"⑥ 文中《外国图》撰者称晋国为"大晋国"，言语之间对晋国充满尊崇，可见他应生活在两晋，其书叙事时间当亦涉此间。

《外国事》《外国图》叙事时间都在晋代，又有相同之文，所以杨守敬

---

① 中国科学院图书馆整理：《续修四库全书总目提要·外国事》（稿本）第22册，第37页。
② 王燕飞：《汉传佛教僧人的姓氏》，《文史知识》2010年第9期。
③ 欧阳询撰，汪绍楹校：《艺文类聚》卷73《杂器物部》，第1255页。
④ 李昉等：《太平御览》卷369《人事部十》，第1701页。
⑤ 李昉等：《太平御览》卷377《人事部十八》，第1743页。
⑥ 郦道元著，陈桥驿校证：《水经注校证》卷1《河水》，第1页。

疑后者为前者之图画部分。① 今案《外国图》带有浓厚的神话色彩，又述桂林、琅琊、亶洲等西域之外地区，②而《外国事》陈述较平坦严实，多载印度地区，可见这两书叙事风格不同，所记地区不完全相符，恐非同书。

3. 北印度

罽宾〔密〕国

罽宾〔密〕国，小国耳，在舍卫之西。国王民人悉奉佛。土地寒。罗汉道人及沙门到冬月日未中前，饮少酒，过中后不复饭〔饮酒、食果〕。国属大秦。③

4. 南印度

私诃条国

（1）私〔和〕诃条国，在大海之中，地方二万里。国有大山，名三漫屈。山上有石井，井中生千叶白莲花数种。井边青石上有四佛足迹，合有八迹。每月六斋日，弥勒菩萨常与诸天神礼佛迹，竟，便飞去。浮图、讲堂，皆七宝。国王、长者常作金树银花、银树金花，以供养佛。④

（2）斯诃调〔和诃条〕国有大富长者条三弥，与佛作金薄承尘，一佛作两重承尘。⑤

---

① 郦道元注，杨守敬、熊会贞疏，段熙仲点校，陈桥驿复校：《水经注疏》卷1《河水》，第5页。
② 司马迁：《史记》卷6《秦始皇本纪》，第248页；范晔：《后汉书》卷85《东夷列传》，第2807页；李昉等：《太平御览》卷57《地部二十二》，第276页。
③ 欧阳询撰，汪绍楹校：《艺文类聚》卷76《内典上》，第1294页；李昉等：《太平御览》卷797《四夷部十八》，第3542页。案：《艺文类聚》中的"宾""饭"，《太平御览》分别写作"密""饮酒、食果"。
④ 欧阳询撰，汪绍楹校：《艺文类聚》卷76《内典上》，第1293页；李昉等：《太平御览》卷797《四夷部十八》、卷999《百卉部六》，第3542、4420页。案：《太平御览》卷999《百卉部六》中的"私"，《艺文类聚》与《太平御览》卷797《四夷部十八》均记作"和"。
⑤ 虞世南：《北堂书钞》卷132《服饰部一》，第529页；李昉等：《太平御览》卷701《服用部三》，第3130页。案：《北堂书钞》中的"和诃条"，《太平御览》引作"斯诃调"。

(3) 私呵调国王供养道人食,日银三两。①

(4) a 私诃条国全道辽山有毗呵罗寺,寺中有石龟。至有神灵,众僧饮食欲尽,寺奴辄向石龟作礼,于是食具。②

b 毗〔咀〕呵罗寺有神龙,住米仓中。奴取米,龙辄却后。奴若常取米,龙即不与。仓中米若尽,奴向龙拜,仓即盈溢。③

5. 中印度

(1) 播黎曰国

播黎曰国者,昔是小国耳,今是外国之大都,流沙之外悉称臣妾。④

播黎曰国即在后文提到的"摩竭提国",以及《法显传》"摩揭提国"、《大唐西域记》"摩揭陁国",指古印度地区笈多帝国(320—570)。⑤其创立者月护王在位时(320—335),国土辖今印度比哈尔、西孟加拉、北方邦等地区;第二任国王海护王执政时(335—380),疆域西至印度河流域,东到孟加拉湾,南达德干高原纳巴达河;第三任国王超日王执掌政权时(380—415),西部疆域拓至阿拉伯海,时帝国达至鼎盛。⑥法显游历印度之时(399—413),正值超日王当政。

由文中"流沙之外悉称臣妾"一语,大致可窥两条关于笈多帝国的信息。其一,在支僧载生活的时代,播黎曰国已经成为强国,控制了"流沙

---

① 李昉等:《太平御览》卷812《珍宝部十一》,第3609页。
② 李昉等:《太平御览》卷932《鳞介部四》,第4144页。
③ 欧阳询撰,汪绍楹校:《艺文类聚》卷96《鳞介部上》,第1663页;李昉等编,汪绍楹点校:《太平广记》卷423《平昌井》,第3442页。案:《艺文类聚》"毗",《太平广记》记作"咀"。
④ 李昉等:《太平御览》卷797《四夷部十八》,第3542页。
⑤ 向达:《汉唐间西域及海南诸国古地理书叙录》,《唐代长安与西域文明》,第590页。
⑥ [印]辛哈,[印]班纳吉:《印度通史》第8章《笈多帝国》,张若达等译,商务印书馆1964年版,第119—124页;[印] R. C. 马宗达,[印] H. C. 赖乔杜里,[印]卡利金卡尔·达塔:《高级印度史》第10章《笈多帝国》,张澍霖等译,商务印书馆1986年版,第156—162页;林太:《印度通史》第6章《从笈多王朝到戒日王时期》,上海社会科学院出版社2007年版,第61—63页。

之外"国家,说明这应在海护王、超日王在位时的笈多帝国强盛时期;其二,在地方上,笈多帝国采用藩属国制,中央直接控制今比哈尔邦、北方邦、中央邦、西孟加拉邦等,藩国则管理其他地区,可保持政治、军事、文化上的独立,只需定期朝觐、缴纳贡赋即可,① 与该语相合。

(2) 拘私那竭国

a 佛在拘私那竭国,欲入涅槃时,自然有七宝床从地出,有八万四千国王争将佛归。神妙天人曰:"佛应就此土。"那竭王乃作金棺栴檀车送佛丧,积薪不烧自燃。王将舍利归宫,八万四千国兴兵争舍利。婆罗门分之,用金升量舍利,得八斛四斗,诸国各得少许,还国各立浮屠。②

b 佛泥洹后,天人以新白㲲裹佛,以香花供养。满七日,盛以金棺,送出王宫,度一小水,水名醯兰那,去王宫可三里许。在宫北,以栴檀木为薪,天人各以火烧薪,薪了不燃。大迦叶从流沙还,不胜悲号,感动天地,从是之后,他薪不烧而自燃也。王敛舍利,用金作斗,量得八斛四斗,诸国王、天龙神王各得少许,赍还本国,以造佛寺。阿育王起浮屠于佛泥洹处,双树及塔,今无复有也。此树名娑罗树,其树花名娑罗佉也。此花色白如霜雪,香无比也。③

文中讲孔雀帝国(前321—前183)国王阿育王在释迦牟尼涅槃处所筑的佛塔已无存,东晋法显则言时此处佛塔尚存:"〔拘夷那竭〕城北双树间希连河边,世尊于此北首而般泥洹。及须跋最后得道处,以金棺供养世尊七日处,金刚力士放金杵处,八王分舍利处。诸处皆起塔,有僧伽蓝,今悉现在。"④ 唐代玄奘说时该处佛塔底端倾陷而屹立:"四树(今案,娑罗树)特高,如来寂灭之所也。其大砖精舍中,作如来涅槃之像,北首而

---

① 林承节:《印度史》第5章《笈多帝国》,人民出版社2004年版,第74—76页。
② 虞世南:《北堂书钞》卷133《服饰部二》,第530页;欧阳询撰,汪绍楹校:《艺文类聚》卷76《内典上》,第1294页;李昉等:《太平御览》卷797《四夷部十八》,第3542页。
③ 郦道元著,陈桥驿校证:《水经注校证》卷1《河水》,第5页。
④ 法显撰,章巽校注:《法显传校注·拘夷那竭城》,第76页。

卧。傍有窣堵波，无忧王所建，基虽倾陷，尚高二百余尺。"① 《外国事》与《法显传》《大唐西域记》所载迥然不同，应以躬临印度的法显、玄奘所讲为准（下同）。

(3) 维邪离国

维邪〔耶〕离国〔维那国〕去王舍城〔舍卫城〕五十由旬，由旬者，晋言四〔三〕十里，城周三由旬。维摩诘家在大城里官之南，去官七里许。屋宇坏尽，基井尚存，惟见处所尔。国人不复奉佛，悉事水火，余外道也。②

(4) 迦维罗越国

a 迦维罗越国，今无复王也，今属播黎曰国。城池荒秽，惟有空处。有优婆塞姓释，可二十余家，是白净王之苗裔，故为四姓，住在故城中，为优婆塞，故尚精进，犹有古风。彼日浮图坏尽，条三弥更修治一浮图，私诃条王送物助成，今有十二道人住其中。

b 太子始生时，妙后所扳树，树名须诃，阿育王以青石作后扳生太子像。昔树无复有，后诸沙门取昔树栽种之，展转相承，到今树枝如昔，尚荫石像。

c 又太子见行七步足迹，今日文理见存。阿育王以青石挟足迹两边，复以一长青石覆上。国人今日恒以香花供养，尚见足七形，文理分明。今虽有石覆无异，或人复以数重吉贝，重覆贴著石上，逾更明也。

d 太子生时，以龙王夹太子左右，吐水浴太子，见一龙吐水暖，一龙吐水冷，遂成二池，今尚一冷一暖矣。

e 太子未出家前十日，出往王田阎浮树下坐。树神以七宝奉太子，太子不受。于是思维，欲出家也。王田去官一据栌舍，据栌舍者，晋

---

① 玄奘、辩机原著，季羡林等校注：《大唐西域记校注》卷6《拘尸那揭罗国》，第539页。
② 郦道元著，陈桥驿校证：《水经注校证》卷1《河水》，第5页；欧阳询撰，汪绍楹校：《艺文类聚》卷76《内典上》，第1293页；李昉等：《太平御览》卷797《四夷部十八》，第3542页。案：《艺文类聚》中的"维那国""舍卫国""四"，《水经注》《太平御览》分别作"维邪离""王舍城"与"维耶离""舍卫国""三"。

言十里也。

　　f 太子以三月十五日夜出家，四天王来迎，各捧马足。尔时诸神天人，侧塞空中，散天香花。此时以至河南摩强水，即于此水边作沙门。

　　g 河南摩强水在迦维罗越北，相去十由旬。此水在罗阅祇瓶沙国，相去三十由旬。菩萨于是暂过，瓶沙王出见菩萨。菩萨于瓶沙随楼那果园中住一日，日暮便去半达钵愁宿。半达，晋言白也。钵愁，晋言山也。白山北去瓶沙国十里，明旦便去。暮宿昙兰山，去白山六由旬。于是径诣贝多树，贝多树在［罗］阅祇北，去昙兰山二十里。太子年二十九出家，三十五得道。①

　　迦维罗越，《法显传》"迦维罗卫"、《大唐西域记》"劫比罗伐窣堵"，今印度北方邦伯斯蒂。罗阅祇，今印度比哈尔邦巴特那，瓶沙王指频毗娑罗王，岑仲勉云："罗阅祇瓶沙者，合城名、王名以为国称，非礼也。"②关于河南摩强水与迦维罗越、罗阅祇瓶沙国相对位置，熊会贞、岑仲勉曾作过探讨。

　　熊会贞以为，"此水在罗阅祇瓶沙国"后漏"南"字。原因在于：河南摩强水在迦维罗越北，菩萨渡该河后，依次经白山、罗阅祇、贝多树，贝多树在罗阅祇北，当是由南向北行，故此水应在罗阅祇南（见图 5-1）。③

　　与熊会贞观点不同，岑仲勉认为："此水在罗阅祇瓶沙国"后脱"北"字，"河南摩强水在迦维罗越北"中的"北"当作"南"。原因如下：盖由其地望可知，罗阅祇在迦维罗越东南，菩萨过河南摩强水后，从南往北顺次过白山、罗阅祇、贝多树，可见此河应在罗阅祇北、迦维罗越南（见图 5-1）。④ 对于熊、岑二人的这些看法，笔者有一些不同的意见。

---

① 郦道元著，陈桥驿校证：《水经注校证》卷1《河水》，第6—7页；欧阳询撰，汪绍楹校：《艺文类聚》卷76《内典上》，第1293页；李昉等：《太平御览》卷797《四夷部十八》，第3542页。

② 岑仲勉：《〈水经注〉卷一笺校》，《中外史地考证》，第239页。

③ 郦道元注，杨守敬、熊会贞疏，段熙仲点校，陈桥驿复校：《水经注疏》卷1《河水》，第35—36页。

④ 岑仲勉：《〈水经注〉卷一笺校》，《中外史地考证》，第238—239页。

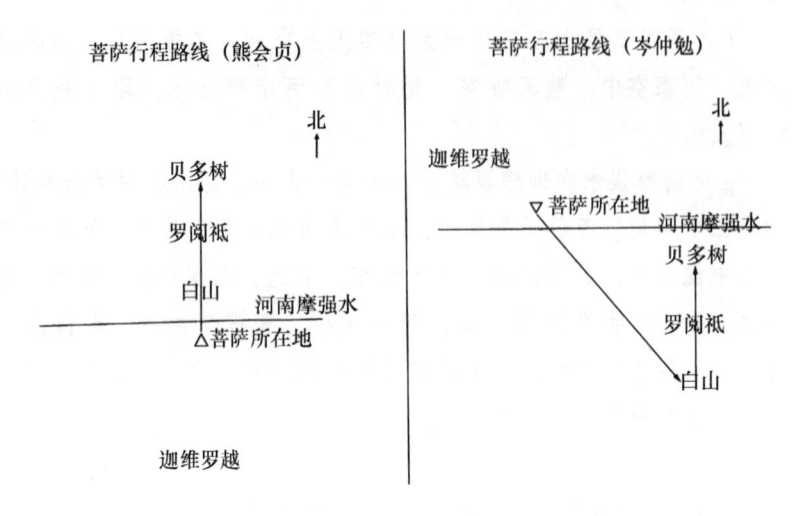

图 5-1　熊会贞、岑仲勉所考菩萨行程路线

在罗阅祇南、迦维罗越北的河流并不存在，所以熊言"瓶沙国"后缺"南"字，恐难成立；岑说注意到这两国相对方位，但经他更改后的文句，使菩萨行程路线繁杂。那么，到底该如何理解这条路线呢？今案西北—东南流向的根德格河、拉布蒂河，位于罗阅祇西北、迦维罗越东，在罗阅祇附近汇入恒河，菩萨渡此二河后，往北行先后抵达白山、罗阅祇、贝多树（见图5-2），说明《外国事》所载无误，河南摩强水当指这两河或其中

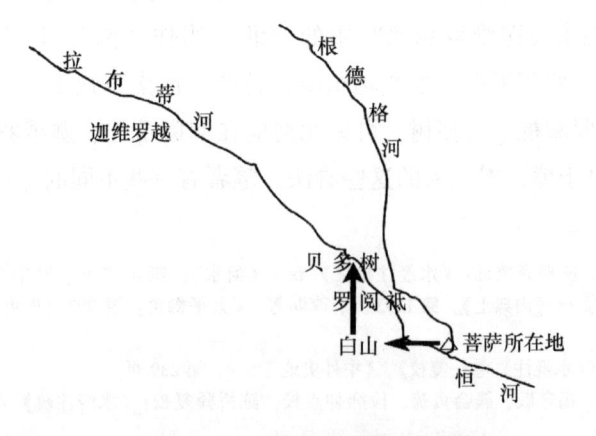

图 5-2　本书所考菩萨行程路线

一条河流。

(5) 那诃维国

　　a 鸠留佛姓迦叶，生那诃维国。①
　　b 那诃维国土丰乐，多民物，在迦维[罗]越南，相去三十里。②

(6) 拘那含国

　　牟尼佛所生也，亦名拘那舍，在迦维罗越西，相去复三十里。③

(7) 碓国

　　迦叶佛生碓国，今无复此国，故处在舍卫国西，相去三十里。④

(8) 波罗奈国

　　弥勒佛当生波罗奈国，是《屈陁罗经》所说，在迦维[罗]越南。⑤

(9) 拘宋婆国

　　拘宋婆国，今见过去佛四所住处。四屋，迦叶佛住中，教化四十年，释迦文佛住五年，二佛不说。⑥

(10) 摩竭提国

　　摩竭提国在迦维罗越之南，相去四十由旬。贝多树去摩揭提国三十里，一名毗波梨。佛在此一树下坐，满六年。长者女以金钵盛牛乳糜上佛，佛得乳糜，往尼连禅河浴。浴竟，于水边啖糜。竟，掷钵水中，逆流可百步许，然后钵没河中。迦梨郊[那]龙王接取钵，在宫中供养，先三佛钵亦见。佛于河傍坐摩诃菩提树，摩诃菩提树去贝多树二里，于此树下七日，思惟道成，魔兵试佛。⑦

---

① 欧阳询撰，汪绍楹校：《艺文类聚》卷76《内典上》，第1293页。
② 李昉等：《太平御览》卷797《四夷部十八》，第3542页。
③ 李昉等：《太平御览》卷797《四夷部十八》，第3542页。
④ 李昉等：《太平御览》卷797《四夷部十八》，第3542页。
⑤ 欧阳询撰，汪绍楹校：《艺文类聚》卷76《内典上》，第1294—1295页；李昉等：《太平御览》卷797《四夷部十八》，第3542页。
⑥ 李昉等：《太平御览》卷797《四夷部十八》，第3542页。
⑦ 郦道元著，陈桥驿校证：《水经注校证》卷1《河水》，第9—10页；欧阳询撰，汪绍楹校：《艺文类聚》卷73《杂器物部》，第1255页；李昉等：《太平御览》卷797《四夷部十八》，第3542页。

(11) 舍卫国

舍卫国今无复王，尽属播黎曰国。王遣小儿治，国人不奉佛法。①

舍卫国故地在今印度北方邦贡达和巴赫赖奇交界处，受到笈多帝国直接管理。在中央控制区，笈多帝国施行省（提舍、布克体）县（普罗提舍、毗沙耶等）两级制，省的长官为太守（高普特里）、副王（优巴里卡、优巴里卡—摩诃罗阇），或在地方豪族中选拔，或由皇族亲王担任，②与文中"王遣小儿治"之语大体相合。

同时，笈多帝国实行宽容的宗教政策，允许婆罗门教、佛教、耆那教等宗教自由传播，③法显至舍卫城时，城外存四处精舍、伽蓝，另有婆罗门寺一所，④均与文中"国人不奉佛法"的说法抵触。由前引《外国事》和《法显传》《大唐西域记》所记两处抵牾，可知支僧载未亲历印度，其书非来自他在印度实地见闻，与《法显传》《大唐西域记》史料价值也就不能同日而语。

四 （两晋）竺法维《佛国记》

《高僧传·昙无谶传》提及竺法维游历印度之事："又有竺法维、释僧表，并经往佛国云云。"⑤此外，还有其他史籍讲到竺法维的生平经历：《名僧传钞》目录有"名僧传第二十六　晋东安寺竺法维三"⑥，正文未列其传记，可见竺法维为晋时高僧，居住在晋都建康（今江苏南京）东安寺。⑦

---

① 李昉等：《太平御览》卷797《四夷部十八》，第3542页。
② [印]辛哈，[印]班纳吉：《印度通史》第8章《笈多帝国》，张若达等译，第127页；[巴基斯坦]A.H.达尼著，[巴基斯坦]I.H.库雷希主编：《巴基斯坦简史》第1卷《前穆斯林时期》第9章《贵霜诸沙希、匈奴诸沙希和笈多帝国时代》，四川大学外语系翻译组译，四川人民出版社1974年版，第261页。
③ [印]辛哈，[印]班纳吉：《印度通史》第8章《笈多帝国》，张若达等译，第131页；[巴基斯坦]A.H.达尼著，[巴基斯坦]I.H.库雷希主编：《巴基斯坦简史》第1卷《前穆斯林时期》第9章《贵霜诸沙希、匈奴诸沙希和笈多帝国时代》，四川大学外语系翻译组译，第264页。
④ 法显撰，章巽校注：《法显传校注·拘萨罗国舍卫城》，第62页。
⑤ 慧皎撰，汤用彤校注，汤一玄整理：《高僧传》卷2《晋河西昙无谶》，第81页。
⑥ 宝唱：《名僧传钞·名僧传目录》，《续藏经》第1辑第2编乙第7套第1册，民国十四年（1925）上海涵芬楼影印本，第4页。
⑦ 阳清、刘静：《晋唐佛教行记考论》第2章《竺法维与〈佛国记〉》，第61页。

又，在《续修四库全书总目提要》一书中，向达已详细考辨了其国籍、生活的时代和《佛国记》存佚状况等，① 兹不赘述。

1. 迦维卫国

　　迦维卫国，佛所生天竺国也，三千日月、万二千天地之中央也。②

2. 罗阅祇国

　　（1）罗阅祇国有灵鹫山，胡语云"耆阇崛山"。山是青石，石头似鹫鸟。阿育王使人凿石，假安两翼、两脚，凿治其身，今见存，远望似鹫鸟形，故曰"灵鹫山"也。③

文中的"灵鹫山"指《法显传》"耆阇崛山""雕鹫窟山"和《大唐西域记》"姞栗陀罗矩吒山"④，具指今印度境内何山难以详考。此山名称来历大概有三说，《佛国记》叙其中一说，前引《西域志》（参第三章第一节）与《法显传》记有其余两说。⑤

　　（2）六年树去佛树五里。⑥

3. 波罗奈国

　　（1）波罗奈国在迦维罗卫国南千二百里，中间有恒水，东南流，佛转法轮处，在国北二十里。树名春浮，维摩所处也。⑦

---

① 中国科学院图书馆整理：《续修四库全书总目提要·佛国记》（稿本）第22册，第39页。
② 郦道元著，陈桥驿校证：《水经注校证》卷1《河水》，第7页。
③ 郦道元著，陈桥驿校证：《水经注校证》卷1《河水》，第9页；李昉等：《太平御览》卷926《羽部十三》，第4117页。
④ 玄奘、辩机原著，季羡林等校注：《大唐西域记校注》卷9《摩揭陀国下》，第726页。
⑤ 法显撰，章巽校注：《法显传校注·王舍新城 瓶沙王旧城》，第96页。
⑥ 郦道元著，陈桥驿校证：《水经注校证》卷1《河水》，第10页。
⑦ 郦道元著，陈桥驿校证：《水经注校证》卷1《河水》，第10页。

(2)波罗柰国在伽维罗越国南千四百八十里。[波罗柰国]在摩竭提国南,亦天竺属国也。①

4. 大月支、弗楼沙国

佛钵在大月支国,起浮图,高三十丈,七层,钵处第二层,金络络锁县钵,钵是青石。或云悬钵虚空。须菩提置钵在金机上,佛一足迹与钵共在一处,国王、臣民悉持梵香、七宝、璧玉供养。塔迹、佛牙、袈裟、顶相舍利,悉在弗楼沙国。②

5. 私呵条、乾陁国

佛有四牙,广半寸,长半寸。一牙在[私]呵条国,又一牙在天上,又一牙在海龙王宫,又一牙在乾陁国,国王使大臣九人守保之。月朝捧擎牙出,牙或时放光明,香花数十斛散牙上,而牙不没。③

五 (东晋刘宋)智猛《游行外国传》

《出三藏记集》《高僧传》两书中"智猛传"云智猛经鄯善、龟兹、于阗等国到印度,后书还说刘宋元嘉十六年(439),智猛将游历印度的见闻,以文字形式记录下来:"[智猛]以元嘉十四年入蜀,十六年七月造传,记所游历。"④道宣《释迦方志》亦有类似记载:"[智猛]游西有传,大有明据,题云《沙门智猛游行外国传》,曾于蜀部见之。"⑤关于文中的"沙门智猛游行外国传",《隋书·经籍志》《新唐书·艺文志》《通志》与《旧唐书·经籍志》,则分别作《游行外国传》(1卷)、《外国传》(1卷)。⑥

---

① 杜佑撰,王文锦等点校:《通典》卷193《西戎五》,第5260、5261页;乐史撰,王文楚等点校:《太平寰宇记》卷183《西戎四》,第3501页。
② 郦道元著,陈桥驿校证:《水经注校证》卷2《河水》,第33页。
③ 李昉等:《太平御览》卷653《释部一》,第2919页。
④ 慧皎撰,汤用彤校注,汤一玄整理:《高僧传》卷3《宋京兆释智猛》,第126页。
⑤ 道宣撰,范祥雍点校:《释迦方志》卷下《游履篇第五》,第92页。
⑥ 魏徵等:《隋书》卷33《经籍志二》,第983页;欧阳修等:《新唐书》卷58《艺文志二》,第1505页;郑樵撰,王树民点校:《通志二十略·艺文略第四》,第1586页;刘昫等:《旧唐书》卷46《经籍志上》,第2016页。

同时,《出三藏记集·二十卷泥洹经记》还存其一则佚文:

《智猛传》云:"毗耶离国有大、小乘学,不同。帝利城次华氏邑,有婆罗门,氏族甚多。其禀性敏悟,归心大乘,博览众典,无不通达。家有银塔,纵广八尺,高三丈,四龛,银像高三尺余。多有大乘经,种种供养。婆罗门问猛言:'从何来?'答言:'秦地来。'又问:'秦地有大乘学否?'即答:'皆大乘学。'其乃惊愕雅叹云:'希有!将非菩萨往化耶!'智猛即就其家得《泥洹》胡本,还于凉州,出得二十卷。"①

在标题《二十卷泥洹经记》后,僧祐注"出智猛《游行外国传》",所以文中"智猛传"指《游行外国传》。《出三藏记集》"智猛传"也有行文相近的文句,②或以该传为基础改编而成。另外,徐坚等《初学记》亦录其一条逸文:"释智孟《游外国传》曰:'龟兹国高楼层阁,金银雕饰'。"③智猛前往印度经过了龟兹国,说明文中关于此国房屋建筑等方面内容当来自他的实地见闻。辽代非浊《三宝感应要略录》据引《释智猛传》语智猛在巡礼南天竺尸利密多罗菩萨塔时听说的神异传闻。④

另,日本僧人照远《资行钞·讣请则篇》提到智猛《游西国传》,然其后征引文字是否出自《游西国传》抑或法盛《历国传》难以详考。⑤

六 (刘宋)昙无竭《外国传》

昙无竭即法勇、昙景、昙勇,⑥《出三藏记集》《高僧传》所列其传记讲,昙无竭撰有关于南印度等地游历传记:"[昙无竭]后于南天竺,随舶

---

① 僧祐撰,苏晋仁、萧鍊子点校:《出三藏记集》卷8《二十卷泥洹经记第十九》,第316—317页。
② 僧祐撰,苏晋仁、萧鍊子点校:《出三藏记集》卷15《智猛法师传第九》,第580页。
③ 徐坚等:《初学记》卷27《银第二》,中华书局1962年版,第647页。
④ 非浊编,邵颖涛校注:《三宝感应要略录》卷下《第十九 南天竺尸利密多菩萨[造]观音灵像感应(出《释智猛传》)》,人民出版社2018年版,第344—349页。
⑤ 阳清、刘静:《晋唐佛教行记考论》第3章《释智猛与〈游行外国传〉》,第78—79页。
⑥ 向达:《汉唐间西域及海南诸国古地理书叙录》,《唐代长安与西域文明》,第592页。

泛海达广州，所历事迹，别有记传。"①《释迦方志》亦有相似叙述。②《历代三宝纪》《大唐内典录》《隋书·经籍志》《通志》等书所录昙无竭《外国传》5卷，述"竭自游西域事"，为"自著行记"③，应即这部游记，与智猛《外国传》书名相同。

唐时日本飞鸟寺僧人信行撰辑《翻梵言》引征4卷《外国传》，涉刹利名、人名、龙名、土名、城名、村名、山名、林名、花名，向达已摘录部分名称。④ 在补充向先生遗漏辑文和重新编序基础上，阳清、刘静参据两晋至唐代沙门书写佛教行记的一般范式，即行记文本分别以时间与地点为线索、归宿，随着时间推移延伸地名和见闻，讨论了《外国传》的文本框架、部分城市名称和昙无竭求法线路。他们的研讨方法和角度颇为新颖，其书后文中还运用类似方法探讨了法盛巡礼印度的四个阶段及路线。⑤

唐代道世《法苑珠林》云刘宋孝武帝西征扶南国获龙光瑞像，"昔法盛、昙无竭者，再往西方，有传五卷，略述此缘"⑥。文中"有传五卷"言辞不清，既可指法盛、昙无竭分别有5卷自传，亦可指这两人合撰5卷行记，也可指5卷传记陈说法盛、昙无竭西往印度等事。因此"龙光瑞像"云云在昙无竭《外国传》中是否有所记难以考索。

七 （北魏）道荣《道荣传》

《释迦方志》说北魏太武帝在位时（424—451）末年或稍后，道药经疏勒、悬度到僧伽施国（今印度北方邦法鲁哈巴德），并撰关于印度

---

① 僧祐撰，苏晋仁、萧錬子点校：《出三藏记集》卷15《法勇法师传第十》，第582页；慧皎撰，汤用彤校注，汤一玄整理：《高僧传》卷3《宋黄龙释昙无竭》，第94页。
② 道宣撰，范祥雍点校：《释迦方志》卷下《游履篇第五》，第93页。
③ 费长房：《历代三宝纪》卷10，高楠顺次郎等编纂《大正新修大藏经》卷49《史传部一》，第92页；道宣：《大唐内典录》卷4《历代众经传译所从录第一之四》，高楠顺次郎等编纂《大正新修大藏经》卷55《目录部全》，第260页；魏徵等：《隋书》卷33《经籍志二》，第985页；郑樵撰，王树民点校：《通志二十略·艺文略第四》，第1585页。
④ 向达：《汉唐间西域及海南诸国古地理书叙录》，《唐代长安与西域文明》，第592—593页。
⑤ 阳清、刘静：《晋唐佛教记考论》第4章《昙无竭与〈外国传〉两种》、第5章《释法盛与〈历国传〉》，第95—104、123—126页。
⑥ 道世著，周书迦、苏晋仁校注：《法苑珠林校注》卷14《敬佛篇第六》，第499—500页。

的游记1卷:"十三谓后魏太武末年,沙门道药从疎勒道入,经悬度到僧伽施国。及返,还寻故道。著传一卷。"①《洛阳伽蓝记》另讲道荣到过乌苌国:"大魏沙门道药至此(今案,乌苌国婆奸寺)礼拜而去,不敢停留。"②《古今逸史》本《洛阳伽蓝记》"道药",如隐堂本则作"道荣",可见"道药""道荣"当指同一个人。道宣《续高僧传》称南朝萧齐大统合水寺法上法师(495—580),在十二岁时(即萧梁天监五年,506)"投禅师道药而出家焉"③。法上业师道药与上文游历僧伽施国的道药是否为同一人,限于目前资料难以详考。如指同一个人,则道药活到百余岁。

《道荣传》在《洛阳伽蓝记》中凡见七次,应为《释迦方志》所称的"传一卷"。在这七则《道荣传》辑文中,六条涉乾陀罗国雀离浮图的地理位置、高度、周长等,一则言那迦罗阿国(今阿富汗贾拉拉巴德)的佛教建筑等。④

八 (刘宋)法盛《历国传》

《名僧传钞》所列法盛传记未提到其所撰的游记,⑤《高僧传》则言法盛著有关于外国的游历传记4卷:"时高昌复有沙门法盛,亦经往外国,立传凡有四卷。"⑥唐代道宣《释迦方志》有类似叙述,⑦在9世纪末日本学者藤原佐世撰就《日本国见在书目录》提及其4卷本行记名称《历国传》。⑧其他传世古籍亦载有法盛之书书名,然所记卷数与《高僧传》等不同:《隋书·经籍志》《旧唐书·经籍志》《新唐书·艺文志》《通志》谓

---

① 道宣撰,范祥雍点校:《释迦方志》卷下《游履篇第五》,第93页。
② 杨衒之撰,周祖谟校释:《洛阳伽蓝记校释》卷5《城北》,第194页。
③ 道宣撰,苏小华校注:《续高僧传》卷8《义解篇四·齐大统合水寺释法上传六》,第208页。
④ 杨衒之撰,周祖谟校释:《洛阳伽蓝记校释》卷5《城北》,第200、201、202、206—209页。
⑤ 宝唱:《名僧传钞》第26《宋齐昌寺法盛十》,《续藏经》第1辑第2编乙第1套第1册,第13页。
⑥ 慧皎撰,汤用彤校注,汤一玄整理:《高僧传》卷2《晋河西昙无谶》,第81页。
⑦ 道宣撰,范祥雍点校:《释迦方志》卷下《游履篇第五》,第93页。
⑧ 孙猛:《日本国见在书目录详考·本文篇》,第12页。

法盛撰有《历国传》2卷。①

《通典》称作《历诸国传》,②与《太平寰宇记》还另引作《历国传》:

> 释法盛《历国传》云:"其国(今案,波罗奈国)有稍割牛,其牛黑色,角细,长可四尺余,十日一割,不割便困病或致死。人服牛血皆老寿。国人皆寿五百岁,牛寿亦等于人,亦天竺属国。"③

文中所讲波罗奈国(今印度北方邦贝拿勒斯)"稍割牛"、国人寿命等皆荒诞不经,《新唐书·西域传》亦有类似之文,④材料可能源于《历国传》。又,日僧信行《翻梵言》所引法盛4卷本《历国传》,涉杂法名、比丘名、婆罗门名、刹帝利名、外道名、杂人名、鬼名、龙名、国土名、城名、寺舍名、山名、河名、洲名、果名,向达已搜录了这些轶文。⑤阳清、刘静补添了向先生漏辑的逸文,并着重探索了辑文中印度古国、城名、寺名异称和佛教渊源等,⑥可相参据。

九 (北齐)魏收《魏书·西域传》

北宋嘉祐六年(1061),仁宗命刘攽、刘恕、安焘、范祖禹等校勘《魏书》和宋、齐、梁、陈、北齐、周书。在之后校理《魏书》过程中,他们先于"目录"卷102《西域传》下注"阙"字,然后在正文该传卷末附校语:原书此传亡失,辑文采自唐代李延寿《北史·西域传》。⑦说明早在北宋中期,《魏书·西域传》全卷业已亡失。

---

① 魏徵等:《隋书》卷33《经籍志二》,第985页;刘昫等:《旧唐书》卷46《经籍志上》,第2016页;欧阳修等:《新唐书》卷58《艺文志二》,第1505页;郑樵撰,王树民点校:《通志二十略·艺文略第四》,第1586页。
② 杜佑撰,王文锦等点校:《通典》卷191《西戎三》,第5199页。
③ 杜佑撰,王文锦等点校:《通典》卷193《西戎五》,第5260—5261页;乐史撰,王文楚等点校:《太平寰宇记》卷183《西戎四》,第3501页。
④ 欧阳修等:《新唐书》卷221上《西域传上》,第6237页。
⑤ 向达:《汉唐间西域及海南诸国古地理书叙录》,《唐代长安与西域文明》,第594—595页。
⑥ 阳清、刘静:《晋唐佛教记考论》第5章《释法盛与〈历国传〉》,第118—122、126—145页;阳清:《信行〈翻梵语〉所见〈历国传〉探骊》,《中国边疆史地研究》2024年第1期。
⑦ 魏收:《魏书》卷102《西域传》、附录《旧本魏书目录叙》,第2282、3065页。

第五章　西域佚遗文献拾零　217

　　针对宋人从《北史·西域传》中辑出流传至今的《魏书·西域传》，中外学者主要依据《周书·异域传》《隋书·西域传》《北史·西域传》《法苑珠林》《通典》《太平寰宇记》《太平御览》《通志》等宋代或稍前载籍再次进行了细致辑录校对等工作。辑本《魏书·西域传》，为学者们系统利用元魏基本史料论证当时西域情况提供了很大便利。笔者又核对了《通典》《太平寰宇记》《太平御览》等书，发现前人校正还是有些遗漏，下面将其中比较重要的异文罗列如下。

　　1. 者至拔国

　　《魏书·西域传》《北史·西域传》："其国东有潘贺那山，出美铁及师子。"①　"潘"，《太平御览》引《魏书》作"藩"②。藩〔潘〕贺那系Ferghana 的对译，藩〔潘〕贺那山指今费尔干纳山脉。③从中外地理名称对音角度考虑，文中"藩"较"潘"更恰妥。

　　2. 诺色波罗国

　　《魏书·西域传》《北史·西域传》："诺色波罗国，都波罗城。"④"波罗城"，《太平御览》引录《魏书》记"诺色波罗城"⑤。与同传中"呼似密国都呼似密城""阿弗太汗国都阿弗太汗城"等记载相似，⑥皆是国名与都城名同名，因而"波罗城"当作"诺色波罗城"。

　　3. 南天竺国

　　《魏书·西域传》《北史·西域传》："〔拔赖城〕城中出黄金、白真檀、石蜜、蒲萄"⑦。《太平御览》录《北史》在"白真檀""石蜜"两词

---

①　魏收：《魏书》卷102《西域传》，第2269页；李延寿：《北史》卷97《西域传》，第3220页。

②　李昉等：《太平御览》卷797《四夷部十八》，第3539页。

③　余太山：《〈魏书·西域传〉（原文）要注》，《两汉魏晋南北朝正史西域传要注》，第455页。

④　魏收：《魏书》卷102《西域传》，第2273页；李延寿：《北史》卷97《西域传》，第3225页。

⑤　李昉等：《太平御览》卷797《四夷部十八》，第3540页。

⑥　魏收：《魏书》卷102《西域传》，第2273页；李延寿：《北史》卷97《西域传》，第3224页。

⑦　魏收：《魏书》卷102《西域传》，第2278页；李延寿：《北史》卷97《西域传》，第3230页。

之间有"赤檀"二字,①《魏书·西域传》《北史·西域传》或有阙文,可补入。

4. 嚈哒国

《魏书·西域传》《北史·西域传》:"慧生所经诸国,不能知其本末及山川里数,盖举其略云。"②句子的主语"慧生",《通典》《太平寰宇记》分别记作"宋云""宋云等"③。这句话涉《魏书·西域传》朱居、渴槃陀、钵和、波知、赊弥、乌苌、乾陀七国传记材料来源,其主语无论作"慧生"抑或"宋云"乃至"宋云等"均失当(详第三章第二节)。异文比较重要,应出校勘记。

5. 乌苌国

《魏书·西域传》:"[乌苌国]事佛,多诸寺塔,事极华丽。"④"事极华丽"应理解为佛教祭祝等仪式场面宏大。文中的"事",《北史·西域传》相似文句无此字,⑤《太平御览》转引《北史》则作"寺"⑥。"[寺]极华丽"指寺庙建筑、装饰宏伟华贵。"事极华丽"背离《北史·西域传》原意,应删"事"字。

十 (隋代或稍前)佚名《外国传》

隋代费长房《历代三宝纪》所录一条《外国传》,内容与佛教传说有关:"佛灭度后四百八十年,有神通罗汉名呵利难陀,国王之子,于优长国东北造牛头栴檀弥勒像,高八丈,将巧匠三人上兜率,看真弥勒造,然后得成,甚有神验。"⑦除此以外的唐宋载籍亦征用《外国传》。

唐代玄应《一切经音义》:"《四分律》第二卷'刍摩'……《外国

---

① 李昉等:《太平御览》卷792《四夷部十三》,第3515页。
② 魏收:《魏书》卷102《西域传》,第2279页;李延寿:《北史》卷97《西域传》,第3232页。
③ 杜佑撰,王文锦等点校:《通典》卷193《西戎五》,第5259页;乐史撰,王文楚等点校:《太平寰宇记》卷183《西戎四》,第3499页。
④ 魏收:《魏书》卷102《西域传》,第2280页。
⑤ 李延寿:《北史》卷97《西域传》,第3233页。
⑥ 李昉等:《太平御览》卷793《四夷部十四》,第3518页。
⑦ 费长房:《历代三宝纪》卷2,高楠顺次郎等编纂《大正新修大藏经》卷49《史传部一》,第30页。

传》云：'彼少丝麻，多用婆叔迦果及草、羊毛、野蚕、绵等为衣也'。"①"刍摩"系梵语 kṣauma 汉译，为麻衣之义。② 说明《外国传》提到古代印度衣服材料等。

又，唐代慧琳《一切经音义》："《佛本行集经》第一卷'迦兰陁鸟'……案《外国传》云：'其形似鹊，但此鸟群集，多栖竹林。昔有国王于林睡息，蛇来欲螫，鸟鸣，觉之。王荷其恩，散食养鸟。林主居士遂从此为名，名迦兰驮迦也。旧安外道，后奉如来也。'"③ 反映《外国传》述印度"迦兰陁鸟"名称来源及与佛教渊源等。"迦兰陁"为梵文 karaṇḍa 的移译，译曰"好声鸟"。

再，北宋乐史《太平寰宇记》所引《外国传》内容涉印度佛教圣迹："须达拏太子所住石室，在山东壁上。西南有东泉，生白莲花。西北有塔，即阿周仙人住处。"④

这几种《外国传》撰者、成书时间均不详，是否为同一书，以及是否指昙无竭《外国传》抑或智猛《外国传》，难以确知。

十一 （隋代或此前）佚名《突厥所出风俗事》、（唐代或稍前）佚名《突厥本末记》

《隋书·经籍志》《通志》收存有《突厥所出风俗事》1卷，⑤ 然未载其撰者和撰成时间。《通典》存有一则书名与之相似的《突厥本末记》逸文："突厥窟北马行一月，有短人国。长者不逾三尺，亦有二尺者。头少毛发，若羊胞之状，突厥呼为羊胞头国。其傍无他种类相侵，俗无寇盗。但有大鸟，高七八尺，常伺短人啄而食之。短人皆持弓矢，以为之备。"⑥ 文中"短人国"人身高、天敌等，《括地志》也有类似记载。⑦《突厥本末

---

① 玄应：《一切经音义》卷14，清道光二十五年（1845）《海山仙馆丛书》本。
② 玄奘、辩机原著，季羡林等校注：《大唐西域记校注》卷2《印度总述》，第179页。
③ 慧琳：《一切经音义》卷56，高楠顺次郎等编纂《大正新修大藏经》卷54《事汇部下》，第678页。
④ 乐史撰，王文楚等点校：《太平寰宇记》卷183《西戎四》，第3504页。
⑤ 魏徵等：《隋书》卷33《经籍志二》，第986页；郑樵撰，王树民点校：《通志二十略·艺文略第四》，第1585页。
⑥ 杜佑撰，王文锦等点校：《通典》卷193《西戎五》，第5269页。
⑦ 李泰等著，贺次君辑校：《括地志辑校》卷4《西域》，中华书局2010年版，第250页。

记》在《隋书·经籍志》等公私目录类史籍中不见著录，是否指《突厥所出风俗事》，有待考证。

十二　（隋）韦节《西蕃记》

《隋书·西域传》记隋炀帝时西域使者韦节出使罽宾、摩揭陀国王舍城、史国等西域国家（域邑）："炀帝时，遣侍御史韦节、司隶从事杜行满使于西蕃诸国。至罽宾，得玛瑙杯；王舍城，得佛经；史国，得十舞女、师子皮、火鼠毛而还。"同传中还讲到，炀帝即位以后，杜行满曾抵安国获得五色盐，① 时韦、杜是否同往此国抑或为杜的另一次西使，难以确查。《通典》《太平寰宇记》所引三条《西蕃记》，则可补充《隋书·西域传》所载韦节出访地：

1. 韦节《西蕃记》云："康国人并善贾，男年五岁则令学书，少解则遣学贾，以得利多为善。其人好音声。以六月一日为岁首，至此日，王及人庶并服新衣，翦发须。在国城东林下七日马射，至欲罢日，置一金钱于帖上，射中者则得一日为王。俗事天神，崇敬甚重。云神儿七月死，失骸骨，事神之人每至其月，俱著黑叠衣，徒跣抚胸号哭，涕泪交流。丈夫妇女三五百人散在草野，求天儿骸骨，七日便止。国城外别有二百余户，专知丧事，别筑一院，院内养狗。每有人死，即往取尸，置此院内，令狗食之，肉尽收骸骨，埋殡无棺椁。"②

2. 韦节《西蕃记》云："（今案，韦节）亲问其国（今案，挹怛）人，并自称挹阗。"③

3. 《后魏书·西域传》："吐呼罗国有薄提城，周围六十里。"与《西蕃记》薄提城可十四五里，小异也。④

关于第一则辑文所述康国风俗民情等情况的研究，可参蔡鸿生和李锦

---

① 魏徵等：《隋书》卷83《西域传》，第1841、1849页。
② 杜佑撰，王文锦等点校：《通典》卷193《西戎五》，第5256页。
③ 杜佑撰，王文锦等点校：《通典》卷193《西戎五》，第5260页。
④ 乐史撰，王文楚等点校：《太平寰宇记》卷186《西戎七》，第3571—3572页。

绣、余太山等学者论著。① 由第二条辑文可知，韦节曾前赴挹怛（今阿富汗之北阿姆河流域），《隋书·西域传》云"［吐火罗］与挹怛杂居"②，说明韦节也有可能到过吐火罗，第三则辑文似可为证。薄提城即《魏书·西域传》中的"薄知城"，今阿富汗巴尔赫。

十三 （唐代或此前）佚名《印度记》

《大唐西域记》引四条《印度记》，③ 其校注者推测《印度记》为古印度之书，内容述及佛教传闻等，④ 沙畹等则疑《印度记》指裴矩、彦琮合撰的《天竺记》。⑤ 由目前这些轶文难以论断其是中国抑或印度书籍，姑且存疑俟考。

十四 （唐代或稍前）佚名《西域图经》

《释迦氏谱》："《西域图经》云：'五天竺国北泊雪山，南泊大海，六万余里，川泽坦然，更无山阜。但有河水分注，林木森列，余之三方面带山陇，递相连属，有类东川。良由世界初构，群生业力，结兹胜壤以待佛兴，即事求诸非中何谓'。"⑥ 关于《西域图经》辑文所述印度地理，有如下认识。

"五天竺国"，古印度地区。"雪山"，今喜马拉雅山或兴都库什山。"大海"，今印度洋。文中主要讲述了印度半岛的自然地理情况，第一句叙述印度半岛总体状况，第二句略述印度河、恒河流域及其以南的德干高原。德干高原为其北的温迪亚山、萨特普拉山，其西的西高止山，其东的东高止山围绕，与文中"余之三方面带山陇"相合。说明早在唐代或稍前，中国人已经了解印度半岛地貌地势。

---

① 蔡鸿生：《唐代九姓胡与突厥文化》，中华书局1998年版，第24—27、32—37页；李锦绣、余太山：《〈通典〉西域文献要注》，第172页。
② 魏徵等：《隋书》卷83《西域传》，第1853页。
③ 玄奘、辩机原著，季羡林等校注：《大唐西域记校注》卷4《磔迦国》、卷7《战主国》、卷7《吠舍厘国》、卷8《摩揭陀国上》，第364、581、590、638—639页。
④ 玄奘、辩机原著，季羡林等校注：《大唐西域记校注》卷7《战主国》，第582页。
⑤ ［法］沙畹：《〈宋云行记〉笺注》，《西域南海史地考证译丛》第6编，冯承钧译，第66页。
⑥ 道宣：《释迦氏谱·三序所托方土》，高楠顺次郎等编纂《大正新修大藏经》卷50《史传部二》，第87页。

十五　（唐）盖嘉运《西域记》

《唐会要》录有开元年间（713—741）安西都护盖嘉运所撰的《西域记》逸文："开元中，安西都护盖嘉运撰《西域记》云：'坚昆国人皆赤发绿睛，其有黑发黑睛者，则李陵之后，故其人称是都尉苗裔'。"①《新唐书·回鹘传》《太平寰宇记》《册府元龟》等亦有类似记载，② 材料或采自此书。与上引《唐会要》稍有不同，文中的"盖嘉运"，《太平寰宇记》《册府元龟》则作"盖嘉惠"。开元五年（717）汤嘉惠任安西副大都护，③ 或因此这两种书混淆了盖、汤之名。

新旧两唐书未列盖嘉运传记，由唐代张九龄所撰敕书、《旧唐书·玄宗本纪》可见，之前盖嘉运任瀚海军使，开元二十四年（736）或稍前升任北庭都护。④ 北庭都护府统摄突骑施、坚昆、斩啜等部落，⑤ 其中"坚昆"指在结骨部（即黠戛斯部，今叶尼塞河流域）设置的坚昆都督府。盖嘉运摄北庭都护之职，当有便利知悉黠戛斯状况，所以文中有关此国内容当来自其所见所闻。开元二十六年（738）或此前，盖嘉运调任安西都护，⑥ 反映前引《唐会要》中的"开元中"，或指开元二十六年前后，为《西域记》完书时间。

十六　（唐）佚名《西域记》

宋代蔡絛《蔡絛诗话》："余尝观唐人《西域记》云：'龟兹国王与臣庶知乐者，于大山间听风水之声，均节成音，后翻入中国，如《伊州》《凉州》《甘州》，皆自龟兹至也'。"⑦《伊州》《凉州》《甘州》，均系在天

---

① 王溥：《唐会要》卷100《结骨国》，第1785页。
② 欧阳修等：《新唐书》卷217下《回鹘传下》，第6147页；乐史撰，王文楚等点校：《太平寰宇记》卷199《北狄十一》，第3820页；王钦若等编纂，周勋初等校订：《册府元龟》卷996《外臣部（四十一）》，第11527页。
③ 司马光编著，胡三省音注：《资治通鉴》卷211《唐纪二十七》，第6728页。
④ 张九龄撰，熊飞校注：《张九龄集校注》卷8《敕北庭将士（瀚海军使盖嘉运）已下书》，中华书局2008年版，第530页；刘昫等：《旧唐书》卷8《玄宗本纪上》，第203页。
⑤ 刘昫：《旧唐书》卷40《地理志三》，第1645页。
⑥ 刘昫等：《旧唐书》卷194下《突厥传下》，第5192页。
⑦ 蔡絛：《蔡絛诗话》卷上，吴文治主编《宋诗话全编》第3册，江苏古籍出版社1998年版，第2488页。

宝年间（742—756）安史之乱爆发之前流传于中原的以西北边地命名的乐曲。① 其中，《伊州》为商调曲，由西京节度使（亦名凤翔节度使，上元元年置，建中四年更名保义军）盖嘉运进呈；《凉州》是宫调曲，有大遍、小遍，② 系开元年间（713—741）西凉府都督郭知运（667—721）呈献；《甘州》为羽调曲，传入者不详。③ 文中"唐人《西域记》"表明其写就时间在唐代，具体时间在开元年间或稍后。

十七　（唐）杜环《经行记》

杜环，在唐宋元史册中亦写作"杜还""杜瓌"，生卒年不详，大抵生活在唐玄宗、肃宗、代宗在位之时，即8世纪中叶前后，他与唐代著名历史学家、政治家杜佑隶属同一宗族且为其子侄之辈。天宝十年（751），作为安西节度使高仙芝部属征伐西域国家石国，稍后在怛逻斯（今哈萨克斯坦塔拉兹）对黑衣大食（阿拉伯帝国）作战中不幸被俘，之后十多年中可能以大食军队正规军或后勤人员等身份从东到西转战、驻守大食国各地，西行最远到达今非洲北部，宝应（762—763）初年乘坐商船到广州，尔后北行返抵内陆。④

杜佑《通典》卷192《西戎四》、卷193《西戎五》前后转引有十二则"杜环《经行记》""杜环《记》"，总计1500多个文字，以后的《太平寰宇记》《太平御览》《通志》《文献通考》等宋元典籍相继写录相似文句并无溢出全新内容，故而其择取材料或直接转自《通典》。现代学者张一纯已收集、校订以上诸书引用的文字，其书为目前最为完善的校注本。⑤

《通典》转载《经行记》大略涉拔汗那国（今乌兹别克斯坦东部费尔干纳）、康国、师子国（今斯里兰卡）、拂菻国（拜占庭帝国）、摩邻国（今埃及以西的利比亚、突尼斯、阿尔及利亚与摩洛哥或摩洛哥）、石国、

---

① 欧阳修等：《新唐书》卷22《礼乐志十二》，第476—477页。
② 欧阳修等：《新唐书》卷22《礼乐志十二》，第477页。
③ 郭茂倩编：《乐府诗集》卷79《近代曲辞一》，中华书局1988年版，第1117、1119、1130页。
④ 杜佑撰，王文锦等点校：《通典》卷191《西戎三》，第5199页。
⑤ 杜环原著，张一纯笺注：《经行记笺注》，第1—66页。

碎叶国（今吉尔吉斯斯坦托克马克）、大食国（今阿拉伯半岛、伊朗高原、两河流域、北非等地）、末禄国（今土库曼斯坦马雷）、苫国（今叙利亚地区）等西域古国地理位置、山脉、河流、湖泊、物产、人的体态特征、民俗、生活习惯、宗教信仰、刑律、城邑、交通线路及与唐朝政治军事关系等。

从文中中外交往路线所见杜环西域出行线路大致为：从安西节度使衙署驻地安西（即龟兹）始发，溯塔里木河及北支流阿克苏河西北行，逾勃达岭（今新疆乌什西北与吉尔吉斯斯坦交界处的别迭里山口），循伊塞克湖之南的纳伦河西行，路过雪海（今吉尔吉斯斯坦纳伦州多隆山口附近诸小湖）以后，朝北行走，经伊塞克湖之西，先后抵达碎叶川（今楚河）东南碎叶城、西南怛逻斯城，而后往南走，相继到达拔汗那、石国，以后西渡锡尔河陆续至康国、米国，之后西经阿姆河流域的亚梅国（今土库曼斯坦东部查尔朱）到其西南的末禄国，稍后经伊朗高原北部、里海南岸的"伊朗北道"到黑衣大食都城亚俱罗（今伊拉克南部库法），复西北行至苫国，最后陆续沿着地中海东岸、南岸到摩邻国。路线中未有然存于《经行记》之师子、拂菻两国，或系杜环据听闻而记。

《经行记》独特史料价值集中体现在三个方面：是中国古代典籍中最早准确记录伊斯兰教教义、教法、日常生活行为和禁忌的，证实了中国传统工艺技术比如造纸术往西传入阿拉伯帝国，最先书录了非洲北部自然与人文景观。鉴于其为经实地验证的真实记载及特殊史学价值，零散存录于《通典》中的《经行记》，先后被《唐会要·大食国》与《新唐书·西域传》"碎叶国""拂菻国""磨邻国""大食国""末禄国""苫国"诸传记取用。①

《通典》还提及《经行记》的写作时间："宝应初，[杜环]因贾商船舶自广州而回，著《经行记》。"② 表明这部书写就时间应该在杜环归返中土以后，即唐代宗李豫继位以后使用第一个年号"宝应"元年（762）或此后。通常来说个人行程记完就时间与叙事截止时间一致或相近，然见载

---

① 王溥：《唐会要》卷100《大食国》，第1789页；欧阳修等：《新唐书》卷221下《西域传下》，第6246、6260、6261、6262、6263页。

② 杜佑撰，王文锦等点校：《通典》卷191《西戎三》，第5199页。

于《通典》的此书这两个时间却一反常理。《通典》引录《经行记》最晚记事时间在"天宝末":"杜环《记》云:'[波斯]自被大食灭,至天宝末已百余年矣。'"① 假若如杜佑所讲其完书时间在宝应元年或稍后,该句应当记从大食攻灭波斯延续到宝应元年或此后的时间,为何仅截至天宝(742—756)末年呢?笔者猜测,或许天宝十年(751)以后杜环辗转大食国各省的时候,通过新近俘虏唐军官兵、往来于大食与中国的中外商旅和使节、前往大食朝献的西域国家使者等获悉唐王朝出现王位更迭、年号更换的情况,并写入记有怛逻斯以西地区自然和人文状况的书稿中。即天宝、至德(756—758)年号交替之际杜环路过波斯故地之时,比如天宝十四年到至德二年(755—757)杜环就驻足于末禄国或临近地方,② 记下当地历史情形。反映《经行记》部分文字很有可能为杜环流落大食国之时写成,杜佑所说其完毕时间恐怕不完全准确。当然,也有可能是在东归中国以后,杜环采用路经地区与时间相结合的叙述方法记叙往事。

《经行记》有关怛逻斯以西地域的记载,写作起始时间大概在天宝十年(751)较后的一个时间。根据有:天宝三年(744)唐玄宗李隆基册封其四从弟李参四女儿为和义公主,下嫁给拔汗那国国王阿悉烂达干,而杜环误系和义公主出嫁时间在天宝十年;其还误记了被俘以后不久路经国家康国和米国的相对地理位置。③ 倘若天宝十年或过后稍短时间杜环开始书写《经行记》,断不至于记错如此重要的西域历史事件及不久前经历国家的地理方位。

《通典》抄录《经行记》叙事初始时间,在怛逻斯战役爆发之前的天宝七年(748):"[杜环《经行记》]又云:'……天宝七年,北庭节度使王正见薄伐[碎叶城]。'"④ 与此相应的是,在这段引文之前,《经行记》提到在怛逻斯以东的自安西经勃达岭到碎叶川的行走路线:"从安西西北

---

① 杜佑撰,王文锦等点校:《通典》卷193《西戎五》,第5271页。
② 杜环原著,张一纯笺注:《经行记笺注》,第61页。
③ 杜环原著,张一纯笺注:《经行记笺注》,第3、6页。
④ 杜佑撰,王文锦等点校:《通典》卷193《西戎五》,第5275页。

千余里有勃达岭……又北行数日，度雪海……勃达岭北行千余里至碎叶川。"① 这条交通路线应记述的是杜环被俘以前由安西到碎叶城经过地区。说明《经行记》记事开始时间在杜环为大食俘虏以前甚至在他从中原抵达西域之时。

《经行记》录载怛逻斯以东的从龟兹至怛逻斯经过地区自然与人文风貌，既有可能为天宝十年（751）以前杜环由关中到达西域之后随手记录下来，也有可能是怛逻斯战役被俘以后甚至回归中国之后追忆之前经历地方情况，其中后说可能性稍大些。

综上所述，《经行记》重点讲述天宝十年（751）怛逻斯之战发生前后，杜环在今新疆、中亚、西亚、南亚、北非等地，特别是战后其在大食国控制地区的见闻，着手写录时间不晚于天宝十年较后的某个时间。

十八　（唐）李德裕《异域归忠传》

唐文宗开成四五年间（839—840），在统辖区内饥荒、瘟疫、暴风雪，以及统管区外附属民族黠戛斯攻袭等内外因素交困作用下，原游牧于漠北的回鹘民族迫于生活现状，往西、南两个方向迁徙。南迁的一支在王子嗢没斯、丞相赤心等人率领下，南徙至唐朝北部边境天德军（今内蒙古五原县）。赤心性情奸诈狡猾，难以控驭。嗢没斯密约天德军守将田牟设计斩杀赤心于帐下，并在会昌二年（842）五月带领两千六百余名部属归降唐朝。迨嗢没斯等南抵京师长安，唐武宗不但下诏册封嗢没斯为右金吾大将军、怀化郡王、天德归义军使，还"诏宰相德裕采秦、汉以来兴殊俗、忠效卓异者凡三十人，为《异域归忠传》，宠赐之"②。

在会昌二年（842）七月，李德裕奉敕主持编成赐赠嗢没斯的《异域归忠传》，③ 分上下两卷，先后为《崇文总目》《直斋书录解题》《新唐

---

①　杜佑撰，王文锦等点校：《通典》卷193《西戎五》，第5275页。
②　刘昫等：《旧唐书》卷18上《武宗本纪》、卷195《回纥传》，第588、591、5214页；欧阳修等：《新唐书》卷8《武宗本纪》、卷217下《回鹘传下》，第241、6131—6132页。
③　王溥：《唐会要》卷36《修撰》，第662页；李德裕撰，傅璇琮、周建国校笺：《李德裕文集校笺》卷19《谢恩令所进〈异域归忠传〉两卷序中改云奉敕撰状》，中华书局2018年版，第448页。

书·艺文志》《宋史·艺文志》等唐宋目录体典册收录。① 南宋郑樵《通志》另载其卷数为3卷，并言书中所录古代中国历史人物"起由余至尚可孤"②。南宋陈骙等所编《中兴馆阁书目》亦有类似的记载："以名节自著者凡三十人，始秦由余至尚可孤。"③

从以上目录、传记类史册载录来看，《异域归忠传》主要叙述了对边远风俗不同地区发展作出重要贡献者，以及秦汉至唐对中央王朝尽忠的著名少数民族首领共计三十人生平事迹；又书中首叙春秋时期襄助秦穆公称霸西戎的由余，终述唐德宗在位时相助唐朝前后数次击败地方反叛势力的鲜卑族人尚可孤。

除上文列举内容外，《李卫公会昌一品集》中李德裕为《异域归忠传》所撰序言，也是书中内容一部分。④ 序言所述嗢没斯归顺唐朝时间、授予官职及统帅人数等，与新旧唐书中相关内容不相一致，孰正孰误有待借助新发现材料深究。文中又讲唐代及以前中原王朝注重加强与周边少数民族的政治、经济、文化交流，而以回鹘首领嗢没斯为代表的少数民族将领则仰慕中国德政，适时归附中土皇朝；嗢没斯等降顺唐朝大致经过；《异域归忠传》编写背景、卷帙和主体内容等，与其他史籍中的有关内容可相映证。

十九 （唐）常愍《游天竺记》

辽代非浊《三宝感应要略录》引录三则文句中，⑤ 第一则大致叙述了释迦牟尼成佛后，往忉利天为母讲法，此后憍赏弥国优填王、憍萨罗国波

---

① 王尧臣等编次，钱东垣等辑释：《崇文总目 附补遗》卷2《传记类上》，《丛书集成初编》第21册，第111页；陈振孙撰，徐小蛮、顾美华点校：《直斋书录解题》卷7《传记类》，上海古籍出版社1987年版，第198页；欧阳修等：《新唐书》卷58《艺文志二》，第1486页；脱脱等：《宋史》卷203《艺文志二》，中华书局1977年版，第5113页。

② 郑樵撰，王树民点校：《通志二十略·艺文略第三》，第1562页。

③ 陈骙等撰，赵士炜辑考：《中兴馆阁书目辑考五卷》，许逸民、常振国编《中国历代书目丛刊》第1辑，现代出版社1987年版，第400页。

④ 李德裕撰，傅璇琮、周建国校笺：《李德裕文集校笺》卷2《异域归忠传序》，第21—23页。

⑤ 非浊编，邵颖涛校注：《三宝感应要略录》卷上《第一 优填王、波斯匿王释迦金木像感应》《第十 北印度僧伽补罗国沙门达磨流支感释迦感应》《第二十九 造毗卢遮那像拂障难感应》，第6—14、47—51、85—86页。

斯匿王思念释迦牟尼为之造像传说等事。关于其编纂材料，非浊称源于"阿含观佛造像游历记律及西国传志诰等"。经阳清、刘静、邵颖涛等学者比对相关佛教文献，始知采自《增壹阿含经》《大乘造像功德经》《观佛三昧海经》《经律异相》等佛学典籍。反映文中"阿含观佛"云云，应点断作"《阿含》《观佛》《造像》《游历记》《律》及《西国传》《志》《诰》等"①。其中的《游历记》与下文所提常愍《游历记》为同一部书。

至于后两则的出处，非浊言第二则"出自常愍《游历记》"，第三条"出常愍记《游天竺记》"，可见《游历记》当指《游天竺记》，其撰者为常愍。

第二则辑文大抵陈述了僧伽补罗国释迦、弥勒坐像造像渊源等，由辑文中"数十年前有一比丘，梵云达磨流支，唐云法爱"云云可知，法爱为唐时人或中国人，先于常愍"数十年前"至僧伽补罗，可能指生活在唐前期曾游历五天竺的南天竺国人达摩流支（又名菩提流志），②表明常愍生活的时代或在唐代。

《大唐西域求法高僧传》载唐代并州（今山西太原）人常愍（文中亦作"常慜"）从中国南方沿海或末罗瑜国（今印度尼西亚占碑省及其附近）乘商船欲往中天竺，商船超载，未驶出多远即沉没，愍不幸遇难。③案宋代以前中国僧人有先后数次西赴印度的先例（如刘宋时智严④），可推这两书中"常愍"或指同一人，从北、中印度回国后，经海路再次去中天竺。

第二条辑文还提到的"僧伽补罗国"，指《大唐西域记》中位于北印度"僧诃补罗国"，今巴基斯坦西北边境省杰卢姆附近的开达斯，"此国似

---

① 阳清、刘静：《唐宋佛教行记及其相关文献叙录》，第84页；阳清：《唐释常愍与〈历游天竺记〉探赜》，《唐史论丛》第28辑，2019年，第127—128页。

② 智升撰，富世平点校：《开元释教录》卷9《总括群经录上之九》，中华书局2019年版，第564—567页；赞宁撰，范祥雍点校：《宋高僧传》卷3《唐洛京长寿寺菩提流志传四》，第43—44页。

③ 义净著，王邦维校注：《大唐西域求法高僧传校注》卷上《并州常愍禅师及弟子》，第51—52页。

④ 慧皎撰，汤用彤校注，汤一玄整理：《高僧传》卷3《宋京师枳园寺释智严》，第98—100页。

为传闻之国，非玄奘所亲履之地"①。辑文中的"石塔""精舍""释迦、弥勒坐像"，以及有关释迦、弥勒像的佛教传说等，不见于玄奘之书，可补其缺漏。

第三则辑文中第二句"日至中印度鞞索迦国"前缺与日期或行程"日"相连的数字；辑文大略敷陈了鞞索迦国毗卢遮那像造像缘由等，文中所讲"鞞索迦国"在中印度，具体地望难以确考。辑文所述"毗卢遮那像感应缘"等，在《大唐西域记》中亦未见记载，②可补其遗漏。

除常愍《游天竺记》外，《三宝感应要略录》还转录有《外国圣贤记》《西域杂记》《游记》《西国传》《西域求法传》等与印度有关介于释教内外典的古书，体裁系与劝人向善、崇信佛教等有关的神异故事，③相对而言其宗教学价值高于史学价值，前此已有学者作过校释，于此不再赘举。

二十　（五代）平居诲《于阗国行程记》

后晋天福三年（938）九月，于阗国王李圣天遣正使检校太尉马继荣，副使黄门将军、国子少监张再通，监使殿头承旨、通事舍人吴顺规出使后晋，并献红盐、郁金、牦牛尾、玉𣰫等名贵特产。稍后，为了向于阗表示友好关系，后晋皇帝石敬瑭分别授于阗使者马继荣、张再通、吴顺规为镇国大将军、卫尉卿、将作少监，之后诏供奉官张匡邺假鸿胪卿、彰武军节度判官平居诲为判官，从汴州（今河南开封）出发，西往于阗册封李圣天

---

① 玄奘、辩机原著，季羡林等校注：《大唐西域记校注》卷3《僧诃补罗国》，第313页。
② 玄奘、辩机原著，季羡林等校注：《大唐西域记校注》卷5《鞞索迦国》，第475—477页。
③ 非浊编，邵颖涛校注：《三宝感应要略录》卷上《第十七　阿弥陀佛化作鹦鹉鸟引接安息国感应》《第十八　阿弥陀佛作大鱼身引摄渔人感应》《第十九　信妇言称阿弥陀佛名感应》《第四十四　沙弥以杖加精舍为壁木延寿感应》《第四十五　拂精舍庭生天感应》、卷中《第一　有人将读〈华严经〉以水盥掌［水］所沾虫类生天感应》《第十　书写〈阿含经〉生天感应》《第十一　乾陀卫国阿罗汉昔闻〈阿含〉感应》《第二十八　中印度有一国讲〈金光明最胜王经〉感应》《第五十　释迦从钵罗笈菩提山趣菩提树中路地神奉〈般若〉函感应》《第五十二　阿练若比丘读诵〈大品经〉感应》《第七十一　手触〈涅槃经〉感应》、卷下《第十一　乌长那国达丽罗川中弥勒木像感应》《第二十六　大婆罗门家诸小儿等感千手千眼观音像感应》，第64—69、122—124、135—140、161—163、199—201、245—248、250—251、293—294、324—328、360—361页。

为"大宝于阗国王"①。十二月张、平等后晋使节抵灵州（今宁夏灵武西南），后西经凉州（今甘肃武威）、甘州（今甘肃张掖）、肃州（今甘肃酒泉）、瓜州（今甘肃瓜州）、沙州（今甘肃敦煌）、仲云（今新疆哈密、若羌一带）等地，在天福五年（940）至于阗。两年以后，返还汴京。

《新五代史·四夷附录》云平居诲曾将使往于阗及归返中原途中所闻见的山脉、河流、国家等记录下来，然未载于阗国王李圣天世系相承情况："居诲颇记其往复所见山川诸国，而不能道圣天世次也。"②《崇文总目》《重修政和证类本草·象牙》（详下）、《通志》《宋史·艺文志》等史籍所录平居诲《于阗国行程记》或《于阗国行程录》1卷，③当系平居诲西使于阗所撰行记之书名。

在指出平居诲著有关于西赴于阗经历的书籍以后，《新五代史·四夷附录》还节录了平居诲所撰由灵州到于阗的一段行程，涉途经地之间距离、地貌、河流、交通、历史沿革、民族政权（如党项、回鹘、沙陀、吐蕃、仲云）、风俗习惯、物产等情况，④相关研究可参长泽和俊、杨建新等先生的著作。⑤其中值得特别关注的是，文中说从甘州往西开始进入戈壁滩，路面尽是坚硬的砂砾、碎石，砂石不但损伤所乘驼马蹄子，而且妨碍驼马行走，影响使团行军速度；针对这种不利状况，在踏入茫茫戈壁之前，后晋使者向甘州人学习制作"马蹄木涩"："甘州人教晋使者作马蹄木涩，木涩四窍，马蹄亦凿四窍而缀之，驼蹄则包以牦皮乃可行。"⑥"马蹄木涩"应该是以木片为原材料制成的马掌，为马蹄铁的前身，表明五代或稍前生活在河西走廊的人们已经掌握了给马钉掌的技术。

---

① 薛居正等：《旧五代史》卷77《高祖纪第三》，中华书局1976年版，第1022—1023页；欧阳修：《新五代史》卷8《晋本纪第八》、卷74《四夷附录第三》，中华书局1974年版，第83、917页。

② 欧阳修：《新五代史》卷74《四夷附录第三》，第917页。

③ 王尧臣等编次，钱东垣等辑释：《崇文总目 附补遗》卷2《地理类》，《丛书集成初编》第21册，第93页；郑樵撰，王树民点校：《通志二十略·艺文略第四》，第1586页；脱脱等：《宋史》卷204《艺文志三》，第5156页。

④ 欧阳修：《新五代史》卷74《四夷附录第三》，第917—919页。

⑤ [日]长泽和俊：《高居诲之于阗纪行》，《丝绸之路史研究》，钟美珠译，第573—597页；杨建新主编：《高居诲使于阗记》，《古西行记选注》，第148—155页。

⑥ 欧阳修：《新五代史》卷74《四夷附录第三》，第917页。

除上文所言《新五代史·四夷附录》转引《于阗国行程记》外，宋代唐慎微《重修政和证类本草》、程大昌《演繁露》、张世南《游宦纪闻》等存世古籍另转录三条佚文，主要讲述自楼兰（今罗布泊地区）西往于阗途中伐柽置水中渡"陷河"（今车尔臣河），玉河（今和田河）干涸时于阗国官民"捞玉"，天竺、弗林、大食国出产白象等：

1. 石晋天福四年，尝遣使册命于阗，以平居诲为制置判官。居诲《行程记》曰："自沙州至楼兰城二千余里。自楼兰行三月，过一处名'陷河'，须束薪排连填匝两岸，乘势急走乃始得过。驼马比人稍重，即须卸去所载，独以身行可也。若适遇铺薪不接之处，不问人驼，皆陷矣。驼虽躯体壮大，苟其陷焉，亦遂全体沦没，才能露出背峰，一入，遂不可救。"①

2. [药] 生于外夷者，则据今传闻，或用书传所载。若玉屑、玉泉，今人但云玉出于于阗，不究所得之因，乃用平居诲《行程记》为质之类是也。②

晋金州防御判官平居诲，天福中，为鸿胪卿张邺<small>本二名，上一字纪太祖庙讳上字</small>使于阗判官，回作《行程记》，载其国采玉之地云："玉河在于阗城外，其源出昆山，西流一千三百里，至于阗界牛头山，乃疏为三河：一曰白玉河，在城东三十里；二曰绿玉河，在城西二十里；三曰乌玉河，在绿玉河西七里。其源虽一，而其玉随地而变，故其色不同。每岁五六月，大水暴涨，则玉随流。而至玉之多寡，由水之大小。七八月水退，乃可取，彼人谓之'捞玉'。其国之法，官未采玉，禁人辄至河滨者，故其国中器用服饰往往用玉。今中国所有，多自彼来耳。"③

3. 然楚、粤之象皆青，惟西竺、弗林、大食诸国乃多白象，樊绰

---

① 程大昌：《演繁露》卷1《陷河》，《景印文渊阁四库全书》第852册《子部十·杂家类》，第71页。
② 唐慎微：《重修政和证类本草》卷1《本草图经序》，《四部丛刊初编·子部》第376册，民国二十五年（1936）上海涵芬楼影印本。
③ 唐慎微：《重修政和证类本草》卷3《玉屑》，《四部丛刊初编·子部》第377册；张世南撰，张茂鹏点校：《游宦纪闻》卷5，中华书局1981年版，第46页。

《云南记》、平居诲《于阗行程记》皆言其事。①

上文罗列的这几条轶文中，第一二则内容在《新五代史·四夷附录》引录《于阗国行程记》中均有提及。但是《新五代史·四夷附录》所述甚为简略，例如叙乘船横渡"陷河"，仅载："［仲云］又西，渡陷河，伐柽置水中乃渡，不然则陷。"② 难以知悉走过这段路程经历艰辛之细微。此外，所言某些内容还存在不同，譬如平居诲出访于阗前所任的官职，第二条记"晋金州（今陕西安康市）防御判官"，《新五代史·四夷附录》则作"彰武军（今陕西延安市东）节度判官"，难断孰是。第三则提到远在于阗以西的印度等国盛产白象，当是平居诲转录他人之语。可见平记不仅载居诲西使于阗过程中的亲身经历，还涉据听闻而获路经地以外其他地区物产等事。

二十一　（北宋）王延德《西州使程记》

唐文宗开成年间（836—840），在漠北建立的少数民族政权回鹘汗国，由于统治阶级内部上层贵族争权夺利，牧区突降暴雪，瘟疫四处蔓延，又遭遇原臣属于回鹘的新兴少数民族黠戛斯侵袭，一时之间国家土崩解体，各部族将领率民众往西南方向迁徙。其中的一支西迁至天山之北，此后在仆固俊统领之下击败吐蕃等劲敌，陆续占据天山以东以北的西州（即高昌，今新疆吐鲁番）、北庭（今新疆昌吉回族自治州吉木萨尔县）等地，并以西州为政治中心重建国家，史称"西州回鹘"或"高昌回鹘"。

北宋太平兴国六年（981）三月，高昌回鹘首领阿厮兰汉遣都督麦索温来宋贡献方物。③ 五月，为联络辽国以西的回鹘、党项、鞑靼民族政权，以牵制、削弱北宋强敌契丹的势力，宋太宗赵匡义选派供奉官王延德等人为使者回访高昌。④

---

① 唐慎微：《重修政和证类本草》卷16《象牙》，《四部丛刊初编·子部》第384册。
② 欧阳修：《新五代史》卷74《四夷附录第三》，第918页。
③ 脱脱等：《宋史》卷4《太宗纪一》，第66页。
④ 脱脱等：《宋史》卷309《王延德传》，第10157页；李焘撰，上海师范大学古籍整理研究所、华东师范大学古籍研究所点校：《续资治通鉴长编》卷22《太宗·太平兴国六年》，中华书局1995年版，第492页。

太平兴国六年（981）五月延德离开京师开封，七年（982）四月西抵高昌，八年（983）春与高昌谢恩使沿原路东返，雍熙元年（984）四五月间归至东京开封。①《宋史·王延德传》："雍熙二年，使还，撰《西州程记》以献。"②文中所言王延德西访高昌的闻见录《西州程记》，同书《艺文志》"传记类"另作《西州使程记》1卷，③南宋尤袤《遂初堂书目》则作《西州使程经》。④元代脱脱等《宋史·外国传》曰"雍熙元年四月，王延德等还，叙其行程来献，云……"，其下所述夏州（今内蒙古鄂尔多斯乌审旗）到高昌的几段行程，⑤亦存于南宋王明清《挥麈录·前录》、李焘《续资治通鉴长编》和元代马端临《文献通考·四裔考》等载籍中，⑥材料当源自《西州使程记》。

据《宋史·外国传》等书所记王延德部分使程可推，使团自河套地区夏州往其西黄河渡口进发，渡过黄河后，继续向西行，相继到达唐朝嫁到回鹘的公主居住地合罗川（杨建新、钱伯泉分别认为系今甘肃酒泉金塔县、蒙古国阿尔泰山戈壁）、马鬃山（杨建新、钱伯泉分别以为在今酒泉肃北蒙古自治县境内、蒙古国满达勒戈壁⑦）、伊州（今新疆哈密）、宝庄（今新疆鄯善）、高昌、北庭等地。文中还叙述了途经地区尤其是高昌国地理位置、山脉、水文、交通、民族分布、风俗物产、宗教文化等状况，是探索北宋时期西域地区政治、经济、文化及与宋朝政治关系的第一手资料。

对于《挥麈录·前录》《续资治通鉴长编》《宋史·外国传》《文献通考·四裔考》等史乘中有关王延德出使高昌经过和沿途见闻，王国维等主

---

① 脱脱等：《宋史》卷4《太宗纪一》、卷490《外国传六》，第72、14113页。
② 脱脱等：《宋史》卷309《王延德传》，第10157页。
③ 脱脱等：《宋史》卷203《艺文志二》，第5119页。
④ 尤袤：《遂初堂书目·地理类》，《丛书集成初编》第32册，第16页。
⑤ 脱脱等：《宋史》卷490《外国传六》，第14110—14113页。
⑥ 王明清撰，中华书局上海编辑所编辑：《挥麈录·前录》卷4，第36—39页；李焘撰，上海师范大学古籍整理研究所、华东师范大学古籍研究所点校：《续资治通鉴长编》卷25《太宗·雍熙元年》，第578—579页；马端临：《文献通考》卷336《四裔十三》，中华书局1986年版，第2639—2640页。
⑦ 杨建新主编：《西州使程记》，《古西行记选注》，第163页；钱伯泉：《〈王延德历叙使高昌行程所见〉的笺证和研究》，《西域研究》2010年第4期。

要作了文字辑录、校雠等基础工作。① 以王国维辑校本为工作底本，杨建新、钱伯泉等研究者着重校注了辑文中古城邑、山川、沙碛今之所指，民族族属、名称来源等方面内容。② 王、杨、钱等学者对此书所作的辑佚、校勘、注解等值得学习、参考，美中不足在于漏辑了《挥麈录·前录》转抄王延德"自叙"："延德之'自叙'云：'此虽载于国史，而世莫熟知。用书于编，以俟通道九夷八蛮将使指者，或取诸此焉'。"③ 从这段序言可知，《西州使程记》中与高昌等国相似的记载，亦保存在宋代所修有关西域史籍中，然仅为少数人谙熟；王延德收编于书中，目的在于扩大其在社会上的传播范围和流传途径，以备北宋有关人员尤其是出访西北地区少数民族政权的使者在处理民族事务、制定民族政策时知晓西北实地情形。

二十二 （宋代或此前）佚名《西域记》

在唐宋成书的典籍引录有《西域记》，文曰：

1. 摩揭陁国正月十五日僧徒俗众云集，观佛舍利，放光，雨花。④
2. 疏勒王致魏文帝金胡饼二枚、银胡饼二枚。
3. 诸胡俗婚姻相然，许者先送同心指环。⑤

上引三种《西域记》撰者、撰写时间均不详，是否为同书难以尽知。案唐代及以后史书所引据的《西域记》，在不少情况下指于贞观二十年（646）写就讲述玄奘印度之旅的《大唐西域记》，且前录第一条《西域记》，《大唐西域记》亦有相似载述："［摩揭陁国摩诃菩提僧伽蓝窣堵波

---

① 王国维：《王国维遗书》第13册《古行记四种校录》，第7—13页；王国维辑注：《古行记校录八种》。

② 杨建新主编：《西州使程记》，《古西行记选注》，第156—165页；钱伯泉：《〈王延德历叙使高昌行程所见〉的笺证和研究》，《西域研究》2010年第4期。

③ 王明清撰，中华书局上海编辑所编辑：《挥麈录·前录》卷4，第39页。

④ 欧阳询撰，汪绍楹校：《艺文类聚》卷4《岁时中》，第61页；徐坚等：《初学记》卷4《正月十五》，第66页；白居易、孔传：《白孔六帖》卷4《正月十五》，《景印文渊阁四库全书》第891册《子部一百九十七·类书类》，第62页；李昉等：《太平御览》卷30《时序部十五》，第141页。

⑤ 李昉等：《太平御览》卷758《器物部三》、卷800《四夷部二十一》，第3365、3553页。

中如来舍利]每岁至如来大神变月满之日，出示众人即印度十二月三十日，当此正月十五日也。此时也，或放光，或雨花。"① 似乎反映此处《西域记》亦是《大唐西域记》之简称。然其文献出处《艺文类聚》作者唐代欧阳询卒年贞观十五年（641），在玄奘、辩机写毕《大唐西域记》之前，可见该处《西域记》即《大唐西域记》可能性不大。由辑文而窥，内容当涉西域政治经济（如西域与中原王朝交往、罗马金币和萨珊波斯银币）、宗教信仰、风俗民情等。

二十三 （明）武振《哈密纪行录》

武振，山丹卫（今甘肃山丹）人，大抵生活在明天顺（1457—1464）至嘉靖（1522—1566）初年，先任甘肃镇副千户、山丹卫指挥佥事、游击将军、副总兵和延绥镇（治今陕西榆林）总兵等职，之后在嘉靖二年（1523）五月调任甘肃镇总兵，次年（1524）七月因病辞去职务。②《山丹县志》《山丹史话》等叙述比较翔实，③ 遗憾的是未罗列资料来源。作为明朝九个边防重镇之一的甘肃镇，大致辖今甘肃嘉峪关市及以东酒泉、张掖、金昌、武威和青海西宁附近，其最高军事长官为总兵，驻守甘州，与嘉峪关以西的哈密卫等"关西七卫"共同维系着明朝西北边疆稳定和丝绸之路畅通。

在清顺治十四年（1657）重刻的《重刊甘镇志·官师志》"镇守总兵"条提到他著有一部记录到往哈密闻见沿途山脉、河流、交通等情况的行记："武振，都督佥事，山丹人。有文武才，尝著《哈密纪行录》，山川

---

① 玄奘、辩机原著，季羡林等校注：《大唐西域记校注》卷8《摩揭陁国上》，第693页。
② 《明武宗实录》卷65《正德五年七月》、卷111《正德九年四月》、卷129《正德十年九月》、卷193《正德十五年十一月》，台北："中研院"历史语言研究所，1962年，第1424、2263、2576、3620页；《明世宗实录》卷4《正德十六年七月》、卷27《嘉靖二年五月》、卷41《嘉靖三年七月》，第192、751、1040页；赵廷瑞修，马理等纂：《[嘉靖]陕西通志》卷19《文献七·全陕名宦》，明嘉靖二十一年（1542）刻本；王廷弼修，谭吉璁纂：《[康熙]延绥镇志》卷3《官师志》，清乾隆二十一年（1756）增补康熙本；刘于义修，沈青崖等纂：《[雍正]陕西通志》卷22《职官三（金、元、明）》，清雍正十三年（1735）刻本。
③ 山丹县地方志编纂委员会编纂：《山丹县志》第20编《人物》，甘肃人民出版社1993年版，第688页；陈希儒主编：《山丹史话·名人轶事》之《威远将军武振》，甘肃文化出版社2004年版，第79—80页。

道里，概可考见。"① 以后《[乾隆] 甘肃通志》《[乾隆] 重修肃州新志》《[乾隆] 甘州府志》《[道光] 山丹县志》《新疆图志》也有类似说法。② 其中，《甘州府志》《山丹县志》言卷帙为一卷，《新疆图志》另记书名作《哈密行记》。《山丹县志》《山丹史话》提到武振曾率兵驻扎哈密等地，迫使新兴起的吐鲁番势力不敢轻易进犯明朝西北边境。此或在明王朝经略哈密卓有成效及武振在甘肃镇任职的弘治（1488—1505）末、正德（1506—1521）初，他写就该书。同时，《重刊甘镇志·地理志》"风俗"抄录其书一则逸文：

> 附总兵武振《哈密纪行录》论哈密风俗回回每年把斋一个月，第一年自正月起，连三年俱正月，至第四年又自十二月起，以三年为率。俱五更闭斋，星全开斋。产妇不把斋，儿大，补之。每日约众登省惟闻，念经祝赞，拜造化主，曰："至尊至大，起无初了，无尽无极，无像，无比无伦，无形无影。大造化的天地主儿，其心至诚，久则无息。"筵席杀羊、马、牛，扁食、油饼、甜食、撒卜咱哈力撒、烧酒、卤酒之类。人死，用水入口洗涤肠腹，用白布缠裹，停三日，诵经，亲戚哀哭。用无底棺盛送，埋入坑内，（官）[棺]取回再用。其婚姻所用牛羊币帛，各随贫富。（有）有犯法者，掌教科断，打伤人及至死者抵罪。

《[乾隆]重修肃州新志·西陲记略》"风俗物产类"亦有相似记述。辑文关涉居住在哈密信仰伊斯兰教的少数民族人士必须履行功修课程"五功"之斋功、拜功、念功，以及饮食、丧葬、婚姻、刑罚等独特风土民情。本来明代西域资料就比较稀见，因这条史料来自作者亲身调研显得相对更加珍贵。

二十四　（清）钱炳焕《疏附县乡土志》

光绪三十一年（1905），清政府新设立的中央教育行政机构学部，在

---

① 佚名纂：《重刊甘镇志·官师志》"名宦"，国家图书馆藏清顺治十四年（1657）杨春茂重刻本（善本书号：A05259）。
② 许容修、李迪等纂：《[乾隆] 甘肃通志》卷35《人物二》，清乾隆元年（1736）刻本；黄文炜等纂修：《[乾隆] 重修肃州新志·肃州》"名宦"，清乾隆二年（1737）刻本；钟赓起纂修：《[乾隆] 甘州府志》卷9《官师上·明》、卷11《人物·乡贤》，清乾隆四十四年（1779）刻本；黄璟等纂：《[道光] 山丹县志》卷7《人物·乡贤》，清道光十五年（1835）刻本；袁大化修，王树枏等纂：《新疆图志》卷90《艺文志》。

全国范围内颁发《乡土志例目》，要求各地府、厅、州、县"按目考查、依例编撰"兼具教科书与地方志特征的乡土志。[1]

在接到学部命令后，新疆各级政府纷纷组织人员收集资料、开展实地调查，依照《乡土志例目》规定体例，于光绪三十三年至宣统二年（1907—1910）相继编就本地乡土志。之后，均送呈新疆布政使王树枏处，作为编纂全省通志《新疆图志》的材料。以后由于新疆时局不稳等原因，这些乡土志没来得及刊刻印行，仅以抄稿本形式在国内外流传。

清末新疆省以下行政区合计四十二个，其中府六、直隶厅八、分防厅二、直隶州二、州一、县二十一、分县二。现存四十四种足本新疆乡土志稿，分别载三十九处行政区事宜（三十四地各存一部本地乡土志，此外哈密直隶厅、和阗直隶州、婼羌县、昌吉县、沙雅县分别存两种不同本地乡土志）。另外三个行政机构迪化府、霍尔果斯分防厅和疏附县乡土志则无存，关于原因，高健等以为时前两种乡土志没有编修，第三种修撰后亡失。并举霍尔果斯分防厅主管与俄国交涉，不统土地和人民，在宣统年间编绘记新疆省地方行政区划的《新疆全省舆地图》中未见录存，故而无须汇编记录一地事情之乡土志，以及《新疆图志》先后多次转录《疏附县乡土志》等乡土志，而未引录霍尔果斯分防厅乡土志为证。[2]

从《新疆图志》"建置志""山脉志""水道志"转引《疏附县乡土志》来看，疏附县地方官员确曾编过《疏附县乡土志》，主持编纂者很有可能是时任知县钱炳焕；又所引征《疏附县乡土志》内容涉疏附地区山脉、河湖、地名、道里、物产、经济、历史沿革等，与清学部颁布的《例目》正相应。除此之外，民国二十四至二十五年（1935—1936）在今新疆乌鲁木齐任迪化师范学校校长、新疆编译委员会委员长的冯永轩，在所写《回教传入新疆考》《新疆各民族简史》二文中亦引用过几段《疏附县乡土志》，言及西域民族、宗教信仰、历史事件、语言文字等。[3]

据以上三种论著可辑得逸文七十三则，一万余字，辑文详细情况可参

---

[1] 田雨：《清学部颁〈乡土志例目〉》，《社会科学战线》1985年第4期。
[2] 高健：《新疆方志文献研究》，博士学位论文，南京师范大学，2014年，第128—135页。
[3] 余婉卉选编：《冯永轩文存》，江苏人民出版社2014年版，第86、89、94、117页。

朱玉麒《〈疏附乡土志〉辑佚初稿》等。①

第二节 遗籍存目类

无佚文可辑仅存书名的西域史部遗籍，以及有轶文可录或仅知题名，难考是否叙西域地区的史部轶籍属于"存目"类，下文总共辑出二十四种。此类又分"西域史部佚书""存疑史部轶书"两小类：前者指西域史部佚籍，合计十九种；后者则指疑述西域地区的史部逸籍，共计五种。

一 西域史部佚书

筛选这类逸书的线索为：目录类史籍和人物传记所记轶书，书名冠以指称西域或局部地区的专有名词，部分撰者与书中中心人物又到过西域，所以这些佚籍所述地区当在西域。另外，前举《突厥所出风俗事》《突厥本末记》及下列《西征记》《北征杂记》《回鹘道里记》《四夷朝贡录》《戴斗诸蕃记》等，所叙地区不完全是西域，因涉回鹘、黠戛斯、突厥，故亦为研究对象。有些文籍比如《资治通鉴考异》先后三次征引的《新沙陀传》，②并非如前此学者认为指薛居正所著有关西突厥部族分支沙陀的遗书，③实指《新唐书·沙陀传》，④因而不作为研究对象。下文主要根据撰者事迹、逸书书名等，管窥它们的成书时间、编写背景、基本内容等。

1. （东晋刘宋）宝云《游履外国传》

《高僧传·释宝云传》讲宝云（376—449）在"晋隆安之初，远适西域，与法显、智严先后相随。涉履流沙，登逾雪岭，勤苦艰危，不以为难。遂历于阗、天竺诸国，备睹灵异。乃经罗刹之野，闻天鼓之音，释迦

---

① 朱玉麒：《〈疏附乡土志〉辑佚初稿》，《吐鲁番学研究》2017年第1期。
② 司马光编著，胡三省音注：《资治通鉴》卷253《唐纪六十九》、卷256《唐纪七十二》，第8198、8203、8345页。
③ 师道刚：《读后晋匡翰碑的几条札记》，载朱绍侯主编《中国古代民族关系史研究》，福建人民出版社1989年版，第230页。
④ 欧阳修等：《新唐书》卷218《沙陀传》，第6157、6160页。

影迹多所瞻礼。"在篇尾又说"其游履外国别有记传"①。《名僧传钞》《出三藏记集》《释迦方志》等书存相似的记载。亦有不同的记述：东晋隆安（397—401）之初，《名僧传钞》作"隆安元年"②；《出三藏记集》在"其游履外国别有记传"之下，另言"征士豫章雷次宗为其传序"③；《释迦方志》溢出"［宝］云通历大夏诸国"一语。④

总括以上几部佛教典籍记载来看，宝云经过于阗、大夏抵印度，其游方西域的经历录存于个人传记中，前有豫章郡隐士雷次宗的序言。之前梁启超、岑仲勉、汤用彤、沙畹等业已提出此说法，⑤还拟宝云书名为《游履外国传》或《游传》或《外国传记》。前举书名遵从梁书拟。

2.（东晋刘宋）道普《游履异域传》

《高僧传·昙无谶传》末尾提到大抵生活在刘宋元嘉年间（424—453）或稍前的高昌人氏道普，"经游西域，遍历诸国，供养尊影，顶戴佛钵，四塔道树，足迹形像，无不瞻睹。善梵书，备诸国语，游履异域，别有大传"⑥。《释迦方志》也存类似载述："十四谓宋世高昌沙门道普经游大夏，四塔道树灵迹通谒，别有大传。"⑦反映道普经由大夏到往四大塔所在的纠尸罗、揵陀卫、弗楼沙国等印度古国，其游履西域线路、闻睹佛教圣迹等收存在个人传记中。前此梁启超、岑仲勉、汤用彤、沙畹等已提出该观点，⑧并命道普书名作《游履异域传》或《大传》。上列书名从梁、汤

---

① 慧皎撰，汤用彤校注，汤一玄整理：《高僧传》卷3《宋六合山释宝云》，第103页。
② 宝唱：《名僧传钞》第26《宋道场寺宝云六》，《续藏经》第1辑第2编乙第1套第1册，第13页。
③ 僧祐撰，苏晋仁、萧鍊子点校：《出三藏记集》卷15《宝云法师传第八》，第578—579页。
④ 道宣撰，范祥雍点校：《释迦方志》卷下《游履篇第五》，第92页。
⑤ 梁启超：《饮冰室合集》第9册《饮冰室专集之五十七·中国印度之交通》，第27—29页；岑仲勉：《唐以前之西域及南蕃地理书》，《中外史地考证》，第312页；汤用彤：《汉魏两晋南北朝佛教史》第15章《南北朝释教撰述》，第397页；［法］沙畹：《〈宋云行记〉笺注》，《西域南海史地考证译丛》第6编，冯承钧译，第61—67页。
⑥ 慧皎撰，汤用彤校注，汤一玄整理：《高僧传》卷2《晋河西昙无谶》，第80—81页。
⑦ 道宣撰，范祥雍点校：《释迦方志》卷下《游履篇第五》，第93页。
⑧ 梁启超：《饮冰室合集》第9册《饮冰室专集之五十七·中国印度之交通》，第27—29页；岑仲勉：《唐以前之西域及南蕃地理书》，《中外史地考证》，第313页；汤用彤：《汉魏两晋南北朝佛教史》第15章《南北朝释教撰述》，第397页；［法］沙畹：《〈宋云行记〉笺注》，《西域南海史地考证译丛》第6编，冯承钧译，第61—67页。

书拟。

3.（刘宋萧齐）法献《别记》

《高僧传·法献传》称刘宋元徽三年（475）法献由金陵始发，经巴蜀、吐谷浑等地到于阗，之后欲西行逾葱岭，奈何因栈道断坏不得不自于阗返归中土，"其经途危阻，见其别记"①。说明时存记述法献行程的传记。岑仲勉拟其书名作《别记》，② 从之。

4.（隋）彦琮《西域传》

道宣《续高僧传》言仁寿二年（602）或稍后，隋文帝令日严寺沙门彦琮撰《西域传》："炀帝时（今案，开皇十二年）为晋王，于京师曲池施营第林，造日严寺。降礼延请［彦琮］，永使往之……仁寿二年，下敕更令撰《众经目录》……寻又下敕，令［彦琮］撰《西域传》，素所谙练，周镜目前，分异讹错，深有征举。故京壤名达，多寻正焉。"③

关于彦琮《西域传》，《法苑珠林》著录有《西域玄志》10卷，并称"隋朝日严寺沙门释彦琮撰"④。《大唐内典录》写作《西域志》或《西域玄志》10卷，还说"沙门释彦琮所撰，琮名显两代、参译二朝，东都立馆，掌录经典，炀帝著令僧拜俗官"⑤。以上三书所载"释彦琮"生活的时代及居住寺院或撰著书籍名称、卷数相同，与下列《大隋西国传》作者彦琮当指同一人，《西域传》《西域玄志》《西域志》可能同指一书，然是否指《大隋西国传》，甚至为大业二年（606）或稍后彦琮与裴矩合撰之《天竺记》基础材料（参第四章第一节），限于目前史料难以详考。

5.（隋）彦琮《大隋西国传》

《续高僧传》云彦琮根据印度僧人达摩笈多的外国见闻，撰写了《大隋西国传》，其中有十篇传记："有沙门彦琮内外通照，华梵并闻，预参传译，偏承提诱，以笈多（今案，达摩笈多）游履，具历名邦，见闻陈述，

---

① 慧皎撰，汤用彤校注，汤一玄整理：《高僧传》卷13《齐上定林寺释法献》，第488页。
② 岑仲勉：《唐以前之西域及南蕃地理书》，《中外史地考证》，第314页。
③ 道宣撰，苏小华校注：《续高僧传》卷2《译经篇二·隋东都上林园翻经馆沙门释彦琮传四》，第51、52页。
④ 道世著，周书迦、苏晋仁校注：《法苑珠林校注》卷100《传记篇》，第2880页。
⑤ 道宣：《大唐内典录》卷5《隋朝传译佛经录第十七》，高楠顺次郎等编纂《大正新修大藏经》卷55《目录部全》，第280页。

事逾前传,因著《大隋西国传》一部,凡十篇:本传一,方物二,时候三,居处四,国政五,学教六,礼仪七,饮食八,服章九,宝货十。盛列山河、国邑、人物,斯即五天之良史,亦乃三圣之宏图。"① 文中讲该书为"五天之良史",表明此书内容关涉五天竺。

道宣又在《释迦方志》中讲到这部书的另一个名称《西域传》,并简要评析了其优缺点:"昔隋代东都上林园翻经馆沙门彦琮著《西域传》,一部十篇,广布风俗,略于佛事,得在洽闻,失于信本。"② 费长房《历代三宝纪》以书中材料源自达摩笈多目验另命名作《达摩笈多传》(4卷),还讲"日严寺沙门释彦琮撰"③。

6.(隋)佚名《大隋翻经婆罗门法师外国传》

《大隋翻经婆罗门法师外国传》5卷著存于《隋书·经籍志》《通志》中,④ 由题名可窥,此书大抵记载了隋代某位通晓汉梵双语和佛教经律印度僧徒的国外见闻等,与《西域传》抑或《大隋西国传》是否为同一部书难以确考。

7.(唐)韦弘机《西征记》

《新唐书·韦弘机传》称唐太宗贞观年间(627—649)韦弘机出使西突厥,将所经国家风俗、物产等情况记录下来,并编成书,即《西征记》:"弘机仕贞观时为左千牛胄曹参军,使西突厥,册拜同俄设为可汗。会石国叛,道梗,三年不得归。裂裾录所过诸国风俗、物产,为《西征记》。"⑤《新唐书·韦弘机传》中的"韦弘机",《旧唐书·韦机传》作"韦机"⑥,或避唐孝敬皇帝李弘的名讳,省却了"弘"字。《新唐书·艺文志》另云"韦机《西征记》卷亡"⑦,可知在宋代已难以考证《西征

---

① 道宣撰,苏小华校注:《续高僧传》卷2《译经篇二·隋东都洛滨上林园翻经馆南贤豆沙门达摩笈多传三》,第44页。
② 道宣撰,范祥雍点校:《释迦方志·序》,第2页。
③ 费长房:《历代三宝纪》卷12,高楠顺次郎等编纂《大正新修大藏经》卷49《史传部一》,第106页。
④ 魏徵等:《隋书》卷33《经籍志二》,第986页;郑樵撰,王树民点校:《通志二十略·艺文略第四》,第1585页。
⑤ 欧阳修等:《新唐书》卷100《韦弘机传》,第3944页。
⑥ 刘昫等:《旧唐书》卷185上《韦机传》,第4795页。
⑦ 欧阳修等:《新唐书》卷58《艺文志二》,第1485页。

记》卷数。

上引《新唐书·韦弘机传》还提到韦弘机册立西突厥首领同俄设为可汗，《旧唐书·突厥传》亦有类似记载："时（今案，贞观六年）西突厥国乱，太宗遣中郎将桑孝彦领左右骁曹韦弘机往安抚之，仍册立咥利失可汗。""明年（今案，贞观八年），泥孰卒，其弟同娥设立，是为沙钵罗咥利失可汗。"① 贞观六年（632）韦弘机出访西突厥，八年（634）册封同娥设为可汗，其间或指《新唐书·韦弘机传》所说韦弘机客居西突厥"不得归"的"三年"，亦系撰写《西征记》的时间。

8. （唐）赵憬《北征杂记》

《直斋书录解题》谓贞元四年（788）赵憬卫送咸安公主下嫁回鹘时，将所经诸国见闻记载下来，编成《北征杂记》："《北征杂记》一卷，唐宰相赵憬撰。贞元四年，咸安公主下降回鹘，憬副关播为册礼使，作此书纪行。"②《旧唐书·赵憬传》亦讲该年赵憬护卫咸安公主下降回鹘。③ 说明《北征杂记》的成书时间当在贞元四年或稍后。

9. （唐）李宪《回鹘道里记》

《旧唐书·李宪传》云唐穆宗即位之初，李宪护从太和公主嫁往回鹘，归国后向穆宗进呈了记录路经地的《入蕃道里记》："穆宗即位，以太和公主降回鹘，命金吾大将军胡证充送公主使，命［李］宪副之。使还，献《入蕃道里记》，迁检校左散骑常侍，兼太府卿。"④《新唐书·李宪传》亦存类似内容，与之不同的是，言李宪所献的书为《回鹘道里记》。⑤ 考长庆元年（821）五月李宪保护太和公主前往漠北回鹘牙帐，次年（822）闰十月归抵长安，⑥《回鹘道里记》的完成时间当在此间。

10. （唐）高少逸《四夷朝贡录》

《新唐书·艺文志》《宋史·艺文志》《崇文总目》《通志》等唐宋典

---

① 刘昫等：《旧唐书》卷194下《突厥传下》、卷198《西戎传》，第5183、5301页。
② 陈振孙撰，徐小蛮、顾美华点校：《直斋书录解题》卷7《传记类》，第197页。
③ 刘昫等：《旧唐书》卷138《赵憬传》，第3776页。
④ 刘昫等：《旧唐书》卷133《李宪传》，第3685页。
⑤ 欧阳修等：《新唐书》卷154《李宪传》，第4874页。
⑥ 刘昫等：《旧唐书》卷16《穆宗纪》、卷195《回纥传》，第489、500、5211、5212页。

籍，均讲唐代高少逸著《四夷朝贡录》10卷。① 稽查新旧两唐书中《高少逸传》可知，少逸系渤海人，历穆宗、敬宗、文宗、武宗、宣宗五朝，官至工、兵二部尚书。②

《直斋书录解题》所录编修时间和背景、内容、卷帙等稍详："唐给事中渤海高少逸撰。会昌中，宰相李德裕以黠戛斯朝贡，莫知其国本原，诏为此书。凡二百一十国，本二十卷，合之为十卷。"③ 反映唐武宗会昌年间（841—846）黠戛斯派遣使者来唐朝贡，其相关民族历史等不为时人所知，因此武宗诏令宰相李德裕、给事中高少逸编纂《四夷朝贡录》；又书中共载二百一十个域外国家，其中当有黠戛斯，涵盖民族发展史等。陈骙等《中兴馆阁书目》亦叙及内容等："起武德讫会昌，能以名通，皆书国氏。"④ 可知枚举的这二百一十个外国国名，为唐高祖至武宗会昌年间所能知晓的全部域外国家，其皇族姓氏等在书中已见载录。

上文《直斋书录解题》所提成书背景，《旧唐书·回纥传》《新唐书·回鹘传》中有更为详细的记载。开成年间（836—840），黠戛斯攻破漠北强大少数民族政权回鹘后，杀死回鹘可汗，并捕获下嫁可汗的唐朝太和公主。黠戛斯以为其系西汉名将李陵后裔，与唐王室同姓，唐朝公主身份地位尊贵，因而派使者达干先护卫太和公主至唐朝边塞，再由此安抵中国。奈何途中新立回鹘可汗截杀了达干，并邀取太和公主。会昌时（841—846）黠戛斯另遣使节到唐都长安进献，并陈之前保送太和公主返唐遇截等事。"行三岁至京师，武宗大悦，班渤海使者上，以其处穷远，能修职贡，命太仆卿赵蕃持节临慰其国，诏宰相即鸿胪寺见使者，使译官考山川国风。"⑤ 对于首次南来唐朝朝贡的黠戛斯，唐武宗甚为重视，除命

---

① 欧阳修等：《新唐书》卷58《艺文志二》，第1508页；脱脱等：《宋史》卷203《艺文志二》，第5113页；王尧臣等编次，钱东垣等辑释：《崇文总目 附补遗》卷2《地理类》，《丛书集成初编》第21册，第90页；郑樵撰，王树民点校：《通志二十略·艺文略第四》，第1584页。
② 刘昫等：《旧唐书》卷171《高少逸传》，第4453页；欧阳修等：《新唐书》卷177《高少逸传》，第5286页。
③ 陈振孙撰，徐小蛮、顾美华点校：《直斋书录解题》卷5《杂史类》，第147页。
④ 陈骙等撰，赵士炜辑考：《中兴馆阁书目辑考五卷》，许逸民、常振国编《中国历代书目丛刊》第1辑，第400页。
⑤ 刘昫等：《旧唐书》卷195《回纥传》，第5213—5214页；欧阳修等：《新唐书》卷217下《回鹘传下》，第6150页。

太仆卿赵蕃亲往慰抚外，还令宰相李德裕在鸿胪寺会见黠戛斯使者，翻译官员考察其山脉、河流、民俗等。这些人搜集的有关黠戛斯历史文化风俗等方面的资料，很有可能成为高少逸编著《四夷朝贡录》原始材料之一。

为了表彰偏远国家黠戛斯"能修职贡"，李德裕不仅受诏领衔编辑《四夷朝贡录》，还上书请求效仿唐太宗朝"集四夷朝事为《王会篇》"之前例，编录专载黠戛斯一国史事且兼有图画的《王会图》（即韦宗卿、吕述《黠戛斯朝贡图》，参第六章第三节）。

11. （唐）张建章《戴斗诸蕃记》

南宋王应麟《玉海》言及唐代幽州（今北京、河北北部）判官张建章所撰《戴斗诸蕃记》卷数、大体内容等："唐《戴斗诸蕃记》，《书目》：'唐幽州判官张建章撰，一卷，载朔漠群蕃、回鹘等族类本末及道里远近'，《唐志》同。"① 《新唐书·艺文志》《宋史·艺文志》收录此书。② 《通志》另载"戴氏"撰有《诸蕃记》："《诸蕃记》一卷，戴氏撰。"③ 可见郑樵误将书名中的"戴斗"一词为撰者。由《玉海》中这些文字可推，这部书当述北方少数民族（如回鹘）民族源流和发展及其间交通情况等。关于它的写毕时间，方长以为在贞元四年至开成五年（788—840），主要有如下两个根据。

其一，《书目》所记《戴斗诸蕃记》的内容涉"回鹘"，贞元四年（788）回纥更族名为回鹘，反映《戴斗诸蕃记》的撰成时间在贞元四年或稍后。

其二，之前，回鹘游牧地在今蒙古国鄂尔浑河至大兴安岭之间，位于唐朝之北。开成四年（839）或稍后，它为黠戛斯攻破，遂西迁至今新疆地区。《戴斗诸蕃记》书名既冠以意为"北方"的"戴斗"二字，可推其书写时间应在回鹘西徙以前，即开成五年或此前。④

笔者认为，方先生的观点值得商榷，大抵有以下几个理由。

---

① 王应麟：《玉海》卷16《地理》，第302页。
② 欧阳修等：《新唐书》卷58《艺文志二》，第1508页；脱脱等：《宋史》卷204《艺文志三》，第5155页。
③ 郑樵撰，王树民点校：《通志二十略·艺文略第四》，第1585页。
④ 方长：《关于〈戴斗诸蕃记〉》，《文史》第9辑，中华书局1980年版，第14页。

第一，《玉海》所言《书目》，指南宋初期陈骙等《中兴馆阁书目》。① 前引《中兴馆阁书目》中"回鹘"二字，或为陈骙等所写，或由陈骙等人摘自《戴斗诸蕃记》，表明《戴斗诸蕃记》是否以"回鹘"称回纥，难以详知。因而，不能以回纥改族名的时间为《戴斗诸蕃记》的完书时间上限。

第二，开成五年（840），回鹘迁徙主要分南迁和西徙两个方向：南徙两支居住地在天德军、大同军（今山西大同），位于唐正北；西迁三支轮牧地在河西走廊、西州、中亚地区，在唐西北。② 说明迁移前后回鹘栖居地均在唐王朝之北，似乎由题名不能论断回鹘移徙时间与《戴斗诸蕃记》写就时间之间关系。

第三，1956年在今北京德胜门外出土的张建章墓碑，现藏首都博物馆。墓志载张建章在"［咸通］七年九月十日，大病于官舍，享年六十一"③，反映其生活的时间在元和元年至咸通七年（806—866）。

墓志还记，张建章一生中先后任数职，官至奚契丹两蕃副使、正议大夫、检校左庶子、御史大夫，卒在摄蓟州刺史诸军事任上。《中兴馆阁书目》说《戴斗诸蕃记》系"幽州判官张建章撰"，"幽州判官"非其所任最高官职或离世时职务，很有可能指在任幽州判官时，张建章撰写了《戴斗诸蕃记》。墓志所述张建章调任幽州判官的时间，在"不幸府故嗣袭"后，咸通五年（864）升任奚契丹两蕃副使前。"府故嗣袭"，指大中三年（849）幽州节度使张仲武亡故，其子张直方继任此职，④ 所以《戴斗诸蕃记》的编就时间或在大中三年至咸通五年（849—864）。

12.（北宋）王继业《西域行程记》

北宋乾德二年（964），宋太祖赵匡胤诏王继业等三百名沙门西赴印度求取佛舍利和佛经。王继业，耀州（今陕西铜川）人，东京（今河南开封）天寿院僧人。继业从阶州（今甘肃陇南）出塞外，之后行程与前文所述平居诲灵武—沙州段路线相类，即经灵武、凉州、甘州、肃州、瓜州至沙州，其后历今新疆境内的伊吴（今哈密）、高昌、焉耆、于阗、疏勒、

---

① 陈骙等撰，赵士炜辑考：《中兴馆阁书目辑考五卷》卷3《馆目考三》，许逸民、常振国编《中国历代书目丛刊》第1辑，第411—412页。
② 刘昫等：《旧唐书》卷195《回纥传》，第5213、5214页；欧阳修等：《新唐书》卷217下《回鹘传下》，第6131页。
③ 徐自强：《〈张建章墓志〉考》，《文献》1979年第2期。
④ 罗继祖：《张建章墓志补考》，《黑龙江文物丛刊》1983年第3期。

大石（今塔什库尔干塔吉克自治县），穿越今昆仑山、喀喇昆仑山山口以后，在今克什米尔地区沿印度河而下到中、南印度。开宝九年（976），继业从印度返归东京天寿院，并向宋太宗进呈在天竺取得的佛书、舍利子。太宗感其信仰之虔诚，命继业在国内择一名山修行。业在四川峨眉牛心山新建牛心寺，修习至年八十四而终。①

继业在所收藏的 42 卷《涅槃经》每卷卷末空白处，分别简略记述了西往印度途经地区、河流、山脉、佛教圣地及距离等。在《吴船录》一书中，南宋范成大转录了《涅槃经》中的继业部分西域旅程，其中言及继业所撰关于古印度波罗奈国佛教圣迹鹿野苑等处的传记，在南宋时已经散佚："又西北十许里，至鹿野苑，塔庙佛迹最夥业自云别有传记，今不传矣。"②前此梁启超、王国维、吴丰培、陈振、李德辉等命名作《西域行程》或《三藏行记》或《西域行程记》。③ 对于《吴船录》中继业使印历经地地望等方面探究，可参黄盛璋、王邦维、张星烺、霍巍、长泽和俊等研究者论作。④

13.（宋代或此前）佚名《西域行记》、佚名《于阗进奉记》、佚名《北庭会要》

北宋王尧臣等《崇文总目》收录《西域行记》1 卷，⑤ 南宋郑樵《通志》著存《于阗进奉记》《北庭会要》各 1 卷，⑥ 均未言著者和完成时间。

---

① 范成大撰，孔凡礼点校：《范成大笔记六种·吴船录》，中华书局 2002 年版，第 204—206 页。

② 范成大撰，孔凡礼点校：《范成大笔记六种·吴船录》，第 204 页。

③ 梁启超：《饮冰室合集》第 9 册《饮冰室专集之五十七·中国印度之交通》，第 28 页；王国维辑注：《古行记校录八种》；吴丰培：《吴丰培边事题跋集》，第 176 页；陈振主编：《中国通史》第 7 卷《中古时代·五代辽宋夏金时期》，上海人民出版社 1999 年版，第 2226 页；李德辉辑校：《晋唐两宋行记辑校·西域行程》，第 186 页。

④ 黄盛璋：《〈西天路竟〉笺证》，《敦煌学辑刊》1984 年第 2 期；王邦维：《峨眉山继业三藏西域行程略笺释》，《南亚研究》1993 年第 2 期；张星烺编注，朱杰勤校订：《中西交通史料汇编》第 8 编《古代中国与印度之交通》，第 2171—2177 页；霍巍：《宋僧继业西行归国路经"吉隆道"考》，《史学月刊》2020 年第 8 期；[日] 长泽和俊：《继业之西域行程小考》，《丝绸之路史研究》，钟美珠译，第 598—616 页。

⑤ 王尧臣等编次，钱东垣等辑释：《崇文总目 附补遗》卷 2《地理类》，《丛书集成初编》第 21 册，第 94 页。宋代编修的《秘书省续编到四库阙书目》卷 2《释书》收存《西试行记》三卷（《宋元明清书目题跋丛刊一·宋代卷》第 1 册，中华书局 2006 年版，第 323 页），并注"阙"。书名中"试"是否为"域"之讹，难以考证；果然，则叙中土僧人到往西域见闻。

⑥ 郑樵撰，王树民点校：《通志二十略·艺文略第四》，第 1584、1586 页。

依据书籍名称窥测,《西域行记》或系中土僧人、官员等到往西域的旅行记录,《于阗进奉记》可能主要讲述今新疆和田的于阗国或 11 世纪先后数次朝宋而被宋人称作于阗的喀喇汗王朝(今新疆、中亚等地)朝贡中原王朝始末等,①《北庭会要》大概是关于"北庭"(有塞北少数民族例如汉代匈奴北单于统治之地、唐代北庭都护府等含义)历史地理、风俗民情、典章制度等方面的载籍。

14. (北宋)佚名《沙门怀问三往西天记》

之前,北宋沙门怀问曾经西往天竺,在佛金刚座旁为宋真宗修筑佛塔;天圣九年(1031),他向朝廷请求再赴印度,另为皇太后、宋仁宗修建两座寿塔,并乞求恩赐皇太后抄录的《发愿文》、仁宗手写的《三宝赞》等"刊石塔下"。宋仁宗下诏批准其祈请,还"令词臣撰《沙门怀问三往西天记》"②。据写作背景、作者、题名等推测,这部书大抵叙述怀问前后三次或第三次西去南亚始末等事。

15. (元)赡思《西国图经》《西域异人传》

赡思(1278—1351),字得之,祖先系大食人。祖父鲁坤随蒙古军东迁丰州(今内蒙古呼和浩特),后在真定(今河北正定)、济南(今山东济南)等地作官,举家迁居真定。赡思先后在元文宗、顺宗、惠宗三朝为官,曾任陕西行台监察御史、江东肃政廉访副使等职。他淡泊名利,勤于著述,撰《西国图经》《西域异人传》等诸多书籍。③

《西国图经》《西域异人传》二书,亦收存于生活在明清之际黄虞稷《千顷堂书目》等历史典册中。④《千顷堂书目》乃是黄虞稷在家中藏书目录基础上增益而成,反映此二书或也曾收藏于千顷堂,在明清之时尚存于世。另根据史书名称分析,这两种书籍应与西域国名、人物事迹、地图等相关。赡思在西域生活的记载,不见于《元史·赡思传》等存世古籍,其先人又是西域地区大食人,说明这两部史册所依据材料,非为赡思亲往西

---

① 脱脱等:《宋史》卷 490《外国传六》,第 14107—14109 页。
② 志磐撰,道法校注:《佛祖统纪校注》卷 46《法运通塞志十七之十二》,第 1069 页。
③ 宋濂等:《元史》卷 190《赡思传》,中华书局 1976 年版,第 4351—4353 页。
④ 黄虞稷撰,瞿凤起、潘景郑整理:《千顷堂书目》卷 8《地理类下》、卷 10《传记类》,上海古籍出版社 2001 年版,第 232、287 页。

域而获得,很有可能采自其亲属友朋提供的见闻、西域典籍等。

16. (明)傅安《使远传》

傅安(?—1429),字志道,祖籍太康(今河南太康),以后移居祥符(今河南祥符),以南京后军都督府吏起家,先后任四夷馆通事舍人、鸿胪寺序班、兵科与礼科给事中,其生平事迹存于《[嘉靖]太康县志》《[万历]开封府志》《国朝献征录》等传世明代古籍中。① 傅安官品低微,社会地位虽不显赫,然在明太祖洪武二十八年(1395)和成祖永乐六年(1408)、七年(1409)、九年(1411)、十二年(1414)、十四年(1416),相继六次使往撒马儿罕(今乌兹别克斯坦撒马尔罕)、哈烈(今阿富汗赫拉特)、别失八里(今新疆吉木萨尔)等西域地区,② 西行最远到达讨落思(今伊朗大不里士),与同时或稍后陈诚、李暹等人的西使,一同加强了中国与中、西亚国家政治、经济、文化上的联系。

《[乾隆]陈州府志》《[乾隆]太康县志》等方志中的"傅安传记"篇尾提到他著有《使远传》一书,③ 内容或许记述其前后多次到往西域的经历等。《[嘉靖]太康县志》之《文集》部分收存有曾启(亦作"棨")《〈西游胜览〉序》,序文中讲到傅安西往撒马儿罕缘由、路经地区和过程等,可作为了解《使远传》若干内容的重要参考资料。文中另提及:"于时朝大夫士皆以为安节使绝域数万里外,往来三二十年,以得周览其山川疆域之形胜,其意气岂不壮哉。于是,皆为之赋西域胜览之诗,安萃为一卷,请予为序。"④ 反映由许彬等撰、傅安编辑的诗歌集《西游胜览》,⑤

---

① 安都纂修:《[嘉靖]太康县志》卷8《人物·国朝出仕》,《天一阁藏明代方志选刊续编》第58册,上海书店出版社2014年版,第479—480页;宋伯华修,朱睦㮮、曹金纂:《[万历]开封府志》卷18《人物》,明万历十三年(1585)刻本;焦竑:《国朝献征录》卷80《礼科都给事中傅公安传》,明万历四十四年(1616)徐象橒曼山馆刻本。

② 王颋:《流沙使三——傅安与明洪武末的西行使节》,《西域南海史地考论》,上海人民出版社2008年版,第445—462页。

③ 崔应阶修,姚之琅纂:《[乾隆]陈州府志》卷18《人物下》,清乾隆十二年(1747)刻本;武昌国修,胡彦升、宋铨纂:《[乾隆]太康县志》卷5上《人物》,清乾隆二十六年(1761)刻本。

④ 安都纂修:《[嘉靖]太康县志文集》卷2《人物类》,《天一阁藏明代方志选刊续编》第58册,第620—624页。

⑤ 《国朝献征录》卷80《礼科都给事中傅公安传》之后录有许彬《许襄敏公彬送公奉使西域诗》,当辑自该诗歌集。

大抵颂赞傅安先后数次远赴西域劳苦功高、坚贞不屈等。

二 存疑史部轶书

以现在收集到的相关资料来看，下列疑述西域地区的五种史部逸书中，一种有佚文可辑，其余四种仅存书名。

在北宋初期成书的《太平寰宇记》引《西蕃异物志》："贞观二十一年，薛延陀献疾兰麂，毛而牛，角状大如鹿。"① 通过之前唐陆续几次对活跃于漠北地区少数民族铁勒诸部之一薛延陀征战，至贞观二十年（646）其所建立强大的汗国基本上崩溃，稍后部族首领咄摩支迁居长安，诏授官职并赏赐田宅。②《西蕃异物志》记录贞观二十一年（647）薛延陀进献珍稀动物与咄摩支徙居唐都称臣或为同一事，书籍内容当涉薛延陀等北方民族生活地特有动植物、物产及与唐朝的政治交往，写就时间在唐宋。

除此书书名冠以"西蕃"二字外，《新唐书·艺文志》《崇文总目》《通志》著录的3卷《西蕃会盟记》亦以"西蕃"命名，另收录《西戎记》2卷，③《宋史·艺文志》记两种2卷本《西戎记》。④《宋史·艺文志》同时录存两种卷数相同的《西戎记》，说明它们可能非一书，其中一种或指《新唐书·艺文志》等书所言的《西戎记》。因而，暂且将这三种《西戎记》看作两种书籍。

又，《旧唐书·范传正传》云范传正著有《西陲要略》："［范传正］褐衣时，游西边，著《西陲要略》三卷。"⑤ 在唐代，平民着褐色衣服，可知在未为官时，范传正游历唐西部边疆地区撰就此书。案贞元十年（794），范传正举进士，⑥ 稍后即授集贤殿校书郎，⑦ 可见是书完书时间当在任该职之前。

---

① 乐史撰，王文楚等点校：《太平寰宇记》卷198《北狄十》，第3794页。
② 刘昫等：《旧唐书》卷199下《北狄传》，第5348页。
③ 欧阳修等：《新唐书》卷58《艺文志二》，第1486页；王尧臣等编次，钱东垣等辑释：《崇文总目 附补遗》卷2《传记类下》，《丛书集成初编》第21册，第114页；郑樵撰，王树民点校：《通志二十略·艺文略第四》，第1584、1586页。
④ 脱脱等：《宋史》卷203《艺文志二》、卷204《艺文志三》，第5112、5154页。
⑤ 刘昫等：《旧唐书》卷185下《范传正传》，第4830页。
⑥ 柳宗元：《柳宗元集》卷40《祭李中丞文》，中华书局1979年版，第1056页。
⑦ 刘昫等：《旧唐书》卷185下《范传正传》，第4830页。

与《旧唐书·范传正传》所讲不同，《册府元龟》称范传正在为官时撰写《西陲要略》："范传正，为宣歙观察使，著《西陲要略》三卷。"①"宣歙"指宣州、歙州，今安徽。表明元和七年（812）或稍后，范传正在任宣歙观察使时撰成该书。②《旧唐书·范传正传》《册府元龟》所载这部书完成时间不同，以目前资料难以厘清孰正孰误。

此外，《新唐书·艺文志》《通志》亦收存《西陲要略》，所录卷数分别为3卷、2卷，且分别列于"兵书""边策"类。③ 由其所属门类，可推此书大致论述了唐朝西部边境军事状况等。

将这些佚籍视作疑述西域地区史部佚书，主要原因在于难知其所叙具体地域。《西蕃异物志》《西蕃会盟记》与《西戎记》及《西陲要略》所记地区分别在"西蕃""西戎""西陲"，有涉西域的可能。如隋代韦节《西蕃记》书名冠有"西蕃"二字，内容述康国、挹怛、吐火罗等西域国家。

第三节　佚碑类

两汉或此后许多中原王朝使者、地方军政官员、征讨西域的军事将领及本地僧侣和普通百姓等，在西域凿刻石碑颂本国或某人功德、记某个事件、抒发个人感想等。两千余年中经过长时间的风吹雨蚀、后人盗掘、兵燹等，部分碑铭虽遗失不见，然其碑名或少量文字存留在正史、金石、地方志书、旅行记等类型西域载籍中，下面参据这些史乘重点探究现今实物无存，且存留于世文字数量不多甚至无文字的西域重要石刻。

1.《东汉永平十年窦固、班超纪功碑》《唐贞观十四年姜行本颂陈唐威德碑》

《旧唐书·姜行本传》提到贞观十四年（640）唐左屯卫将军姜行本率

---

① 王钦若等编纂，周勋初等校订：《册府元龟》卷556《国史部（三）》，第6379页。
② 刘昫等：《旧唐书》卷15《宪宗本纪下》，第443页。
③ 欧阳修等：《新唐书》卷59《艺文志三》，第1551页；郑樵撰，王树民点校：《通志二十略·艺文略第六》，第1664页。

兵攻克高昌国之前，发现伊州城外距离柳谷（今鄯善西南火焰山、沙山之间的峡谷）百余里的山上树有《班超纪功碑》，尔后磨掉其上文字，另刻录歌颂唐朝威势和德政的碑文："及高昌之役，以行本为行军副总管，率众先出伊州，未至柳谷百余里，依山造攻具。其处有班超纪功碑，行本磨去其文，更刻颂陈国威德而去。遂与侯君集进平高昌……"①《新唐书·姜行本传》也有类似的记述。②

与上引新旧两唐书《姜行本传》记载不同，在唐僖宗光启元年（885）抄写的《沙州伊州地志》则言，姜行本磨掉文字的石碑讲后汉窦固率军战胜匈奴呼衍王之事："[伊州柔远县北四十里的时罗漫山] 绵亘数千里，其上有汉将军窦固破呼衍王刻石纪德之碑，姜行本磨去旧文，更刻新文，以赞唐德。"③ 柔远县为今哈密西南的格子烟墩城，其北时罗漫山系今乌鲁木齐以东的天山。

笔者认为以上几种历史资料中的东汉纪功碑系同一个石碑，讲述窦固及其部将班超出击匈奴获胜之事，依据为：东汉明帝永平十六年（73）奉车都尉窦固、骑都尉耿忠统帅酒泉、敦煌、张掖士兵及卢水羌胡合计一万二千人西出酒泉塞，稍后在天山击败呼衍王，之后追击至蒲类海（今巴里坤湖）；其中与匈奴作战的详细情况为，窦固部属假司马班超率领部分军队攻占伊吾（今哈密）以后，又在蒲类海打败呼衍王。④ 可以说在夺取伊吾、大破呼衍王的战争中，班超指挥得当、勇敢善战，作出重要贡献。古人在树碑叙述这项军事功绩之时，很有可能会同时说到汉军赢得这次战役的关键人物窦固和班超。此碑为目前所知汉代西域甚至边塞地区刻立时间最早的记录战功的汉文碑刻。

降至唐代姜行本刮削窦固、班超纪功碑文字，另"刊颂陈国威灵"，因而这一山石承载有汉唐两代刻文。今新疆境内现存姜行本勒石只有一方，即著名的《大唐左屯卫将军姜行本勒石纪功文》，原位于巴里坤松树

---

① 刘昫等：《旧唐书》卷59《姜行本传》，第2334页。
② 欧阳修等：《新唐书》卷91《姜行本传》，第3792页。
③ 王仲荦：《〈沙州伊州地志〉残卷考释》，《敦煌石室地志残卷考释》，中华书局2007年版，第205页。
④ 范晔：《后汉书》卷2《明帝本纪》、卷23《窦固传》、卷47《班梁列传》，第120、810、1572页。

塘，现已搬离原地转藏在新疆维吾尔自治区博物馆，大抵讲述了侯君集、姜行本等人攻据高昌国时代背景、出师进程、战争实况和结果等。

20世纪80年代专研西域史地和文物资料的学者马雍，在其力作《西域史地文物丛考》一书中已指明，姜行本毁掉汉碑更刻文字的唐碑，当非前此金石研究者例如毛凤枝所认为刻立于松树塘的姜行本纪功碑，① 看法颇为独到，遗憾的是没有详加辩解，现在他的论断基础上补充论据。据前引《旧唐书·姜行本传》可见姜行本磨拭汉碑重刻唐碑立于荡平高昌前，碑文内容大致颂赞唐朝盛威，与松树塘处石碑叙姜行本攻占高昌之后回顾战争经过不合："以贞观十四年五月十日，师次伊吾时罗漫山北，登黑绀所，未盈旬月，克成奇功。"②

同书中马雍还提及今哈密市东北45千米处峡谷焕彩沟存有一个形如馒头的石头，其南面刻有数行以隶书撰写的文字，第一行书"唯汉永和五年六月十二日"，第二行存"沙海"两字，其余文字难以识读，又言碑西左端以楷书书写"贞观""十四年六月""唐姜行本"十一个字，其中"贞观""行本"这四个关键字模糊难辨。③ 新近张坤利用计算机软件处理石碑高清图像，指出这方巨石南、西两面可识别残文依次有"惟汉永和五年六月十五日""马云中沙南侯获安"、"唐义全""十五年菊月六""田辅仁"等汉清两代文字；又语马先生书中"唐姜行本"云云系因碑文残损不全所致错误识读。④ 看来姜行本磨锉文字的汉碑也不是该碑，史料所限其确切立置地难以寻觅。

2.《北魏金刚经残碑》

《新疆图志·金石志》曰光绪三十四年（1908）吐鲁番城东北木头沟（今吐鲁番市高昌区胜金乡木头沟村）出土一座刻有佛教典籍《金刚经》的残碑，书法具北魏风格，后被时任吐鲁番厅同知曾炳熿移至其办公衙署中："北魏《金刚经》残碑，碑出吐鲁番城北一百二十里木头沟，光绪三

---

① 毛凤枝撰，李向菲、贾三强点校：《关中金石文字存逸考》卷10《镇西厅》，《毛凤枝金石学著作三种》，三秦出版社2017年版，第401页。
② 徐松著，朱玉麒整理：《西域水道记》卷3《巴尔库勒淖尔所受水》，第176页。
③ 马雍：《新疆巴里坤、哈密汉唐石刻丛考》，《西域史地文物丛考》，文物出版社1990年版，第21—23页。
④ 张坤：《焕彩沟汉碑研究》，《西域研究》2023年第4期。

十四年土人掘地得之。碑高二尺余，宽二尺五寸，厚一尺，共二十二行，行二十三字。书法秀逸，的是北魏时笔意，同知曾炳燨移庋厅署中。"① 在乾元（758—760）以后写就的唐代敦煌地理文献《西州图经》，提到西州城附属小城外的东北角存一区圣人塔，塔内立有"故碑碣"②。这两座碑铭是否有关联难以确考。此碑虽然已经遗失不存，然据相关载述可见其应为北魏之时佛教在今吐鲁番地区传播和盛行的重要实物证据。

3.《北魏神龟二年宋云、惠生铭魏功德碑》《唐显庆年间王名远记唐圣德碑》《唐龙朔年间王名远记唐圣德碑》

在神龟二年（519）十二月乌场国"如来苦行投身饲饿虎处"高山山顶上，北魏使节宋云和汉地僧人惠生捐资合力建造一座佛塔，并"刻石隶书，铭魏功德"③。此石碑书体为隶书，内容应涉北魏泽被四方的功业和恩德。类此由中原王朝使者在西域凿录颂赞本国声威与德行的石刻亦有：唐显庆三年（658）、龙朔三年（663），王名远前后两次使往吐火罗，曾经在此国"立碑以记圣德"④。马小鹤指出这两方纪功碑中的一方为《玉海》卷194《兵捷·纪功碑铭附》收存的《唐西域纪圣德碑》，又指明清末端方《陶斋藏石记》录存的阿罗憾墓志铭称阿罗憾在"显庆年中""于拂林西界立碑"⑤，文中的"拂林"非指东罗马帝国而指吐火罗，在其地所立之碑即上言"显庆碑"⑥。之后林梅村发表不同看法，提出此"拂林"位于碎叶城东南8千米处裴罗将军城（吉尔吉斯斯坦布拉纳古城）等想法。⑦

4.《唐贞观十四年侯君集刻石纪功碑》

《旧唐书·侯君集传》提到贞观十四年（640）交河道行军大总管侯君集攻灭高昌国后，刻立石碑记述平定高昌之功业："君集分兵略地，遂平

---

① 袁大化修，王树枏等纂：《新疆图志》卷88《金石一》。
② 王仲荦：《〈西州图经〉残卷考释》，《敦煌石室地志残卷考释》，第213页。
③ 杨衒之撰，周祖谟校释：《洛阳伽蓝记校释》卷5《城北》，第189页。
④ 王溥：《唐会要》卷73《安西都护府》，第1323页；刘昫等：《旧唐书》卷40《地理志三》，第1647页。
⑤ 端方：《陶斋藏石记》卷21《波斯国酋长阿罗憾丘铭》，清宣统元年（1909）石印本。
⑥ 马小鹤：《唐代波斯国大酋长阿罗憾墓志考》，《中外关系史：新史料与新问题》，科学出版社2004年版，第99—146页。
⑦ 林梅村：《碎叶川裴罗将军城出土唐碑考》，《中原文物》2016年第5期。

其国（今案，高昌），俘智盛及其将吏，刻石纪功而还。"① 同书《西戎传》和《新唐书》"侯君集传""西域传"亦有相似的记载。②

案前文所提姜行本在松树塘处雕刻、记叙平服高昌过程的唐碑，碑名虽题作《大唐左屯卫将军姜行本勒石纪功文》，然碑文中心人物非唯姜行本一人，并且先后四次所记军事活动皆由姜行本上司侯君集指挥，仿佛意在彰显侯君集的功劳。其中一次参上引《西域水道记·巴尔库勒淖尔所受水》，另外三次如下：

> 圣上愍彼苍生，申兹吊伐，乃诏使持节光禄大夫、吏部尚书、上柱国、陈国公侯君集，交河道行军大总管；□总管、左屯卫大将军、上柱国、永安郡开国公薛万钧；副总管、左屯卫将军、上柱国、通川县开国男姜行本等；爰整三军，龚行天罚……以通川公（今案，指姜行本）深谋间出，妙思纵横，命□前军，营造攻具，乃统沙州刺史、上柱国、望都县开国侯刘德敏，右监门中郎将、上柱国、淮安县开国公衡智锡，左屯卫中郎将、上柱国、富阳县开国伯屈昉，左武侯郎将李海岸，前开州刺史时德衡，右监门府长王进威等，并率骁雄，鼓行而进……大总管（今案，指侯君集）运筹帷幄，继以中军铁骑亘原野，金鼓动天地，高旗蔽日月，长戟彗云。自秦汉出师，未有如斯之盛也。③

除此之外，令人感到困惑的还有立碑者乃瓜州司法参军河内司马太真，落款有萨孤吴仁、牛进达及据残缺题名"集□十柱国"推断出的侯君集等平伏高昌的唐朝将领，④ 而无姜行本之名。

综括上文对于松树塘处姜行本碑碑题、正文、落款中心人物考辨，笔者怀疑《大唐左屯卫将军姜行本勒石纪功文》系由侯君集授意姜行本撰刻，叙全体参战人员而非姜行本一人功绩的集体颂功碑，指新旧两唐书记载侯君集东归中土前之纪功刻石。这种想法只是基于相关资料所作的推

---

① 刘昫等：《旧唐书》卷69《侯君集传》，第2511页。
② 刘昫等：《旧唐书》卷198《西戎传》，第5296页；欧阳修等：《新唐书》卷94《侯君集传》，卷221上《西域传上》，第3826、6223页。
③ 徐松著，朱玉麒整理：《西域水道记》卷3《巴尔库勒淖尔所受水》，第175、176页。
④ 徐松著，朱玉麒整理：《西域水道记》卷3《巴尔库勒淖尔所受水》，第176页。

测，没有确凿证据加以证实，故而暂且还是看作两种。

5.《唐贞观年间阿史那社尔纪功碑》

贞观二十一、二十二年间（647、648），唐朝将领昆丘道行军大总管阿史那社尔在接连攻下龟兹国王城（今库车）、拨换城（今温宿）及五个大城以后，遣下属左卫郎将权祗甫向各酋长宣告旨意，晓以利害关系，之后有七十余座城堡酋长相继归降，社尔另立龟兹旧王之弟叶护为龟兹王，"刻石纪功而还"①。《旧唐书·西戎传》也有相似的记述，然载树碑时间在贞观二十年（646），与同书《太宗纪》《阿史那社尔传》记录时间贞观二十一、二十二年均不同。②碑文内容当涉唐初名将阿史那社尔征服龟兹国经过等。

6.《唐仪凤四年裴行俭纪功碑》

仪凤四年（679），借护送质居长安的波斯国王子回国继承大统之机，裴行俭率安西四镇诸蕃部落万余人假借狩猎名义，路经西突厥十姓可汗阿史那匐延都支及其别帅李遮匐营帐之时，先后智擒二人，"于是将吏已下立碑于碎叶城以纪其功"③。朱玉麒提出唐代张说为裴行俭撰写立于墓道前记载其生平事迹的石碑《赠太尉裴公神道碑》，称在制服"二蕃"以后"华戎相庆，立碑碎叶"④，可与上引两唐书《裴行俭传》相互印证。⑤竖立在碎叶城（今吉尔吉斯斯坦托克马克）的石碑，应记录的是裴行俭擒获阿史那匐延都支和李遮匐及抚驭诸蕃酋长过程等。

7.《唐天授二年伊州刺史衡府君碑》《唐长安三年伊州刺史衡府君碑》

南宋人氏编辑的《宝刻类编》收有天授二年（691）立于洛阳，由赵楚英书、彭元觉撰的《伊州刺史衡府君碑》，⑥可能叙说该年或稍前曾经担

---

① 欧阳修等：《新唐书》卷2《太宗纪》、卷110《阿史那社尔传》、卷221上《西域传上》，第47、4115、6231页。

② 刘昫等：《旧唐书》卷3《太宗纪下》、卷109《阿史那社尔传》、卷198《西戎传》，第60、61、3289、5304页。

③ 刘昫等：《旧唐书》卷84《裴行俭传》，第2802—2803页；欧阳修等：《新唐书》卷108《裴行俭传》，第4086—4087页。

④ 张说：《张说之文集》卷14《赠太尉裴公神道碑》，清光绪三十二年（1906）《结一庐丛书》本。

⑤ 朱玉麒：《汉唐西域纪功碑考述》，《文史》2005年第4辑。

⑥ 佚名：《宝刻类编》卷2《名臣十三之一·唐》，《丛书集成初编》第1514册，第45页。

任伊州刺史衡某的生平事迹；翻查出土文献发现永昌元年（689）薨于伊州刺史任上、天授二年与妻子合葬于洛阳的衡义整墓志铭《大周朝议大夫使持节伊州诸军事伊州刺史上柱国衡府君墓志铭并序》，① 其由董履素书、史宝定撰。这两方由不同人书、撰墓志铭讲述同一人的生平经历，属于"一人二志"的特殊现象。

与此相似者，有《通志二十略·金石略》所录在长安三年（703）刻立的《伊州刺史衡府君碑》，② 稽查相关历史资料未查得他的具体姓名，俟有新材料再加详考。

8.《唐长安二年或稍后金满县残碑》

清乾隆四十年（1775）护堡子破城（今昌吉吉木萨尔东北北庭故城遗址）出土唐时残碑两块，其中一方有"金满县令"等字。③ 唐代金满县、庭州、北庭都护府治所在同一地，"金满县残碑"出土地即这三个机构衙署驻地，在考辨其地望上，具有极高历史地理价值，故是碑发现之初就引起彼时众多西北边疆史地学者广泛关注。例如徐松（字星伯）《西域水道记》详细载录了它们的高宽、文字等；④ 又如，徐松挚友龚自珍（号定庵）收藏其中带有"金满县令"四字残碑的拓片（即图5-3和表5-1中"断碑一"），还在拓本上题："此残碑在济木萨，星伯云尚有一块，此未全拓，定公。"（今藏国家图书馆）⑤ 总括这两种金满县残碑资料，现将碑文移录如下（见表5-1）。

表5-1 《唐长安二年或稍后金满县残碑》碑文一览

碑石\行数	断碑一	断碑二
第1行	□□？□□	（字不可辨）

---

① 周绍良主编：《唐代墓志汇编·天授〇一三》，上海古籍出版社1992年版，第802页。
② 郑樵撰，王树民点校：《通志二十略·金石略》，第1870页。
③ 钟兴麒等校注：《西域图志校注》卷9《疆域二》，新疆人民出版社2002年版，第185页。
④ 徐松著，朱玉麒整理：《西域水道记》卷3《巴尔库勒淖尔所受水》，第173页。
⑤ 朱玉麒：《徐松与〈西域水道记〉研究》"插图目录"及正文"插图29 龚自珍藏金满县残碑拓本提及徐松对该碑的意见（中国国家图书馆藏）"，北京大学出版社2015年版，第2、102页。

续表

碑石 行数	断碑一	断碑二
第2行	周仕珪等云中辇路	而为□□承（义）[议]郎
第3行	行户曹参军、上柱国赵	登仕郎摄录事
第4行	□惠敬泰摄金满县令□	昭武校尉、凉
第5行	姑臧府果毅都尉□	囗州退魏囗
第6行	乘帝师之□	有隼绳
第7行	补迦□	

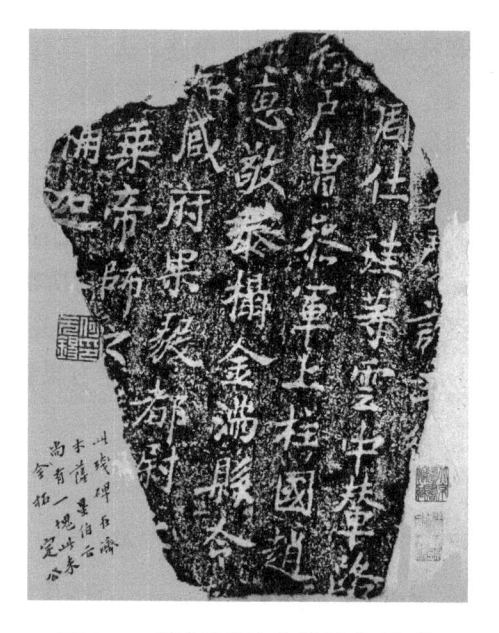

图 5-3　龚自珍藏存金满县残碑拓片

上文所列两个残碑文字，能否拼缀起来呢？笔者注意到徐松说两块裂石"俱高八寸、广六寸"，似乎形状都是长方形。实际上，通过龚自珍保藏拓本，可见其中载有"金满县令"字样的断碑上宽、下窄，形状颇像酒坛；所谓"高八寸、广六寸"，应该取的是碑高、宽最大值。所以不能将两块断石直接拼合在一起，只可利用拓片边缘残缺汉字部首拼接。

碑拓从右边数第 1 竖行第 3 个字偏旁是言字旁，第 5 竖行第 8 个字右上方形似"大"字右半部分，分别与残碑二末尾、首行文字部首难以缀合，故而断碑二无论放在残碑一左边抑或右边均难以接合。拓片上、下方边缘残字部首不甚明显，因而难以考察能否与断石二并合。

又，两块断碑文字大都是些职官名称和姓名，前后逻辑关系不够紧密，因此根据文义亦难以缀补起来。

既然以上两种方法皆难以拼补两方碑文，只能依次考析其文字。

残碑一：云中，既可指河东道云州治所云中县（今山西大同），[1] 又可指隶关内道夏州都督府、统辖朔方境内东突厥各部的云中都督府（今内蒙古乌审旗南），[2] 还可指以后更名单于大都护府、管辖漠南突厥诸部的云中都护府（今内蒙古和林格尔土城子）；[3] 辇路，天子车驾所经过的道路；户曹参军即户曹参军事，主管户籍、计账等文职事官，其官品，属大都护府、上都护府的分别是正七品下、从七品上；[4] 上柱国，正二品，为勋官，系一种荣誉称号，如单称则无实际职权；[5] 金满县，贞观十四年（640）平高昌后设，下县，其长官为令，文职事官，品级从七品下；[6] 姑臧县（今甘肃武威）因其南姑臧山而得名，[7] 为凉州中都督府所辖之中下县，[8] 姑臧府应指在姑臧地区设立的军民合一的地方军事管理机关折冲都尉府；折冲都尉府长官有官职仅次于折冲都尉的武职事官左右果毅都尉（各一人），

---

[1] 刘昫等：《旧唐书》卷 39《地理志二》，第 1488 页；欧阳修等：《新唐书》卷 39《地理志三》，第 1006—1007 页。

[2] 刘昫等：《旧唐书》卷 38《地理志一》，第 1414 页；欧阳修等：《新唐书》卷 43 下《地理志七下》，第 1120 页。

[3] 刘昫等：《旧唐书》卷 39《地理志二》，第 1488 页；欧阳修等：《新唐书》卷 37《地理志一》，第 976 页。

[4] 刘昫等：《旧唐书》卷 42《职官志一》、卷 44《职官志三》，第 1798、1922 页；欧阳修等：《新唐书》卷 49 下《百官志四下》，第 1316—1317 页。

[5] 刘昫等：《旧唐书》卷 42《职官志一》，第 1791 页；欧阳修等：《新唐书》卷 46《百官志一》，第 1189 页。

[6] 刘昫等：《旧唐书》卷 40《地理志三》、卷 42《职官志一》、卷 44《职官志三》，第 1646、1799、1921 页；欧阳修等：《新唐书》卷 40《地理志四》、卷 49 下《百官志四下》，第 1047、1319 页。

[7] 李吉甫撰，贺次君点校：《元和郡县图志》卷 40《陇右道下》，第 1019 页。

[8] 刘昫等：《旧唐书》卷 40《地理志三》，第 1640 页；欧阳修等：《新唐书》卷 40《地理志四》，第 1044 页。

其官品第等级，上府从五品下、中府正六品上、下府从六品下；① 补迦，很有可能系佛教专有名词"补伽〔迦〕罗"之缺文，译自梵文 Pudgala，意思是"人""众生"②。

断碑二：承（义）[议]郎、登仕郎和昭武校尉，分别为文散官与武散官，品级则分别是正六品下、正九品下、正六品上；③ 录事参军事属大都护府、上都护府者品级分别是正七品上、正七品下，录事隶大都护府、上都护府者品秩分别为从九品上、不详，皆系文职事官，④ 碑文中"录事"或为其中之一；碑中的"凉"，可能指姑臧县所属的凉州中都督府。

依据上文关于碑文所语行政区划、职官等解析，现推测此碑镌立时间及主体内容等。

杜佑《通典》在论述唐代地方州府僚佐制度时提到："大唐州府佐吏与隋制同……[有]司功、司仓、司户、司兵、司法、司士等六参军，在府为曹，在州为司。"⑤ 说明主管户口、账册、婚嫁、田宅等事宜的职官，在州一级行政区划管理机构中称司户参军事，⑥ 而在都护府管理机关中则谓户曹参军事。碑文既然录"户曹参军"一职，可见其系北庭都护府而非庭州的属官；长安二年（702）改庭州为北庭都护府，⑦ 可推长安二年至北庭陷于吐蕃时间贞元六年（790）竖立该碑；碑文亦有"乘帝师之"等与官职不甚相关内容，反映这两方裂石所列非全碑落款，很有可能是正文部分；碑文中官员按照先文官后武官的顺序排列，譬如断碑一前举文职事官户曹参军、金满县令，后言武职事官姑臧府果毅都尉，残碑二先云文散官承议郎、登仕郎，后曰武散官昭武校尉；唐朝在北庭都护府驻守之地设有

---

① 刘昫等：《旧唐书》卷 42《职官志一》、卷 44《职官志三》，第 1795、1796、1797、1905—1906 页；欧阳修等：《新唐书》卷 49 上《百官志四上》，第 1287 页。
② 任继愈主编：《宗教词典》，上海辞书出版社 2009 年版，第 526 页。
③ 刘昫等：《旧唐书》卷 42《职官志一》，第 1796、1802 页；欧阳修等：《新唐书》卷 46《百官志一》，第 1187、1197 页。
④ 刘昫等：《旧唐书》卷 42《职官志一》、卷 44《职官志三》，第 1797、1798、1802—1803、1922 页；欧阳修等：《新唐书》卷 49 下《百官志四下》，第 1316—1317 页。
⑤ 杜佑撰，王文锦等点校：《通典》卷 33《职官十五》，第 910 页。
⑥ 刘昫等：《旧唐书》卷 44《职官志三》，第 1918 页；欧阳修等：《新唐书》卷 49 下《百官志四下》，第 1317—1318 页；杜佑撰，王文锦等点校：《通典》卷 33《职官十五》，第 913 页。
⑦ 刘昫等：《旧唐书》卷 40《地理志三》，第 1645 页；欧阳修等：《新唐书》卷 40《地理志四》，第 1047 页。

军镇戍所瀚海军，姑臧府果毅都尉或许就是调入北庭都护府甚至受其节制瀚海军的军事官员；碑刻类型系纪事碑，且有可能是记录了北庭都护府、金满县等军政机关官员兴建或修葺城内某佛教建筑物的经过等。

9.《唐景龙三年龙兴西寺石刻》

李志常《长春真人西游记》称其师全真教领袖丘处机应诏赴西域谒见成吉思汗的途中，于南宋嘉定十四年（1221）抵鳖思马大城（即上文提到的护堡子破城），受到居住在城中的回纥王族、佛教徒、道教徒、文人学士等热烈欢迎，追问起当地风俗、历史沿革等，其答："此大唐时北庭端府（今案，北庭都护府）。景龙三年，杨公何为大都护，有德政。诸夷心服，惠及后人，于今赖之。有龙兴西寺二石，刻载功德，焕然可观。"① 关于龙兴西寺建造历史背景、地理位置及寺中石刻内容等，笔者提出以下几点认识。

唐中宗李显恢复皇帝位的第一年神龙元年（705）二月，令普天之下各州营造佛寺一所，并以"中兴寺"作为其名称；三年（707）二月，因时任右补阙张景源上疏言"中兴寺"寺名表示李显母亲武则天建立武周政权与其祖上开创李唐王朝没有承继关系，与实际上他们一脉相传的关系相悖，② 遂更之前诸州建造"中兴寺"名为寓意李唐王朝一直兴盛未中衰的"龙兴寺"③。上文所提北庭都护府驻地的"龙兴西寺"（今北庭故城西北角古代寺庙建筑遗址④），应在神龙元年营造并在两年后改的寺名。

龙兴西寺中的两块碑石，录载了唐中宗景龙三年（709）北庭都护杨何治理北庭政治业绩等，杨何事迹在历史文献中记载仅见于此。景龙四年（710）五月或此前吕休璟已就任北庭都护，⑤ 故杨何任北庭都护截

---

① 张星烺编注，朱杰勤校订：《丘处机及〈长春真人西游记〉》，《中西交通史料汇编》第7编《古代中国与中亚之交通（下）》，第1697页。
② 王溥：《唐会要》卷48《寺》，第847页。
③ 刘昫等：《旧唐书》卷7《中宗纪》，第137、143—144页。
④ 彭杰：《唐代北庭龙兴寺营建相关问题新探——以旅顺博物馆藏北庭古城出土残碑为中心》，《西域研究》2014年第4期。
⑤ 李昉等编：《文苑英华》卷459《命吕休璟等北伐制》，中华书局1982年版，第2335页。

止时间最晚在景龙四年五月。其上任时间可能和第一任北庭都护解琬离职时间相接，① 具体时间难以确考。另，唐在边疆地区设立的军政机构都护府级别有大、上、下之分，因碑文内容来自他人转述，因而暂且不可作为北庭都护府升级为大都护府的历史根据。②

10.《唐开元三年张孝嵩颂功碑》

清道光年间俞浩撰著的《西域考古录》言，位于今库车库木吐拉石窟的石浮屠，存有唐开元年间安西都护吕休璟为监察御史张孝嵩所立建功西域的石碑：

> 塔（今案，石浮屠）下旧有两截碑，文字可辨者三分之一。唐开元三年安西都护吕休璟为监察御史张孝嵩平阿了达（干）纪功碑也。孝（崧）[嵩]以奉使至，愤吐蕃之跋扈，念拔汗那之式微，以便宜征兵戎落，出安西数千里，身当矢石，俘斩凶夷，故碑中多以常惠、陈汤比之。③

文中先讲当时刻石保存状态（即已裂成两段、文字三分之二磨泐难识），后云撰录历史背景和若干内容等。新旧唐书所列张孝嵩生平事迹过于简略，④ 且未涉碑中所语他助拔汗那国君复王位之事。所幸《资治通鉴》录此事稍详，为深入认识其刻写时代背景和揣测它的一些内容提供了重要参考。开元三年（715）监察御史张孝嵩从廓州（今青海化隆县西）还归唐都长安，上书陈述沙漠以西地区的便利与险要，请求再次前往巡察军政形势，他不仅获得准许，还被授予相机处置权，之后往西行抵安西。时大食和吐蕃共同支持阿了达为拔汗那新国王，并派兵攻打此国，而后击败早已归附唐朝的拔汗那旧王并迫使他逃至安西都护府求救。接到拔汗那旧王

---

① 孟凡人：《唐庭州北庭历任刺史都护节度使编年》，《北庭史地研究》，新疆人民出版社1985年版，第81页。

② 刘子凡：《瀚海天山：唐代伊、西、庭三州军政体制研究》第3章《节制西夏》，中西书局2016年版，第221—222页。

③ 俞浩：《西域考古录》卷12《库车》，清道光二十七年（1847）《海月堂杂著》本。

④ 刘昫等：《旧唐书》卷103《张嵩传》，第3189页；欧阳修等：《新唐书》卷133《张孝嵩传》，第4544页。

军事援助的请求以后,张孝嵩统帅胡兵万余人自龟兹出发,西行几千里直奔拔汗那,接连攻下数百座城池,后又败阿了达于连城(今乌兹别克斯坦纳曼干),阿了达逃入深山避难。不久孝嵩声讨阿了达的文书传遍了西域诸国,唐朝雄威震惊了整个西域,大食等国遣使请降;书中还讲到张孝嵩在拔汗那"勒石纪功而还"①,因而他可能在该国还亲立一方记录功勋的碑铭。

11.《唐节度参谋检校刑部员外郎假绯鱼袋太原王济碑》

《西域考古录》引耶律楚材《西游录》提及唐代在临近塔拉斯河流域北端钜丽城的南山开凿水渠、建造石闸,架起水闸的两岸山石之上"有'唐节度参谋检校刑部员外郎假绯鱼袋太原王济之碑'"②。该碑或许讲开元、天宝年间北庭节度使参谋王济在当地兴修水利工程等事。

12.《唐建中二年或此后丁谷山石刻》

继李唐王朝之后由中央政府组织人员在清乾隆四十七年(1782)编就的另一部同名官修西域通志《西域图志》,言库车某山洞中存不断以汉、"回"两种文字重复刻写佛经的唐碑:"库车山洞中,有汉字石刻,方径尺许,用回文折旋,皆释典语。当属唐时遗迹,其缘起无考。"③《西域水道记》中有更为详细的记述:"[丁谷山]山势(斗)[陡]绝,上有石室五所,高丈余,深二丈许……洞门西南向,中有三石楣,方径尺,隶书梵字镂刻回环,积久剥蚀,惟(辩)[辨]'建中二年'字。"④文中明确提到三个石柱立在丁谷山(今库车地区的却勒塔格山)山洞(今库木吐拉千佛洞)中,以隶书和梵文循环往复地书写佛教典籍,除"建中二年"四字外其他文字难以辨认。说明柱上镂刻的佛经篇幅比较简短,刻录时间有可能在石柱所录唐德宗建中二年(781)或稍后。

为了平服天宝十四年(755)爆发以安禄山、史思明为首的叛乱,唐肃宗抽调北庭、安西、陇右等地区大部分兵力入关,致使西部边境军事防务空虚,在以后四五十年时间里,吐蕃乘机先后攻破,从而奄有西域各

---

① 司马光编著,胡三省音注:《资治通鉴》卷211《唐纪二十七》,第6713页。
② 俞浩:《西域考古录》卷10《塔尔巴哈台》。
③ 钟兴麒等校注:《西域图志校注》卷48《杂录二》,第609页。
④ 徐松著,朱玉麒整理:《西域水道记》卷2《罗布淖尔所受水下》,第96页。

地。丁谷山石洞中的石刻佛经，或许是留守在安西都护府驻地龟兹的汉族百姓、僧人、将士撰刻，祈祷尽快结束由于战争导致的西域动荡不安的局势，并尽早返归中原故土。

乾隆五十三年（1788）前往伊犁效力赎罪的安徽太湖籍举人王大枢，在其西域见闻记《西征录》言丁谷山上存有唐代所建的寺庙，寺中立存很多唐代石刻："丁谷山上有唐时古寺，寺多唐时碑刻及无量寿窟，浮图高数十仞。"① 说明除了上列《丁谷山石刻》外，丁谷山上还有其他唐时刻立的石碑。

13.《唐别石把碑》《唐轮台碑》

南宋嘉定十二年至十七年（1219—1224），元初名臣耶律楚材随蒙古汗国成吉思汗铁木真西征花剌子模（今乌兹别克斯坦），在返回燕京（今北京）以后绍定元年（1228）所著西域见闻记《西游录》中提到，原唐代隶属北庭都护府的瀚海军的治所别石把城（即上引《长春真人西游记》"鳖思马大城"）及其西二百余里轮台县（今乌鲁木齐乌拉泊古城），分树两座唐碑："金山（今案，今阿尔泰山）之南隅有回鹘城，名曰别石把，有唐碑，所谓瀚海军者也……［别石把］城之西二百余里有轮台县，唐碑在焉。"② 反映南宋之时这两个唐碑尚存在原地，然碑文述说何事因相关资料缺乏难以详考。

14. 时间未知丁谷山沙门题名

在说毕前文所提《唐建中二年或此后丁谷山石刻》竖立位置、文字等方面历史信息后，《西域水道记》接着讲丁谷山石室中另有一个石碑，刻写着某沙门名字等："又有一区，是沙门题名首行曰'沙门日'，二行曰'惠亲惠'，三行存一字若磨改者，四行曰'法'。"③ 所题法号是否能与上录《丁谷山石刻》末文接续起来且系落款的一部分难以确知，现暂且将其视作两块不同的石碑。

15. 时代不明造像碣

嘉庆年间遣戍伊犁的原湖南学政徐松，在服役期满东归之时，曾经游访过护堡子破城，在其代表作《西域水道记》讲到城内出土一座疑为元代

---

① 王大枢：《西征录》卷2《纪程下》。
② 耶律楚材著，向达校注：《西游录·上》，中华书局1981年版，第2页。
③ 徐松著，朱玉麒整理：《西域水道记》卷2《罗布淖尔所受水下》，第96页。

的造像残石:"元造像碣石上作'番'字,下截刻僧像,疑是元时所造。"① 文中"番"是否指元代外族僧人难以查考,姑且存疑。

16. 时代不详巴尔坤碑、时间未详博格达山北道石碣

《西征纪略》(不分卷)叙康熙五十四年(1715)蒙古准噶尔部首领策妄阿拉布坦进犯哈密,陕西盩厔(今陕西周至县)知县张寅奉命从陕西出发解送骡马到战争前线并就地效力,十月二十八日,路经巴尔坤(今新疆巴里坤县)古城之东汉定远侯班超屯兵处时发现一方石碑:"[十月]廿八日至巴尔坤……[巴尔坤]山后有古城,系班定远屯兵处,有碑书'大雪七尺,小雪三寸,领兵十七万,冻死十万'之语。"② 碑文中言雨雪天气来袭,下大雪时落到地面的积雪深达数尺、下小雪时厚度有三寸,天寒地冻,率领十七万军卒冻死十万人。文中中心人物很有可能是一名代表中原王朝征讨西域的军事将领,是否班超难以考索。

不仅上文列举"巴尔坤碑",为王大枢《西征录》收录,竖立在北天山东段博格达山北道的一座石碑,也提到西域冬季寒冷气候:"博(客)[格]达山北道傍有石碣,其文存者曰'极目西北穷荒,气青白,漫漫如雾,雪深计丈,无路径,人畜不能往来'云云,其余剥落,不成句读,何代何人及建立之由,皆莫可考矣。"③ 碑文中称远望处于绝塞边荒的西域之地,寒气如同气雾般遍布眼睛所能看到地方,地面上积雪深度可用丈这一长度单位来量测,掩盖了平时走的道路,人和动物难以在雪上自由行走。

以上两个碑铭撰刻时间及撰者等方面信息皆不详,内容还均涉作者在今新疆东部地区对于西域恶劣气候条件的亲身感受,故而并合在此讲述。

除了上文所列汉唐之间及不详时代镂刻的十几方碑铭外,在清代流放至新疆的内地官员和到新疆就职的地方官员的旅行记中,也记有许多不存碑文的清代碑刻,其中载录明确撰刻时间大多在乾嘉年间。如若按照类型和内容来分,有纪功碑,比如方士淦《东归日记》记载的《福郡王碑》,立于巴里坤天山庙,大概讲述乾隆年间福康安在稳定西北边疆政治局势方

---

① 徐松著,朱玉麒整理:《西域水道记》卷3《巴尔库勒淖尔所受水》,第173页。
② 张寅:《西征纪略》,国家图书馆藏清抄本(善本书号:02906)。
③ 王大枢:《西征录》卷2《纪程下》。

面的军事功绩，另如两块《伊犁巡检顾谟修路碑》竖立位置在祁韵士《万里行程记》、方士淦《东归日记》中所言不完全相同，分别在三台（今博乐三台）、果子沟（今伊犁果子沟）和四台（今博乐四台）、果子沟达坂，内容大抵叙述嘉庆三年（1798）由伊犁巡检顾谟刻录载述伊犁将军保宁在果子沟达坂修路的功德；又有纪事碑，例如收存于赵钧彤《西行日记》中道光年间或稍后刻写在今哈密星星峡的《杨忠武公遇春修路碑》，应该说的是陕甘总督杨遇春整修星星峡地区道路的事情；还有标识两地界线的界至碑，譬如录存于杨炳堃《西行纪程》，立在绥来县西界雕录时间不详的《绥来县木牌界碑》，乃是标明绥来县与其西库尔喀喇乌苏界线的界碑。清代新疆亡损文字的石碑比较少见，其内容相对简单，史料价值也较低，并且康继亚已在其硕士学位论文之中先后罗列了这些碑铭残文、资料出处、大体内容、文献价值等，[①] 故于此不再赘解。

在以上所录四十四种西域史部遗书中，二十四种有轶文可供辑录，辑文内容关涉西域或西北地区少数民族部落回鹘、黠戛斯、突厥，二十种知有书传世然不可辑逸文（含"存文"类中的《突厥所出风俗事》）。另有五种可能记叙西域地区。

宋代或稍前存留于世的西域汉文史学典籍只有屈指可数的几种（见表7-5），相关支撑材料的缺失，在很大程度上制约了对西域地方史特别是西域汉文历史文献溯源的学术探索，例如现今不少论著在追述早期丝绸之路汉文文献时大多言之不详。上文辑得的三十多种西域史部轶书写就时间基本上在宋代或此前，虽书籍数目及所存辑文篇幅有限甚至没有辑文，然在某方面或可补充之前有关研究缺略。

另，综合前文所举东汉至清西域文字散亡的石刻及现存碑铭来看，唐、清两代中原王朝与西域政治、经济、军事、文化方面联系密切，时刻写石碑数量最多，为刻凿碑碣的两个高峰期；立置地点基本上在军事活动频仍和汉族居住较为集中的哈密、吐鲁番、乌鲁木齐、伊犁等东疆、北疆地区；碑文品类多样，选取材质既有山石亦有木片。

[①] 康继亚：《清人新疆行记中所载碑刻整理与研究》，硕士学位论文，新疆大学，2019年。

附：《唐万岁通天某年果毅都尉□□基造像碣》

除上陈《唐长安二年或稍后金满县残碑》及"时代不明造像碣"这两方石刻外，《西域水道记》还讲护堡子破城出土一座唐代造像残碑，高一尺一寸、广一尺三寸，尚可辨其字有十八行，并抄录有刻文。清宣统年间端方编辑的《陶斋藏石记》与新疆布政使王树枏等编纂的《新疆图志·金石志》亦有录文，均提到时已纵裂为三石。现转录如下：

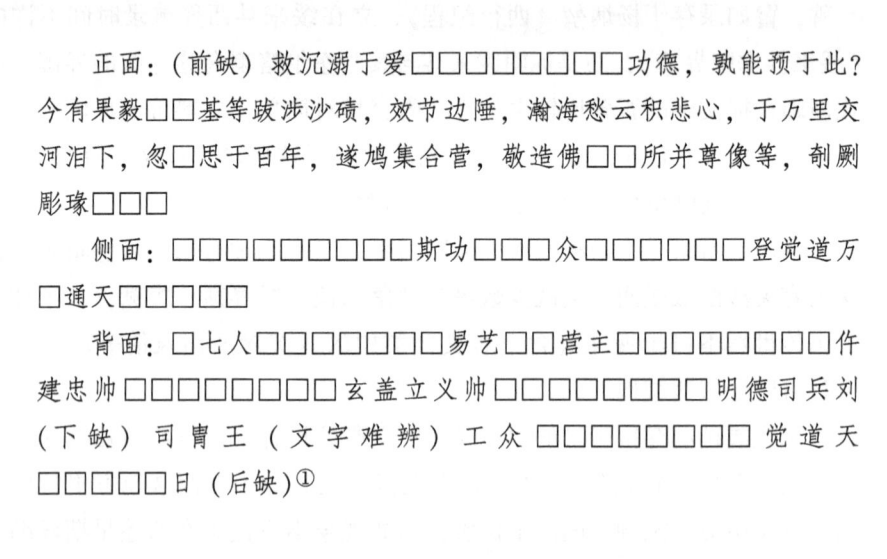

  正面：（前缺）救沉溺于爱□□□□□□□□功德，孰能预于此？今有果毅□□基等跋涉沙碛，效节边陲，瀚海愁云积悲心，于万里交河泪下，忽□思于百年，遂鸠集合营，敬造佛□□所并尊像等，刳剔彫瑑□□□

  侧面：□□□□□□□□斯功□□□众□□□□□□登觉道万□通天□□□□□

  背面：□七人□□□□□□□易艺□□营主□□□□□□□件建忠帅□□□□□□□玄盖立义帅□□□□□□□□明德司兵刘（下缺）司胄王（文字难辨）工众□□□□□□□□觉道天□□□□□日（后缺）①

翻查新旧唐书《职官志》可见唐代职官中唯有折冲府左右果毅都尉之职带有"果毅"两字，"□□基"当是立碑人果毅都尉名字之部分；"交河"指西州交河县（今吐鲁番雅尔湖乡雅尔乃孜沟村交河故城），置有岸头折冲府。② 营主，唐代军队编制单位、主要执行征镇军事任务"营"的管理者，系职务名称而非官名，管辖兵卒数量从四百到四千人不等，③ 因营有大小之分，故营主官品有高低之别，该处"营主"指

---

① 徐松著，朱玉麒整理：《西域水道记》卷3《巴尔库勒淖尔所受水》，第173页；袁大化修，王树枏等纂：《新疆图志》卷89《金石二》；端方：《陶斋藏石记》卷20《果毅□□基造像记》。
② 张沛编著：《唐折冲府汇考·陇右道》，三秦出版社2003年版，第244—245页。
③ 王启涛编：《吐鲁番出土文献词典》，巴蜀书社2012年版，第1202—1203页。

"□□基"。建忠帅、立义帅为营主的下属官吏,① 前者负责捉拿逃兵、催缴欠款等,② 后者详细职责不详。司兵、司胄为营主领导下主管某项具体事务的属吏,司兵掌管军中武官选拔、军防门禁、烽候传驿等,司胄管理营中军事器械。③

另,碑铭正面、背面原文中"年""天"两字为武周时期新造文字,侧面石刻中"万□通天"又应补释作武则天年号万岁通天(696—697),因而其撰刻时间当是武则天在位的万岁通天一二年间。④ 明确的纪年可用于稽考漠北地理名词"瀚海"引入西域的时间。

无论文中"瀚海愁云积悲心"一语是否借用自南朝齐梁间虞羲《霍将军北伐诗》"瀚海愁云生"等诗句,⑤ 此处"瀚海"作为地理景观似乎不再是汉唐文献中一般意义上的漠北大型水体,⑥ 至晚在万岁通天年间(696—697),它已泛指至少包含有"□□基"等"跋涉沙碛"之后到达"万里交河"或庭州之前的今吐鲁番或吉木萨尔及以东新疆地区沙漠、湖泊等,衍变成为西域地理概念时间早于天宝(742—756)末年任职北庭节度判官岑参《白雪歌送武判官归京》"瀚海阑干百丈冰"。同时,也存在难以排除的两种特殊情况。一是,"□□基"等从中土始发,经过漠北地区抵西域,"瀚海"一词合乎传统意义上漠北的湖海之义;二是,如唐太宗李世民《饮马长城窟行》诗句"塞外悲风切,交河冰已结。瀚海百重波,阴山千里雪"般,碑文中"瀚海""交河"为象征边塞地理事物的文学意象,没有实际指称。除此之外的历史价值,正如朱雷所讲,其为"目前所见记载'营'之组织最早、最为完整"的历史资料。⑦

根据上文对碑文中职官、刻录时间等解释,可推其或许讲述了果毅都

---

① 王启涛编:《吐鲁番出土文献词典》,第 645—646 页。
② 张国刚:《唐代藩镇行营制度考》,《中国史论集》,天津古籍出版社 1994 年版,第 81 页。
③ 王启涛编:《吐鲁番出土文献词典》,第 954—955、1202 页。
④ 朱雷:《唐开元二年西州府兵——"西州营"赴陇西御吐蕃始末》,《敦煌学辑刊》1985 年第 2 期;以后收入氏著《敦煌吐鲁番文书论丛》,甘肃人民出版社 2000 年版,第 251—252 页。
⑤ 欧阳询撰,汪绍楹校:《艺文类聚》卷 59《武部》,第 1066 页。
⑥ 刘子凡:《重塑"瀚海"——唐代瀚海军的设立与古代"瀚海"内涵的转变》,《中国史研究》2022 年第 2 期。
⑦ 朱雷:《唐开元二年西州府兵——"西州营"赴陇西御吐蕃始末》,《敦煌学辑刊》1985 年第 2 期。

尉"□□基"及任职建忠帅、立义帅、司兵、司胄等属下来自内地,戍守西陲重地西州交河县,在万岁通天年间（696—697）,可能如吐鲁番出土文书所见最晚从永隆元年（680）开始,西州府兵需要协助庭州、安西执行一部分镇戍任务等军事方面原因,[①] 当然也有可能他从内地经由西州而非在西州就职,之后来到庭州金满县之地,稍后聚全营之力雕凿佛像,寄托远离故土、思乡伤怀之情,以及发生战事以后前途命运未卜的惆怅情绪,希望以后能够事事顺心等。

案：拙作付梓在即,偶然读到刘子凡之文方知上言碑碣原石尚存,2014 年还曾在西泠印社拍卖,[②] 并非本书研究对象,故而将原文中考证该碑文字撤换下来。因与前此一些研究在句读、解读唐人撰刻是碑目的等方面有些不同想法,也许能为以后学者探究相关问题提供参考,现附录于后,供读者批评。

---

① 刘子凡：《瀚海天山：唐代伊、西、庭三州军政体制研究》第 2 章《都护临边》,第 184—186、211—212 页。

② 刘子凡：《唐北庭龙兴寺碑再考——以李征旧藏"唐金满县残碑"缀合拓片为中心》,《首都师范大学学报》（社会科学版）2021 年第 5 期。

第六章　西域亡佚图籍共性特征及与他书关系综合研究

在前五章，主要对西域史部佚书和重要碑刻进行了个案研究，本章则借助这五章所得结论，分析这些文献共性特征、历史价值及与其他古籍的联系和区别。同时，在前文中仅提及部分西域逸书的附图，未对其作细致探讨，本章专辟一节研讨它们及其他西域佚亡图画的内容、历史地位等。

第一节　西域史部佚籍类型及与"正史"《西域传》的关系

前几章大略探究了西域史部遗书的撰著背景、内容等，还辨析了与"正史"《西域传》等书的史料关系，这些认识为归纳西域史部遗籍的类型，以及"正史"《西域传》编修者处理史料的方式等相关问题奠定了基础。

一　西域史部逸籍的类型

在传统目录学四部分类法中，汉代以来所撰西域史部佚书基本上属于地理类，南宋郑樵分"地理"类史籍为十类，又将十九种西域逸籍列入"川渎""朝聘""行役""蛮夷"四类，[1] 王谟另将十四种西域佚书归入"行役征途经涉地理书记""四裔外国地理书记"类（见表6-1），[2] 他们

---

[1] 郑樵撰，王树民点校：《通志二十略·艺文略第四》，第1581、1584—1586页。
[2] 王谟：《汉唐地理书钞·总目》，第19—20页。

列举的西域逸籍及其所属类别部分相同。此二人的分类方法，哪个较为合理呢？

表6-1　　　　　郑樵、王谟对西域史部佚籍所作分类比较

划分者	类型	佚书名称
郑樵	川渎	道安《四海百川水源记》
	朝聘	《职贡图》《黠戛斯朝贡图传》《四夷朝贡录》《于阗进奉记》
	行役	《张骞出关志》
	蛮夷	《突厥所出风俗事》《大隋翻经婆罗门法师外国传》、昙景《外国传》、裴矩《西域图》、程士章《西域道里记》、许敬宗等《西域国志》、张建章《戴斗诸蕃记》、王玄策《中天竺国行记》、智猛《游行外国传》、法盛《历国传》、佚名《慧生行传》、佚名《北庭会要》、平居诲《于阗国行程记》
王谟	行役征途经涉地理书记	《张骞出关志》、杜环《经行记》、佚名《宋云行记》、法盛《历国传》
	四裔外国地理书记	支僧载《外国事》、萧绎《职贡图》、道安《西域志》、裴矩《西域图记》、盖嘉运《西域志》、程士章《西域道里记》、宋云《魏国以西十一国事》、竺法维《佛国记》、韦节《西蕃记》、佚名《突厥本末记》

"行役"泛指出外跋涉，"蛮夷"为华夏民族以外其他民族的统称，再结合郑、王所列西域史部逸书的内容可知：《游行外国传》《历国传》《慧生行传》《中天竺国行记》《于阗国行程记》，分别是智猛、法盛、宋云和惠生、王玄策、平居诲的出行记录，可纳入"行役"类；《张骞出关志》涉今南亚、中亚等地区的西域古国，可划入"蛮夷"类。可见郑樵所作的分类未严格区辨遗书内容特征，不太妥当，王谟所划分的类型则较为合理。下文借鉴王谟的分类方法，将所辑得西域史部佚籍分作行记、方志、其他三类。

关于"行记"类轶书，依据书中中心人物身份及前往西域目的，又可分成"僧侣求法""官员出使与镇守"等类别。"僧侣求法"类中心人物为佛教徒，西行目的大约是前往印度礼佛、求取佛经等；"官员出使与镇守"类中心人物是中原王朝使节、军事将领，出行目的大抵为册封西域少数民族首领、护送公主出嫁、驻扎防守军事重地等（见表6-2）。

至于"方志"类佚籍，按照内容广狭，可分作西域全志与专志等类型。根据内容特征，又分西域专志类为人物志、交通志、民族志、山水志等细类（见表6-2）。

表6-2　　　　　　　　　　西域史部佚书类型

类别			佚籍名称
行记	僧侣求法		竺法维《佛国记》、佚名《惠生行记》、智猛《游行外国传》、宝云《游履外国传》、道普《游履异域传》、法盛《历国传》、昙无竭《外国传》、法献《别记》、道荣《道荣传》、常愍《游天竺记》、王继业《西域行程记》、佚名《沙门怀问三往西天记》等
	官员出使与镇守		佚名《张骞出关志》、佚名《宋云家记》、韦节《西蕃记》、韦弘机《西征记》、王玄策《中天竺国行记》、王名远《西域图记》、平居诲《于阗国行程记》、王延德《西州使程记》、傅安《使远传》、武振《哈密纪行录》等
方志	西域专志	西域全志	班勇《西域诸国记》、支僧载《外国事》、裴矩《西域图记》、佚名《印度记》、佚名《波罗门摩伽陀等国图记》、许敬宗等《西域图志》、佚名《西域图经》、盖嘉运《西域记》、彦琮《西域传》、赡思《西国图经》、钱炳焕《疏附县乡土志》等
		交通志	程士章《西域道里记》等
		民族志	佚名《突厥所出风俗事》、佚名《突厥本末记》、高少逸《四夷朝贡录》、张建章《戴斗诸蕃记》、佚名《于阗进奉记》等
		人物志	李德裕《异域归忠传》、赡思《西域异人传》等
		山水志	道安《西域志》（即《四海百川水源记》）等
	其他		成光子《别传》、杜环《经行记》、佚名《西域行记》等

并行记、方志以外的其他西域史部逸书为一类，即"其他"类。这类佚籍有成光子《别传》、杜环《经行记》和《西域行记》等，之所以归入该类，原因如下：由书名、轶文及相关记载推测，这几部书皆系其作者往赴西域行程见闻记，当属行记之类，但杜环可能是以大食国战俘、士兵、后勤人员等身份游历西域地区，社会身份既非僧人亦非官吏，又局限于现存资料不能确知成光子与《西域行记》撰者或中心人物的职业，均难以准确归入上文所述"行记"两个类别。

需要指出的是，前此多基于佚书内容特征，分所辑西域史部遗籍为这几类，然通过书名和辑文不能完全管窥整部书内容。因而，分列在这些类型中的西域轶籍，与其所处类别可能不完全相符。

二　西域史部佚书与"正史"《西域传》的关系

历代"正史"编修和注释者基本上没有使往西域经历，编撰《西域传》《西戎传》或注解史事往往直接袭用前人西域著作。具体来讲：根据西域地理史籍等编写西域自然、人文地理方面的情况，依据官方档案资料（譬如实录、起居注等）等编述中央王朝和西域的交往。这些人掌握的西域资料有多寡之别，倘若材料充足，则列《西域传》专叙西域地区史事；如果不足，则立《西戎传》（如《晋书·西戎传》《梁书·西北诸戎传》等）并述河西走廊和西域地区历史。① 囿于本书主旨，下文仅讨论西域地理史乘与"正史"《西域传》《西戎传》的关系。

由前五章对西域史部佚书与"正史"《西域传》《西戎传》史料关系所作分析可知，"正史"《西域传》《西戎传》撰修者处理西域史料的方式主要有以下两种。

其一，糅合多种西域史部经籍撰修西域传记，所选用这些西域资料相互之间为平行关系。例如裴松之转引鱼豢《魏略·西戎传》注陈寿《三国志》，鱼书《西戎传》部分内容如大秦、车离国传源自班勇之书（参第二章第一节）；《周书·异域传下》"高昌国"条下"自燉煌向其国"至"多取伊吾路云"一段四十多个字取自裴矩《西域图记》（参第四章第一节）；②《新唐书·回鹘传下》"赤发、皙面、绿瞳"云云，材料源自唐代盖嘉运《西域记》，同书《西域传》"[波罗柰国]其畜有稍割牛"云云，以及碎叶、磨邻、苦国三国传记全文与拂菻国传记中若干内容及大食、末禄两国传记大部分文字，分别摘自法盛《历国传》、杜环《经行记》；《新五代史·四夷附录》从灵州到于阗的一段路程采自五代平居诲《于阗国行程记》；《宋史·外国传》夏州至高昌行程路线录自北宋王延德《西州使程

---

① 余太山：《两汉魏晋南北朝正史西域传研究》上卷《两汉魏晋南北朝正史"西域传"的体例》，第126页。

② 令狐德棻等：《周书》卷50《异域传下》，第915页。

记》（均参第五章第一节）。

这种编纂方式选材丰赡，编就的《西域传》内容繁复，然选用的这些西域古书所载国名、族名、河名、湖名等，多经撰者根据某种西域民族语言翻译而来，故两种以上西域史籍所记同一事物名称，不一定完全相同。倘若"正史"修撰者不能谙熟西域史实，录这些事物入《西域传》，则在此传中会出现内容前后重合的现象。

比如在《魏书·西域传》中，关于悉居半、伽倍、折薛莫孙、小月氏国的传记，材料源自北魏使者董琬、高明出使西域的"报告"，而有关朱居、钵和、赊弥、乾陀国的传记，资料来自宋云、惠生行记。实际上，悉居半、伽倍、折薛莫孙、小月氏分别与朱居、钵和、赊弥、乾陀指同一个国家。同时，这些传记还有重复内容，如载有小月氏国"百丈佛图"、乾陀国"雀离佛图"周长、高度等，事实上这两个"佛图"指同一个佛塔；[1] 再如，又讲折薛莫孙国"人居山谷间"，赊弥国"山居"，其实这是先后两次讲同一地人居住方式。

其二，以一种西域史部文献作为基础材料编著西域列传，同时吸收其他西域史部古籍略加增补内容。例如，《后汉书·西域传》中自然、人文地理方面的资料基本袭自"班勇所记"（参第二章第一节）；《梁书·西北诸戎传》滑、周古柯、呵跋檀、胡蜜丹、白题、龟兹、末、波斯等国传记，大致依据萧梁元帝萧绎《职贡图》编写（参第六章第三节）；《隋书·西域传》所录西域二十国传记中历史地理方面的内容大抵采自裴矩《西域图记》一书（参第四章第一节）。

这种处理史料的方式，或可降低《西域传》中内容前后重复、矛盾等现象的概率，然主要依循一种材料，可能会遗漏某些重要历史事实。

譬如，东晋袁宏《后汉纪·孝殇皇帝纪》载录了东汉之时鄯善国都城及与洛阳的道里："鄯善国治欢泥城，去洛阳七千一百里"[2]。又刘宋范晔《后汉书·西域传》录有拘弥、于阗等许多西域国家国都和至洛阳的距离，同时记有鄯善国，然未采用这条材料叙述鄯善国王都及到洛阳的道里，内

---

[1] 余太山：《〈魏书·西域传〉（原文）要注》，《两汉魏晋南北朝正史西域传要注》，第488—493页。

[2] 袁宏撰，张烈点校：《后汉纪》卷15《孝殇皇帝纪》，第300页。

容存在缺漏。

另如,《汉书·西域传》称"［扜弥国］今名宁弥"①,西晋司马彪《续汉书·西域传》也有类似文字:"宁弥国王本名拘弥"②。上古音中,"扜"为影纽平声鱼部,拟音［ǐwa］,"拘"为见纽平声侯部,拟音［kǐwo］。③"扜"和"拘"为准双声关系,互为旁转字,可相通用。由此可推,东汉时宁弥国前身系西汉时拘〔扜〕弥国。《后汉书·西域传》虽提到"拘弥国居宁弥城"④,但据此难知拘弥国的历史沿革,未参引上录《续汉书·西域传》,历史记载有些遗缺。

同时,据这五章关于西域史部佚籍与"正史"《西域传》史料关系所作考述还可见,在具体处理西域史料过程中,"正史"《西域传》编修者或删减西域志书中的冗文(例如《西域图记》《隋书·西域传》"大海道"条,见表4-1),或更改西域地理志中的内容(如《西域图记》《隋书·西域传》"吐火罗"条中的人口数量、两地距离,见表4-1)。

"正史"编纂者取用西域史籍材料编撰《西域传》,对这些载籍会有什么影响呢?"正史"《西域传》聚集众西域史书之精华,在保存、传播、传承西域文化方面功不可泯。从另一面来讲,假如需通过书籍了解有关西域地区情况,古人通常会选择这些《西域传》,舍弃西域书册,致使"正史"《西域传》在社会上广泛流传,西域史乘在历史学者中传播范围、认知、代际传承也就受限乃至湮没无闻。所以西域行记和方志散佚的原因,固然有天灾人祸、书籍传播方式等自然、人为方面的缘由,"正史"《西域传》取代西域典籍流传于世,这大概也是其中一个因由。

第二节　西域史部遗籍主要内容与史学价值

古代史册及注解、佛教典籍、碑铭等征引有部分西域史部佚籍名称或佚

---

① 班固:《汉书》卷96上《西域传上》,第3880页。
② 司马彪:《续汉书》卷5《西域传》,周天游辑注《八家后汉书辑注》,第506页。
③ 郭锡良编著:《汉字古音手册》,第111、114页。
④ 范晔:《后汉书》卷88《西域传》,第2915页。

文，从中可集录的文字虽为全书一鳞半爪，然集腋成裘，总体上来说逸文数量蔚为可观，其涉内容可以归纳为四方面；并且在现今西域早期历史资料短缺的情况下，其无论在历史文化抑或现实方面都具有不容忽视的独特价值。

一　西域史部轶书主体内容

综合搜索到记录西域各地区和在不同时代写就的史部遗书名称、辑文，可见其内容大概涉以下几个方面西域史事。

其一，西域历史自然地理状况，例如西域诸地山脉、河流、湖泊、气候特征、出产动植物和矿产资源、地势、土壤等。

其二，西域历史人文地理情况，比如西域国家官制、王城、刑法、钱币、疆域、外交、人口数量、兵力、民族、城邑、历史沿革、生产生活方式、婚姻和丧葬习俗、神祇、神话传说、天文学、医学、人的体貌特征等。

其三，新疆疆内和中西交通路线，相关内容集中保存在班勇《西域诸国记》、裴矩《西域图记》等书中。前此已有东西方学者利用出土资料和传世文献，对二书中中外交往线路进行了较为深入探讨。但是有些交通线路尚未引起学界足够重视和普遍关注，如皮山—罽宾路线。

罽宾国地望，两汉时在今克什米尔地区或巴基斯坦喀布尔河流域，南北朝时在今克什米尔地区，隋唐时在今喀布尔河流域，可见皮山—罽宾路线系由今新疆通往印度、巴基斯坦的交通线。在《汉书·西域传》所载由玉门关、阳关出西域（今案，今塔里木盆地）的南北两道中，这条路线起点皮山国在南道上，故可视为南道支线。

在前汉成帝时或此前该路线已开辟，因《汉书·西域传》讲到，武帝时西汉与罽宾已建立正式的外交关系，罽宾王仗恃汉兵不能抵其地，先后数次杀害出使其国的汉使，至成帝时遣使谢罪，杜钦向大将军王凤进言，西汉官员护送罽宾使者回国，以往送到县度，现在"可至皮山而还"；还提到从皮山至罽宾，需依次经过皮山以南的四五个国家，大、小头痛山，赤土、身热之阪，三池、盘石阪、县度。① 除三池（北魏时期在波知国②）

---

① 班固：《汉书》卷 96 上《西域传上》，第 3886—3887 页。
② 杨衒之撰，周祖谟校释：《洛阳伽蓝记校释》卷 5《城北》，第 183 页；魏收：《魏书》卷 102《西域传》，第 2280 页。

和县度外，其他地望难以考证（参第二章第二节）。虽由这些途经地难以还原杜钦所讲从皮山到罽宾的具体行走路线，但可与今中巴、中印交通线路相印证。

就今之新疆至巴基斯坦、印度交通路线而言，自皮山经县度到罽宾的快捷之道，必须南越喀喇昆仑山或者兴都库什山，具体路线大致有以下两条。

第一条，从皮山向西南行至新疆塔什库尔干塔吉克自治县，由此南逾喀喇昆仑山山口（例如明铁盖达坂、红其拉甫达坂等），到罕萨河流域，再循印度河而下可至罽宾。

第二条，自皮山经塔什库尔干塔吉克自治县向西行，抵达瓦罕走廊，由此再往西南行，穿过兴都库什山山口（譬如萨朗山口、希巴尔山口等）至喀布尔河流域，沿喀布尔河东北支流库纳尔河或印度河往东北行，可到克什米尔地区。

除《汉书·西域传》外，这条路线在《后汉书·西域传》中亦有所载："自于阗经皮山，至西夜、子合、德若焉。""自皮山西南经乌秅，涉悬度，历罽宾，六十余日行至乌弋山离国。"① 西夜，今叶城。子合，今叶尔羌河上游。德若即乌秅，今克什米尔地区罕萨河流域的罕萨。②

将这几条路线缀合起来可知，由皮山始发，经西夜、子合、乌秅、县度，可达罽宾、乌弋山离，该路线指上文所列第一条线路。需要注意的是，《后汉书·西域传》所叙这条交通线，可能是甘英出使大秦路线中一段（参第二章第二节）。关于这段路线实地行程，见表2-2。

另外，前引《汉书·西域传》还提到，从皮山到悬度，需过皮山南"更不属汉之国四五"，这指哪些西域国家呢？

《汉书·西域传》录有皮山以南的西夜、蒲犁、乌秅、难兜等西域国家及其相对位置："[皮山]西南至乌秅国千三百四十里，南与天笃接……[皮山]西南当罽宾、乌弋山离道"，"[乌秅]北与子合、蒲犁，西与难兜接……其（今案，乌秅）西则有县度"，"[西夜]东与皮山、西南与乌

---

① 范晔：《后汉书》卷88《西域传》，第2916、2917页。
② 余太山：《两汉魏晋南北朝正史西域传要注》，第98、99、265、267页。

第六章　西域亡佚图籍共性特征及与他书关系综合研究　277

秏、北与莎车、西与蒲犁接"，"[蒲犁]南与西夜子合接"，"[难兜]西南至罽宾三百三十里"，"[罽宾]东至乌秏国二千二百五十里，东北至难兜国九日行"①。天笃，今印度半岛。

由《汉书·西域传》所叙皮山以南这几个西域古国之间距离、相对位置等，虽不能推得自皮山出发，经这些国家到罽宾的交通线，然不能排除在西汉时此路线已开通的可能。案西汉时西夜国统子合地，东汉时西夜、子合为两国，再结合《后汉书·西域传》所述从皮山至罽宾路经的国家，可推杜钦所讲"起皮山南，更不属汉之国四五"，当指西夜、蒲犁、乌秏、难兜，所言皮山—罽宾路线很有可能指上文所列循库纳尔河东北行的第二条交通线。

上面大抵讲述了两汉时期位于皮山—罽宾路线上的西域国家等，下面陈述东汉以后这条路线的情况。

汉代之后于阗国兼并了皮山国，在史籍中于阗取代皮山成为该路线始发地，比如《法显传》《高僧传·智猛传》讲法显、智猛都从于阗经悬度到中印度。②《法显传·陀历国》《大唐西域记·乌仗那国》载位于今克什米尔达丽尔的陀历国或达丽川有弥勒菩萨木像，东汉两晋南北朝时期中国游履者，譬如东汉成光子、东晋法显、刘宋智猛和昙无竭、北魏道荣与惠生、北宋王继业等（参第三章第二节，第五章第一、二节），到该国参拜这个"佛事处"，再由此往南行到中印度，说明其所撰游历印度的传记当载第一条皮山—罽宾路线。唐代道宣《释迦方志》对这些路经陀历国的人有所记载，并称此交通线为"陀历道"③。同时，亦有汉地僧人经由第二条皮山—罽宾线路前往五天竺，例如东晋刘宋宝云、道普先后路经今阿姆河流域的大夏游履印度（参第五章第二节），其著行程记应涉这条交通线。

唐宋以后南方海上丝绸之路取代西北陆路丝绸之路，成为沟通中国与

---

① 班固：《汉书》卷96上《西域传上》，第3881、3882、3883、3884页。
② 法显撰，章巽校注：《法显传校注》，第11—27页；慧皎撰，汤用彤校注，汤一玄整理：《高僧传》卷3《宋京兆释智猛》，第125页。北魏时，皮山国一度复国（即《魏书·西域传》中的"蒲山国"，时附属于于阗）。其后，史书未有皮山国之载。
③ 道宣撰，范祥雍点校：《释迦方志》卷下《游履篇第五》，第92页。

域外国家的主要渠道，时人所撰西北丝路文献数量相对减少，其中皮山—罽宾路线较少提及。

其四，西域各民族之间及与中土中央王朝关系的事件，除极少部分为政治、军事冲突外，绝大部分是互派使臣进行和平政治交往，以及相互之间的物质、宗教、文化交流。其中一个比较重大的历史事件是，东汉甘英受西域都护班超遣派使大秦。

甘英出使大秦是中外交流和交通史上的壮举，在《后汉书·西域传》《晋书·四夷传》《梁书·西北诸戎传》《旧唐书·贾耽传》等书中均见载录，前人对其所作研究成果显著。下文分析甘英之名，甘英西往大秦的始发时间、出行目的、无果而返主要原因等，以推动研究的进一步深入，以及研究视野的再拓展。

（一）甘英和甘菟

南朝刘宋范晔《后汉书·西域传》曰"［永元］九年，班超遣掾甘英穷临西海而还"，唐章怀太子李贤等注"《续汉书》'甘英'作'甘菟'"①，《续汉书》系西晋史学家司马彪所著有关东汉纪传体断代史书，可见刘宋或此前存在"甘英""甘菟"两种写法。"英"和"菟"字形相近，或在书籍传抄过程中而产生别字。根据古籍字形讹误的判定原则，即不常见字，易误写作字形相近的常见字，②反映《后汉书·西域传》中"甘英"应作"甘菟"。

上引《后汉书·西域传》还提到甘英的官职是"掾"，《后汉纪·孝殇皇帝纪》亦有类似记载。③案汉朝公府及郡县官府的属吏，正曰掾，副曰属，④表明甘英当系西域都护班超的属官。而某些中高等教育历史教材、历史词典、历史普及读物记"班超派副使甘英出使大秦"，即其所说甘英的官职为"副使"，恐不实。

（二）出使时间

综合第二章第二节所考甘英西使大秦的始发、归返路线，以及《汉

---

① 范晔：《后汉书》卷88《西域传》，第2910页。
② 杨琳：《文献字形讹误的判定原则》，《中国典籍与文化》2009年第1期。
③ 袁宏撰，张烈点校：《后汉纪》卷15《孝殇皇帝纪》，第300页。
④ 张政烺主编：《中国古代职官大辞典》，河南人民出版社1990年版，第953页。

书·西域传》《后汉书·西域传》所录途经这些西域古国需要的时间，大致可推甘英从龟兹到安息所用时间：龟兹西与姑墨接，"[姑墨]南至于阗马行十五日"，于阗西邻皮山，由皮山到乌弋山离须走六十余日，自乌弋山离马行百余日可到条支，由条支马行六十余日到安息，可见自龟兹到安息的行程时间约为二百三十五日，即八个月左右，其中，从龟兹到条支约需六个月，条支到安息大概用两个月。

至于甘英抵达这些西域国家的具体时间，上引《后汉书·西域传》载甘英由安息返抵龟兹的时间在永元九年（97），同传又记"和帝永元九年，都护班超遣甘英使大秦，抵条支"。反映该年还是甘英从龟兹出发抵条支的时间。由《后汉书·西域传》所述甘英自龟兹到条支、安息至龟兹的时间，可推其从条支出行到达安息的时间亦在永元九年。

诸史籍未记甘英前往大秦的始发时间，这个时间可由他从条支出发至安息的时间，自安息返抵龟兹的时间，以及其间行程时间逆推而得（见图6-1）。由安息返抵龟兹的时间在永元九年（97）十二月或稍前，又需时约八个月，说明从安息启程返回龟兹的时间，应在永元九年四月或此前。条支到安息的行程时间约为两个月，说明由条支西往安息的时间当在永元九年二月或稍前。

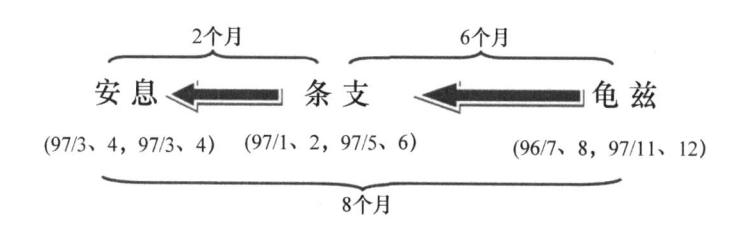

```
        2个月              6个月
   安息 ◀──── 条支 ◀──── 龟兹
(97/3、4, 97/3、4) (97/1、2, 97/5、6)  (96/7、8, 97/11、12)
              └──── 8个月 ────┘
```

图6-1 甘英由龟兹经条支至安息行程

说明：（1）2、6、8个月为行程时间；（2）龟兹（96/7、8, 97/11、12），分别指从龟兹出发、返至龟兹的时间，其他圆括号内各项时间表示意思类同。

据上述甘英抵条支、安息及自安息返至龟兹的时间大略可推，他在永元八年（96）七八月始行，大抵在永元九年（97）一二月至条支，三四月到安息，其后，从安息沿出使路线返回塔里木盆地，在同年十一、十二月间到达龟兹。以往的研究（如《中国史纲》等①）以永元九年为其出访大秦的动身时间，恐不确。

（三）出使主要目的与无果而返的根本原因

诸史书未载甘英西使大秦目的，中外学者纷呈己见以补此憾。之前，少数西方学者荒谬地认为，甘英受班超指派入侵大秦，1885年（清光绪十一年），德国学者夏德在《中国及罗马东边地》（China and the Rome Orient，朱杰勤另译作《大秦国全录》）中已直斥其非。②民国三十三年（1944），龚骏提出班超派甘英探听大秦详情之说，③其观点为后之学者长泽和俊、余太山等赞同。④长泽和俊又认为，当还有探明中国丝绸制品在安息销售情况之目的。在此基础上，莫任南进一步指出，中国丝绸在大秦畅销不滞，安息从中坐收垄断大秦与中国贸易之利，甘英出使当出于探寻可直接和大秦进行经济贸易的商业道路之目的，并且还可招徕外臣、宣扬汉朝声威。⑤

对于莫先生的看法，姚胜发表不同意见：自商鞅变法以来，中国即实行重农抑商之策，商业附属于农业为末业，东汉官员焉会主动寻找商路，可见莫先生第一说不符合东汉国情，而宣扬国威或有可能，但不是其出行的根本目的。

姚先生又综合了东汉和匈奴的关系，班超抚定西域的计略等，认为甘英出访大秦，主要目的在于与其结盟：在班超生活的时代，匈奴虽先后两次为东汉所败，但仍是与后汉争夺西域的劲敌，班超欲稳定汉在西域的统治，必须寻找政治盟友，而强国大秦则为理想之选。⑥对于这些学者所析甘英西行目的，笔者提出如下几点想法。

纵观东汉经略西域的过程，可知在多数情况下其持消极、被动的态度，在人力、物力等方面的投入远逊前汉。因而，东汉时，西域既受匈奴

---

① 翦伯赞：《中国史纲》第2卷《秦汉史》，商务印书馆2010年版，第431页。
② ［德］夏德：《大秦国全录》，朱杰勤译，第15页。
③ 龚骏：《甘英出使大秦考》，《东方杂志》第40卷第8号，1944年。
④ ［日］长泽和俊：《论甘英之西使》，《丝绸之路史研究》，钟美珠译，第434页；余太山：《关于甘英西使》，《国际汉学》第3辑，大象出版社1999年版，第258页。
⑤ 莫任南：《甘英出使大秦的路线及其贡献》，《世界历史》1982年第2期。
⑥ 姚胜：《甘英出使大秦原因考》，《塔里木大学学报》2009年第1期。

势力威胁，亦时常为西域大国控制，班超欲镇抚西域，安定西陲，而又不劳中国，必须依赖西域诸国之力，这就是其所谓"以夷狄攻夷狄"之策。①

班超以这个策略平伏西域的实例有：建初三年（78），班超率疏勒、康居、于阗、拘弥四国胜兵万人攻姑墨；其后，又上书言西域远国月氏、乌孙、康居愿归附汉。②说明班超既努力争取葱岭以东西域列国的支持，又注意结交葱岭之西强国，联合一切可以团结的力量。同时，他运用谋略成功制服西域叛国的历史事件有：建初九年（84），班超攻疏勒王忠，康居遣兵援忠，时与月氏联姻，超遣使持锦帛使月氏，让月氏王劝康居王罢兵，结果康居王听从劝说收兵而还，③正是巧妙地利用这两国姻亲关系，才减少收服疏勒的外在阻力。表明这个计策对抚驭西域着实有效。由对班超安抚西域采取的方略所作分析可推，班超遣甘英使大秦，当出于与葱岭西强国大秦结为盟友之目的，姚先生观点有一定合理之处。

上面主要讨论了甘英到访大秦根本目的，下面在这个基础上探究他出访大秦无果的主要原因。

《后汉书·西域传》《晋书·四夷传》等史册均言甘英欲从安息西界渡西海到大秦，安息船人告诉甘英，海洋广大，遇善风需三个月、逢迟风须两年才能到大秦，并且海中存在令人思土恋慕之物，"英闻之乃止"④。根据这条西域史事，后人揣测甘英寻访大秦无功而返的原因，归纳起来，其观点大略可分作两类：主观因素影响，比如甘英缺乏冒险精神、畏惧困难等；⑤客观条件限制，譬如海洋阻隔，安息船人为垄断中西贸易而从中阻挠等。⑥对于这些说法，笔者依据《后汉纪·孝殇皇帝纪》《后汉书·西域

---

① 范晔：《后汉书》卷47《班梁列传》，第1576页。
② 范晔：《后汉书》卷47《班梁列传》，第1575—1577页。
③ 范晔：《后汉书》卷47《班梁列传》，第1579页。
④ 范晔：《后汉书》卷88《西域传》，第2918页；房玄龄等：《晋书》卷97《四夷传》，中华书局1974年版，第2545页。
⑤ 康有为：《欧洲十一国游记》，社会科学文献出版社2007年版，第141页；范文澜：《中国通史》第2册，人民出版社2008年版，第249页；余太山：《关于甘英西使》，《国际汉学》第3辑，1999年，第259页。
⑥ 魏源：《海国图志》卷30《西南洋》，岳麓书社2011年版，第964页；梁启超：《张博望班定远合传》，《饮冰室合集》第6册《饮冰室专集之五》，第14页；莫任南：《甘英出使大秦的路线及其贡献》，《世界历史》1982年第2期；[德]夏德：《大秦国全录》，朱杰勤译，第30页。

传》等书中的相关记载分析、补充。

与《后汉书·西域传》等史书所载相同，《后汉纪·孝殇皇帝纪》亦录安息西界船人的这些话，甘英听到以后止步不前。与它们不同的是，在《后汉纪·孝殇皇帝纪》中，还以甘英和安息船人问答的形式讲述了大秦国风土民情、物产等，其中提到"从安息陆道绕海北行出海西至大秦"（参第二章第一节）。

由《后汉纪·孝殇皇帝纪》所述甘英与安息船人的对话，可推"英闻之乃止"以后发生的事：在听闻安息船人说海中有"恋慕之物"，以及渡西海到大秦所需时间后，甘英向其询问大秦国情况，安息船人将所知大秦国风土民情等如实相告，同时提及由今伊拉克出发，在陆地上环绕着大海东岸往北行，经叙利亚至土耳其，再向西行可到意大利。

从安息船人向甘英提供海道和陆路两条去往大秦的路线，以及告知路上会遇到危险与事前应采取措施，显见待英之诚恳。因而，海洋阻隔、安息船人阻挠等说不可全信。至于甘英胆怯、惧怕艰难之类提法，笔者认为亦不可尽信，原因在于：《后汉书·西域传》曰"［甘英历］梯山栈谷绳行沙度之道，身热首痛风灾鬼难之域"，可见甘英历尽险难方抵安息，焉会在此临危退缩。

既然这些因素并不能彻底阻止甘英到往大秦，那么，他在条支不再向西行，前往大秦的根本原因是什么呢？笔者认为，这可能与甘英西访大秦目的相关：从塔里木盆地至安息约需八个月，自安息到大秦渡西海快则三月、慢则两年，由安息经陆路绕西海到大秦亦需较长时间，说明从塔里木盆地到大秦所用行程时间过长，距离遥远，与之结盟可望而不可即。

二 历史文化和现实价值

从整体上来讲，西域散失史部书籍辑文与"正史"《西域传》内容类型相似，撰写材料又多采自作者实地见闻，史学价值不容小觑；部分文字还不见于"正史"《西域传》，具有与众不同的史料价值和现实鉴戒意义。具体体现为以下几点。

（一）为史学研究提供新材料

"新史料"形式有未对外刊布的档案文献、出土材料、域外汉籍、佚书辑文等，均可为历史研究提供新论据，现今已受到很多历史学者关注。就西域地区史部遗书而言，逸文原本散录在史、子、集部诸类传世载籍中，未收集之前，难以系统利用、全面分析；迨集录出来以后，聚合起来的辑文会形成一个有机统一体。之后运用材料分析法探析辑文内容，比对其他书籍中相似文字，可能会获得新知识，形成新认识。举个例子来说，班勇《西域诸国记》收录一条从皮山出发到安息的交通路线，《后汉纪·孝殇皇帝纪》亦载有类似交通线，两条线路相较，后者稍略，且言为甘英西往大秦路线，再综合史乘记录班勇在西域军事活动区域在今帕米尔高原以东的新疆地区，班勇之父班超遣甘英使大秦等线索，可以初步断定《后汉纪·孝殇皇帝纪》记述甘英出行线路源出《西域诸国记》，为其遗文；《西域诸国记》之中皮山—安息交通线很有可能是较为完整甘英行走路线。留存在《后汉纪·孝殇皇帝纪》中的这条《西域诸国记》逸文就颇有历史价值，可推进甘英使大秦线路研究进程。

其他如散载在多为史学家忽视的《历代三宝纪》《法苑珠林》《三宝感应要略录》《佛祖统纪》《李卫公会昌一品集 别集 外集 补遗》《太平广记》《重修政和证类本草》等佛教典籍、文集、小说和医方家类古籍中的轶文，系统辑校出来，会发现它们在其他史书不载，具有特殊史料价值。

（二）窥探西域方志源流和发展进程

地方志书系记载某地自然地理、建制沿革、经济文化、风土民情等情况的百科全书，发源于先秦时期《周礼·职方》《尚书·禹贡》《山海经》等，在形式上经历了两汉魏晋南北朝"地记"、隋唐"图记"、宋代以来"方志"等几个发展阶段。大略来说，地方志在宋代以前处于发轫、发端、雏形状态，在两宋时体例和内容才趋于完备、成熟。论析方志发展变化、成型定型主要借助原典，然唐代或此前成书、流传于今内容比较完整的志乘并不多见，仅有东汉袁康《越绝书》、东晋常璩《华阳国志》、唐李吉甫《元和郡县图志》等。而古代在经济文化较中州稍落后的若干西域地区尤甚，保存至今内容完整无缺志书的完就时间最早在唐代，仅有道宣《释迦方志》一种，其次降至明代且只有陈诚《西域番国志》、王世贞《哈密志》两种，反映存世早期足本西域方志数量比较稀少。如欲全面系统探索方志流变之细微，必须借用除现存地方志书之外的其他资料。本书辑考佚亡古籍很大一部分是唐代或稍前完书的西域志书，可为探研宋代以前西域甚而全国方志起源、发展进程和编辑特点提供新材料。

青少年时期随父生活在西域，成年后又任职西域长史，熟悉西域各地情况的班勇，大约在东汉安帝末年撰就了记录今新疆、巴基斯坦、印度、阿富汗、伊朗以至欧洲地区等地自然和人文状况的《西域诸国记》。就其留存在《后汉书·西域传》中的文字推度，这部书很有可能以西域列国为基本叙事线索，分述诸国王城、户口、兵力、特产、交通、习俗等。经过仔细分析，其原名有可能指魏末晋初鱼豢《魏略·西戎传》转引的《西域旧图》。倘若属实，当是一种图文并存的书籍。其分区划域叙述西域各地情形，在某些方面具备方志特质，应为西域体例成熟地方志重要源头。

东晋名僧道安撰写的《西域志》，又名《四海百川水源记》，配有地图《江图》，陈述了今新疆、南亚、中亚等地河流主支流、水源地、注入湖海和流经地山脉、物产、佛教寺院、器物、释迦胜迹等，以水道为纲目分叙沿途事物，是现今所知西域地区第一部山水专志。南北朝是中印佛教徒进行民间宗教文化交流的活跃期，许多中国僧侣西赴印度求经礼佛，并根据佛教经典和自己亲身经历等撰写史书，另有一些没有赴印的人则依据前世史乘和他人印度旅行见闻编述载籍，这些撰述大都以天竺古国为纲陈述各国佛教圣迹，其中比较典型的僧人载记有东晋支僧载《外国事》、两晋竺法维《佛国记》，刘宋法盛《历国传》、昙无竭《外国传》，部分书籍体裁虽为行记，然其内容与同时代中土地区"地记""地志"颇相类。隋唐两代是编录西域志乘高峰时期，不仅数量繁多，而且类型多样（例如交通志《西域道里记》、人物志《大隋翻经婆罗门法师外国传》）；志书体例是地图和风物图配备文字说明，名称多含"图记""图志"等字样。

据上文对宋代之前西域方志发展阶段所作的梳理可见，西域地志多由中土人士编著，在内容和体例方面往往烙上中原地方志书印记，与中土方志发展过程亦几近相似。然与内地及其他边疆地区志乘相较，西域方志有自己的特点：虽地处西北偏远之物质文化落后地区，但地方志修撰起步并不晚，数量和品类也不少，在唐代还受到政府高度重视，曾由官方组织专门人员投入大量物力编修西域地方志书《西域图志》，这在非全国性区域方志早期发展史上是比较少见的；附录图画存有其他地区志书相对少见的民族人物肖像画及风土民情、物产、景物等内容绘画；相较于地志"存史""教化"功能，纂修者更加注重方志在利用自然条件（譬如水源、交通）、处理民族关系、稳定西部边陲等方面的"资治"功用。

（三）丰富发展习近平新时代中国特色文化和民族文化

西域史部逸书记录内容基本上是生活在西域地区少数民族诸项事情，承载着婚丧嫁娶、宗教信仰、文学艺术、生活方式、教育、科学技术、体育竞技等民族文化，带有与中土地区不同的浓郁民族特色和鲜明地域特点，均系中华优秀传统文化重要组成部分。故而系统辑校和探索西域史部遗失文献，既可保存、彰显、延承西域本地民族文化，守住西域文化的根脉，深入发掘习近平新时代中国特色社会主义文化，弘扬以爱国主义为核心的民族精神，又可以借鉴域外民族文化发展中国文化。

（四）获取历史经验和启示

有史以来西域地区就是多民族聚居地区，其中今新疆地区处于中原中央封建王朝国土西北边疆地区，今巴基斯坦、印度、中亚五国等是以前域外国家民族所在地区，因而西域地区史部佚遗文献记载揭示的历史经验，多涉少数民族、中外交往交流等方面问题，譬如开发管理西北边疆成功经验、处理与少数民族关系方式，加深和其他国家民族交往秉持价值理念等，兹将其体现出来的有关民族文化继承、保存、延续及中外双方相互交流的几点重要启示列举如下。

第一，记录汉代以来西域民族文化的载体——古籍，如果没有得到科学、规范、专业藏存、维护、管理与传播，很容易受到自然和人为等因素影响而毁损，在距今二三百年的清末编就、离今不到一百年的民国时期尚见传布的《疏附县乡土志》未流传至今，即可为证。若要妥善保护好、传承好、利用好、发展好祖先遗留下来的这笔宝贵财产，赓续西域文化历史脉络，首先就要抢救性搜寻、仿造、摄影扫描、缩微复制西域地区汉文、梵文、吐火罗文、回鹘文、摩尼文、波斯文等各种语种孤本、珍善本古籍，以及濒临消亡的碑刻、木简等。倘若经济条件允许，可以考虑影印、整理、出版囊括西域地区全部古籍的书库《全西域文》或《西域文库》，或者创建一个全民共享、资源丰富、可在线检索和浏览的西域民族古籍数据库。

第二，历史时期西域各民族之间及与其他地区民族关系，支流是因生存、发展而发生的政治、军事冲突，主流是他们通过各种方式和渠道调剂物质有无，开展双向文化交流，在多种形式交流中渐次增强民族文化认同、凝聚力。以史为鉴，我们应该清楚认识到一部中华民族发展史，就是一部各民族交融汇聚成多元一体格局的华夏民族的历史，也是中华儿女一同缔造、巩固统一的伟大祖国的历史；中华民族各民族有着共同的血脉、连结、文化和愿景，在根本利益、奋斗目标上是一致的，其在经济上相互依存，情感上相互亲近，文化上兼收并蓄。

第三，自古以来一直寓居西域勤劳朴实的各族人民是西域地区拓荒者、守护者和管理者，他们携手奋进、开荒拓地、撒播文明之种，使之成为瓜果飘香、充满民族气息的文明圣地，创造了现今光辉灿烂而又别具风格、中华民族文化重要组成部分的多民族文化，为稳固和开发祖国西北边疆作出了重要贡献。故而必须一如既往地尊重西域地区历史创造者、书写者和主人——各族人民的民族宗教信仰、风俗习惯、语言文字，发展新疆特色文化，团结各民族人士，妥善处理好与兄弟民族的关系，确保其参与国家事务、管理本民族事务和享有各项权利。

第四，古代中原地区佛教徒为求取梵文佛教原典、瞻仰释迦牟尼圣迹，穿越数不尽高山和峡谷，渡过众多河流，不辞辛苦、历尽险难到达印度，表现出中国人民胸怀理想、信念坚定，为实现心中梦想勇于探索未知领域，敢于在艰难困苦环境中与一切困难作斗争、百折不挠的"求真经精神"。这种吃苦耐劳、为了实现伟大梦想而光荣奋斗的精神值得我们尊重、继承和发扬。

第五，历代中土封建王朝之所以能够在西域列国中树立崇高威望，深受其一致爱戴和拥护，成为其主动交往甚而心之向往的对象，原因之一就是从古至今中国一贯以平等态度对待各国，尊重不同国家和民族的政治文化制度、选择发展道路，不因自己实力强大而欺侮弱小国家，同时注重睦邻周边国家，加强与边远国家的交往，在中国周围创造一个和谐安定环境，还以博大胸怀、开放态度包容、吸纳外来文化，增进世界不同文明之间的交流和互鉴。当前中国要增强综合实力、国际竞争力和影响力，加深加快与周边和西方国家合作、交流，携手构建人类命运共同体，必须秉承历史上与其他国家和平共处、合作共赢、互学互鉴的外交理念，这正与"丝绸之路经济带"和"21世纪海上丝绸之路"倡议构想体现的政治理念相合，这也是现在践行"一带一路"的历史根源和理论逻辑。

西域轶书史学价值难以与"正史"《西域传》相媲美，即便如此，在现存早期西域史和丝绸之路史资料极其缺略情况下，西域轶书与吐鲁番、和田、库车等地出土的胡汉语写刻本残片，新疆拜城县克孜尔千佛洞等存留壁画，碑铭石刻等，同为探究历史上西域各民族之间及与中原交往交流，铸牢中华民族共同体意识，中央王朝治理边疆经验等问题必不可少的新材料，应引起边疆史地学者普遍注意和充分重视。

第三节 西域佚图类别与发展进程

关于中国地图的起源、形成、嬗变、发展等，中外学者已对其进行了深入探索，然对于西域逸图少有关注。本节钩沉传世史籍中的西域遗图，管窥它的发展过程、特点等，顺次分两汉、东晋萧梁、隋唐、宋元明清四个时段进行叙述，以期充实当前研究成果。

一 两汉时期的区域图

张骞"凿空"西域后，西汉频繁派遣使臣出访西域。其中，有使者归国后对武帝说黄河源自于阗以南的山脉（今昆仑山、喀喇昆仑山），"天子案古图书，名河所出山曰昆仑云"[1]。可见"古图书"记载黄河源于"昆仑"，之前"昆仑"是否指今昆仑山、喀喇昆仑山难以详考，武帝则根据其所载，命名昆仑山。

"图书"载黄河河源地在"昆仑"，亦见于《汉书·沟洫志》。齐人延年向武帝进言："河出昆仑，经中国，注勃海，是其地势西北高而东南下也。可案图书，观地形，令水工准高下，开大河上领，出之胡中，东注之

---

[1] 司马迁：《史记》卷123《大宛列传》，第3173页。

海。"① 延年的建议为：中国地势西北高、东南低，发源于昆仑山的黄河向东流入渤海，可参据"图书"所记，实地勘察地形，令水工开凿山岭，导黄河之水入匈奴之地。

延年的话似乎还暗示了"图书"所述地域包括匈奴统治区，西汉是否有这样地图呢？《汉书·武帝纪》讲"［元鼎六年，前111］又遣浮沮将军公孙贺出九原"，颜师古注："臣瓒曰：'浮沮，井名，在匈奴中，去九原二千里，见《汉舆地图》'。"② 浮沮在今何地难以确知，仅知在匈奴的辖域中，是否在匈奴所控制的西域中，限于目前资料难以论证。可以肯定的是，《汉舆地图》当指汉代全国性的舆图，③ 至少标有匈奴控制区内某地。

"图书"、《汉舆地图》为全国性的图籍，所述地区部分在西域。西汉官员提出撰绘专门描述西域地区地图的想法，在汉武帝颁发"轮台罪己诏"前：搜粟都尉桑弘羊与丞相、御史劝说武帝在轮台（今轮台）以东的捷枝、渠犁（均今库车附近）屯田，"置校尉三人分护，各举图地形，通利沟渠，务使以时益种五谷"④。即令驻守轮台、捷枝、渠犁的三名校尉，将各自辖区内的地形绘制成地图，并开修沟渠。武帝未纳此谏而颁布"轮台罪己诏"，故在当时编绘这些西域图的设想大概没有实现。

前文先后两次提到西汉史书记有汉朝"图书"，其实前汉史籍还载有匈奴"图书"。建昭三年（前36），西域都护甘延寿诛杀了留居在康居国的匈奴郅支单于。⑤ 四年（前35），"［元帝］以其（今案，郅支单于）图书示后宫贵人"。郅支单于的"图书"，使用的文字或与中国异。关于"图书"之义，颜师古注："服虔曰：'讨郅支之图书也'。或曰单于土地山川之形书也。师古曰：'或说非'。"⑥ 这些注解说明，关于汉代"图书"，或认为指地图，或以为指书籍，此处匈奴"图书"是否为西域舆图存在争议。

以上讲述了西汉时与西域有关的地图或书籍，下面叙述东汉时的西域

---

① 班固：《汉书》卷29《沟洫志》，第1686页。
② 班固：《汉书》卷6《武帝纪》，第189页。
③ 姚振宗撰，项永琴整理：《汉书艺文志拾补》卷5，第397页。
④ 班固：《汉书》卷96下《西域传下》，第3912页。
⑤ 班固：《汉书》卷70《陈汤传》，第3014页。
⑥ 班固：《汉书》卷9《元帝纪》，第295页。

舆图。

东汉初年，匈奴贵族争夺单于继承权，继承人之一比"密遣汉人郭衡奉匈奴地图，[建武]二十三年（47），诣西河太守求内附"①。匈奴游牧地在漠北、漠南地区，在建武初年尚控制着西域，所以此"匈奴地图"地域范围是否包括西域，殊难确知。但可得出这样结论，出于军事、政治管理需要等，匈奴重视制作地图。

专门绘有西域一隅的舆图，可能最早出现在东汉灵帝时。《后汉书·臧洪传》云灵帝时"迁旻（今案，臧旻）为使匈奴中郎将"，李贤等注：

> 《谢承书》曰："旻达于从政，为汉良吏，迁匈奴中郎将。还京师，太尉袁逢问其西域诸国土地风俗人物种数，旻具答言西域本三十六国，后分为五十五，稍散至百余国。大小，道里远近，人数多少，风俗燥湿，山川草木鸟兽异物名种不与中国同者，口陈其状，手画地形。"②

据上引三国孙吴谢承《后汉书》可知，在回答袁逢向其所询的问题时，为便于理解西域地势，臧旻"手画"西域"地形"图。这幅图虽为信手而绘不规范的西域简略地图，且载体为纸张抑或简帛不清楚，但内容无疑涉西域诸国，系目前所知第一幅西域区域图。

最早真正意义上、比较规范的西域区域图，或收录在曹魏鱼豢《魏略》所引《西域旧图》中。据书名和辑文可见，《西域旧图》为东汉时期图文并茂的西域史籍，内容包括甘英所闻听大秦国物产等，或指班勇《西域诸国记》（参第二章第一节）。

二 东晋南朝时期的专题地图和风物图

东晋道安《西域志》大约陈述了今新疆、中亚、南亚地区六条河流发源地、流经地等方面的内容，内附地图标有地理要素河流，或指《新唐

---

① 范晔：《后汉书》卷89《南匈奴传》，第2942页。
② 范晔：《后汉书》卷58《臧洪传》，第1884页。

书·艺文志》著录的《江图》(参第三章第一节)，这是目前可知成书时间最早的西域专题地图。

西域胡人来华朝觐、经商，中原士人以丹青摹其容貌、服饰及他们所述的物产等，并在图上书关于这些西域国家历史地理方面的内容，此即风物图中的"职贡图"。如梁元帝萧绎《金楼子》即著录有他所编绘的《职贡图》1卷，① 《艺文类聚》引其"序言"曰："皇帝君临天下之四十载……胡人遥集，款开蹶角，沿泝荆门。瞻其容貌，诉其风俗。如有来朝京辇，不涉汉南，别加访采，以广闻见，名为《贡职图》云尔。"②

通过文中的"四十载""荆门"(今湖北荆门)云云，可知《职贡图》(今案，文中又作"贡职图")绘撰时间在萧绎任职荆州(今湖北江陵)刺史时(即普通七年至大同五年，526—539)，"序言"书写时间则在萧绎调任江州(今江西九江)刺史时(即大同七年，541)。③ 此图由人物图和题记组成，素材源自两地的外国商贾。其一，对于前来荆门的胡贾，直接摹其容貌，同时相问风俗物产；其二，至于前往"京辇"(即萧梁都城建康，今南京)的胡商，则派人寻访。

《大唐内典录》另录一条《职贡图》，内容涉北魏拓跋氏的兴起等："案梁湘东王绎《贡职图》云：'[后魏元氏]本姓托跋，鲜卑胡人也。西晋之乱有托跋庐，出居晋楼烦地，晋即封为代王。于后部落分散，经六十余年至庐孙拾翼鞬，或言涉珪'。"④ 与《晋书·孝愍帝纪》《魏书》等史书所载可相印证。⑤ 此外，《法苑珠林》亦存一则佚文，内容言西女国："案梁《职贡图》云：'去波斯北一万里西南海岛，有西女国，非印度摄。拂壈年别送男夫配焉。'"⑥ 唐代道宣《释迦方志》也有相似文字，又引录

---

① 萧绎撰，许逸民校笺：《金楼子校笺》卷5《著书篇第十》，中华书局2011年版，第1014—1016页。
② 欧阳询撰，汪绍楹校：《艺文类聚》卷55《杂文部一》，第996—997页。
③ 岑仲勉：《现存的〈职贡图〉是梁元帝原本吗?》，《中山大学学报》(社会科学版) 1961年第3期。
④ 道宣：《大唐内典录》卷4《后魏元氏翻传佛经录第十三》，高楠顺次郎等编纂《大正新修大藏经》卷55《目录部全》，第267页。
⑤ 房玄龄等：《晋书》卷5《孝愍帝纪》，第129页；魏收：《魏书》卷1《序纪》、卷2《太祖纪第二》，第7、9、19页。
⑥ 道世撰，周叔迦、苏晋仁校注：《法苑珠林校注》卷29《感通篇》，第915页。

另一条轶文："波罗斯西一万里极，婆罗门国，南一万里，又是婆罗门。"①

后世目录类史籍收存及流传至今的数种萧绎《职贡图》，多认为是原作的摹本。②如流传于今收藏在中国国家博物馆的残卷《职贡图》，存十二国使臣画像和十三国题记，其中兼有使者画像与题记的西域八国为：滑国（今阿富汗阿姆河流域）、波斯、龟兹、周古柯（今叶尔羌河上游）、呵跋檀（今乌兹别克斯坦撒马尔罕）、胡蜜丹（今阿富汗瓦罕谷地）、白题（今阿富汗巴尔赫）、末国（今土库曼斯坦木鹿）。

这八则西域国家题记内容述及地理位置、气候、植被、风俗物产，以及与萧梁的朝贡关系等，与在唐代撰就的《梁书·西北诸戎传》中相关记载行文基本相同。另外唐代欧阳询《艺文类聚》转引"梁元帝职贡图赞"，和清乾嘉时期张照等编《石渠宝笈》征引今已佚失《职贡图》残卷卷末"赞语"中"北通玄兔"至"永矣鸡田"一段三十余字文字基本相同，③说明他们取用该残卷作为编纂材料。一般认为此残卷的绘写时间在北宋，系萧绎《职贡图》的摹本，④为现存最早的西域实物风物图。

在萧梁武帝时成书的"职贡图"，除萧绎《职贡图》外，还有裴子野的《方国使图》。梁武帝时白题与滑国遣使朝贡，百官弗知其所指，裴子野先征《汉书·灌婴传》言灌婴斩杀匈奴白题将军，又引《后汉书·西域传》称班勇统帅八滑之兵征讨匈奴，"时人服其博识，敕仍使撰《方国使图》，广述怀来之盛，自要服至于海表，凡二十国"⑤。裴子野编制的这幅风物图，或由图画和题记构成，题记讲到萧梁四境以外僻远地区共二十国使臣朝觐之事，其中当有白题、滑国使节。

---

① 道宣撰，范祥雍点校：《释迦方志》卷下《遗迹篇第四之余》，第 79 页。
② 陈连庆：《辑本梁元帝〈职贡图〉序》，《古籍整理研究学刊》1987 年第 3 期。
③ 欧阳询撰，汪绍楹校：《艺文类聚》卷 74《巧艺部》，第 1270 页；张照等编：《石渠宝笈》卷 32《御书房五》，民国七年（1918）上海涵芬楼石印本。
④ 金维诺：《"职贡图"的时代与作者——读画札记》，《文物》1960 年第 7 期；岑仲勉：《现存的〈职贡图〉是梁元帝原本吗？》，《中山大学学报》（社会科学版）1961 年第 3 期；钱伯泉：《〈职贡图〉与南北朝时期的西域》，《新疆社会科学》1988 年第 3 期；李昀：《梁元帝〈职贡图〉与唐阎立本〈王会图〉——现存〈职贡图〉摹本题跋辨伪》，《中国国家博物馆馆刊》2022 年第 2 期。
⑤ 姚思廉：《梁书》卷 30《裴子野传》，中华书局 1973 年版，第 443 页。

三 隋唐时期的图志

在大业二年（606）由裴矩编著的《西域图记》，包括人物画、地图两种西域图，地图地域范围在今敦煌以西、地中海和阿拉伯海之东。大业五年（609）、六年（610），置鄯善、且末、伊吾三郡。① 《隋书·经籍志》载："隋大业中，普诏天下诸郡，条其风俗物产地图，上于尚书。故隋代有《诸郡物产土俗记》一百五十一卷，《区宇图志》一百二十九卷，《诸州图经集》一百卷。其余记注甚众。"② 可见大业年间（605—618），隋炀帝下令诸郡长官组织人员绘编本郡地图，并上呈尚书省，《诸郡物产土俗记》《区宇图志》《诸州图经集》即依据这些图籍而编。联系隋代鄯善、且末、伊吾三郡置建时间可窥，倘若文中的"大业中"指大业六年或稍后，则可推这三郡地方官员编有此三地地图。

在唐代，安西、北庭都护府分统天山之南北，在都护府下实行两种管理制度。其一，在今新疆东部汉族集中地区实行州县制，设伊州、西州、庭州；其二，在突厥统治区及其他民族聚居地区，实行羁縻府州制。这个时期编修的西域图，与此密切相关，大抵体现在以下两个方面。

第一，标西域地名于全国性舆图中。贾耽在贞元十七年（801）绘录的《海内华夷图》（已佚）系全国性地图，由图名可知其地域范围当涉西域地区。以《海内华夷图》为蓝本摹刻的宋代石碑《华夷图》，现藏于西安碑林博物馆，地域范围包括碎叶、葱岭以东的西域地区，在其西北角列有七十四个西域国家名称，且在图中标记西州、伊州、庭州、鄯善、楼兰、莎车、于阗、龟兹、焉耆、疏勒、天竺、铁门关等西域国（地）名，又附注了部分西域国家（地区）历史沿革。《海内华夷图》既为《华夷图》的"底本"，可能亦标注了西域国家或地方名称。

又，在元和八年（813）李吉甫撰成的《元和郡县图志》，以十道四十七镇为纲，叙说了政区范围内山川形势、建制沿革等，每镇前有地图，后有志文。其图虽已佚失，然据此可推，书中陇右道地图当标有唐所辖伊

---

① 魏徵等：《隋书》卷29《地理志上》，第816页；李吉甫撰，贺次君点校：《元和郡县图志》卷40《陇右道下》，第1029页。

② 魏徵等：《隋书》卷33《经籍志二》，第988页。

州、西州、庭州。①

第二，政府重视撰绘西域图。冠以"图经""图记""图志"之类名称地理书籍，是以文字表述为主，地图描绘为辅的地方志，在唐代得到蓬勃发展。据《新唐书·百官志》"兵部"条的记载：

> 职方郎中、员外郎，各一人，掌地图、城隍、镇戍、烽候、防人道路之远近及四夷归化之事。凡图经，非州县增废，五年乃修，岁与版籍偕上。凡蕃客至，鸿胪讯其国山川、风土，为图奏之，副上于职方；殊俗入朝者，图其容状、衣服以闻。②

依据上面关于唐政府编绘、藏存"图经"（即地图③）和风物图要求可见，在唐代，地方官员每隔五年修造舆图，并上报兵部。唐中央政府颁设地方政府定期奏呈本地地图的规制，对地方修撰图文并存的图经起到积极的推动作用。反映唐代在西域置三州十一县，当时应有伊州、西州、庭州地图流传于世。完就时间在唐乾元（758—760）以后至贞元二年（786）吐蕃占据河西之前的敦煌文书《西州图经》，现存五十六行七百余字，内容提到唐代西州地区交通等，④或许原书附有州域舆地图。同样，《洲县图经》"陇右道"卷亦当录有西域州县行政图。⑤

唐穆宗即皇帝位之初（821），诏封其十妹为太和公主并出降漠北回鹘部族首领崇德可汗。工部侍郎元稹向穆宗进呈4卷《京西京北图经》，内附有《西北边图经》，其中绘有天德城往北以至回鹘牙帐太和公主路过的饮水、食宿地方等。⑥

安史之乱以后，吐蕃趁中原战事不断，出兵陆续占据河西、陇右等

---

① 李吉甫撰，贺次君点校：《元和郡县图志》"序"、卷40《陇右道下》，第2、1028—1033页。
② 欧阳修等：《新唐书》卷46《百官志一》，第1198页。
③ 辛德勇：《唐代的地理学》，《唐代地域结构与运作空间》，上海辞书出版社2003年版，第443、444页。
④ 王仲荦：《〈西州图经〉残卷考释》，《敦煌石室地志残卷考释》，第208—214页。
⑤ 孙猛：《日本国见在书目录详考·考证篇》，第913页。
⑥ 元稹：《元氏长庆集》卷35《状·进〈西北边图经〉状》，民国上海涵芬楼影印《四部丛刊》本。

地。大中四五年间（850—851），沙州人张义潮率领各族人民起义，击溃吐蕃先后收复瓜州、沙州、伊州、西州、甘州、肃州等地，并遣兄张义泽〔潭〕奉"瓜、沙、伊、肃、甘等十一州地图"及户籍以献唐朝。① 张义潮呈献朝廷收录西域部分地区地图，似非由中央政府指示义潮绘制，然在上呈唐宣宗后则具半官方特性。

以上所述主要是涉唐朝直接管辖西域地区的地图，下文再讲唐朝控制区外今印度和中、西亚等西域地区的舆图。

贞观二十二年（648），西域使者王玄策率吐蕃、泥婆罗精兵八千平息摩揭陀国（今印度比哈尔邦）内乱，印度各国震惊，"迦没路国献异物，并上地图，请老子象"②。迦没路国即《大唐西域记》"迦摩缕波国"，今印度阿萨姆邦西部，所献地图地域范围当在印度。显庆三年（658），王玄策撰有《中天竺国图》，该书由记文与图画组成，图画内容当涉中印度。

显庆三年至乾封元年（658—666），根据王玄策在印度见闻，以及其他西域使节在今中亚地区设置羁縻府州时所采获当地资料等，官方组织人员编成的《西域图志》，由志文和图画两部分构成，图画据使臣"访其（今案，出使国家）风俗物产，画图以闻"③，应是西域风物图。

此外，与印度有关的图籍还有佚名《西域图经》，唐代道宣《释迦氏谱》曾引其一则逸文，内容讲到印度地区山脉、河流、地形等（参第五章第一节），或附关于印度的图画；又有失却姓名《波罗门摩伽陀等国图记》1卷，④ 当亦以图文方式载述摩揭陀等古印度国家。

除中亚、南亚外，唐代舆图还可能涉今西亚地区。据《唐会要》记载：天宝二年（743），唐玄宗垂询西域诸国之间道里，鸿胪卿王忠嗣征引《西域图》回答，所述大食、陀拔恩单、罗刹支、都盘、渤达、河没、岐

---

① 刘昫等：《旧唐书》卷18下《宣宗纪》，第629页；欧阳修等：《新唐书》卷8《宣宗本纪》、卷216下《吐蕃传下》，第249、6107页；司马光编著，胡三省音注：《资治通鉴》卷249《唐纪六十五》，第8048—8049页。文中"瓜、沙、伊、肃、甘等十一州地图"，《唐会要》卷71《州县改置下·陇右道》另载作"天宝陇西道图经"（第1269页）。
② 刘昫等：《旧唐书》卷198《西戎传》，第5308页；欧阳修等：《新唐书》卷221上《西域传上》，第6238页。
③ 欧阳修等：《新唐书》卷58《艺文志二》，第1506页。
④ 孙猛：《日本国见在书目录详考·考证篇》，第923—924页。

兰、涅满、沙兰、石国、罽宾、东米、史国等国之间距离出自《西域图》。[①]《新唐书》《太平寰宇记》亦有类似文字。[②] 与《唐会要》不同的是,《太平寰宇记》称王忠嗣与玄宗对答时间在天宝六年（747），引据书籍为《西域图记》。

对于这些西域国家地望，冯承钧、张星烺、岑仲勉等所考虽不完全一致，但均认为它们所在地域是今里海南、阿拉伯海北、中亚西、地中海东。[③] 倘若《西域图》是一部图文并存的史籍，所附地图当载录今阿拉伯半岛及其邻近地区的西域国家。

岑先生还认为：《西域图》可能指开元年间（713—741）盖嘉运所撰《西域记》，而非指显庆三年（658）至乾封元年（666）官修的《西域图志》。根据为：从《西域图》所记大食至今中亚地区西域列国的行程时间或道里可知，大食势力范围已拓展至中亚，与开元年间大食疆域范围相合。

岑先生所提《西域图》系盖嘉运《西域记》的说法恐靠不住，原因在于：《西域图》所叙两国之间距离，很有可能根据行程时间（即日行百里）推算而得，而行走时间则受自然（例如地形、河流等）、人为（譬如路线选择等）等因素影响，所以由其所言大食与今中亚地区这些西域古国的距离，难以推测大食疆土是否伸展至中亚。文中先讲罗刹支国西至沙兰国二十日程，后说沙兰国东至罗刹支国二十五日程，当可作为一个典型例证。

唐政府不仅注重编造西域舆图，而且重视编绘西域风物图。上引《新唐书·百官志》还提到外国使者来华时，鸿胪卿向他们询问西域山岳、江河、风土民情等情况，并以图画形式记录下来，录副本备存兵部，对于容貌特殊的外国使者，还需描摹其容貌、服饰等。唐代颇具代表性的西域风

---

① 王溥：《唐会要》卷100《杂录》，第1797页。
② 欧阳修等：《新唐书》卷43下《地理志七下》、卷221下《西域传下》，第1146、1154—1155、6263—6264页；乐史撰，王文楚等点校：《太平寰宇记》卷200《北狄十二》，第3850—3852页。
③ 冯承钧原编，陆峻岭增订：《西域地名》（增订本），中华书局1982年版，第2、13、29、56、57、60、90、95页；张星烺编注，朱杰勤校订：《中西交通史料汇编》第3编《古代中国与阿拉伯之交通》，第699—701页；岑仲勉：《唐代大食七属国考证——耶路撒冷（Jerusalem）在中国史上最古之译名》，《中外史地考证》，第324—339页。

物图有：唐太宗在位时阎立本经常奉诏进宫作画，① 《通志》《能改斋漫录》《云烟过眼录》等传世载籍所提阎立本《西域诸国风物图》或《西域图》抑或《职贡狮子图》，② 可能是他受皇命描绘西域使臣面貌和风俗物产之作；阎立本胞兄阎立德也擅长绘画，在贞观三年（629）曾绘录有高昌、月氏、车师等西域国家人物形象的《王会图》。③ 除却阎氏兄弟，其他如唐宋时柳经、范长寿、何长寿等人亦绘《西域图》，④ 画中详细内容如何因史料缺失难以详考。韦鹏画有《天竺胡僧渡水放牧图》，⑤ 或展现印度籍佛教僧侣穿过水流牧放牲畜的情景。

太宗朝摹绘西域风物图的传统，为武宗朝继承和发扬。唐武宗会昌三年（843），西域地区的黠戛斯朝贡，宰相李德裕建议，效仿太宗朝之例绘《王会图》，以载黠戛斯朝觐之事，最终"有诏以鸿胪所得续著之"⑥。收存在《新唐书·艺文志》《崇文总目》《通志》等书中的《黠戛斯朝贡图》《黠戛斯朝贡图传》各1卷，⑦ 分别是李德裕奏准修造的《王会图》"续著"及文字部分。《李卫公会昌一品集》收有在会昌三年二月所写的《黠戛斯朝贡图传序》，序言讲到韦宗卿、吕述合撰《黠戛斯朝贡图传》缘由、材料来源、主体内容，以及之前黠戛斯与唐朝关系等；又存同月所撰《进黠戛期朝贡图传状》《谢宣示所进黠戛斯朝贡图深惬于怀状》两文，其中提到令画师以丹青描绘注吾合素等黠戛斯使臣形貌，并在画旁付诸文字，

---

① 刘昫等：《旧唐书》卷77《阎立本传》，第2680页；欧阳修等：《新唐书》卷100《阎立本传》、卷102《褚亮传》，第3942、3977页。

② 郑樵撰，王树民点校：《通志二十略·图谱略》，第1830页；吴曾：《能改斋漫录》卷12《记事》，上海古籍出版社1979年版，第355页；周密：《云烟过眼录》卷下，《十万卷楼丛书》本。

③ 汤开建：《唐〈王会图〉杂考》，《民族研究》2011年第1期。

④ 鲜于枢：《困学斋杂录》，《丛书集成初编》第2884册，第21页；周密：《云烟过眼录》卷下；佚名：《悦生所藏书画别录》，中国书画全书编纂委员会编《中国书画全书》第2册，上海书画出版社1993年版，第727页。前引《法苑珠林·敬佛篇》讲麟德元年（664）敕令长安城中的能工巧匠聚集到尚书省绘制《西域图志》，范长寿为其中的一员，曾帮助僧人慧昱装裱佛教人物画像（参第四章第二节）。表明范长寿《西域图》或许是《西域图志》图画中的一部分。

⑤ 欧阳修等：《新唐书》卷59《艺文志三》，第1561页。

⑥ 欧阳修等：《新唐书》卷217下《回鹘传下》，第6150页。

⑦ 欧阳修等：《新唐书》卷58《艺文志二》，第1508页；王尧臣等编次，钱东垣等辑释：《崇文总目 附补遗》卷2《地理类》，《丛书集成初编》第21册，第89页；郑樵撰，王树民点校：《通志二十略·艺文略第四》，第1583页。

列在传记之前。①

四　宋元明清时期多种类型并存的西域图

北宋初年处于与西夏、辽等少数民族政权对峙的局面，出于政治、军事、外交需求，比较重视收集、编绘边疆及以外地区军事形势图。譬如，为详细了解西北地区山川形势，宋真宗命人绘凉州、甘州、沙州、伊州等地地图，并悬挂在滋福殿南墙上。咸平四年（1001）十月，在向近臣展示陕西二十三州、灵州地图后，宋真宗指着滋福殿南壁上的"甘、沙、伊、凉等州图"，言："此图载黄河所出之山乃在积石外，与《禹贡》所（术）〔述〕异。"②可见"甘、沙、伊、凉等州图"标有当时所知黄河河源地，其地理位置在积石山之外某山。

在北宋不仅有官方主持撰绘的西域地图，还有经地方官员摹绘收入地理志书的西域人物图。宋徽宗在位时（1101—1125）或前后，郑骧在任熙河兰廓路（今甘肃临洮、康乐、渭源等地）经略司属官时，利用地理便利，"图画西蕃、西夏、回鹘、卢甘诸国人物图，书为《河陇人物志》十卷"③。据书籍名称可以判断，《河陇人物志》存有居住在河西与陇右（今六盘山以西甘肃地区）的回鹘等民族历史人物的文字和画作。

元代学者赡思所撰《西国图经》当涉西域国家、舆图，图文已遗失。除此之外，前文所提隋代裴矩《西域图记》和唐代王玄策《中天竺国图》、许敬宗等《西域图志》及《西国图经》等图画与文字并茂图籍，其配图由于难以转绘，能够流传的时间和空间范围有限，相较于文本部分很容易散失，即使是二三百年前成书和尚见流传的明清史籍亦不能例外，在乾隆年间撰成的佚名《西域地理图说》"山川图"、苏尔德《回疆志》"回疆图"，以及光绪间撰就的阚凤楼《新疆大记》"附图"、无名氏《新疆四道志》"道府县图"和时尚存于世的明初陈诚《西域行程记》"行程图"等都相继亡佚未留存于世，④即为例证。

---

①　李德裕撰，傅璇琮、周建国校笺：《李德裕文集校笺》卷2《黠戛斯朝贡图传序》、卷18《进黠戛斯贡图传状》、卷19《谢宣示所进黠戛斯朝贡图深惬于怀状》，第24—26、420、449页。
②　王应麟：《玉海》卷14《地理》，第272页。
③　脱脱等：《宋史》卷448《郑骧传》，第13203页。
④　高健：《新疆方志文献研究》，第245页；王继光：《关于陈诚西使及其〈西域行程记〉〈西域番国志〉——代〈前言〉》，《西域行程记 西域番国志 咸宾录》，中华书局2000年版，第17页。

以上所举宋至清代图书类别分军用地形图、人物图、图志、区域图、地方行政区划图、交通路线图，皆与西域有关联。同时期若干冠名"西戎""胡"等专有名词的图画，比如北宋赵珣所纂5卷西北塞外山川图文并蓄的书籍《聚米图经》，又名《西戎聚米图经》《陕西聚米图经》《康定聚米图经》，① 记事涉今陕北、宁夏军事地理和党项族分布等；佚名《商胡行道图》（1卷）大概叙说来华经商的胡人在路上行走的情景，② 是否均与西域相干难以确考。另有一些冠以"西域""西州"等名称舆图，例如北宋盛度绘制《西域图》、羌人手绘《西州地图》，③ 所涉地区分别在宋朝西北边疆（今陕西地区）、河西地区，则和西域无关。

有关西域轶图的资料较为零散且稀见，由此难窥历代西域舆图详细情况，所以上文就这些材料，主要对其发展脉络、类型等进行了简单梳理，大致可得出如下结论。

其一，以地图学史的视角而观，囿于现有资料，在西汉时是否存在西域图难以确知，至晚在东汉时已流传着图文共存的西域文献《西域旧图》，六朝时已出现了新型西域图，即以河流为地理要素的专题地图（如道安《江图》）和风物图（比如萧绎《职贡图》）。隋唐时出现了融合区域图与风物图的西域史籍（例如裴矩《西域图记》），同时政府还组织人力编绘西域图（譬如许敬宗等《西域图志》）。宋至清代图画的形式呈现多样化趋势，有军事地形图、人物图、图志、区域图、地方行政区划图、交通线路图。

其二，再以地图的种类而论，计有区域图、专题地图、风物图三种，

---

① 司马光编著，胡三省音注：《资治通鉴》卷249《唐纪六十五》，第8045页；文彦博：《潞公集》卷18《奏议·论修复延州北金明塞》，明嘉靖五年（1526）刻本；脱脱等：《宋史》卷207《艺文志六》、卷323《赵珣传》，第5283、10463页；陈振孙撰，徐小蛮、顾美华点校：《直斋书录解题》卷7《传记类》，第214页；王应麟：《玉海》卷14《地理》，第276页；郑樵撰，王树民点校：《通志二十略·艺文略第四》，第1586页；尤袤：《遂初堂书目·地理类》，《丛书集成初编》第32册，第16页。

② 郑樵撰，王树民点校：《通志二十略·艺文略第四》，第1584页。荣新江《何谓胡人？——隋唐时期胡人族属的自认与他认》（《乾陵文化研究》第4辑，三秦出版社2008年版，第7页）指出，唐代文献中广义胡人指西北地区所有外蕃人，狭义的则主要指伊朗语的胡人，更狭窄的专指粟特人。画题中"商胡"很可能指更狭窄的"胡"，即善于经商的粟特人。

③ 脱脱等：《宋史》卷292《盛度传》、卷324《刘涣传》，第9759、10493页；王应麟：《玉海》卷14《地理》，第272页。

其中的西域风物图由图画与题记组成,题记为研究西域历史地理的重要资料。

  本章总括前五章对西域史部佚书进行个案研究所得结论,总结了其共性特征与内容如文体、所载中外交往路线和历史事件及体现的历史文化价值,以及其与"正史"《西域传》的关系,还钩沉了前文略述的特殊历史地理文献西域佚图。

结　语

　　汉代或此后，中央王朝派遣西域的使节、驻守西域的地方官员，以及前往西域求取经书、参拜如来圣迹的中国佛教徒等，在来往西域的路上及抵达西域以后，利用闲暇记录沿途和西域经历见闻，或编辑成为一部图籍，或撰刻了一方碑铭；而没有到过西域的中国学者，则根据曾经往返西域的中外商贾、使者、僧徒的所见所闻和此前西域载籍编著西域志书。这几类人所撰西域书籍、图画、石刻内容涉山脉河流、道路交通、民族民俗、宗教信仰等。之后，由于自然和人为等方面的原因，西域文献遭到不同程度的损毁。针对这些西域亡毁历史资料，本书主要作了两方面的工作：搜录散亡文献与辑校佚文，进行个案和综合研究。

一

　　本书吸收借鉴了前人辑逸的学术成果，利用了中国基本古籍库等数据库资源，查阅了一些史、子、集部传世古籍及若干佛教典籍、碑铭，共搜辑六十七种西域史部佚书（见表7-1），另有五种不能确定是否西域史部佚籍（见表7-2）。

　　由于前此多以书名、辑文等为区分逸书的标准，故本书所列这些西域遗籍会有重辑、漏辑、误辑之失。然而，可以肯定的是，就现存资料来看，抉剔其中疑为重复的一些佚籍，汉代以来所撰西域史部轶书的数量至少有六十种。而流传于今在清代以前成书的西域史部足本古籍仅十几种（见表7-5），其数量约占同时期成书西域史册总数的百分之二十左右；如若再将经、子、集部纳入考虑范围，存世西域古代书籍大概在百分之十，据此可窥中国典籍佚失之惨重。

上述数十种史部逸籍大都在什么时候写就、遗失的呢？从表7-1所列史部佚书完书时间及数量等来看，除明代傅安《使远传》、武振《哈密纪行录》和清代钱炳焕《疏附县乡土志》外，西域史部轶书基本上在宋元及以前成书。具体来讲，两晋南北朝、隋唐时期西域史部逸书题材多是中外佛教徒游历印度的游记、西域方志，数量较多，说明这两个时期为著写西域史书的高峰期。

传统中国与域外民族交流交往方式和途径等，应是西域史部遗书数量在时间上如此分布的关键。时中西官方与民间的政治、经济、文化互动频繁，突出交往事例有：东晋之时天竺僧人佛图调长途跋涉来到中国，居住在常山寺，师从时已定居中土的龟兹籍佛学大师佛图澄，其在西域所见所闻编成《佛图调传》一书，为同门道安收入《西域志》，此为外国人入华后进行民间文化沟通的典型。晋代竺法维、东晋刘宋智猛、刘宋法盛等先后前赴佛国求访梵文佛学经典，观瞻释迦牟尼圣迹，其西域闻见分别录入《佛国记》《外国传》《历国传》等西域行记中，此是中国人主动与西方开展文化交流的典例。隋炀帝在位时，吏部侍郎裴矩值在张掖主持与西域胡商互市之际，他检讨隋前西域文献，采访胡贾言论，将其所知敦煌之西、地中海和阿拉伯海以东西域国家山川、政治、民俗、交通、物产等编成《西域图记》一书，并进献给炀帝，此系中国官员和西域少数民族人士经济、文化半官方交往重要历史事件。唐朝弭除西突厥之后，中书令许敬宗奉高宗之命，依据玄奘、辩机《大唐西域记》及出使中亚、南亚使节见闻录等主持编辑《西域图志》，此是官方第一次修撰西域地方志的记录。这些人的西域见闻，可为这两个时段内撰就的西域史乘提供较好的编纂材料，当是两晋至唐代西域史部佚书数量占据多数的重要因素。另外还可推知，中国与西域的交往是双方互动的，往来方式包括官方的政治来往和民间的经济文化交流。

除《使远传》《哈密纪行录》《疏附县乡土志》外的多数西域史部逸失书籍，在元代以后目录类典册中未见著录，其为元代及以前史书所引的佚文，又多被元以后的部分文籍转引，据此可见其亡佚时间当在元代或稍前。

再从这些佚书逸文出处文献及叙述地域分布情况来看：遗书书名大都收载在《隋书·经籍志》《通志二十略·艺文略》等目录类史书中，轶文或集中收载在《后汉书·西域传》《魏书·西域传》《隋书·西域传》《新五代史·四夷附录》等"正史"《西域传》中，或散录在《北堂书钞》《艺文类聚》《太平御览》等类书之中，收集到的佚文数量从1条到70多条不等；记述最多的西域局部地区是印度，大多是中国僧侣撰写的游记。

目前笔者搜辑到刻写时间最早的佚失文献暨石刻，系前文"绪论"所述《西周穆王纪名迹碑》。其次为张骞《汉张骞碑》，大概叙说西汉张骞前后两次往赴西域经过地区等。而写就时间最早的两种西域散失书籍则是失却姓名的《张骞出关志》和班勇《西域诸国记》，前书在西汉至西晋之时写定，讲述张骞亡故以后前汉汉使在今印度半岛恒河流域、印度河流域和中亚费尔干纳盆等地见闻；后书则在东汉安帝（在位时间107—125年）末年完就，叙述后汉时期今新疆、南亚、中亚、欧洲等地自然与人文地理方面情况，在众多西域史部逸书中涉地理面积最广，其中还穿插着甘英西往大秦路线、经历等。两书孰在前、孰在后完成，囿于现有史料难以论断，然就记事时间来说，前者较后者要早得多。编修时间最晚的西域史部遗书是在清光绪三十三年至宣统二年（1907—1910）由时任疏附县令钱炳焕编就的《疏附县乡土志》，大致载录了今新疆疏附县山脉、河流、湖泊、交通、经济、历史沿革等内容。

二

本书前四章侧重于探究辑文数量较多、影响较大的史部逸书、佚碑，第五章则梳理其他遗失文献，这五章研究主要涉史部佚书、轶碑所载山脉河流、中外交通路线、西域史事、遗书编纂成书情况及与其他史籍关系等。根据前五章所得的结论，第六章分析了这些佚籍的共性特征及所反映的一些历史问题。

结　语

　　由于受个人能力、文献资料、地域范围等主客观条件的限制，本书及前期研究成果尚存在一些不足之处。其一，所搜罗的西域史部逸书会有漏辑、重辑、误辑之失，譬如彦琮《西域传》《大隋西国传》可能是同一部书，然限于现存资料难以证实。其二，敦煌吐鲁番文书所载多为只言片语，甚至难以拼缀成文。若仔细考辨每份残卷的内容，工作量过大，故未将此纳入研究范围。其三，有些史部逸书所载国外的山脉、河流、风俗民情等，或内容过简，或难与其他史书及实地印证，并且前此已有学者依据东西方史籍提出了各种猜想，今人在目前没有新发现材料情况下再加探析很难有所推进，故未对其进行重复研究，只是列出研究者的论著作为参考。其四，著录在《隋书·经籍志》《日本国见在书目录》《崇文总目》《宋史·艺文志》《郡斋读书志》《通志二十略·艺文略》等目录类典籍中西域经部"小学类"、子部"天文家类""历算类""医家类""五行家"、集部亡失文献，搜辑到的文字需要有具备专业学科知识的学者探索，方可推动研究工作不断走向深入。因为以上学科均非吾之专擅领域，所以未敢贸然跨领域校理探究，只是初步收辑胪列了书目（见表7-4）。其五，早些年时候缘于刚转换研究领域、国外详细交通线路难以探察等，笔者独立或与师友联名发表若干论文存在考虑不周到地方，在收入本书之时已予以更正，对某些历史问题持有看法以书中所考为准。

　　在今后的学习、工作、探求历史新知中，笔者会继续留心搜索西域失传书籍和石碑，关注最新的学术成果，以期对本书有关内容作进一步的修正、补充。

表7-1　　　　　　　　　　西域史部佚籍一览

序号	成书时间	撰者、书名	辑文（单位：条）	备注
1	汉晋	佚名《张骞出关志》△	3	参第一章第二节
2	东汉	班勇《西域诸国记》△	《汉书·西域传》《后汉书·西域传》《后汉纪·孝殇皇帝纪》及《三国志》裴松之注	参第二章
3		成光子《别传》△	1	参第五章第一节

续表

序号	成书时间	撰者、书名	辑文（单位：条）	备注
4	东晋	道安《西域志》△	45	参第三章第一节、第五章第一节
5		佛图调《佛图调传》△	3	参第三章第一节
6		支僧载《外国事》	27	参第五章第一节
7	两晋	竺法维《佛国记》	7	
8		智猛《游行外国传》	3	
9	东晋刘宋	宝云《游履外国传》		参第五章第二节
10		道普《游履异域传》		
11	刘宋	法盛《历国传》	1 + 《翻梵言》	参第五章第一节
12		昙无竭《外国传》	《翻梵言》	
13	刘宋萧齐	法献《别记》		参第五章第二节
14	萧梁	萧绎《职贡图》△	5	参第三章第一节、第六章第三节
15		裴子野《方国使图》▲		参第六章第三节
16	北魏	道荣《道荣传》	7	参第三章第二节、第五章第一节
17		佚名《宋云家记》△	8 + 《洛阳伽蓝记》《北史·西域传》	参第三章第二节
18		佚名《惠生行记》△		
19	北齐	魏收《魏书·西域传》	《北史·西域传》《通典》《太平寰宇记》《太平御览》等	参第五章第一节
20	隋代及以前	佚名《突厥所出风俗事》		
21		佚名《外国传》△	4	
22	隋	韦节《西蕃记》	3	
23		彦琮《西域传》		参第五章第二节
24		彦琮《大隋西国传》		
25		佚名《大隋翻经婆罗门法师外国传》		
26		裴矩《西域图记》△	9 + 《隋书·西域传》	参第四章第一节
27		裴矩、彦琮《天竺记》		
28		程士章《西域道里记》	1	

续表

序号	成书时间	撰者、书名	辑文（单位：条）	备注
29	唐代或此前	佚名《突厥本末记》	1	参第五章第一节
30		佚名《印度记》	4	
31		佚名《西域图经》▲△	1	
32		佚名《波罗门摩伽陀等国图记》		参第六章第三节
33	唐	韦弘机《西征记》		参第五章第二节
34		阎立本《西域诸国风物图》▲		参第六章第三节
35		许敬宗等《西域图志》△	《释迦方志》《诸经要集》《法苑珠林》、现存日本奈良药师寺碑铭等	参第四章第二节
36		王玄策《西国行传》△		
37		王名远《西域图记》▲△	《旧唐书·地理志》《新唐书·地理志》	
38		义净《西方记》	敦煌残卷	参郑炳林《俄藏敦煌写本唐义净和尚〈西方记〉残卷研究》（《兰州大学学报》2004年第6期）
39		盖嘉运《西域记》	1	参第五章第一节
40		赵憬《北征杂记》		参第五章第二节
41		李宪《回鹘道里记》		
42		吕述、韦宗卿《黠戛斯朝贡图传》	1	参第六章第三节
43		李德裕《异域归忠传》▲△	1	参第五章第一节
44		高少逸《四夷朝贡录》		参第五章第二节
45		张建章《戴斗诸蕃记》		
46		佚名《西域记》▲△	1	参第五章第一节
47		佚名《西域图》▲△	1	参第六章第三节

续表

序号	成书时间	撰者、书名	辑文（单位：条）	备注
48	唐	佚名《西州图经》	敦煌残卷	参郑炳林《敦煌地理文书汇辑校注》（甘肃教育出版社1989年版）；王仲荦《敦煌石室地志残卷考释》；张毅、张一纯《往五天竺国传笺释 经行记笺注》（中华书局2000年版）
49		佚名《沙州伊州地志》	敦煌残卷	
50		慧超《往五天竺国传》	敦煌残卷	
51		杜环《经行记》	12	参第五章第一节
52		常愍《游天竺记》	3	
53	五代后晋	平居诲《于阗国行程记》△	3+《新五代史·四夷附录》	
54	宋代或稍前	佚名《天竺记》	1	参第四章第一节
55		佚名《西域记》▲△	3	参第五章第一节
56		佚名《于阗进奉记》▲		参第五章第二节
57		佚名《北庭会要》▲		
58		佚名《西域行记》▲		
59	宋代	王继业《西域行程记》		
60		佚名《西天路竟》	敦煌残卷	参黄盛璋《〈西天路竟〉笺证》、钱伯泉《〈西天路竟〉东段释地及研究》（《西域研究》2003年第1期）、王仲荦《敦煌石室地志残卷考释》
61		王延德《西州使程记》	《挥麈录·前录》《续资治通鉴长编》《宋史·外国传》《文献通考·四裔考》	参第五章第一节
62		佚名《沙门怀问三往西天记》		
63	元代	赡思《西国图经》		参第五章第二节
64		赡思《西域异人传》		
65	明代	傅安《使远传》▲		
66		武振《哈密纪行录》▲△	1	参第五章第一节
67	清代	钱炳焕《疏附县乡土志》	73	

表7-2　　　　　　　　　　疑为西域史部佚书

序号	书名	辑文（单位：条）	成书时间	所述地域	备注
1	佚名《西戎记》▲		唐代或此前	西域或其他地区	参第五章第二节
2	佚名《西蕃会盟记》▲		唐代		
3	范传正《西陲要略》▲		唐代		
4	佚名《西戎记》▲		宋代或稍前		
5	佚名《西蕃异物志》▲	1	唐宋		

说明：(1) 在表7-1中，对于数量单位不能以"条"衡量的辑文，则标注其出处；(2) 在表7-1、表7-2中，与表0-1及"微观研究"列举前人的辑录成果相较，分别以"▲""△"标示增辑、有新辑佚文的轶书；(3) 一些无名称的亡佚文献存文过少，例如敦煌文书伯3926号仅存40余字（参郑炳林《敦煌地理文书汇辑校注·印度地理P3926号》，第230页），涉某人在印度的简略行程，难以断定其为书籍抑或文章之部分，慎重起见，未列入表中。

表7-3　　　　　　　　　　西域重要佚碑一览

序号	撰刻时间	碑名	备注
1	西周	《西周穆王纪名迹碑》	参"绪论"
2	西汉	《汉张骞碑》	参第一章第一节
3	东汉	《东汉永平十年窦固、班超纪功碑》	参第五章第三节
4	北魏	《北魏金刚经残碑》	
5	北魏	《北魏神龟二年宋云、惠生铭魏功德碑》	
6	唐代	《唐贞观十四年姜行本颂陈唐威德碑》	
7	唐代	《唐贞观十四年侯君集刻石纪功碑》	
8	唐代	《唐贞观年间阿史那社尔纪功碑》	
9	唐代	《唐显庆年间王名远记唐圣德碑》	
10	唐代	《唐龙朔年间王名远记唐圣德碑》	
11	唐代	《唐仪凤四年裴行俭纪功碑》	
12	唐代	《唐天授二年伊州刺史衡府君碑》	
13	唐代	《唐长安三年伊州刺史徆府君碑》	
14	唐代	《唐长安二年或稍后金满县残碑》	
15	唐代	《唐景龙三年龙兴西寺石刻》	
16	唐代	《唐开元三年张孝嵩颂功碑》	
17	唐代	《唐建中二年或此后丁谷山石刻》	
18	唐代	《唐别石把碑》	
19	唐代	《唐轮台碑》	
20	不详	丁谷山沙门题名	
21	不详	造像碣	
22	不详	巴尔坤碑	
23	不详	博格达山北道石碣	

表 7-4　　　　　　　　西域汉语散亡经、子、集部书籍一览

序号	类别		撰者、书名	参考文献
1	经部	小学类	佚名《波斯国字样》	姚振宗撰，刘克东、董建国、尹承整理：《隋书经籍志考证》，第1374、1612—1614、1615、1623、2185页；曾贻芬校注：《隋书经籍志校注》，第576、607、654、704—705、706、712、915页；孙猛：《日本国见在书目录详考·考证篇》，第503、504、1384—1388、1452—1453、1570、1716—1718、1722、1772—1776、1815—1817页；欧阳修等：《新唐书》卷59《艺文志三》，第1548页；杜佑撰，王文锦等点校：《通典》卷191《西戎三》，第5199页；王尧臣等编次，钱东垣等辑释：《崇文总目附补遗》卷3《医书类》、卷4《历数类》，《丛书集成初编》第22、23册，第209、211、214、227、245、246页；晁公武撰，孙猛校证：《郡斋读书志校证》卷13《星历类》、卷15《医书类》，上海古籍出版社2019年版，第607、728页；脱脱等：《宋史》卷206《艺文志五》、卷207《艺文志六》，第5232、5233、5235、5239、5240、5250、5264、5272、5273、5274、5303、5308、5309、5313、5314、5319页；李昉等：《太平御览》卷50《地部十五》，第247页；郑樵撰，王树民点校：《通志二十略》，第1483、1668、1673、1674、1675、1677、1682、1691、1723、1724、1725、1728、1731页；陈振孙撰，徐小蛮、顾美华点校：《直斋书录解题》卷12《阴阳家类》，第372、373页；宋岘考释：《回回药方考释》，中华书局2000年版；江晓原：《六朝隋唐传入中土之印度天学》，《汉学研究》（台湾）1992年第2期；严耀中：《〈隋书·经籍志〉中婆罗门典籍与隋以前在中国的婆罗门教》，《世界宗教研究》2009年第4期；王颋：《西域南海史地考论·流沙使三——傅安与明洪武末的西行使节》，第445—462页
2			佚名《突厥语》	
3			佚名《释梵语》	
4		天文类	舍仙人《婆罗门天文经》	
5			佚名《婆罗门竭伽仙人天文说》	
6			达摩流支译《婆罗门天文》	
7			西门俱摩罗《秘术占》	
8			一行《大定露胆诀》	
9	子部		曹士芳《七曜符天历》（又名《符天历》《七曜符天人元历》《曹公小历》《合元万分历》《合元历》《符天经疏》《符天经》《罗计二隐曜立成历》《符天人元经》）	
10			佚名《符天通真立成法》	
11			佚名《符天九星算法》	
12			佚名《符天五德定分历》	
13			郭颖夫《符天大术休咎诀》	
14			张渭《符天灾福新术》	
15			杨纬《符天历》	
16			李思议《重注曹士芳小历》	
17			佚名《符天行宫》	
18			章浦《符天九曜通元立成法》	
19		历算类	钱名逸《西国七曜历》	
20			佚名《婆罗门算法》	
21			佚名《婆罗门阴阳算历》	
22			佚名《婆罗门算经》	
23			王希明《聿斯歌》	
24			释璨公译《都利聿斯经》	
25			陈周辅《新修聿斯四门经》	
26			安修睦撰，关子明注《都利聿斯歌诀》	

续表

序号	类别	撰者、书名	参考文献
27	子部	佚名《聿斯经诀》	
28		佚名《聿斯钞略旨》	
29		佚名《聿斯妙利要旨》	
30		徐氏《续聿斯经歌》	
31		佚名《聿斯隐经》	
32		罗滨《都利聿斯大衍书》	
33		婆毗大衍《九曜星罗立成历》	
34		佚名《西域诸仙所说药方》	
35		佚名《西域波罗仙人方》	
36		佚名《西域名医所集要方》	
37		佚名《婆罗门诸仙药方》	
38		佚名《婆罗门僧服仙茅方》	
39		佚名《龙树菩萨养性方》	
40		谢道人《龙树眼论》	
41		佚名《龙树菩萨印法》	
42	医方类	佚名《龙树菩萨药方》	
43		佚名《龙树菩萨和香法》	
44		佚名《龙树咒法》	
45		菩提《龙树菩萨马鸣菩萨秘法》	
46		鸠摩罗什注《耆婆脉经》	
47		佚名《耆婆六十四问》	
48		佚名《耆婆要用方》	
49		佚名《耆婆所述仙人命论方》	
50		佚名《耆婆五藏论》	
51		佚名《耆婆茯苓散方》	
52		波驼波利译《吞字贴肿方》	
53		佚名《回回药方》	
54		佚名《香山仙人药方》	
55		佚名《摩诃出胡国方》	

续表

序号	类别		撰者、书名	参考文献
56	子部	五行类	竭伽仙人《占梦书》	
57			佚名《龙树出印法》	
58			佚名《西天占书》	
59			佚名《西王母玉诀》	
60			佚名《西天阴符紫微七政经论》	
61	集部		支昙谛《灵鸟山铭》	
62			虞干纪《迦维国赋》	
63			许彬等撰、傅安编辑《西游胜览诗卷》	

说明：（1）表中初步裒辑的西域各类亡失汉语古籍，可能存在重辑、误收等问题，然为方便以后研究者查核，全部枚举在案；（2）《回回药方》《龙树出印法》有残卷存世。

表7-5　清代以前西域史部足本传世古籍汇总（汉文部分）

序号	完书时间	撰者、书名	参考文献
1	东晋	法显《法显传》	法显撰，章巽校注《法显传校注》
2	唐代	玄奘、辩机《大唐西域记》	玄奘、辩机原著，季羡林等校注《大唐西域记校注》
3		慧立、彦悰《大慈恩寺三藏法师传》	慧立、彦悰著，孙毓棠、谢方点校《大慈恩寺三藏法师传》
4		道宣《释迦方志》	道宣撰，范祥雍点校《释迦方志》
5		义净《大唐西域求法高僧传》	义净著，王邦维校注《大唐西域求法高僧传校注》
6	南宋	耶律楚材《西游录》	耶律楚材著，向达校注：《西游录》，中华书局1981年版；杨建新主编：《古西行记选注·西游录》，第174—185页；张星烺编注，朱杰勤校订：《中西交通史料汇编》第7编《古代中国与中亚之交通（下）·耶律楚材之〈西游录〉》，第1652—1661页
7		李志常《长春真人西游记》	王国维：《王国维遗书》第13册《长春真人西游记注》；张星烺编注，朱杰勤校订：《中西交通史料汇编》第7编《古代中国与中亚之交通（下）·丘处机及〈长春真人西游记〉》，第1670—1756页；李志常著，党宝海译：《长春真人西游记》，河北人民出版社2001年版；李志常原著，尚衍斌、黄太勇校注：《长春真人西游记校注》，中央民族大学出版社2015年版

序号	完书时间	撰者、书名	参考文献
8	明代	陈诚《西域行程记》	陈诚著，周连宽校注：《西域行程记 西域番国志》，中华书局2000年版；王继光：《陈诚及其西使记研究》，中华书局2014年版
9		陈诚《西域番国志》	
10		许进《平番始末》	纪昀等：《钦定四库全书总目》卷53《史部九·杂史类存目二》，第742页；续修四库全书总目提要编纂委员会编：《续修四库全书总目提要·史部·杂史类》，第111—112页
11		佚名《哈密事迹》	纪昀等：《钦定四库全书总目》卷53《史部九·杂史类存目二》，第744—745页；杜泽逊：《台北访书记》，《藏书家》第1辑，齐鲁书社1999年版，第145—146页
12		王世贞《哈密志》	上海图书馆藏明万历四十三年（1615）《哈密志》刻本

说明：唐代圆照《悟空入竺记》，元代刘祁《北使记》、刘郁《西使记》，明代佚名《西域土地人物略》《西域土地人物图》、马文升《兴复哈密国王记》等，虽为流传于今、卷帙完整无缺的西域文献，然均系某书中篇章而非单独流通的书籍；而明代王琼《西番事迹》详述西宁、河州、洮州、岷州等非西域地区，略提"土鲁番势渐强盛，吞灭诸番"，"土鲁番率数十国奉贡称藩"等事；收存于《大藏经》卷50《史传部二》之《阿育王传》《马鸣菩萨传》《龙树菩萨传》《提婆菩萨传》《婆薮豆菩萨传》等，为宗教色彩比较浓厚的印度历史人物传记，故皆未列入表7-5中。

相关研究可参小野胜年、聂静洁《空海携回日本的〈悟空入竺记〉及悟空行程》（《南亚研究》2010年第1期），聂静洁《唐释悟空入竺、求法及归国路线考——〈悟空入竺记〉所见丝绸之路》（《欧亚学刊》第9辑，中华书局2009年版，第161—179页），长泽和俊《丝绸之路史研究·释悟空之入竺求法行》（第544—572页），杨建新主编《古西行记选注》之《悟空入竺记》《北使记》《西使记》（第120—129、231—236、237—250页）；王国维《王国维遗书》第13册《古行记四种校录·北使记》，刘祁撰、黄益元校点《归潜志》卷13《北使记》（上海古籍出版社2012年版，第104—105页）；王国维《王国维遗书》第13册《古行记四种校录·西使记》，张星烺编注、朱杰勤校订《中西交通史料汇编》第7编《古代中国与中亚之交通（下）·常德及〈西使记〉》（第1756—1767页），陈得芝《〈刘郁〔常德〕西使记〉校注》（《中华文史论丛》2015年第1期），沙西里、刘振玉《也论刘郁〈西使记〉不明地理问题》（《西域研究》2018年第4期）；李之勤编《西域史地三种资料校注》（新疆人民出版社2012年版），续修四库全书总目提要编纂委员会编《续修四库全书总目提要·史部·杂史类·兴复哈密记一卷》（第111页），纪昀等《钦定四库全书总目》卷100《子部十·兵家类存目·西番事迹一卷》（第1306—1307页），等等。

参考文献

一 文献典籍（含今人对古籍的整理和注释）

吴任臣：《山海经广注》，《景印文渊阁四库全书》第1042册，台北：台湾商务印书馆1983年版。

袁珂校注：《山海经校注》，上海古籍出版社1980年版。

司马迁：《史记》，中华书局2013年版。

刘歆撰，葛洪集，王根林校点：《西京杂记》，上海古籍出版社2012年版。

班固撰，颜师古注：《汉书》，中华书局2013年版。

班固撰，王先谦补注：《汉书补注》，上海古籍出版社2008年版。

荀悦、袁宏撰，张烈点校：《两汉纪》，中华书局2002年版。

刘珍等撰，吴树平校注：《东观汉记校注》，中华书局2011年版。

范晔撰，李贤等注：《后汉书》，中华书局2015年版。

王先谦：《后汉书集解》，广陵书社2006年版。

周天游辑注：《八家后汉书辑注》，上海古籍出版社1986年版。

陈寿撰，裴松之注：《三国志》，中华书局2014年版。

卢弼：《三国志集解》，中华书局1982年版。

房玄龄等：《晋书》，中华书局1974年版。

崔豹：《古今注》，《丛书集成初编》第274册，中华书局1985年版。

法立、法炬译：《大楼炭经》，《大正新修大藏经》卷1《阿含部上》，台北：财团法人佛陀教育基金会出版部，1990年。

佚名：《那先比丘经》，《大正新修大藏经》卷32《论集部》，台北：财团法人佛陀教育基金会出版部，1990年。

法显撰，章巽校注：《法显传校注》，中华书局2012年版。

参考文献

郭璞注：《尔雅》，《丛书集成初编》第 1139 册，中华书局 1985 年版。

魏收：《魏书》，中华书局 2020 年版。

郦道元著，王先谦校：《合校水经注》，中华书局 2009 年版。

郦道元著，陈桥驿校证：《水经注校证》，中华书局 2013 年版。

郦道元注，杨守敬、熊会贞疏，段熙仲点校，陈桥驿复校：《水经注疏》，江苏古籍出版社 1989 年版。

贾思勰原著，缪启愉校释，缪桂龙参校：《齐民要术校释》，农业出版社 1982 年版。

杨衒之撰，周祖谟校释：《洛阳伽蓝记校释》，中华书局 2016 年版。

杨衒之撰，范祥雍校注：《洛阳伽蓝记校注》，上海古籍出版社 2009 年版。

杨衒之撰，杨勇校笺：《洛阳伽蓝记校笺》，中华书局 2006 年版。

令狐德棻等：《周书》，中华书局 1971 年版。

沈约：《宋书》，中华书局 1974 年版。

刘敬叔撰，黄益元校点：《异苑》，《拾遗记》（外三种），上海古籍出版社 2012 年版。

刘义庆撰，徐震堮著：《世说新语校笺》，中华书局 2001 年版。

姚思廉：《梁书》，中华书局 1973 年版。

萧绎撰，许逸民校笺：《金楼子校笺》，中华书局 2011 年版。

僧祐撰，苏晋仁、萧鍊子点校：《出三藏记集》，中华书局 1995 年版。

刘勰著，黄叔琳等注：《增订文心雕龙校注》，中华书局 2000 年版。

慧皎撰，汤用彤校注，汤一玄整理：《高僧传》，中华书局 1992 年版。

宝唱：《名僧传钞》，《续藏经》第 1 辑第 2 编乙第 7 套第 1 册，民国十四年（1925）上海涵芬楼影印本。

萧统编，李善注：《文选》，上海古籍出版社 1986 年版。

佚名撰，圣坚译：《太子须大拏经》，《大正新修大藏经》卷 3《本缘部三》，台北：财团法人佛陀教育基金会出版部，1990 年。

李延寿：《北史》，中华书局 1974 年版。

魏徵等：《隋书》，中华书局 2010 年版。

费长房：《历代三宝纪》，《大正新修大藏经》卷 49《史传部一》，台北：财团法人佛陀教育基金会出版部，1990 年。

虞世南：《北堂书钞》，中国书店出版社 1989 年版。

刘昫等：《旧唐书》，中华书局 1975 年版。

欧阳修等：《新唐书》，中华书局 1975 年版。

李泰等著，贺次君辑校：《括地志辑校》，中华书局 2010 年版。

道世撰，周叔迦、苏晋仁校注：《法苑珠林校注》，中华书局 2003 年版。

欧阳询撰，汪绍楹校：《艺文类聚》，上海古籍出版社 1985 年版。

玄奘、辩机原著，季羡林等校注：《大唐西域记校注》，中华书局 2012 年版。

慧立、彦悰著，孙毓棠、谢方点校：《大慈恩寺三藏法师传》，中华书局 1983 年版。

道宣撰，范祥雍点校：《释迦方志》，上海古籍出版社 2011 年版。

道宣撰，苏小华校注：《续高僧传》，上海古籍出版社 2021 年版。

道宣：《释迦氏谱》，《大正新修大藏经》卷 50《史传部二》，台北：财团法人佛陀教育基金会出版部，1990 年。

道宣：《广弘明集》，《大正新修大藏经》卷 52《史传部四》，台北：财团法人佛陀教育基金会出版部，1990 年。

道宣：《大唐内典录》，《大正新修大藏经》卷 55《目录部全》，台北：财团法人佛陀教育基金会出版部，1990 年。

义净著，王邦维校注：《大唐西域求法高僧传校注》，中华书局 2009 年版。

慧超原著，张毅笺释；杜环原著，张一纯笺注：《往五天竺国传笺释 经行记笺注》，中华书局 2000 年版。

徐坚等：《初学记》，中华书局 1962 年版。

刘知幾撰，浦起龙通释，王煦华整理：《史通通释》，上海古籍出版社 1978 年版。

张说：《张说之文集》，清光绪三十二年（1906）《结一庐丛书》本。

张九龄撰，熊飞校注：《张九龄集校注》，中华书局 2008 年版。

玄应：《一切经音义》，清道光二十五年（1845）《海山仙馆丛书》本。

柳宗元：《柳宗元集》，中华书局 1979 年版。

杜佑撰，王文锦等点校：《通典》，中华书局 2007 年版。

李贺撰，姚佺等注：《李长吉昌谷集句解定本》，清初丘象随西轩刻本。

李吉甫撰，贺次君点校：《元和郡县图志》，中华书局 2005 年版。

慧琳：《一切经音义》，《大正新修大藏经》卷 54《事汇部下》，台北：财团法人佛陀教育基金会出版部，1990 年。

智升撰，富世平点校：《开元释教录》，中华书局 2019 年版。

白居易、孔传：《白孔六帖》，《景印文渊阁四库全书》第 891 册《子部一百九十七·类书类》，台北：台湾商务印书馆 1983—1988 年版。

李德裕撰，傅璇琮、周建国校笺：《李德裕文集校笺》，中华书局 2018 年版。

元稹：《元氏长庆集》，民国上海涵芬楼影印《四部丛刊》本。

张彦远：《历代名画记》，《丛书集成初编》第 1646 册，中华书局 1985 年版。

段成式撰，方南生点校：《酉阳杂俎》，中华书局 1981 年版。

孙猛：《日本国见在书目录详考》，上海古籍出版社 2019 年版。

王溥：《唐会要》，中华书局 1955 年版。

王仲荦：《敦煌石室地志残卷考释》，中华书局 2007 年版。

郭茂倩编：《乐府诗集》，中华书局 1988 年版。

薛居正等：《旧五代史》，中华书局 1976 年版。

欧阳修：《新五代史》，中华书局 1974 年版。

脱脱等：《宋史》，中华书局 1977 年版。

乐史撰，王文楚等点校：《太平寰宇记》，中华书局 2007 年版。

赞宁撰，范祥雍点校：《宋高僧传》，中华书局 2018 年版。

李石：《续博物志》，《丛书集成初编》第 1343 册，中华书局 1985 年版。

李昉等：《太平御览》，中华书局 1998 年版。

李昉等编：《文苑英华》，中华书局 1982 年版。

李昉等编，汪绍楹点校：《太平广记》，中华书局 1986 年版。

苏易简：《文房四谱》，《丛书集成初编》第 1493 册，中华书局 1985 年版。

王钦若等编纂，周勋初等校订：《册府元龟》，凤凰出版社 2006 年版。

非浊编，邵颖涛校注：《三宝感应要略录》，人民出版社 2018 年版。

王尧臣等编次，钱东垣等辑释：《崇文总目 附补遗》，《丛书集成初编》第 21—24 册，中华书局 1985 年版。

唐慎微：《重修政和证类本草》，《四部丛刊初编·子部》第 376—387 册，民国二十五年（1936）上海涵芬楼影印本。

司马光编著，胡三省音注：《资治通鉴》，中华书局 1956 年版。

文彦博：《潞公集》，明嘉靖五年（1526）刻本。

蔡絛：《蔡絛诗话》，吴文治主编《宋诗话全编》第 3 册，江苏古籍出版社 1998 年版。

文莹撰，郑世刚、杨立扬点校：《湘山野录 续录》，中华书局 1997 年版。

耶律楚材著，向达校注：《西游录》，中华书局 1981 年版。

道原著，顾宏义译注：《景德传灯录译注》，上海书店出版社 2010 年版。

窦苹著，石祥编著：《酒谱》，中华书局 2010 年版。

陈景沂编辑：《全芳备祖》，农业出版社 1982 年版。

郑樵撰，王树民点校：《通志二十略》，中华书局 1995 年版。

佚名：《宝刻类编》，《丛书集成初编》第 1514 册，中华书局 1985 年版。

晁公武撰，孙猛校证：《郡斋读书志校证》，上海古籍出版社 2011 年版。

程大昌：《演繁露》，《景印文渊阁四库全书》第 852 册《子部十·杂家类》，台北：台湾商务印书馆 1983—1988 年版。

吴曾：《能改斋漫录》，上海古籍出版社 1979 年版。

洪遵：《泉志》，《丛书集成初编》第 767 册，中华书局 1985 年版。

李焘撰，上海师范大学古籍整理研究所、华东师范大学古籍研究所点校：《续资治通鉴长编》，中华书局 1995 年版。

尤袤：《遂初堂书目》，《丛书集成初编》第 32 册，中华书局 1985 年版。

范成大撰，孔凡礼点校：《范成大笔记六种·吴船录》，中华书局 2002 年版。

宋绍兴中改定，叶德辉考证：《秘书省续编到四库阙书目》，《宋元明清书目题跋丛刊一·宋代卷》第 1 册，中华书局 2006 年版。

陈骙等撰，赵士炜辑考：《中兴馆阁书目辑考五卷》，许逸民、常振国编《中国历代书目丛刊》第 1 辑，现代出版社 1987 年版。

李志常著，党宝海译：《长春真人西游记》，河北人民出版社 2001 年版。

李志常原著，尚衍斌、黄太勇校注：《长春真人西游记校注》，中央民族大学出版社 2015 年版。

佚名：《悦生所藏书画别录》，中国书画全书编纂委员会编《中国书画全书》第 2 册，上海书画出版社 1993 年版。

王明清撰，中华书局上海编辑所编辑：《挥麈录》，中华书局 1961 年版。

周密：《云烟过眼录》，《十万卷楼丛书》本。

张世南撰，张茂鹏点校：《游宦纪闻》，中华书局 1981 年版。

高似孙：《纬略》，清道光二十四年（1844）金山钱氏重编增刊《守山阁丛书》本。

王应麟：《玉海》，江苏古籍出版社、上海书店出版社 1987 年版。

陈振孙撰，徐小蛮、顾美华点校：《直斋书录解题》，上海古籍出版社 1987 年版。

宋濂等：《元史》，中华书局 1976 年版。

志磐撰，道法校注：《佛祖统纪校注》，上海古籍出版社 2012 年版。

鲜于枢：《困学斋杂录 附札记》，《丛书集成初编》第 2884 册，中华书局 1985 年版。

姚振宗撰，项永琴整理：《汉书艺文志拾补》，清华大学出版社 2011 年版。

顾櫰三撰，项永琴整理：《补后汉书艺文志》，清华大学出版社 2012 年版。

姚振宗撰，马小方整理：《后汉艺文志》，清华大学出版社 2011 年版。

曾朴撰，朱新林整理：《补后汉书艺文志并考》，清华大学出版社 2011 年版。

丁国钧撰，朱新林整理：《补晋书艺文志》，清华大学出版社 2012 年版。

文廷式撰，朱新林整理：《补晋书艺文志》，清华大学出版社 2012 年版。

秦荣光撰，朱新林整理：《补晋书艺文志》，清华大学出版社 2012 年版。

黄逢元撰，朱新林整理：《补晋书艺文志》，清华大学出版社 2012 年版。

吴士鉴撰，朱新林整理：《补晋书经籍志》，清华大学出版社 2012 年版。

李正奋撰，周晶晶整理：《隋代艺文志辑证》，清华大学出版社 2013 年版。

章宗源撰，项永琴、陈锦春、郑民令整理：《隋书经籍志考证》，清华大学出版社 2012 年版。

姚振宗撰，刘克东、董建国、尹承整理：《隋书经籍志考证》，清华大学出版社 2014 年版。

曾贻芬校注：《隋书经籍志校注》，商务印书馆 2021 年版。

顾櫰三撰，陈锦春整理：《补五代史艺文志》，清华大学出版社2013年版。
宋祖骏撰，陈锦春整理：《补五代史艺文志》，清华大学出版社2013年版。
张兴武编：《五代艺文考》，巴蜀书社2003年版。
黄虞稷、倪灿撰，卢文弨录，陈锦春整理：《补辽金元艺文志》，清华大学出版社2014年版。
金门诏撰，陈锦春整理：《补三史艺文志》，清华大学出版社2014年版。
吴骞撰，张绪峰整理：《四朝经籍志补》，清华大学出版社2014年版。
钱大昕补纂，张绪峰整理：《元史艺文志》，清华大学出版社2014年版。
张继才撰，张祖伟整理：《补元史艺文志》，清华大学出版社2014年版。
马端临：《文献通考》，中华书局1986年版。
陶宗仪等编：《说郛三种》，上海古籍出版社2012年版。
《明武宗实录》《明世宗实录》，台北："中研院"历史语言研究所，1962年。
赵廷瑞修，马理等纂：《[嘉靖]陕西通志》，明嘉靖二十一年（1542）刻本。
安都纂修：《[嘉靖]太康县志》，《天一阁藏明代方志选刊续编》第58册，上海书店出版社2014年版。
宋伯华修，朱睦㮮、曹金纂：《[万历]开封府志》，明万历十三年（1585）刻本。
胡应麟：《少室山房笔丛》，中华书局1958年版。
焦竑：《国朝献征录》，明万历四十四年（1616）徐象橒曼山馆刻本。
黄虞稷撰，瞿凤起、潘景郑整理：《千顷堂书目》，上海古籍出版社2001年版。
陈淏子辑，伊钦恒校注：《花镜》，农业出版社1979年版。
佚名纂：《重刊甘镇志》，国家图书馆藏清顺治十四年（1657）杨春茂重刻本（善本书号：A05259）。
王廷弼修，谭吉璁纂：《[康熙]延绥镇志》，清乾隆二十一年（1756）增补康熙本。
张寅：《西征纪略》，国家图书馆藏清抄本（善本书号：02906）。
戴震：《方言疏证》，张岱年主编《戴震全书》第3册，黄山书社1994

年版。

刘于义修，沈青崖等纂：《[雍正] 陕西通志》，清雍正十三年（1735）刻本。

许容修，李迪等纂：《[乾隆] 甘肃通志》，清乾隆元年（1736）刻本。

黄文炜等纂修：《[乾隆] 重修肃州新志》，清乾隆二年（1737）刻本。

崔应阶修，姚之琅纂：《[乾隆] 陈州府志》，清乾隆十二年（1747）刻本。

武昌国修，胡彦升、宋铨纂：《[乾隆] 太康县志》，清乾隆二十六年（1761）刻本。

钟赓起纂修：《[乾隆] 甘州府志》，清乾隆四十四年（1779）刻本。

纪昀等：《钦定四库全书总目·史部》，中华书局1997年版。

严可均辑：《全上古三代秦汉三国六朝文》，商务印书馆2006年版。

王谟：《汉唐地理书钞》，中华书局2006年版。

钟兴麒等校注：《西域图志校注》，新疆人民出版社2002年版。

格琫额：《伊江汇览》，中国社会科学院中国边疆史地研究中心编《清代新疆稀见史料汇辑》，全国图书馆文献缩微复制中心，1990年。

赵钧彤：《西行日记》，吴丰培整理《丝绸之路资料汇钞》（清代部分），全国图书馆文献缩微复制中心，1996年。

薛龙春：《黄易友朋往来书札辑考》，生活·读书·新知三联书店2021年版。

王大枢：《西征录》，国家图书馆藏民国年间抄本（索书号：地800/8547）。

庄肇奎：《胥园诗钞》，《清代诗文集汇编》第363册，上海古籍出版社2010年版。

段玉裁撰，钟敬华校点：《经韵楼集》，上海古籍出版社2008年版。

舒其绍：《听雪集》，《清代诗文集汇编》第403册，上海古籍出版社2010年版。

和宁：《三州辑略》，《中国地方志集成·新疆府县志辑》第6册，凤凰出版社2012年版。

徐松著，朱玉麒整理：《西域水道记》，中华书局2005年版。

方士淦：《东归日记》，李正宇、王志鹏点校《西征续录》，甘肃人民出版社2000年版。

方士淦：《伊江杂诗》，方浚师撰，盛冬铃点校《蕉轩随录 续录》，中华书局1995年版。

黄璟等纂：《[道光] 山丹县志》，清道光十五年（1835）刻本。

史梦兰选辑：《永平诗存》，清同治十年（1871）刻本。

文廷式：《纯常子枝语》，民国三十二年（1943）刻本。

魏源：《海国图志》，岳麓书社2011年版。

李光廷：《汉西域图考》，清同治九年（1870）广州富文斋刻本。

狄学耕等修，黄昌蕃等纂：《都昌县志》，清同治十一年（1872）刻本。

毛凤枝撰，李向菲、贾三强点校：《毛凤枝金石学著作三种》，三秦出版社2017年版。

叶昌炽：《奇觚庼文集》，民国十年（1921）吴县潘氏刻本。

俞浩：《西域考古录》，清道光二十七年（1847）《海月堂杂著》本。

陈运溶辑撰：《麓山精舍丛书》，岳麓书社2008年版。

王仁俊：《玉函山房辑佚书续编》，顾廷龙主编《续修四库全书》第1206册，上海古籍出版社2002年版。

杨守敬等编绘：《水经注图》（外二种），中华书局2012年版。

端方：《陶斋藏石记》，清宣统元年（1909）石印本。

袁大化修，王树枏等纂：《新疆图志》，民国十二年（1923）天津博爱印书局刻本。

王树枏：《新疆访古录》，民国七年（1918）王氏聚珍仿宋印书局刻本。

张星烺编注，朱杰勤校订：《中西交通史料汇编》，中华书局2003年版。

余太山：《两汉魏晋南北朝正史西域传要注》，商务印书馆2013年版。

王琳主编：《先唐杂传地记辑校》，《古典文献研究辑刊》第24编第6—17册，新北：花木兰文化出版社2017年版。

李锦绣、余太山：《〈通典〉西域文献要注》，上海人民出版社2009年版。

吴松弟编著：《两唐书地理志汇释》，安徽教育出版社2002年版。

毛阳光、余扶危主编：《洛阳流散唐代墓志汇编》，国家图书馆出版社2013年版。

周绍良主编：《唐代墓志汇编》，上海古籍出版社 1992 年版。

郑炳林：《敦煌地理文书汇辑校注》，甘肃教育出版社 1989 年版。

李德辉辑校：《晋唐两宋行记辑校》，辽海出版社 2009 年版。

王国维：《古行记四种校录》，《王国维遗书》第 13 册，上海古籍书店 1983 年版。

王国维辑注：《古行记校录八种》，国家图书馆藏清末民初稿本（善本书号：18259）。

杨建新主编：《古西行记选注》，宁夏人民出版社 1996 年版。

二 研究专著（按作者姓名或编辑机构的汉语拼音排序，下同）

蔡鸿生：《唐代九姓胡与突厥文化》，中华书局 1998 年版。

曹书杰：《中国古籍辑佚学论稿》，东北师范大学出版社 1998 年版。

岑仲勉：《汉书西域传地里校释》，中华书局 1981 年版。

岑仲勉：《中外史地考证》，中华书局 2004 年版。

陈希儒主编：《山丹史话》，甘肃文化出版社 2004 年版。

陈寅恪：《金明馆丛稿二编》，生活·读书·新知三联书店 2001 年版。

戴建兵、王晓岚、陈晓荣：《中外货币文化交流研究》，中国农业出版社 2003 年版。

付马：《丝绸之路上的西州回鹘王朝——9~13 世纪中亚东部历史研究》，社会科学文献出版社 2019 年版。

黄文弼：《塔里木盆地考古记》，科学出版社 1958 年版。

翦伯赞：《中国史纲》，商务印书馆 2010 年版。

康有为：《欧洲十一国游记》，社会科学文献出版社 2007 年版。

赖永海主编：《中国佛教通史》，江苏人民出版社 2010 年版。

廖吉郎：《两汉史籍研究》，《古典文献研究辑刊》第 6 编第 12 册，新北：花木兰文化出版社 2008 年版。

林承节：《印度史》，人民出版社 2004 年版。

林太：《印度通史》，上海社会科学院出版社 2007 年版。

刘文锁：《沙海古卷释稿》，中华书局 2007 年版。

刘子凡：《瀚海天山：唐代伊、西、庭三州军政体制研究》，中西书局 2016

年版。

卢锦堂：《〈太平广记〉引书考》，《古典文献研究辑刊》第 3 编第 2 册，新北：花木兰文化出版社 2006 年版。

卢汰春主编：《中国珍稀濒危野生鸡类》，福建科学技术出版社 1991 年版。

马雍：《西域史地文物丛考》，文物出版社 1990 年版。

孟凡人：《北庭史地研究》，新疆人民出版社 1985 年版。

山丹县地方志编纂委员会编纂：《山丹县志》，甘肃人民出版社 1993 年版。

孙修身：《王玄策事迹钩沉》，新疆人民出版社 1998 年版。

汤用彤：《汉魏两晋南北朝佛教史》，武汉大学出版社 2008 年版。

王国维：《王国维考古学文辑》，凤凰出版社 2008 年版。

王继光：《陈诚及其西使记研究》，中华书局 2014 年版。

王素：《高昌史稿》，文物出版社 2000 年版。

王颋：《西域南海史地考论》，上海人民出版社 2008 年版。

王阳、陈巍：《丝绸之路上的科学技术》，中华书局 2023 年版。

王钺、李兰军、张稳刚：《亚欧大陆交流史》，兰州大学出版社 2000 年版。

王云五主编：《续修四库全书提要·史部》，台北：台湾商务印书馆 1972 年版。

吴蔼宸：《新疆纪游》，商务印书馆 1945 年版。

吴丰培：《吴丰培边事题跋集》，新疆人民出版社 1998 年版。

吴玉贵：《突厥汗国与隋唐关系史研究》，中国社会科学出版社 1998 年版。

向达：《唐代长安与西域文明》，商务印书馆 2019 年版。

续修四库全书总目提要编纂委员会编：《续修四库全书总目提要·史部》，上海古籍出版社 2014 年版。

许序雅：《唐代丝绸之路与中亚历史地理研究》，西北大学出版社 2000 年版。

许永璋：《古代中非关系史稿》，上海辞书出版社 2019 年版。

阳清、刘静：《晋唐佛教行记考论》，中华书局 2021 年版。

余太山：《古族新考》，中华书局 2000 年版。

余太山：《两汉魏晋南北朝与西域关系史研究》，商务印书馆 2011 年版。

余太山：《塞种史研究》，商务印书馆 2012 年版。

余太山：《两汉魏晋南北朝正史西域传研究》，商务印书馆 2013 年版。

余太山：《早期丝绸之路文献研究》，商务印书馆 2013 年版。

余婉卉选编：《冯永轩文集》，江苏人民出版社 2014 年版。

张沛编著：《唐折冲府汇考》，三秦出版社 2003 年版。

张忠山主编：《中国丝绸之路货币》，兰州大学出版社 1999 年版。

赵汝清：《从亚洲腹地到欧洲——丝路西段历史研究》，甘肃人民出版社 2006 年版。

赵晓芳：《从移民到乡里——公元 7—8 世纪唐代西州基层社会研究》，甘肃文化出版社 2018 年版。

中国科学院图书馆整理：《续修四库全书总目提要》（稿本）第 22 册，齐鲁书社 1996 年版。

郑德坤：《〈水经注〉引书考》，台北：艺文印书馆 1974 年版。

朱玉麒：《徐松与〈西域水道记〉研究》，北京大学出版社 2015 年版。

朱玉麒：《瀚海零缣：西域文献研究一集》，中华书局 2019 年版。

邹逸麟、张修桂主编：《中国历史自然地理》，科学出版社 2013 年版。

[巴基斯坦] A.H. 达尼著，[巴基斯坦] I.H. 库雷希主编：《巴基斯坦简史》，四川大学外语系翻译组译，四川人民出版社 1974 年版。

[印] R.C. 马宗达，[印] H.C. 赖乔杜里，[印] 卡利金卡尔·达塔：《高级印度史》，张澍霖等译，商务印书馆 1986 年版。

[印] 辛哈，[印] 班纳吉：《印度通史》，张若达等译，商务印书馆 1964 年版。

[德] 夏德：《大秦国全录》，朱杰勤译，大象出版社 2009 年版。

[日] 长泽和俊：《丝绸之路史研究》，钟美珠译，天津古籍出版社 1990 年版。

[日] 吉村怜：《天人诞生图研究：东亚佛教美术史论文集》，卞立强译，上海古籍出版社 2009 年版。

[日] 松田寿男：《古代天山历史地理学研究》，陈俊谋译，中央民族学院出版社 1987 年版。

三　学术论文

艾周昌：《杜环非洲之行考辨》，《西亚非洲》1995 年第 3 期。

白鸟库吉：《大秦国及拂菻国考》，《白鸟库吉全集》第 7 卷《西域史研究下》，东京：岩波书店 1971 年版。

白玉冬：《关于王延德〈西州程记〉记录的漠北部族》，《中国边疆史地研究》2019 年第 1 期。

白振平：《塔里木河水系变迁遥感研究》，《首都师范大学学报》（自然科学版）1994 年第 3 期。

曹洪勇：《探察大海道——吐鲁番至敦煌古道行》，《西域研究》1995 年第 1 期。

曹源、袁炜：《前四史所见西域钱币考》，《中国钱币》2015 年第 5 期。

岑仲勉：《现存的〈职贡图〉是梁元帝原本吗?》，《中山大学学报》（社会科学版）1961 年第 3 期。

陈连庆：《辑本〈佛图调传〉序》，《古籍整理研究学刊》1985 年第 3 期。

陈连庆：《辑本梁元帝〈职贡图〉序》，《古籍整理研究学刊》1987 年第 3 期。

陈连庆：《辑本竺法维〈佛国记〉序》，《古籍整理研究学刊》1985 年第 2 期。

陈连庆：《新辑本支僧载〈外国事〉序》，《古籍整理研究学刊》1985 年第 1 期。

程彤、吴冰冰：《伊朗古代钱币的宗教内涵》，《世界宗教研究》2007 年第 4 期。

丁克家：《〈经行记〉考论》，《回族研究》1991 年第 1 期。

丁谦：《新旧唐书西域传地理考证》《宋云西域求经记地理考证》《唐杜环〈经行记〉地理考证》，《浙江图书馆丛书》第 1、2 集，民国四年（1915）浙江图书馆校刊本。

丁文：《"宋云行纪笺注"读后》，《学术月刊》1957 年第 4 期。

丁友芳：《〈西域图记〉：隋朝的西域情报、知识与战略总纲》，《唐史论丛》第 35 辑，三秦出版社 2022 年版。

董文武：《袁宏〈后汉纪〉的史学价值》，《中州学刊》2001 年第 3 期。

杜斗城：《关于敦煌人宋云西行的几个问题》，《社会科学》1982 年第 2 期。

樊自立、陈亚宁、王亚俊：《新疆塔里木河及其河道变迁研究》，《干旱区研究》2006 年第 1 期。

樊自立：《历史时期塔里木河流域水系变迁的初步研究》，《新疆地理》1979 年第 2 期。

范祥雍：《〈大唐西域记〉阙文考辨》，《文史》第 13 辑，中华书局 1982 年版。

方长：《关于〈戴斗诸蕃记〉》，《文史》第 9 辑，中华书局 1980 年版。

冯承钧：《王玄策事辑》，《西域南海史地考证论著汇辑》，中华书局 1957 年版。

傅斯年：《历史语言研究所工作之旨趣》，载国立中央研究院历史语言研究所集刊编辑委员会编《国立中央研究院历史语言研究所集刊》第 1 本第 1 分，商务印书馆 1928 年版。

龚骏：《甘英出使大秦考》，《东方杂志》第 40 卷第 8 号，1944 年。

龚缨晏：《20 世纪黎轩、条支和大秦研究述评》，《中国史研究动态》2002 年第 8 期。

顾吉辰：《王延德与〈西州使程记〉》，《新疆社会科学》1985 年第 2 期。

郭锋：《唐杜环西行所见末禄国——对画缸相献习俗之地域文化特点的考察》，《丝路文化研究》第 6 辑，商务印书馆 2021 年版。

郭鹏：《法显与〈历游天竺记传〉》，《文献》1995 年第 1 期。

郭小影：《中国国家博物馆藏〈清人西域图册〉考论》，《中国国家博物馆馆刊》2023 年第 6 期。

何光岳：《渠搜、叟人的来源和迁徙》，《思想战线》1991 年第 1 期。

何远景：《〈魏志·倭人传〉前四段出自〈东观汉记〉考》，《内蒙古师大学报》（哲学社会科学版）1994 年第 3 期。

胡澍：《葡萄引种内地时间考》，《新疆社会科学》1986 年第 5 期。

黄盛璋：《〈西天路竟〉笺证》，《敦煌学辑刊》1984 年第 2 期。

黄文弼：《谈古代塔里木河及其变迁》，《西北史地论丛》，上海人民出版社 1981 年版。

霍巍：《〈大唐天竺使出铭〉相关问题再探》，《中国藏学》2001 年第 1 期。

霍巍：《宋僧继业西行归国路经"吉隆道"考》，《史学月刊》2020 年第

8 期。

霍巍：《王玄策与唐代佛教美术中的"佛足迹图"》，《世界宗教研究》2020 年第 2 期。

金维诺：《"职贡图"的时代与作者——读画札记》，《文物》1960 年第 7 期。

李并成：《有关王玄策事迹的一条新史料》，《敦煌研究》2003 年第 2 期。

李惠兴：《张骞通西域 丝路有题碑》，《中国地方志》2002 年第 3 期。

李锦绣：《试论〈西域图记〉的编纂原则和主要内容》，载中国人民大学国学院主编《国学的传承与创新：冯其庸先生从事教学与科研六十周年庆贺学术文集》下册《西域敦煌出土文献研究》，上海古籍出版社 2013 年版。

李锦绣：《试论〈西域图记〉的计程系统》，载廖肇羽、曹伏明主编《千年西域 百年新疆》，香港：中国文化出版社 2011 年版。

李锦绣：《〈通典·边防典〉"吐火罗"条史料来源与〈西域图记〉》，《西域研究》2005 年第 4 期。

李锦绣：《〈西域图记〉考》，《欧亚学刊》（国际版）新 1 辑，商务印书馆 2011 年版。

李文瑛：《营盘遗址相关历史地理学问题考证——从营盘遗址非"注宾城"谈起》，《文物》1999 年第 1 期。

李小白、刘志伟：《宋云、惠生西行考论》，《敦煌研究》2021 年第 5 期。

李玉昆：《龙门石窟新发现王玄策造像题记》，《文物》1976 年第 11 期。

李昀：《梁元帝〈职贡图〉与唐阎立本〈王会图〉——现存〈职贡图〉摹本题跋辨伪》，《中国国家博物馆馆刊》2022 年第 2 期。

李智君：《天竺与中土：何为天地之中央——唐代僧人运用佛教空间结构系统整合中土空间的方法研究》，《学术月刊》2016 年第 6 期。

李宗俊、梁雨昕：《〈隋书·附国传〉与早期吐蕃史相关问题》，《西藏大学学报》（社会科学版）2020 年第 4 期。

李宗俊：《唐赦使王玄策使印度事迹新探》，《西域研究》2010 年第 4 期。

梁海萍：《汉魏史籍中条支国所临"西海"释证》，《西安电子科技大学学报》（社会科学版）2007 年第 2 期。

梁启超：《张博望班定远合传》，《饮冰室合集》第 6 册《饮冰室专集之五》，中华书局 1989 年版。

梁启超：《中国印度之交通》，《饮冰室合集》第 9 册《饮冰室专集之五十七》，中华书局 1989 年版。

林梅村：《公元 100 年罗马商团的中国之行》，《中国社会科学》1991 年第 4 期。

林梅村：《碎叶川裴罗将军城出土唐碑考》，《中原文物》2016 年第 5 期。

林英：《公元 1 到 5 世纪中国文献中关于罗马帝国的传闻——以〈后汉书·大秦传〉为中心的考察》，《古代文明》2009 年第 4 期。

刘范弟：《说甘英不渡"西海"的"最原始材料"》，《长沙理工大学学报》（社会科学版）2009 年第 3 期。

刘全波：《唐〈西域图志〉及相关问题考》，《中华文化论坛》2011 年第 5 期。

刘仁：《〈左传〉"右河而南"杨注志疑——兼论先秦空间方位与身体方位的关系》，《中国典籍与文化》2019 年第 4 期。

刘文华：《"九色鸟"棕尾虹雉》，《森林与人类》2017 年第 3 期。

刘屹：《"宋云行记"中的两处错简及相关问题》，《西域研究》2024 年第 2 期。

刘子凡：《唐北庭龙兴寺碑再考——以李征旧藏"唐金满县残碑"缀合拓片为中心》，《首都师范大学学报》（社会科学版）2021 年第 5 期。

刘子凡：《重塑"瀚海"——唐代瀚海军的设立与古代"瀚海"内涵的转变》，《中国史研究》2022 年第 2 期。

柳用能：《班勇生平考》，《新疆大学学报》（哲学社会科学版）1978 年第 2 期。

娄雨亭：《后晋〈于阗国行程记〉作者订讹》，《中国历史地理论丛》1990 年第 4 期。

娄雨亭：《〈新五代史·四夷附录〉标点辨误一则》，《中国历史地理论丛》1989 年第 2 期。

陆庆夫：《关于王玄策史迹研究的几点商榷》，《敦煌研究》1995 年第 4 期。

陆庆夫：《论王玄策对中印交通的贡献》，《敦煌学辑刊》1984年第1期。

吕建福：《佛教世界观对中国古代地理中心观念的影响》，《陕西师范大学学报》（哲学社会科学版）2005年第4期。

吕炯：《关于西域及西蜀之古气候与古地理》，《气象学报》1942年第Z2期。

吕蔚、阳清：《释智猛及其〈游行外国传〉钩沉》，《华夏文化论坛》2018年第1期。

罗继祖：《张建章墓志补考》，《黑龙江文物丛刊》1983年第3期。

马锋、廖紫蕙：《〈经行记〉拂菻国篇研究成果中未有定论的问题》，《外国问题研究》2020年第1期。

马小鹤：《唐代波斯国大酋长阿罗憾墓志考》，《中外关系史：新史料与新问题》，科学出版社2004年版。

孟凡人：《乌孙的活动地域和赤谷城的方位》，《西北师大学报》（社会科学版）1978年第1期。

莫任南：《甘英出使大秦的路线及其贡献》，《世界历史》1982年第2期。

聂静洁：《唐释悟空入竺、求法及归国路线考——〈悟空入竺记〉所见丝绸之路》，《欧亚学刊》第9辑，中华书局2009年版。

彭杰：《唐代北庭龙兴寺营建相关问题新探——以旅顺博物馆藏北庭古城出土残碑为中心》，《西域研究》2014年第4期。

彭卫：《略述班勇对古代西域的记述》，《历史教学》1987年第11期。

钱伯泉：《〈王延德历叙使高昌行程所见〉的笺证和研究》，《西域研究》2010年第4期。

钱伯泉：《〈西天路竟〉东段释地及研究》，《西域研究》2003年第1期。

钱伯泉：《〈职贡图〉与南北朝时期的西域》，《新疆社会科学》1988年第3期。

荣新江：《何谓胡人？——隋唐时期胡人族属的自认与他认》，《乾陵文化研究》第4辑，三秦出版社2008年版。

荣新江：《王延德所见高昌回鹘大藏经及其他》，《庆祝邓广铭教授九十华诞论文集》，河北教育出版社1997年版。

尚民杰、贾鸿健：《宋云西行与吐谷浑国》，《青海社会科学》1992年第

3 期。

沈福伟:《唐代杜环的摩邻之行》,《世界历史》1980 年第 6 期。

师道刚:《读后晋史匡翰碑的几条札记》,载朱绍侯主编《中国古代民族关系史研究》,福建人民出版社 1989 年版。

石声汉:《试论我国从"西域"引入的植物与张骞的关系》,《科学史集刊》第 5 期,科学出版社 1963 年版。

宋岘:《杜环游历大食国之路线考》,《明清之际中国和西方国家的文化交流——中国中外关系史学会第六次学术讨论会论文集》,大象出版社 1999 年版。

宋岘:《唐代中国文化与巴格达城的兴建——(唐)杜环〈经行记〉新证之一》,《海交史研究》1998 年第 1 期。

孙晓刚:《陕西耀县佛足迹铭的研究》,《西北大学史学丛刊》第 2 辑《中国西北大学、奥地利萨尔茨堡大学丝绸之路国际学术研讨会文集:汉、英对照》,三秦出版社 1999 年版。

孙修身:《唐朝杰出外交活动家王玄策史迹研究》,《敦煌研究》1994 年第 3 期。

孙修身:《唐初中国和尼泊尔王国的交通》,《敦煌研究》1999 年第 1 期。

谭世保:《道安所撰经录考辨》,《山东大学学报》(哲学社会科学版) 1989 年第 1 期。

汤开建:《唐〈王会图〉杂考》,《民族研究》2011 年第 1 期。

田雨:《清学部颁〈乡土志例目〉》,《社会科学战线》1985 年第 4 期。

王邦维:《峨眉山继业三藏西域行程略笺释》,《南亚研究》1993 年第 2 期。

王邦维:《也谈〈大唐西域记〉的"阙文"问题》,《文史》2021 年第 2 辑。

王北辰:《古代西域南道上的若干历史地理问题》,《地理研究》1983 年第 3 期。

王侃:《〈诸经要集〉与〈法苑珠林〉成书时间及相关问题考辨》,《宗教学研究》2016 年第 4 期。

王去非:《关于大海道》,《中国历史博物馆馆刊》1983 年第 1 期。

王守春：《释道安与〈西域志〉》，《西域研究》2006年第4期。

王守春：《〈水经注〉塔里木盆地"南河"考辨》，《地理研究》1987年第4期。

王素：《梁元帝〈职贡图〉与西域诸国——从新出清张庚摹本〈诸番职贡图卷〉引出的话题》，《文物》2020年第2期。

王颋：《摩邻：中国中世纪关于西非洲的记载》，《中国史研究》2001年第1期。

王文利、周伟洲：《西夜、子合国考》，《民族研究》2010年第6期。

王小甫：《七八世纪之交吐蕃入西域之路》，《新疆历史研究论文选编·隋唐卷》，新疆人民出版社2008年版。

王欣：《从巴克特里亚到吐火罗斯坦——阿富汗东北部地区古代民族的变迁》，《世界民族》2006年第4期。

王燕飞：《汉传佛教僧人的姓氏》，《文史知识》2010年第9期。

魏长洪、李晓琴：《大海道史探》，《新疆大学学报》（哲学社会科学版）2003年第3期。

吴昊、叶俊士、王思明：《从〈宋云行记〉路线看中原与西域的交流——以鄯善、左末城、末城为例》，《中国农史》2018年第1期。

吴晶：《〈宋云惠生行记〉文本构成新证》，《西域研究》2011年第3期。

吴玉贵：《唐代西域羁縻府州建置年代及其与唐朝的关系》，《新疆大学学报》（哲学社会科学版）1986年第1期。

向达（佛驮耶舍）：《汉唐间西域及海南诸国地理书辑佚》（第一辑），《史学杂志》1929年第1期。

向达：《论龟兹白姓兼答冯承钧先生》，《冯承钧西北史地论集》，中国国际广播出版社2013年版。

肖超宇：《民族志视角下的〈经行记〉研究》，《中国社会科学院大学学报》2022年第8期。

辛德勇：《唐代的地理学》，《唐代地域结构与运作空间》，上海辞书出版社2003年版。

徐自强：《〈张建章墓志〉考》，《文献》1979年第2期。

许永璋：《老勃萨国考辨》，《文史哲》1992年第2期。

许永璋：《"摩邻国"是马里吗？——唐代杜环〈经行记〉摩邻国再考》，《非洲研究》第 10 卷，中国社会科学出版社 2017 年版。

许永璋：《摩邻国在哪里？》，《河南师大学报》（社会科学版）1982 年第 4 期。

阳清：《北魏慧生行记诸种相关文献考述》，《宗教学研究》2019 年第 1 期。

阳清、刘静：《六朝佛教行记文献十种叙录》，《大学图书馆学报》2017 年第 1 期。

阳清、刘静：《唐宋佛教行记及其相关文献叙录》，《大学图书馆学报》2018 年第 4 期。

阳清：《唐释常愍与〈历游天竺记〉探赜》，《唐史论丛》第 28 辑，三秦出版社 2019 年版。

阳清：《支僧载及其〈外国事〉综议》，《宗教学研究》2016 年第 4 期。

阳清：《竺法维及其〈佛国记〉探赜》，《学术论坛》2018 年第 3 期。

阳清：《信行〈翻梵语〉所见〈历国传〉探骊》，《中国边疆史地研究》2024 年第 1 期。

杨共乐：《甘英出使大秦路线新探》，《光明日报》2000 年 10 月 13 日，第 C03 版。

杨共乐：《甘英出使大秦线路及其意义新探》，《世界历史》2001 年第 4 期。

杨共乐：《〈那先比丘经〉中的"大秦国"和"阿荔散"考》，《世界历史》2004 年第 5 期。

杨巨平：《希腊式钱币的变迁与古代东西方文化交融》，《北京师范大学学报》（社会科学版）2007 年第 6 期。

杨琳：《文献字形讹误的判定原则》，《中国典籍与文化》2009 年第 1 期。

杨晓春：《标点本〈通典〉校点指误一则》，《书品》2006 年第 3 期。

杨晓春：《〈隋书·西域传〉与隋裴矩〈西域图记〉关系考论》，《历史地理》第 27 辑，上海人民出版社 2013 年版。

姚胜：《甘英出使大秦原因考》，《塔里木大学学报》2009 年第 1 期。

易雪梅、卢秀文：《西北历史文献概述》，《图书与情报》1999 年第 3 期。

殷晴：《柳中屯田与东汉后期的西域政局——兼析班勇的身世》，《西域研究》2011年第3期。

余太山：《第一贵霜考》，《中亚学刊》第4辑，北京大学出版社1995年版。

余太山：《关于甘英西使》，《国际汉学》第3辑，大象出版社1999年版。

余太山：《〈后汉书·西域传〉与〈魏略·西戎传〉的关系》，《西域研究》1996年第3期。

余太山：《裴矩〈西域图记〉所见敦煌至西海的"三道"》，《西域研究》2005年第4期。

余太山：《〈隋书·西域传〉的若干问题》，《新疆师范大学学报》（哲学社会科学版）2004年第3期。

余太山：《条支、黎轩、大秦和有关的西域地理》，《中国史研究》1985年第2期。

余太山：《张骞西使新考》，《西域研究》1993年第1期。

张承志：《王延德北庭高昌径路考》，《文明的入门：张承志学术散文集》，北京十月文艺出版社2004年版。

张承志：《王延德行记与天山硇砂》，《考古学研究》第6辑，科学出版社2006年版。

张国刚：《唐代藩镇行营制度考》，《中国史论集》，天津古籍出版社1994年版。

张坤：《焕彩沟汉碑研究》，《西域研究》2023年第4期。

张绪山：《甘英西使大秦获闻希腊神话传说考》，《史学月刊》2003年第12期。

张绪山：《〈后汉书·西域传〉记载的一段希腊神话》，《光明日报》2006年3月21日，第011版。

张永雷、陈亚宁、杨玉海、郝兴明：《塔里木河河道的历史变迁及驱动力分析》，《干旱区地理》2016年第3期。

张远：《唐初印中遣使若干细节考辨——取熬糖法、献菩提树、破阿罗那顺和翻老子为梵言》，《中国典籍与文化》2016年第2期。

张志坤：《张骞出使西域路线辨正》，《中国人民大学学报》1995年第

3 期。

赵犇、王辉：《〈西州使程记〉中的北宋初期高昌回鹘体育研究——兼论"一带一路"倡议下新疆体育文化的发展启示》，《武汉体育学院学报》2018 年第 11 期。

赵万里：《杜环经行记校注一卷》《王延德使高昌记校注一卷》，《赵万里文集》第 3 卷，国家图书馆出版社 2012 年版。

郑炳林：《俄藏敦煌写本唐义净和尚〈西方记〉残卷研究》，《兰州大学学报》2004 年第 6 期。

郑炳林、魏迎春：《俄藏敦煌写本王玄策〈中天竺国行记〉残卷考释》，《敦煌学辑刊》2005 年第 2 期。

钟兴麒：《〈西域志〉岐沙谷即明铁盖达坂考》，《新疆师范大学学报》（哲学社会科学版）2008 年第 1 期。

周天游：《读〈后汉纪〉札记》，《西北大学学报》（哲学社会科学版）1984 年第 2 期。

周运中：《〈山海经〉昆仑山位置新考》，《中国历史地理论丛》2008 年第 2 期。

朱雷：《唐开元二年西州府兵——"西州营"赴陇西御吐蕃始末》，《敦煌学辑刊》1985 年第 2 期。

朱玉麒：《汉唐西域纪功碑考述》，《文史》2005 年第 4 辑。

朱玉麒：《〈疏附乡土志〉辑佚初稿》，《吐鲁番学研究》2017 年第 1 期。

[法] 伯希和：《犁靬为埃及亚历山大城说》，《西域南海史地考证译丛》第 7 编，冯承钧译，中华书局 1957 年版。

[法] 烈维：《王玄策使印度记》，《史地丛考 史地丛考续编》，冯承钧编译，上海古籍出版社 2014 年版。

[法] 沙畹：《〈宋云行记〉笺注》，《西域南海史地考证译丛》第 6 编，冯承钧译，中华书局 1956 年版。

[日] 宫崎市定：《条支和大秦和西海》，载刘俊文主编《日本学者研究中国史论著选译》第 9 卷《民族交通》，中华书局 1993 年版。

[日] 内田吟风：《隋裴矩撰〈西域图记〉遗文纂考》，《藤原弘道先生古稀纪念史学佛教学论集》，福山：内外印刷株式会社 1973 年版。

[日] 桑山正进：《巴米扬大佛与中印交通路线的变迁》，王钺编译，《敦煌学辑刊》1991 年第 1 期。

[日] 小野胜年、聂静洁：《空海携回日本的〈悟空入竺记〉及悟空行程》，《南亚研究》2010 年第 1 期。

四　学位论文

董兴艳：《〈唐会要〉研究》，博士学位论文，厦门大学，2008 年。

杜云虹：《〈隋书·经籍志〉研究》，博士学位论文，山东大学，2012 年。

高健：《新疆方志文献研究》，博士学位论文，南京师范大学，2014 年。

康继亚：《清人新疆行记中所载碑刻整理与研究》，硕士学位论文，新疆大学，2019 年。

王三三：《帕提亚与丝绸之路关系研究》，博士学位论文，南开大学，2014 年。

尹雪萍：《清代新疆方志碑刻整理与研究》，硕士学位论文，新疆大学，2017 年。

赵丽云：《先秦至汉唐时期西极观研究》，博士学位论文，首都师范大学，2013 年。

五　工具性文籍

陈延琪、萨莎主编：《西域研究书目》，新疆人民出版社 1990 年版。

邓衍林编：《中国边疆图籍录》，商务印书馆 1958 年版。

丁实存、陈世杰编：《中文新疆书目》，《国立中央大学理科研究所地理学部丛刊》1943 年第 1 号。

丁实存：《新疆书目提要》，《边政公论》第 1 卷第 9、10、11、12 期，1942 年；《文化先锋》第 1 卷第 19、24 期，第 2 卷第 2、9 期，1943 年；《中国边疆》第 3 卷第 1、2、3、4 期，1944 年。

杜瑜、朱玲玲编：《中国历史地理学论著索引（1900—1980）》，书目文献出版社 1986 年版。

范秀传主编：《中国边疆古籍题解》，新疆人民出版社 1995 年版。

冯承钧原编，陆峻岭增订：《西域地名》（增订本），中华书局 1982 年版。

顾宏义:《金元方志考》,上海古籍出版社2012年版。

郭锡良编著:《汉字古音手册》,北京大学出版社1986年版。

李方主编:《新疆历史古籍提要》,中国书籍出版社2019年版。

刘纬毅辑:《汉唐方志辑佚》,北京图书馆出版社1997年版。

刘纬毅等辑:《宋辽金元方志辑佚》,上海古籍出版社2011年版。

上海博物馆编:《上海博物馆藏丝绸之路古代国家钱币》,上海书画出版社2006年版。

孙启治、陈建华编撰:《中国古佚书辑本目录解题》,上海古籍出版社2009年版。

谭其骧主编:《中国历史地图集》,中国地图出版社1996年版。

田澍、陈尚敏主编:《西北史籍要目提要》,天津古籍出版社2010年版。

王启涛编:《吐鲁番出土文献词典》,巴蜀书社2012年版。

王天丽编著:《新疆方志书目提要》,新疆美术摄影出版社、新疆电子音像出版社2015年版。

王耘庄:《新疆艺文志稿》,《瀚海潮》第1卷第1、2、3、4、5期,1947年。

张国淦编著:《中国古方志考》,中华书局2019年版。

张政烺主编:《中国古代职官大辞典》,河南人民出版社1990年版。

张芝联、刘学荣主编:《世界历史地图集》,中国地图出版社2002年版。

中国古籍总目编纂委员会编:《中国古籍总目·史部》,中华书局、上海古籍出版社2009年版。

钟兴麒编著:《西域地名考录》,国家图书馆出版社2008年版。

朱士嘉、陈鸿舜编:《西北图籍录——新疆(中文之部)》,《禹贡》第5卷第8、9期,1936年。

朱祖延纂:《北魏佚书考》,中州古籍出版社1985年版。

宗福邦、陈世铙、萧海波主编:《故训汇纂》,商务印书馆2003年版。